702

~~1106.~~

REPVBLICA
DI LESBO
OVERO,
DELLA RAGIONE DI STATO
In vn Dominio Aristocratico

Libri Dieci

DELL'ABBATE D. VICENZO SGVALDI

CASINENSE

AL SERENISSIMO PRINCIPE
& Eccellentissimo Senato di Venetia.

IN BOLOGNA, Per Nicolò Tebaldini 1640.
Con Licenza de' Superiori.

AL SERENISSIMO
PRINCIPE
Et Eccellentiss. Senato di Venetia.

L'ABBATE
D. VICENZO SGVALDI.

R APPORTOSSI già a miracolo, che da gli estremi confini delle più rimote prouincie, accorressero a Roma personaggi di conto per riuerir, non già la città, o'l trono domator', e dominator del Mondo, ma ben sì quel T. Liuio, la cui penna era il fonte, che scaturiua purissimo, e dolcissimo il latte all'eloquenza latina. Tali, e chi'l niega? Eccellētiss. Padri, e Sereniss. Principe, si deono le marauiglie da chi vede, come fin da quel mondo, che non conosciamo, accorrano peregrini i popoli, e gli ossequi, non per goder', od inchinar Venetia, la bella, la ricca, la potente, ma per adorar'il gouerno politico di quella patria, della quale ambiscono d'esser cittadini i medesimi Coronati. Entrati frà quelle mura, doue la natura, e l'arte, cōspirate, ten-

a 2taron

taron l'vltimo sforzo, per renderle altretanto superiori di miracolo, a' sette miracoli dell'humano
apprēdimento, quanto per auuentura son più loro
distanti, altra cosa non van cercando con minor
marauiglia, che le maggiori marauiglie d'esse. Sono i più bassi oggetti de' loro stupori, i fondamenti
dentro 'l mare d'vna Metropoli, c'hà i regni soggetti, non che le prouincie; d'vna piazza intenta-
bile, di cui le mura, e i beluardi, sono tanto men
facili a superarsi, quanto più piani a solcarsi, quanto più aperti a penetrarsi. Par loro vn nulla il veder' vna città, sopra di cui fassi nobil tenzone, se sia
fabbricata per mano diuina, od humana;

Sānazar.
epigr.li.1.

—— —— —— *hanc posuisse Deos,*

disse già vn'antico, non sò, se soprafatto dall'estre-
me bellezze di sì prodigiosa mole, ò se persuaso
di così recar maggior lode al nome Veneto; ma
cō ragione s'oppone a costui vn moderno, dicēdo;

Franc.
Remond.
Gal.epigr.
lib.2.

Falleris, o bone vir, Venetis est gloria maior,
Non posuisse Deos, sed posuisse homines.

Sdegnano di fisar lo sguardo a gli edifici, che torreggianti sopra ruuido legno in vaste moli di ric-
chissime pietre, e di finissimi marmi, veggōsi ade-
guar le città di grandezza, i tempij d'ornamento.
Non cercano l'Arsenale grauido d'armi, fucina di
Vulcano, riparo d'Italia, terror de' Barbari, sponda

da, e spada della Catolica fede. Ne da loro tien-
si per capitale, che Venetia sia la perla del mare, la
vergine delle regine, la regina delle città, l'emporio del mondo, il ricouero sicuro di tutto il genere
humano, e finalmente la patria di quell'antico viuer libero di Sparta, doue i cittadini hanno tanto
in pregio la libertà, che l'antepongono alla vita,
tanto in horror la seruitù, che la pospongono alla
morte. Non si muouono a marauiglia per tro-
uarsi dinanzi a quel portentoso Leone, che ne'
campi più famosi di Farsaglia hereditò l'ali dell'A-
quile Latine, che dal Parricida fin sùll'aste, non che
sù gli occhi, all'agonizzate libertà Romana, furono spennacchiate, e fà loro impetrire il cuor di
stupore il considerar le marauiglie politiche del
vostro hoggimai da tutti confessato, ed inchinato
sourahumano gouerno. Non sanno istupire per
veder' vna città, ch'emula del mare, che la corona, non cresce pel flusso di tanti popoli, che vi concorrono, ne decresce pel reflusso di tanti, che con-
tinuamente se ne partono, & hanno perche strabi-
liare in vedendo, che non vi hà chi venga, ò vada,
ch' egualmente confuso non resti, ò non parta,
per hauer trouato possibile, che del voler di mille
concorrenti sia fabbricata vnanime vna legge,
ch e regnando sopra tutti, regna a prò di tutti, sotto
lascian-

lafciando al caftigo anche chi ftà fopra la Fortuna: Godon meno in veder Venetia la marmorea, e la douitiofa, che'n veder Venetia, la ftatifta, la legiflatrice. Corrono ftupidi ad afcoltar gli oracoli di quel Senato, in cui tanti fono gli Apolli, che rendono i rifponfi, quãto i fenatori, che vi rifeggono. Occupatiffime vedi ftar l'orecchie loro, fcioperati gli occhi, fe non in quanto mirabondi tal'hora, fi riuolgono à rauuifar trà le latine toghe de' Romoli, de' Tulli, de gli Emili, e de' Fabi, i pallij greci de' Zaleuchi, de' Licurghi, e de' Soloni. Vãno in traccia de i decreti de' magiftrati, e s'affollano alle ringhiere de' tribuñali per intẽder le fentenze del foro, trafcurando volõtari ciò, che di bello può trarfi dal cõpendio delle bellezze, ch'è'l Foro; quanto di fimpatico può ritrouarfi per catturar'vn cuore, ch'è'l Erario; quanto di grande può imaginarfi per irretir l'inuidia de' Grandi, ch'è la Reggia.

Trà quefti molti, vn mi fon'io, Serenifs. Principe, & Eccellentifs. Signori. Non mai vengo a Venetia, che nella contemplatione di quella non vada quafi fuor di me fteffo, e come ftupido, ed infen fato, non rimanga, anzi fpettacolo di chi'mi rimira, che fpettatore di cofe, c'hanno anche più del prodigiofo, che del grande. Parmi al primo afpetto di veder quella tanto più defiata, quãto men

prati-

praticata città di Platone, fotto'l bel fecolo d'oro di Saturno, nella quale coloro, che reggono gli huomini, fono altretanto fuperiori di natura, e di genio a gli huomini, quanto quefti, di ragione, e d'intelletto a gli animali bruti; e mi fi rapprefenta quella perfettiffima Republica d'ottimati defcritta da Ariftotele, per torre il pregio al fuo maeftro, doue trà gli ottimati non regnano gli ottimati, ma gli ottimi, ne trà i maggiori, i maggiori, ma i migliori; doue il primo oggetto de' magiftrati è l'ottimo de' cittadini, l'vltimo, delle cafe loro; doue chi comanda alla gente, vien comandato dalla legge, e chi riceue tributo d'vbbidienza dal popolo, rende omaggio di fe medefimo al publico.

Offeruo in Venetia vna libertà, ch'è prigioniera de gli ordini, e del coftume; vn'ecceffo di ricchezze, che non dà nell'ecceffo del fafto, ne della boria. Veggo nelle medefime perfone vn far da principe nella porpora, & vn trattar da fuddito nella toga priuata. In cafa, ne gli addobbi, e nelle mefe fi commenda vna frugale mediocrità. Di fuori nelle ambafcerie, ne gl'impieghi publici fi comanda quell'eftremo di fplendidezza, che'n nulla ceda alla fortuna d'ogni gran Corona. Ammiro in vna grandiffima difagguaglianza di ricchezze, e di parentadi, vna grandiffima agguaglianza

di

di forze, e di potēza per falir'a gradi della republica.
Cōfidero, che'n Venetia tra tanta moltitudine di no
bili, ftanno in pace due potenti nemici, e veggonfi
vniti infieme due pericolofi eftremi, immenfe ricchezze, ed immenfa pouertà. E che ne quelle traggono aura, ò feguito di popolo, ne quefta produce quella connaturale erubefcenza, che a giudicio
di Porcio Catone, preffo Liuio, è l'vltimo de' mali
in vna patria di libertà : Stupifco, che' fupremi comandi, non lafcino dopo fe qualche ftrifcio d'alte-
rezza. Ne poffo bafteuolmente marauigliarmi in
veder paffeggiar'il Foro, e la Curia priuati, e foli
que', che pur dianzi haurò veduti, Nettuni frà le ve
le in mare, e Marti frà l'armate più formidabili
comandare in terra. Offeruo da vna banda, che'l
Senato a niuna cofa, maggior cura pone, che a gli
ftudi della pace, e veggo dall'altra, che a niuna più
s'attende, che all'apparecchio della guerra. E mentre ftò fofpefo, fe cedino in Venetia l'armi alla toga, la laurea alla lingua, ò pure, fe ad amēdue fi-
gnoreggi la fpada; ecco, che mi fi fà incontro la
maeftà della república, non men di lettere guerni
ta nell'armi, che d'armi corredata nelle lettere. Ed
all'augufto fembiāte, al brio, al portamēto reale,
nō in ofcuro rauuifo quell'antica Minerua, fotto
la cui tutela deffi già vāto la famofa Atene d'effer'

fer' vgualmente nell'armi di fpaũeto alle Macedo-
niche falangi, che nelle lettere di miracolo a gl'Ita-
lici ingegni . Oh fortunato imperio, in cui trionfa
guerriera la pace, e regna pacifica la guerra.

Sò che' regni, le prouincie, e gli ftati , che da Polibio vengono raffomigliati a' corpi de' viuenti , col
variar de gli anni, foggiacciono anch'effi alle varietà, a' moti, alle vicēde. Me l'infegna quello fmifura-
to gigante dell'Imperio Romano, la cui nafcita, fi co
me non fù fenza preuedimēto di gloria, così la gio-
uētù nō pafsò sēza prodigio di grādezza, ne la virilità fenza miracolo di progreffi . Ma giunto pofcia
al dichino dell'età , e fol di nome talhora rimafto
vincitore, di maniera trouoffi fcaduto di forze, che
per foftenerfi, hebbe di meftiere, non altrimenti , ch'
vn'incuruato padre di famiglia, di commettere a'
Cefari, come a fuoi propri figliuoli, di fe medefimo
il gouerno, e la cura. Solo quefta eccelfa Republica fe ne ftà inalterabile . E tutto, che dal primiero
inftante de' fuoi natali fortunatiffimo , non per ac-
cozzamento d'amiche ftelle, ma per decreto eterno
di chi fè le ftelle, numeri fin'al dì d'hoggi meglio di
dodici fecoli di vita , altro però di vecchio in fè non
ferba, che'l fenno, la maturità, ed il configlio . Col
pretiofo preferuatiuo dell'offeruāza delle fue leggi,
vedefi fchernir le zanne del tempo ; e fcherzar' ani-
mofa fotto la falce mietitrice del tutto . Conchiu-

b   do

do poterſi dire con ragion'a queſta immortal Regnante ciò,ch'vna volta cõ menzogniera hiperbole fù decantato all'orecchie dell'antica Roma;

Rut. apud Lipſ. de mag.Rom uб.4.c.1.

Quòd regnas,minus eſt,quã ɋ regnare mereris.
Excedis FACTIS grandia FATA tuis.

E ſtò per aggiungere, che quando la Fortuna,miniſtra fedele delle diuine determinationi, abbandonò gli Aſſiri,i Perſi,i Macedoni,l'Egitto,Atene, Sparta, e Cartagine, non al Teuere(come vuol Plutarco luſingando il genio di Traiano) ma a queſte lagune, diritta ſen veniſſe,e per non partirſene mai più , dentro vi tuffaſſe il globo, l'ali, la ruota, ed ogni altro ſuo più riuerito arneſe. Ma veggo minacciante giurarſene offeſa la Virtù, emula di coſtei antica, che pretende ſola d'hauer mai ſempre con giuſto titolo poſſeduta la Reggia di queſto Dominio,come quella,che moſſe il fiore della nobiltà d'Italia (il più ſpiritoſo auanzo delle fauille di Troia) a fabbricarla contro al furor de' Barbari, ed a locarui ne' fondamenti la vera,e ſoda pietra angolare della pietà, ſopra di cui ſi è poſcia a quel ſegno di grãdezza, c'hog gidì ſi vede,nobilmente ſolleuata.

Da queſte, e da altre marauiglie nella voſtra perfettiſſima Ariſtocratia oſſeruate, Sereniſſ. Principe, Eccellentiſſ.Signori, fui moſſo già, quando ſul più verde de gli anni, a cagione di ſtudio, mi tratteneua in Padoua,a ſcriuere della ragione di ſtato in vn

domi-

dominio Aristocratico. Ed hora (quali siansi) dedi-
co gli scritti all'eterno del nome loro; non già, perche mi faccia a credere di portar nottole ad Atene,
o cosa, che possa esser veniticcia, e forestiera all'orec
chie d'vn Principe di sì alto intēdimēto, ed a Senatori d'esquisitissime qualità; ma ben sì, accioche da essi traggano cagione d'allegrezza, e di giubilo, veggendo nō trascurarsi in Venetia alcuna cosa di quello, che per eternar vna Republica, si seppe già con
maggior felicità insegnare, che con prudenza praticare dalle più auuedute teste dell'antica politica.
Aggiungo, che dall'insidie della Tirannide, nemica
capitale delle Aristocratie, meglio assicurar la vita di
queste mie fatiche io non poteua, che col deposi-
tarle nel togato seno, e trà l'armate braccia di que'
Catoni, ne' cui generosi petti cader non può, ne pur
pensiero di sōmettere la regia porpora, ne di chinar
le coronate chiome all'Idolo esecrando della Fortu
na d'vn Cesare, ne men di renderle tributarie, e serue, che della riuerita libertà.

Trapasserà sua douuta mediocrità la lettera, se
dalla fieuolezza, in cui già nacque, salirà all'altezza
di V. Serenità, e dell'Eccellenze VV. Illustrissime, come effetto della impareggiabile diuotione dell'animo mio, che non pur si truoua inchinato, ma fortemente del lor'ottimo gouerno acceso, ed innamorato. Qui, mentre col douuto termine d'humiltà io

di tanto le supplico, siami rapportato a ragion di gra
tia l'esclamar con sinceriffimo affetto a più chiara
dimoftranza della mia propenfione.

Viui potentiffima Republica, figliuola di Gioue,
madre d'Heroi, regina del mare, fale della terra, fole
del ciel politico. Viui famofa Ariftocratia, augufta
adunanza di tanti principi, nobiliffima corona di tan
te corone. Viui lucidiffimo raggio di quella gran lu
ce dell'antica libertà della Romana Republica, che
tra'l fofco de'crepufculi della moderna feruitù, fem
bri vn'altro fole alle furgéti ftelle delle franche città
d'Alamagna. Viui rifugio certo al valore, afilo ficu
ro alla virtù, tramontana non vacillante a' principi,
nella nauigatione del torbido mare della ragion di
ftato. Viui anchora di ficurezza, non di fperanza, alla fluttuante fortuna del bel nauilio d'Italia. Viui
Sereniffimo Principato, che trattando la guerra per
iftrumento della pace, e l'armi per bilancio delle for
ze de' Potétati, fei diuenuto arbitro della guerra, e
della pace d'Europa.

Statius
Syl.lib.2.
Viue Mida gazis, & Lydio ditior auro,
Troica, & Euphratæ fupra diademata fœlix.
Quem non ambigui fafces; non mobile vulgus:
Non reges; nõ caftra tenent: qui pectore magno,
Spemque, metumq. domas vitio fublimior omni,
Exemptus Fatis ——— ———

LETTORE.

HAVRAI osseruato ne gl' insegnamenti di Polibio, piegar di natura in Oligarchia (dominio infelice di pochi) l' Aristocratia, ch' è gouerno nobile di molti. Dell' vna, e dell' altra di queste maniere di dominare, hò tolto io à discorrere, ma di quella, a sicurezza di questa, come a salute dell' huomo, tratta il medico accurato la natura medesima de' veleni. E perche l' armeria de gl' ingegni Oligarchici trahe le migliori sue munitioni dalla lunghezza de gl' impieghi, e dalla continuatione de' soggetti ne' magistrati, contra di questa affileremo il discorso, sicuri, che la caduta di cotal machina, lascierà in saluo le patrie libere, donando lo stabilimento preteso all' eternità delle Aristocratie.

Questa (Gentilissimo) è la materia del libro. Resta, che da te s' intenda nō sò, che poco di cicalezzo, necessario alla cognitione, in che ti desidero, de' miei sensi. Oppongono alcuni non adattarsi alla ritiratezza di buon religioso lo scriuer di Politica; e vogliono non esser' altro il passar dal choro alla curia, e dal silentio de' chiostri allo strepito della corte, ch' vn

Mascard. Art. hist. trat. 5. ca. vlt.

ch'vn violar'in aperto gl'altrui confini . Spalleg-
giano (mi credo) la cenfura con ricondurr'in teatro
li.2.del
l'Orat.
le memorie di Formione, che appreſſo Tullio vien'
iſchernito da Annibale, perche, ſendo di meſtier So
fiſta, oſaſſe, come Capitano, trattar, ed'inſegnar le
più recondite diſcipline della guerra . Soggiungo-
gono, che Aleſſandro medeſimo, diſcorrendo poco a
propoſito di pittura, ne reſtaſſe mal trattato da quel
Plin,lib.
35.
l'Apelle, che additandogli le riſa, con che di ſuo diſcorſo prendeuanſi beffe i puttaſtri, che ſu'l mar-
mo gli ſtriturauano i colori, l'hebbe a far auueduto, che ſempre mal'a propoſito intraprende chi im-
prende a trattar coſe per natura differenti dal ſuo
meſtiere.

Spatioſo campo ſe mi rappreſenta pur quì da fare da filoſofo, e da ammaeſtrante   Che ſe bene, non
hebbi io giammai tanto d'opportunità, quanto di
genio, d'approfittarmi gran fatto ſulla catedra,
darebbemi nulladimeno il cuore, conſiderando più
al di dentro la Politica, di renderti aſsai ben capace, che non è men proprio d'vn religioſo il trattar di
queſta ciuile diſciplina, che della prudēza, vno de'
più nobili arneſi, che all'huomo ſi confaccia; poſciache, ſe non vogliamo diſſentire dal Liceo, conuienci affermar, eſſer'amendue queſte facultà vn'
habito medeſimo. Nè trà loro oſſerua S. Tomaſo
altra

altra differenza(tuttoche sottilmente vada minuz
zando la materia)se non che l'vna al publico, l'altra al priuato beneficio s'appartiene. Ma non voglio instradarti alla lettura di cose amene, per lo
spinoso calle della scuola, con rauuiluppato filo di
noiosi argomenti,e metasische sottigliezze. E tanto meno,quanto che piana, e breuemente spero di
farti conoscere,che, ne più leggiera può esser la cen
sura,ne(stò per dir)più liuida l'oppositione.

   Dico dunque non appartenersi ad altri più lo
scriuere di questa ciuile filosofia,che a coloro,i quali dell'altre sue compagne,cioè della naturale,e della souranaturale si truouano bē guerniti. E questi,
io mi crederei, esser le persone sagre, alle quali,
come lor propri arredi,conuengonsi queste due sì ele
uate discipline:poiche ordinando eglino colle buone
regole le materie,e disponēdole con giudiciosa lega
tura di pē sieri,rēdono a chi legge,non mē cara,che
gratiosa la scrittura;reprimēdo poscia colle determinationi de'sagri volumi il prurito della ragion
di stato,vtile la fanno,e profitteuole. Ed è quel
salto mortale,quell'estremo delle forze d'Hercole,
a cui suda tanto l'hum ano intēdimento,per vnir'
insieme l'vtile,e'l diletto.

   Che se per contrario verrà questa facultà ciui-
e maneggiata da scrittore,che'n quell'altre due sia
mal

mal'in arnese, senza dubbio correrãno pericolo d'essere i suoi scritti altretanto bisogneuoli d'ordine, e di metodo, quanto accagioneuole di censura la dottrina, mentre, piegando egli più a gl'interessi di Cesare (così lusingato dal senso, e dall'adulatione) ch'a que' di Dio, non rederà a ciascheduno di questi, come n'habbiam precetto, il suo douere, e'l suo diritto. Ed a questa maniera in iscambio di formarci da ben regolato maestro di Politica, vn principe buono, formeranne da empio Atheista vn tiranno crudele.

E per vero dire, chi potrà meglio gouernar'il cuore del Principe, di chi sà meglio gouernar'il suo? Chi saprà meglio, e più consigliatamente dar leggi di buon gouerno, che chi immediatamente trattando con Dio, si dichiara per successore di colui, che dalle medesime mani di Dio ci rapportò le tauole della legge? Chi saprà meglio il distinto delle forme di gouerno, di colui, che tutto'l dì le pratica, non solo per conueneuolezza, ma per necessità? Qual Religione non hà la base del suo instituto stabilita onninamẽte sull'vna di queste pietre, Monarchia, Aristocratia, e Democratia? A qual Religioso, c'habbia merito, e qualità, nõ può toccar'vn giorno l'hauer'a gouernar la sua?

Se'l Principe per cõueniẽza di christiano, nõ hà

mag-

maggior confidenza in questo suo mondo di quella,
ch'ei professa a quel religioso, a cui (tāto più souète,
quāto più si sente huomo dabbene) partecipa, e con-
fida la miglior parte di se stesso, qual ragione vor-
rà, ch'egli non habbia (occorrendo) da poter consul-
tare con esso lui quelle risolutioni politiche, indiffe-
renti, e disputabili, nelle buone, o cattiue cōclusioni
delle quali dourà necessariamente impegnar', o col
Cielo, o coll'Inferno, i più pretiosi tesori della sua salute? e forse, che le corrēti infermità de' Seiani, mai
sempre per ordinario rilassati, e venali, non hanno
posto in obligo il Regnante di diffidare di ciò, che
può esser corruttibile e secolare?

Riconosca pur'egli il Principe nel religioso il
religioso, che nel resto non può, ne dee sperar meglio
altroue alloggiata la sua cōfidenza, che'n quel petto sagro, in cui le politiche saranno dottrine, non
negotij, in cui i consigli saranno afflati dello Spiritosanto, non passioni di cuore ambitioso, od interessato

Chi dunque sarà tanto nemico del publico, che
tenti d'esiliare le buone politiche dalla conuersatio-
ne d'vn buon religioso, sotto pretesto, ch'egli habbia
a star mai sēpre sotterrato in vna cella? Consso, che
sino a' più saputi della gentilità, era Dio del consiglio, non habitaua anch'egli (chi mi lo niega?) sot-
terraneo in vna cella? Quante volte vide Roma il

ſuo Romolo ſcender'a lui per riportarne gli oracoli, e i riſponſi?

Ed a chi dourem noi raccomandar' il Principe,
perche reſti addottrinato? Ad huomini ſecolari?
ſaranno forſe anche ſecolari i loro conſigli Di ſtato? Saranno forſe ſolo per lo ſtato di queſta vita,
le loro Dottrine. Di Corte? Guai a quel Principe,
che ſi regola colle regole della corte. Apprenderà a
ſeruir' a'ſuoi, non a comandar' a'ſuoi.

Leuina mano dall'intrapreſo Bernardo, Tomaſo, e Bonauentura, quelle ſalde colonne del chioſtro,
que'lumi eterni delle Religioni, che tralaſciãdo ciò,
che ſcriueuano dell'humiltà religioſa, e della perfettione monaſtica, non iſtimarono alieno da quel,
che profeſſauano, l'inſegnar l'arte del Principato,
a conſegnino altri più auueduti il ſuo Principe alle
maſſime, ed a'gl'inſegnamẽti d'vn Macchiauelli, e
d'vn Bodini, che coſtoro ſcorgẽdolo a migliore ſtrada, ridurranno il mondo a lagrimarſi dipendente
più da gli arbitrij d'vna fiera crudele, e ſanguina-
ria, che dalle leggi d'vn'Imperãte, ch'eſſer dourebbe padre, e protettore de' popoli.

Nauiga il mare Egeo, chi ſcriue di politica.
Quãte maſſime per addottrinamẽto di gouerno ei ſi
ſtudia di ſtabilire, tãti ſcogli di dure malageuolezze và incontrãdo per far nau fragio. Romperà,
non hà dubbio veruno (ſia chi che ſia) che'n veleg-
giarlo

giarlo, non haurà per indirizzo il vangelo, per tramontana la scrittura. *Quindi tu vedi bene, che non ad altri, che a persone d'ordine sagro, per apprender l'arte di comandare, e le regole di ben seruire, inuia lo Spiritosanto il suo Principe, e'l suo Cortigiano, mentre dice a cadaun di loro;* Ne de- Ecclesia-st. c. c. 8. spicias narrationem Presbyterorum sapientum, & in prouerbijs eorum couersare', ab ipsis enim disces sapientiam, & seruire Magnatis sine querela.

Ma che? Fin nelle tenebre della Gentilità d'Egitto, non istaua in oscuro questa dottrina. Solo de' Faraoni, e poscia de' Tolomei, erano i Sacerdoti i più intimi consiglieri di stato, e i più accreditati Dogmatici di politica. Leggi Diodoro. Leggi Lib. 1. *Giuseppe. Dunque nō deesi negar' ad vna penna re-* Lib 2. An-tiq. *ligiosa lo scriuere, il trattare, e l'insegnar di questa prudenza ciuile. E que', che sopra ciò van quistionando, ripongansi nel numero di coloro, che pres-so il gran Filosofo, fan litigio, se deggiansi honorar* 1. della To pica. c. 9. *gl'Iddei, & amar' i genitori.*

Sento auuisarmi da vn' altro, che'l mondo è così carico di precetti politici, che inutilmēte homai s'intraprende la briga di scriuerne. Lo concedo in materia di Monarchia, lo niego di Aristocratia. Sono più i Senofonti, che' Platoni. Forse può dirsi de gli scrittori profani, nol deesi de' profitteuoli. Ma concedasi. Hà egli dell'impossibile il ritener le penne,

che

che non volino colà, doue vedeſi correr luſinghier' il mondo. Douerſi ſeruir al popolo, ed alla ſcena, fù concetto di Tullio al ſuo Bruto. E vn'altro Senator Romano inſegnò, non ritrouarſi coſa, che più ci ſcuopra il ſaper d'vn'huomo, che'l ſapere ſcriuer' all'orecchie de' ſecoli Queſti hãno tutti le proprie materie, come le ſtagioni i proprij frutti Il moderno è tutto politico, che dunque marauigliarſi, ſe

Macrob. Satur.

Horat. ad Auguſt.

Scribimus indocti, doctique politica paſſim?

E per qual cagione, mi replica vn'altro, ti applicaſti tu allo ſcriuere di queſta tua Republica fantaſtica di Lesbo? Dirollo. Mi ſono fabbricato vna Republica ideale, per non hauer' a fauellare d'alcuna delle reali. Se parlo di coſa, che non è, chi dirà, ch'io aduli, ſe lodo; che maluoglia, ſe biaſimo? Ne' ſecoli corrotti, non può portarſi, che corretta la verità. S'ella è pronuntiata a prò d'vno, ſi fà ſoſpetta, ſe a pregiudicio, ſi fà pericoloſa. Ben lo diſſe quel Pindaro, che ſarebbe ſtato la fenice delle penne, ſe non naſceua Maffeo Barberini, il Maſ

In Nem. Ode 5.

ſimo, ſimplicem veritatem non ſemper proferendam eſſe, quòd damnoſa ſit. Parlando in generale, haurò parlato per tutti, non per alcuno. Lo ſcrittore di precetti è vn fabbro da calzari. Informa per tutti, ma non vende, che per que' pochi, che truouano tagliato alla lor miſura. L'inuentione non è nuo

Ann. 13.

ua, che Luciano, vir (come diſſe Tacito di Seneca)

amœ-

amœniſſimi ingenij, collo sferzar i morti a documento de' viui, n'hà data la norma, ed aperta la
ſtrada Tomaſo Moro, nõ ſò, ſe più celebre per l'integrità della vita, ò pel ſodo della dottrina; inuentò vna Republica, à cui diè titolo d'Vtopia, piena
di buone maſſime, ne ad altro fine, che per poter inſegnar ſenza inuidia, e ſenza pericolo d'odio, o di
pena, a correttione del corrotto ne' ſuoi tempi,

    Auriculas teneras mordaci radere vero.   Perſ.ſat.1.

    Spalleggio le mie maſſime con numeroſa falange
di autorità de' più accreditati ſcrittori, non per
far furto, ma per far frutto; non per oſtentar l'eruditione della penna, ma per confermar la ſodezza
della dottrina. Et accuſandone in margine la partita, mi dò a credere di pagar ciò, che deuo a gli
autori, che ben me l'intendo con Plinio, benignum, In præfat.
lib.
& plenum ingenui pudoris eſſe profiteri, per quos
proficeris. Or queſto modo di fare nõ và all orecchie
di coloro, che ſi millantano di trarſi tutto il lor ſapere dalla propria nuca, quaſi ch'ella ſia vn nobiliſſimo ricettacolo di fantaſmi pellegrini, da cui nõ al-
trimẽti, che dal ceruello di Gioue, poſſa trar di nuouo la Dea dell'arti i ſuoi natali. Dicono eſſer queſto, vno ſcriuere colla penna d'altri, opera ſcema
d'inuentione, tutta ben ſì di ſtudio, e di fatica, ma
non già d'ingegno, o di dottrina. Io nõ voglio diſpu-
tar il punto. Non è il medeſimo il fondar dogmi, e
                                 dot-

dottrine, e lo ſtenderſi con ricercate ſopra coſa, già
ſteſa colla penna dello Spirito ſanto. Ne in vna ſimile ſcrittura truouo tutto quello degli ſcrittori,
ch'eſſi van cercando ne gli altrui ſcritti. Veggano
tra tanto, ſe fà per loro la dottrina di Plinio, il qua
Epiſt. 13. le inſegna, che inuenire præclarè, enunciare magnificè, interdum etiam barbari ſolent; diſponere aptè,
figurare variè, niſi eruditis negatum eſt. Et a me ſol
vaglia l'hauer premuto in parte ſulle veſtigia di
quel Giuſto Lipſio, che ſcriſſe del Principato con
tanto affollata frequenza di ſentenze, e d'autorità, ch'egli medeſimo cōfeſſa d'hauer fabbricato vn
nuouo ſtile, in cui ſi può dire con verità, che tutto
ſia del ſuo, e niente vi ſia del ſuo. E pure ei ſi ſà, che
tanto ſe n'approfittò nel grido, e nella fama preſſo'l
mondo, che l'Italia, poſto in non calere l'antico titolo d'eſſer la Regina delle buone lettere, e la madre
de gl'ingegni, in vn medeſimo tēpo cō alto ſentimē̄to
del di lui ſapere, dall'vltimo della Belgia, alle famoſe catedre inuitollo, di Roma, di Padoua, e di
Bologna.

E che dirai (ſento dirmi da vn'altro) dello ſtile?
Qual diſcolpa porterai tù per hauere ſcritto talhora troppo ſeuera, talhora troppo poeticamente? Chi
hà dato il nome, non che'l numero, a queſto ſtile, che
ſtà hor ſul contegno, hor dà, largheggiante, nel
diſdiceuole? Che dirò? Dirò d'eſſergli molto bene
ſtret-

ſtrettaméte tenuto dell'honor, che mi viene dall'oſſer
uatione. Nõ mi è tanto di biaſimo il dire, ch'io habbia ſtile cattiuo. quanto m'è di lode, il dire, che io
habbia ſtile Non mel péſai giammai La mia età,
la mia profeſſione, e gli ordinari miei ſtudi più
graui, e più ſeueri diſamano quelle colture, e quelle amenità, che fanno ſtile. Giudicai ſempre, che nella fabbrica delle coſe, che ſcriuo, baſtaſſe pel ſodo la
verità, per ornamento la chiarezza. Dunque non
difendo lo ſtile, perche nõ m'offendono le oppoſitioni.
Se'l libro verrà ſtimato buono, la miglior fortuna,
c'haurò incontrata, ſarà l'hauere ſcritto con ſtile
cattiuo. Non l'haurà fatto buono altro, che la dottrina. Egli è ben però il vero, che non deuo traſan-
dar di dirti, che anche nello ſtile mi ſono ſtudiato
di ſlontanarmi dal plebeo, nõ per farmi lodare, ma
per ſeruire alla materia, ch'è nobile, e al ſecolo, ch'è
dilicato. Confeſſo d'hauer'inſerito nella teſſitura de'
concetti qualche filo di luſinghiera tranſitione, e di
poetico titillamento, per auuentura malconfaceuole
alla tela, c'habbiamo alle mani. Ma chi me ne ſti-
merà reo, ſe dirò d'hauer ciò fatto a cagione di le-
uarti di quella noia, che ti haurebbe potuto recar'
vna continuata lettura di coſe ſerie? Appreſi io
già il buon tratto da Fabio Quintiliano, oſſeruã-
do, che anch'egli tra'l ſerio delle regole di retorica nõ
hebbe per male inneſtare qualche poco di viuezza,
e di

e di coltura, ne à difcendo *(odine la cagione)* ieiuna, atque arida tractatio auerteret animos , & aures, præfertim delicatas raderet . *E Lucretio non per altro configliosfi di fcriuere in verfi della filofofia naturale , che per raddolcire colla piaceuolezza delle mufe, la feuerità della materia, che rimanendo nell' auftero della fua naturalezza; poteua riufcir d' acerbo gufto all' addifcète giouentù. Così andaua difcorrendo il Saggio;*

—— Pueris abfinthia tetra, medentes,
Cùm dare conantur, priùs oras pocula circum
Contingunt mellis dulci, flauoque liquore,
Vt puerorum ætas improuida ludificetur
Labrorum tenus. Intereà perpotet amarum
Abfinthi laticem, deceptaque non capiatur,
Sed potiùs tali facto recreata valefcat.

Altro non ho che dirti , o Gentilisfimo. Chi sà, quăti fudori fien neceffari a chi fa vn libro, faprà con quanta indifcretione , l'occhio s'offenda d'ogni picciol macchia. Siam' huomini. Scriue fenza mèda, chi fcriue con manco di menda. Viui felice.

REPVBLICA DI LESBO

OVERO

DELLA RAGIONE DI STATO

in vn Dominio Aristocratico

Libro Primo

DELL'ABBATE DON VICENZO SGVALDI.

SOMMARIO.

Sito, e lodi dell'Isola di Lesbo. Suo Reggimento. Antico, di Monarchia, e moderno, d'Aristocratia. Hà per capo il Decemuirato. Si consulta, se a gl'istessi dieci si debba continuare il grado, e l'autorità. Vien ventilata l'affirmatiua, e si conchiude per la negatiua, discorrendo per incidenza de' teatri, e spettacoli publici.

COSI ricco, & abbondante d'Isole il mare Egeo, da' moderni Arcipelago nominato, che tra gli antichi trouossi scrittore d'accreditata penna, che non istimò tratto d'arditezza il paragonarlo all'ottaua sfera ; come, che'l numero d'esse di parità col numero delle stelle

Aristide oratore.

A

ſtelle di quella gran machina del cielo gareggiar poteſſe . Ne' dalla bella ſimilitudine fraſtornollo la diſu-
guaglianza,ò diuerſità,che'n loro ſi vede,anzi a confir-
marla maggiormente inuigorillo ; poſcia che, quanto
è minor la proportione,di grandezza , ſito , e figura tra
loro, tanto più chiara, e viuamente in quel fluido criſtallo rappreſentarci il bel ſembiante veggiamo dello
ſtellato volume,in cui ne pur l'Eterno ſtápar volle tutte le ſtelle d'vgual grandezza , denſità , lume , e ſplendore .

Tra le maggiori,che pompoſa rendano, e riguardeuole queſta ondeggiante sfera, non vi è chi a quella
di Lesbo il principato nieghi . Coſpirano in queſto
vno tutti gli ſcrittori,ch'ella dell'altre ſia la più bella ,
la più culta,e la meno alpeſtre, e diſaſtroſa ; Ma non
coſì di pari ſentenza conuengono poſcia del circuito.
Altri di cento feſſanta,altri di cento nouanta cinque ,
ed altri,e ſono i più moderni, di cento,e trenta miglia
la fanno.

A leuante rimira la Natolia , a ponente hà la Grecia,a mezo giorno Scio, e Candia, & a ſettentrione
ſtannole dirimpetto le ceneri, e l'affumicate reliquie
della metropoli dell'Aſia . Plinio di otto conſiderabili città l'arricchiſce, e di due porti nobiliſſimi l'adorna;ad oſtro l'vno,ad oriente l'altro , capaci amendue
di reali armate , e da certe iſolette , che fannoſi loro a
fronte , baſteuolmente preſidiati.

Non ſi hà certezza di chi prima vi dirizzaſſe fabbrica ; & io di buona voglia per nó intrecciar fauole

le in cofa,che táto hà del ferio,dallo fcriuerne m'aften
go,caminando affai con diuario dal fentimento di co
loro,che'l principio dell'edificatione,da Mileto figliuolo di Febo riconobbero,e da lui pofciá il nome deduf
fero di Mitilene ,ch'è il capo,e la città reale dell'imperio . I regni,e gli ftati d'antichiffima ricordanza fono
della natura del Nilo, di cui quanto è più noto il corfo, tanto men'euidente è l'origine.

Fù la terra di Lesbo ferace d'huomini illuftri, e
feconda di pellegrini ingegni; e fra molti alla po-
fterità tramandano le ftorie vn Pittaco,gloria,e corona del collegio de' fette faui della Grecia,vn'Al-
ceo poeta, da Quintiliano al grande Homero adeguato, Saffo poeteffa,che'l nome, e l'origine diè al
verfo Saffico ; Teofrafto, e Fannia vditori d'Ariftotele,Arione, e Terprando mufici di nominata; e ne'
tempi più moderni Teofane hiftorico , intrinfeco
di Pompeo il Magno , e poi camerata del figliuolo
Marco Pompeo,che da Augufto hebbe il gouerno del-
l'Afia,e per le fue pregiatiffime doti fù pofcia tra' più
cari ,e domeftici annouerato , che giammai fi hauelfe
Tiberio.

Al principio queft' ifola hebbe i fuoi rè. Argomento
chiaro fe ne tragge da Dite Cretenfe fcrittore d'ordine
claffico ,ed antico, il quale fotto lo ftendardo reale
d'Idomeneo fuo principe naturale faticando all'eccidio di Troia , valorofo adoperò non meno della fpada la penna in ifcriuere ciò, che giornalmente in quel-
la guerra fuccedeua . Ora coftui ci racconta,come ef-

Lib.2.della guerra di Troia.

A 2 fen-

sendo trattenuti i Greci in far sagrificio a' loro Dei,
Achille seruido di genio, e d'otio impatiente, stiman-
do, che le città vicine a Troia douessero esere alla di
lei difesa, come tanti beluardi, e propugnacoli, tolte
dall'armata alcune naui, d'improuiso diè sopra l'isola
di Lesbo, e dopo leggier contrasto se ne fè padrone ;
e rimasto morto in battaglia Fogarita rè di quel luogo,
con ricca preda, quasi come in trionfo trasse seco Dio-
Iliad. 24. medea figliuola dell'inimico. Erano nulladimeno
feudatari, e ligi della corona di Troia questi rè, ed a
Priamo come ad assoluto principe, e monarca di tutto
quel tratto di paese vbbidiuano.

    Arse alle fauille della città di Troia, l'isola di Les-
Nella vita bo, e (per quanto ne scriue Herodoto Halicarnasseo)
d'Homero. sotto le proprie ceneri rimase da cento, e trenta anni
sepolta. Fù poscia riedificata, ed hebbe forma di republica, ma da molti più tosto tiranneggiata, che da veruno con giusto titolo posseduta. Pittaco ne fù l'vl-
Strabone timo padrone ; e di lui scriue vn'antico, che a cagione
lib. 13. di leuarla dalle mani della moltitudine, in se medesimo
ne trasse tutto il dominio, e dipoi incontanente, colla lor libertà a' suoi cittadini, da magnanimo restituil-
lo, con buone leggi fondando vna Republica Aristocratica.

    Ne passa senza gran marauiglia, che l'altre isole ag-
giacenti, nel moto delle guerre ciuili de' Romani furon tutte esterminate, e disfatte; solo questa di Lesbo intatta rimase, ed illesa ; anzi in quel grande
sconuolgimento di cose, sì fattamente fiorir si vide, che

                                 Pom-

Pompeo, come in afilo ficuro, e 'n piazza forte il meglio della fua fortuna, ch'era Cornelia la cara, ed amata conforte, depofitouui.

Pregioffi tanto la republica di quefta confidenza, che dopo il Farfalico combattimento, tornando egli a ripigliarla, benche rotto, e fugato dalle vittoriofe infegne di Cefare, ad ogni modo, il fenato, nulla curando lo fdegno d'vn tanto vincitore, ne' fuoi porti lo riceuette, honorollo, e larga offerta delle fue forze gli fè, dell'oro, dell'argento, e di tutto ciò, c'hauea, in acconcio, e in ridirizzo della fua fortuna, dicendo quà preffo noi

Lucan. li. 8.

―――― *proceram pars magna coibit*
Certa loci. Noto reparandum eſt littore fatum.
Accipe templorum cultus, aurumǭ Deorum
Accipe. Si terris, ſi puppibus iſta iuuentus
Aptior eſt. Tota, quantum valet, vtere Lesbo.

Ma fermarfi non volle quell'heroe. E chi sà, fe tirato fofse dal proprio deftino ad efser'in Egitto tradito, e morto, ò fe pure ciò facefse per non irritar maggiormente l'armi, e lo fdegno di Cefare, contra d'vna republica tanto diuota, e partiale del fuo nome? Gradì nulladimeno l'affettuofa dimoftratione, e con fentimento magnanimo di gratitudine, e di compiacenza, efclamò.

Lucan. vbi ſupra.

Heu nimium felix æterno nomine Lesbos,
Siue doces populos, regeſq. admittere MAGNVM,
Seu præſtas mihi ſola fidem ―――― ―――――
―――― ―――― *accipe Numen.*

Sì

Si quod adhuc mecum es, votorum extrema meorū;
Da similes Lesbo populos, qui Marte subactum;
Non intrare suos infesto Cæsare portus,
Non exire vetent ▬▬▬▬

Questa è l'origine, e l'antico stato della republica
di Lesbo. Nulla, ò almen poco è differente il moderno. Dura ancora l'Aristocratico reggimento, ed
il maggiore de' magistrati, ch'ella si habbia, è il Decemuirato, ciò è a dire, vn corpo di dieci senatori, che
colle spalle d'vna buona politica, la mole sostengono
di questo dominio. Et è di così grande autorità, che
dell'antiche republiche niuna vn simile creonne giammai.

E per fauellar della Romana, che colla sua immensa potenza in se stessa tutte l'altre trasse; ed a guisa d'-
vn gran lume, ogni altra facella di minor potentato
estinse, è fuori di litigio, ch'ella tra' sourani suoi magistrati quell'honorò de' consoli, del senato, e de' tribuni della plebe.

Grande fù l'autorità de' consoli nel maneggiar la
guerra, nel conchiuder la pace, e nell'accordar le differenze, che verteuano trà potentati, rè, e signori, che
quasi con più libera podestà trattar non haurebbe potuto vn principe assoluto, ed independente. Ne crederei, che altro diuario tra questi, e quelli vi fosse, se
non che dell'vno l'imperio è perpetuo, de gli altri era
temporaneo. *Eos enim omnia iura regis, omnia insignia*
tenuiße, scriue Liuio.

Grande fù quella del senato, di quel venerabile
con-

congreſſo di tanti padri, di quel nobiliſſimo cerchio
di tante corone; poſciache oltre all'hauer nelle mani
il publico erario, fondamento de gli ſtati, e neruo de
gli eſerciti, a lui riſeruato era di trattar prima, e di ri-
ſoluere quelle coſe, che dipoi haueanſi a proporre al
popolo. Maggiore fù ancora quella de' tribuni della
plebe, colla quale non di rado fù loro ageuol coſa l'opporſi alle determinationi de' decreti de' conſoli, e del
ſenato; anzi alle volte, quaſi con regia mano, a gli vni
fecero violenza, e l'altro poſero in anguſtia d'appi-
gliarſi a partiti aſſai duri, e diſaſtroſi. Vaglia per cagion d'eſempio Publio Sulpitio tribuno, il quale a viua forza dal Foro diſcacciò i conſoli, che oſtauano, ed
aſtrinſe il ſenato a decretar'a Mario l'impreſa contra
di Mitridate, che pur dianzi a Silla era ſtata commeſſa.
E di quà ſcoppiarono le tante conteſe, che ſeguiron
poſcia con sì gran danno della republica, tra que' due
carnefici del ſangue Romano.

Tuttauolta egli è vero, che'n più ſi ſtende il braccio,
e la forza del Decemuirato in Lesbo, che non ſi ſteſe
giàmai in Roma quella d'alcuno de' ſopradetti magiſtrati. Queſto corpo di dieci ſenatori oltre all'eſſer
padrone del publico erario, arbitro della guerra, e
della pace, mediatore nelle controuerſie delle ſtranie-
re potenze, aſſolutamente comanda alle terre ancora,
a' caſtelli, città, e prouincie di queſto ſtato; e con sì libera, ed illimitata autorità, le redini maneggia delle co
ſe publiche, che ſenza hauer riguardo a chi ſi ſia, come
più li torna in grado, ed in acconcio, ne diſpone, e ne
riſol-

rifolue . Le fentenze, & i fuoi decreti a niuna cenfura,
a niuna forte d'appello foggiacciono . Ed in compendio,della coftoro autorità può dirfi ciò,che per bocca
di Salluftio diffe vna volta C.Memio della potéza d'al-

De bello
Iugurt.
cuni pochi nella Romana republica, che *apud ipfos fint
prouinciæ,leges,iura , iudicia,bella,atque paces,poftremò
diuina,& humana omnia* .

Ma quello,che fupera l'intendimento d'ogni politico è,che in ogni caufa tanto ciuile , quanto crimina-
le,egli può giudicare,fenza afcoltare,fenza dare al reo,
ò alla parte le fue difefe . Ed è ancora ofcuro a' difcorfiui, per qual cagione Pittaco, che fù così gran fauio,
tra tante buone leggi,colle quali fondar volle la fua
ariftocratia ,quefta annouerafse,che'n apparenza così
forte dell'iniquo fente,e dell'ingiufto. Ma per auuentura il genio di quel popolo, che da vn'eftremo all'altro di gouerno, féza toccar mezo veruno,faceua paffag
gio,così richiedeua . In ogni cafo dobbiamo credere,
che'l fine d'vn'huomo tale,come quello de gli Ateniefi
nell'oftracifmo,fofse retto,e buono,tutto che'l decreto ingiufto,ed iniquo.

Generalmente però fauellando è cofa da barbaro ,
e da tiranno il giudicar alcuno fenza afcoltarlo . Ed infino alle ftelle s'innalza la prudenza di Solone,e di Dra

Apul.lib.2
cone,perche có giuramento obligarono il fenato d'A-
tene ad vdire con pari patiéza,e benignità, così il reo ,
come l'attore . Ne altro in fua difcolpa recar feppe
Cleomene, l'vcciditore de gli Spartani Efori,al popolo, contra di lui folleuato, e tumultuante, a cagione

ne d'hauer meffe le mani nel fangue di que' fupremi
giudici,fe nó che effi ,de'rè di Sparta altri condanna- *Plut.in*
uano a morte,altri mandauano in efilio,fenza afcoltarli. *Cleom.*
Coll'ifteffo pretefto diè colore di giuftitia al bando da
to a M.Tullio da Roma P.Clodio,che'n punire la Cati- *Sabel.li.3.*
liniana cógiura, fenza far la caufa,hauefe dato morte a *Æneid.o.*
nobiliffimi cittadini della republica . Ma che? Gli fteffi
huomini facinorofi,e fcelerati per fentenza di Tacito,
quia inauditi , atque indefenfi , tanquam innocentes pe- *lib.1.hift.*
reunt .

    Ora qual magiftrato di Roma hebbe giammai tanto
d'autorità, che fenza teffitura di caufa, fenza ferie di
proceffo, poteffe condánare,od affoluere chi che fi fof
fe ? Qual tribunale vi fù , che giudicaffe fenza appel-
latione ? Egli è pur chiaro,che Valerio Publicola, pri- *Flor.lib.1.*
mo confolo dopo l'efpulfione de' Tarquini, ad accre- *cap.9.*
fcimento della maeftà di quel popolo libero,decretò,
che'tribuni della plebe foffero giudici d'appello , anche delle fentenze del fupremo magiftrato de' confoli?
E perche quefta legge,vnico prefidio,al fêtir di Liuio, *Lib.1.Dec.*
della libertà , fù nella tirannide de' Decemuiri abboli- *1.*
ta, ed abrogata,perciò fubito, dopo il loro efterminio,
non folo da' confoli fù rinouata,ma anche da M.Duil-
lio con rigorofo decreto ampliata,che niuno ofaffe di
crear magiftrato , che foffe inappellabile; *Et qui creaf-* *Liu. vbi*
fet,tergo, ac capite puniretur. *fupra.*

    Di sì tremendo, e poderofo magiftrato fi và difcor-
rendo hora, fe i nobili votanti nella republica di Lef-
bo per buona ragione di ftato , e per maggior ficurez-

B za

za della loro libertà deggian farlo perpetuo, eleggen-
do mai fempre alla carica i medefimi foggetti, ò pure alterabile con vna vicendeuole elettione, hora di
queſti, hora di quegli, affinche non potendo eſſere,
Arist.c.1. *Vt omnes fimul imperent, faltem imperent, vel anno, vel*
2.pol. *aliqua alia defcriptione, vel tempore,* come a migliori de'
Peripatetici piacerebbe.

Preſſo i moderni politici ſi quiſtiona bene, ſe ſia vtile ad vno ſtato il permettere, che' magiſtrati qualche
volta ſieno prolongati, e nelle ſteſſe perſone a qualche
tempo continuati; ma che'n vna republica Ariſtocratica, habbiano da eſſer perpetui; non mi rammento
d'hauer letto gran coſe; cred'io, perche ſapendoſi, che
Liu.lib.3. la perpetuità de' carichi toglie quella viciſſitudine di
comandare, ch'è anima informante, non che forma aſ-
ſiſtente d'ogni ſtato libero, niuno in coſa, men che ne-
ceſſaria, ſi ſia poſto a faticare; inſegnādoci maſſimamen
Dio Caß. te la buona ſcuola de' Greci, che *longiora, & diuturna*
lib.52. *imperia, multos ad res nouandas impellunt;* e che nelle
Arist.Po- patrie di libertà, *feditiones fiunt ex eo, quòd pauci funt*
lit.5. *honorum participes.* Tuttauolta, perche non mancano
de gli huomini, che ſopra le certezze muouon litigio,
& a quali per vedere la luce del Sole, abbiſognano gli
occhiali della ragione, pregio ſarà dell'opera, l'andar
ponderando ciò, che faccia per la perpetuità del magiſtrato di Lesbo; e ciò, ch'all'incontro ne perſuada
ad vna legge di vacanza determinata. E ſopra queſti
due poli tutta la machina del diſcorſo rauuolgeraſſi.

Nel gouerno de gli ſtati, e nell'amminiſtratione delle

le republiche niuna cofa è più opportuna, anzi più necefsaria, che l'efperienza. Propofitione, che tanto meno hà bifogno di pruoua, quáto che ful fodo è fondata
della dottrina de' Peripatetici; *quifquis in re ciuili intel-* ‸ *Arift. Eth.*
ligens haberi vult, opus eſt ei experientia, fcriue il Prin- *10. c. vlt.*
cipe della lor fetta. Ne per altro, Socrate, tutto *Diog. Laer.*
che partigiano di Platone, da' magiftrati d'Atene
efclufe Glaucone di lui fratello, fe non perche del-
l'efperienza nelle cofe publiche mal prouifto ritro-
uollo. E M. Tullio protefta vna miriade d'inconue-
nienti a quegli ftati, ne' quali *homines ad honores adipi-* *lib. 1. de*
fcendos, & ad rempublicam gerendam nudi veniunt, & *legib.*
inermes, *nulla cognitione rerum*, *nulla experientia*
ornati.

Vale per cento maeftri, e per mille documenti l'efperienza; e come produttrice delle buone refolutioni,
a prender c'infegna nell'anguftie de' tempi, e nel torbido delle negotiationi, que' partiti, ch'alle città, &
a gli ftati fogliono apportar notabile giouamento. Or-
dina quefta le cofe prefenti, preuede le future, e le paf-
fate rammenta. E' vn non fapere, (ò Politico) il tuo
fapere, fe quefta manchi. Odi il Tragico.

Non quod putas te fcire, fcis, fi vfus deeſt. *Sophocles.*

Ora quefta pratica, e quefta efperienza, altro nõ
effendo, per fentimento di Plutarco, che *fimilium fre-* *De Plac.*
quentia, malamente haurafsi, doue vn continuato go- *philof. li. 4*
uerno non fia, in cui dir fi pofsa, che *cap. 11.*

Per varios vfus artem experientia fecit, *Manil. 2.*
Exemplo monftrante viam.

Stabilifce quefta verità , ed auualora l'argomento ,
vna nobile fentéza d'Ifocrate al fuo Nicocle: *Qui magi*
ſtratus per vices annorum ſubeunt, prius iterum fiant pri-
uati , quàm reipublicæ negotia cognoſcant, eorumque ſibi
experientiam comparent. Qui verò ſemper ijſdem officijs
funguntur , licet ingenio inferiores ſint, experiētia tamen ,
vſuque rerum longè cæteris præferendì ſunt.

Chiaro lume nell'ofcuro dell'ambiguità , che cadono nell'appartenenze di ſtato , è il gouernarſi a caſi fe-
guiti . Sicuro indirizzo alle cofe future è la confideratione delle paſſate . E che altro fono gli accidenti,
c'hanno a venire , fe non gli accidenti auuenuti ? E pe-
Diony̅ſ. Ha- rò ad vn'huomo di republica diceua quel Greco, *puto*
licarn. li. 5. *valdé neceſſariam eſſe præteritarum rerum cognitionem ,*
vt in ſimilibus caſibus exempla in promptu habeant , quæ
Cic. R het. *ſequantur: facillìme enim* (foggiongea vn latino) *per*
nou. 4. *imprudentiam deducuntur in errorem hi,qui vniuſcuiuſ*
que rei de rebus ante geſtis exempla petere non poſſunt.

Errar non può nella ſtrada del gouerno, chi mette i
piè sù le veſtigie di chi hà gouernato bene . Giunge
preſto al termine delle buone refolutioni , chi pel fen-
Epiſt. 6. tiero camina d'vn buon'efempio , *breue iter per exem-*
pla (diſſe vna volta Seneca) *longum per verba* . E la cagione ne rapportò il Lirico latino, ed è, perche
Hor. de Ar-   *Segniùs irritant animos demiſſa per aures,*
te Poet.   *Quàm, quæ funt oculis ſubiecta fidelibus.*
E queſto modo di fare , ficuro, e buono, difficoltà veruna nella republica di Lesbo , non haurebbe , ogni
volta, che' ſuoi Decemuiri foſſer perpetui.

Nobi-

Nobiliſſimi arredi de' magiſtrati, ſono il riſpetto, e la veneratione; E tanto più ſi conuengon loro, che nõ fanno la porpora, e le verghe, quanto che, di põpa ſono l'vne, d'eſſenza gli altri. Dishonori, ſenza d'eſſi, ſarebbono gli honori, indegnità le dignità. Pertanto ogni grado ſublime, e di maggioranza deeſi ſoſtener con riputatione, e trattar con maeſteuol decoro, affin che ne gli animi de' ſudditi, vn certoche di riuerenza s'accreſca, che venerabili renda i ſuoi decreti. *Auge-* *tur enim, & creſcit quidquid in honore eſt.* E per contra-rio, *deficit, ac minuitur quidquid eſt in contemptu. Atq; hoc ſignum clariſſimum eſt imperij benè conſtituti.* E que-ſto difficilmente ſeguir può nella vacanza de' Decem-uiri, e doue di quando in quando, e ſolo temporaria-mente haſſi a comandare.

Iamblic. a-pud Stobi-ſerm. 44.

Ne traſcurabile è la conſideratione, che per ordi-nario da' tribunali perpetui, e di continuata autorità, végono più ſode, e più virili le reſolutioni, come que', che a vacanza di ſorte veruna non eſſendo obligati, rendono anche le perſone più ardite, e pronte a quel-le determinationi, alle quali *reipublicæ cauſſa adhiben-da eſt ſeueritas, ſine qua adminiſtrari ciuitas nulla poteſt.*

Cicer. 1. de off.

Ma per auuentura con più valida ragione ſi ſtringe. E ſi conſidera, che quando il magiſtrato alla mutatio-ne de' ſoggetti ſoggiaccia, e che ogn'anno in tutto, od in parte habbiaſi a rinouare, bene ſpeſſo nelle mani della giouentù caderà il gouerno della republica. Qual poſcia alla regolatione delle coſe di reggimento,

e di

e di ſtato, ſia più confaceuole, ò l'età de' giouani, ò
quella de' vecchi; chi dubbio n'haueſſe, può in Plutarco leggere l'infelice fine, c'hebbe l'impreſa d'Atene
contra della Sicilia da Alcibiade ſul fiorir de gli anni
guidata, e dalla maturità di Nicia in aperto ſcon-
ſigliata.

Hà la giouentù (ei non ſi può negare) più dell'at-
tiuo, *& aggrediendo quippiam præualet: ſed ſenectus,*
præuidendo. Hæc nunquam ſine mentis cuſtodia ſeipſam
relinquit, ſed quidquid agit, aut egerit, conſiderat, ꝟt fu
tura præſentium, præſentia præteritorum collatione truti-
nans, ipſa ſe ipſam rectè dirigere poſſit, ad præteritum
tempus memoriam accommodans, ad præens ſensum, ad
futurum ꝟerò prouidentiam. Qualità tutte ad vna buona politica neceſarie, a cui s'oppongono per diametro
quelle de' giouani, che ſono l'inconſtanza dell'animo,
la velocità del moto, il precipitio nelle reſolutioni,
l'acutezza dell'ingegno, e la leggierezza della men te,

Semper enim iuniorum ꝟirorum mentes ſunt leues,
diceua Menelao preſſo Homero; e però *nouã dis, quàm*
gerendis rebus aptiores. Quindi impararono i migliori
politici a dire, che *hebetiores, quàm acutiores, ꝟt pluri-*
mum meliùs rempublicam adminiſtrant, come ſono le
perſone di tempo, nelle quali, tutto che gli anni intie-
pidiſcano l'ardor del ſangue, ch'è principio dell'atti-
uità, e le parti del corpo infieuoliſcano, che ne'ſono ſtro
menti, aſſodano nulladimeno l'intelletto, inuigoriſ-
cono l'ingegno, ed il ſapere aunalorano. Coſì diſſero
que' buoni vecchi vna volta fauellando di loro ſteſſi,
al teatro d'Atene,   *Vt*

Vt alia a nobis auferat longius dies,
At sapere, & intelligere firmius facit.

Menander
apud Stob.
de Senec.

Ne molto lungi dal costoro sentimento parmi, che andasse colui, che rassomigliando la natura dell'huomo a quella del vino disse,

Similis est vir vino indole, atque moribus:
Nam musteum illud, & nouum cum conditur,
Deseruear primùm opus est. Sic, & virum,
Cum iuuenis est, exæstuare: Hinc sobrium
Mox effici, & seueritate præditum,
Mitem inde fieri, & esse in æui reliquum.

Alex. Co-
micus in
Demetr. &
apud Stob.
serm. 114

Il mosto feruescente, al sentir di Plinio, allo stomaco non è buono; è ottimo dalla forza del tempo mitigato, e contuso: Così l'huomo al gouerno del corpo ciuile è mal'atto in giouinezza, & in quel ribollimento di sangue; è attissimo poscia dalla maturità de gli anni temperato, e refratto. Temistocle da giouane portossi così male, che'l padre riconoscer nol volle per figliuolo; da vecchio così bene, che'l senato d'Atene alla di lui fede tutte le sue forze fidò contra il rè di Persia. Ed egli se n'accreditò di maniera, che *vrbe solitaria relicta, omnes ipsum consulentem, & Apollinis oracula interpretantem sequerentur.*

lib. 23. c. 1.

Stob. de Se-
nec. ser. 116

Vogliono, che dal souerchio del caldo giouanile certa viuacità suapori nell'operare, che secondo Tacito, *intempestiuis remedijs delicta accendit*, e secondo Liuio, *consilia illa calida, & audacia producit, quæ prima specie læta sunt, tractu dura, & euentu tristia.*

Ann. 13.
lib. 35.

E tutto questo lor discorso coll'esempio, e coll'autorità

torità fpallegiano d'Agaménone il quale, benche fotto le mura di Troia haueffe gli Achilli, i Diomedi, e gli Aiaci; giouani di fingolari prerogatiue, e maeftri nel meftier dell'armi; ad ogni modo teneua più conto d'vn fol Neftore, e de' fuoi configli, che della brauu ra, e del buon intendimento di tutti loro.

Difaman bene la baffezza de' penfieri in quell'in gegno, che dee comandare; ma non aman di vederlo oltre pafsare (come è proprio della giouentù) quella moderatione, di là dalla quale non fi capita fenza pre giudicio della tanto, in tutte le cofe ben regolate, ne cefsaria proportione. La giouentù (dicon coftoro) è fimile all'albero torto. Il puoi conuertir ben sì, de ftinato all'agitationi, in vn caffo di naue, propoitio nandouifi la torua imperfettione del tronco; ma non te ne puoi valere ad vfo delle fabbriche maggiori; per che tutto foftentandofi il pondo della mole del magi ftrato sù quefto fondamento; come non retto reggerà quel pefo, fotto il quale non può effer robufto, & in fleffibile, chi è per propria conditione infermo, & ar rendeuole? Quindi è, che dicano con M. Tullio, che

De feneĉlu fi externa legere, & audire voluerimus, maximas refpu te. blicas ab adolefcentibus labefaĉlatas, a fenibus fuftenta tas, & reftitutas reperiemus. E finalmente conchiudo no; che'l dare le briglie del gouerno d'vna republica nelle mani de' giouani, altro non fia, che vn rappre fentar di nuouo al mondo il tragico, e miferabil cafo di Fetonte.

Di più fi pretende, che' Decemuiri fieno, come in
poffeffo

poſſeſſo della perpetuità, e che l'vſo di confermar ſempre gli ſteſſi ſenatori habbia acquiſtato forza, e vigor di legge. E ſi và poſcia diſcorrendo, che mutar non deonſi gli vſi antichi, ne le leggi, portandoſi auan ti il concetto di colui, che diſse,

Moribus antiquis res ſtat Romana, viriſque;   *Ennius.*
e quell'altro di Tucidide, *Eos hominum tutiſſimè agere,*   *lib.6.*
qui præſentibus moribus, legibusque, etiam ſi deteriores
ſint, minimùm variantes rempublicam adminiſtrant.
In corroboratione di che ſi vaglion molto dell'autori-
rità d'Auguſto principe di ſenſato giudicio, il quale a'
ſuoi Romani ſoleua dire, *poſitas ſemel leges conſtanter*   *Dio Caſſ.*
ſeruate; nec vllam earum immutate; nam, quæ in ſuo ſta-   *lib.52.*
tu eadem manent; & ſi deteriora ſint; tamen vtiliora
ſunt reipublicæ his, quæ per innouationem, vel meliora, in-
ducuntnr. Dalla cui voce auualorato poſcia Plinio
(dicono) che ſi fè animo di proteſtare al ſuo Traiano,
che nell'alteratione delle leggi, tanto è lontano, che
alla republica ſi rechi giouamento alcuno, che anzi gra
uiſſimo pericolo ſi corre, *ne legibus fundata ciuttas, le-*   *In Paneg.*
gibus euertatur.

E per il più auueduto politico del mondo cōmenda-
no Zaleuco legiſlatore de' Locrenſi, perche fece de-
creto, *vt ſi quis legem nouam introducturus eſſet; cir-*   *Hieroclis*
cumpoſito ceruici laqueo id facere deberet, vt auctor eius   *apud Stob.*
mox ſuffocaretur, niſi eximiam vtilitatem nouæ legis, ad   *ſerm.37.*
antiquum reipublicæ ſtatum comparatæ, declararet.

Aggiungono, che lo ſtato di Lesbo, come non di
molta tenuta, così ne anche in gran quantità di nobili

C   ſi

fi dilata; e che riducendofi a perpetuità i Decemuiri, poffono hauer cognitione, fe non di tutti, almeno di molti di loro, ritrouandofi ogn'anno di magiftrato, do ue, ò per vn carico, ò per l'altro, quafi d'ogn'vno fi ra giona, e doue dalle relationi, che s'hanno delle pro uincie bene, ò mal'amminiftrate, conofcer'il genio, e le qualità fi ponno de'gouernanti; e indi far difcer nimento tra' due Catoni, ed vn Caio Verre : Dal che quefto di notabile feruigio al publico ne rifulterà, che folo a' buoni daranfi i carichi, e gli honori, e tra que gli faranno ottimi pofcia coloro, che per i più fourani

Arift. 5. polit.

s'eleggeranno; *par enim eft, meliores effe eos, qui ex me lioribus;* e molto in acconcio verratti la pratica dell'au reo precetto di quel faggio Greco,

Euripid. in Erichthea.

Improbos in ciuitate nunquam promoueris:
Mali enim, vel pecunia ditati,
Vel aliquo reipublicæ magiftratu aucti
Exultant, repentè fortunatis eorum domibus factis.

Ne correraffi pericolo d'armar la deftra d'vn furiofo a

Philem. à pud Stob. ferm. 103.

danno de' cittadini; *Idem enim eft improbo viro magi ftratum, & infanienti gladium committere.*
Chiudono il difcorfo per la perpetuità di quefto tri bunale coll'efempio d'Augufto, di cui fi sà, che pochi pari egli hebbe nell'intendimento della buona ragio ne di ftato. Dicono, che non iftimò quefto confide rato Cefare, tratto d'inconfiderata politica, il far per petua la prefettura di Roma, carico fupremo, che dal buon configlio originoffi, e dal gran fapere di Mece nate; di cui, quale, e quanta fi fofse l'autorità, cauar fi

può

può da quello, che ne ſcriue Caſſiodoro. *Ditioni præ-* **lib.6.form.**
fecti Vrbis (dice egli)*nõ ſolum Roma commiſſa eſt,quam-*
uis in illa contineantur Vniuerſa : Verum etiam ad cente-
ſimum milliarium poteſtatem eum protendere antiqua iu-
ra Voluerunt. Ipſe etiam ex deſignatis prouincijs ab ap-
pellatione cognoſcit: Super omnes conſulares ſententiam
primùm dicit ,& in illa libertatis aula reuerendus aſpici-
tur , in qua commiſſos habere primarios approbatur.
Dalle cui parole conchiuderſi può , che l'autorità del
prefetto di Roma ſotto'l principe,del pari, con quella
del conſolo ſotto la republica,contendeſſe. Dell'iſteſſo humore d'Auguſto, ſi fanno a credere , che foſſe anche Tiberio ; e vogliono , ch'ei non meno s'inge-
gnaſſe d'imitarlo nella politica, di quello,che affatica-
to s'era per ſuccedergli nell'imperio,perſuaſi facilmen-
te da quello, che di lui ne ſcriue Tacito, *res ſuas Cæſar* **Ann.li.4.**
ſpectatiſſimo cuique, quibuſdam ignotis ex fama man-
dabat:ſemelque aßumpti tenebantur prorſus ſine modo,
cum plerique ijſdem negotijs inſeneſcerent.
   Queſta è la ſquadra de gli Achilli , ſotto il cui preſidio , nel poſto della perpetuità de' carichi, pretendono di mantenerſi coloro, che viuendo in republica nu-
driſcono ſpiriti di monarchia, alla quale fiſando ſempre l'occhio, come a non mai loro mutabile orizonte,
nel di ſopra veſtono la toga di Catone , e nel di ſotto
portano, mal cinti , il ſaio di Ceſare ; &
   Aſtutam Vapido ſeruant ſub pectore Vulpem. **Perſ.ſat.5.**
   Ma perche la ſtrada ſcoperta, e diritta per entrare
nel porto d'vn'imperio aſſoluto, & independente ,hà

del pericolofo, e da' Bruti, e da' Caffij, brauamente_ viene cuftodita, *ipfum mutata velificatione affequi conantur*, per vie occulte, e tortuofe d'inganni, e d'artifici, nauigando fotto vento del publico feruigio, e del mantenimento della libertà della patria.

Per tanto, viue ragioni, e validi argomenti contra la perpetuità del Decemuirato di Lesbo s'andran por tando, affin che ogni buon republicante, dall'indiuiduo alle fpetie, e dall'altrui pafsando al proprio, aprir pofsa gli occhi ad vn lungo difcorfo, quando infino ad hora l'orecchio aperto non habbia alla voce di quel Romano, il quale efclama, che *omnes, & habentur, & dicuntur tyranni, qui poteftate funt perpetua in ea ciuitate, quæ libertate vtitur.*

E fulle prime, fcofsa maggior d'ogni credenza riceue la rocca della perpetuità de' carichi nelle patrie libere, tutto che veggafi di fode ragioni bè terrappienata, dal cannone della confideratione, che le più auuedute republiche, nõ folo l'hebbero per mal ficuro propugnacolo della loro libertà, ma ftimarono, che a' publici intereffi, danneuoliffimi riufcir potefsero, anche i foli pofti della rinouatione de' minori comandi ne' medefimi foggetti; e contra l'erettioni d'effi, gagliardi ordigni fabbricarono di rigorofe leggi, e di feueriffimi decreti.

Scriue Plutarco, che prefso gli Spartani, *lege cautum erat, ne quis clafsem bis duceret.* E fù il decreto da loro così ben cuftodito, che'n quella memoreuole fpeditione contra la republica d'Atene, da Ciro richiefti,

sti , e da gli altri popoli confederati, di creare la seconda volta Lisandro generalissimo del mare , ed a lui per
seruigio della lega , di commettere libero il comando dell'arme maritime; quegli in osseruanza della legge , *Araco cuidam nomen naualis imperij contulerunt;*ma *Vbl supra*
a compiacimento poscia del rè, e de' collegati, *Lysan-*
drum verbo legatum , re ipsa summæ rerum præfe-
ctum , ei addiderunt.

Non deuiò pûto dalla republica di Sparta in questa
buona politica, quella d'Atene , tutto che da lei per
altro discordante, anzi nemica ; *Et lege sanciuit, ne cui* *Demost. ad*
iterum sindicum fieri, crearique a populo liceret, ne id mu- *Lept.*
nus ob publicam vtilitatem inuentum in quæstum priua-
tum verteretur.

Ne con diuario, ò molto lungi dalla pratica di que-
sti due gran potentati camina la teorica del Liceo . *Se-* *Polit.lib.6.*
mel tantum eundem magistratum ab aliquo debere geri, *c.2.*
insegna Aristotele . E racconta il medesimo , *ex legi-* *lib.5.c.7.*
bus Thuriorum (popoli liberi della magna Grecia)
non nisi intermisso quinquennio militum præfecturam cui-
quam gerere licere.

Ma più di tutti in questo furono seueri i Romani , i
quali allo stesso carico non ammetteuano alcuno , che
per vn decennio non ne fosse vacato . E M.Tullio di
peso le parole ci porta del decreto . *Eundem magi-* *De legib.3.*
stratum, ni interfuerint decem anni, ne capito.

Ora stando questa vniformità di politica , che tra
tanti popoli liberi abbomina, e detesta la rinouatione,
non che la perpetuità de' carichi, ne' medesimi soggetti,

chi

chi farà così abbacinato di mente , che col fenato di
Roma non conchiuda , *magiſtratus continuari, & eoſdem refici contra rempublicam eſſe?*

Liu.lib.3.

Propoſitione, che tanto più chiara farasſi, & euidente,ſe col diſcorſo andremo rinuenédo il fondamento delle prenominate leggi,non eſſendo credibile, che
tante ſauie teſte di legislatori le habbiano ſenza validi
motiui promulgate, ne tanti popoli feroci accettate
ſenza ragioni all' intelletto molto ben riſpondenti, &
adeguate.

E per la prima, non hà egli dubbio veruno, che
l'huomo per natura è sì vago, e uoglioſo della varietà de gli oggetti, e della viciſſitudine delle coſe, che
le più belle, e miracoloſe a noia gli verrebbono, ò almeno tali ſtimate non ſarebbono, ſe colla variatione,
anzi col vicédeuole ſuccedimento delle lor contrarie,
diſtinte non foſſero. Qual coſa al mondo è più bella
del Sole? Vn globo d'oro, ſtimollo Empedocle,dal-
l'immenſità della luce allucinato. Occhio del cielo,
dalla marauiglia ſorpreſo, chiamollo Homero. Anima della terra,temperamento del mondo,principe, e
moderatore de gli altri lumi, nomollo M.Tullio; e

lib.2. hiſt.
cap.6.

Plinio il zio,quaſi delle bellezze impazzito, e delle
marauiglie di queſto luminoſo corpo, hebbe cuore da
crederlo, non che lingua da predicarlo, nume, norma,
e reggimento della natura; e pure al ſentir d'vn'erudi-

Lipſ. 2. de
Conſt.

to ingegno,*gratiorem eum roriflua nox facit,& pallium
obductum nigræ matris.*

Ameniſſima ſtagione, e per ben mille riſpetti com-
men-

mendabile è l'eftate, ma da niuna cofa maggior lode
riceue, che dalla fucceffione del fuo contrario, ch'è
l'horrido verno , *& eam magis commendant glacialia* Ibidem.
illa marmora, & canæ niues , foggiunge il medefimo.

Il mondo fenza la vicisfitudine delle cofe non farebbe il mondo, non che delle create bellezze la perfettione, e'l compendio . Non ferue la vicisfitudine
per vaghezza folo, ma per mantenimento anche, e per
conferuatione dell'vniuerfo.

Il tempo regolatore di sì gran machina , miniftro
della natura, e padre del moto, egli è quello, che quefto eterno rauuolgimento di cofe genera, e produce .
E l'etnica fapienza fotto l'auftero della corteccia, ch'ei
diuori i propri figliuoli, e diuorati , che gli hà, diè loro col vomito vna nuoua vita , ci fà guftare il dolce
midollo del bel concetto , che *ab ipfo vicibus cuncta* Macrob.fa-
gignuntur , abfumunturque vt ex eo denuò renafcantur . turn.lib.1.
cap.8.
E come effer'egli può altraméte, fe la di lui effenza altro
non è, che vn continuo aggiramento , vn' eterna fluf-
fione delle parti, l'vna all'altra fuccedente?

Dal tempo, come da vbbidiente efecutore della
primiera cagione , dependono le varietà delle cofe , le
uicende, e le mutationi de gli ftati, e della fortuna de
gli huomini . Di quà fignoreggiar s'offerua , chi una
uolta feruì, e feruir, chi pur dianzi fignoreggiante fù
ueduto . Di quà alle profpere fucceder ueggonfi le
cofe auuerfe, & a quefte feguir le profpere , non altramente di quello, che nel mar , tu uedi fucceder'onda
a onda . Così diffe quel Greco, *Iucunda , ac triftia* Pind.in
æftus Icrone.

æstus in morem ⟩*iciſſim mortalibus accidunt* . Faccia
fede di queſta uerità un Creſo rè di Lidia , al cui ag-
grandimento può dirſi con Homero, che

Iliad.lib.
vlt.

—— *Dÿ dederunt illuſtria dona*
Ex natiuitate; omnes enim ſupra homines ornatus eſt
Fortunaque , diuitÿſque ▬▬▬▬

e dall'auge della felicità caduto in una iliade di miſerie,tra le catene poſto, e le fiamme d'ardente rogo dalla catedra dell'eſperienza a documento delle genti,

Herodot.
lib.1.

gridi ad vn'altro rè ; *humanarum rerum diſcito talem*
curſum eſſe, qui rotatus ſemper eoſdem fortunatos eſſe
non ſinat.

Deh tù, che leggi,dammi(ti priego) licenza,che intorno alle uicende de gli ſtati , & alle peripetie de gli
huomini , non di propoſito , ma di paſsaggio ſuagar'
alquanto io poſſa a compiacimento del genio,ed a ſol-
lieuo di coloro , che dalla fortuna oppreſſi , ſotto il di
lei torchio agonizzanti ſtanno . E recati in tanto a
buona uentura,che non di te,ma a te io ſcriua .

Niente di ſtabile,niente di fermo ſotto la gran uol-

Vel.Pater.
lib.2.

ta del cielo ſi ritruoua.*Et ſicuti* ⟩*rbium imperiorumque,*
ita gentium nunc floret fortuna, nunc ſeneſcit , nunc inte-
rit . Cede ogni coſa alla forza del tempo , all'impeto
della uiciſſitudine . E che coſa fù una uolta Roma ?
quel portento della natura , quel miracolo dell'arte,

Martialis.

Cui par eſt nihil , & nihil ſecundum?
dicalo un'antico poeta.

Onid.lib.5.
Faſt.

——⟩*bi nunc Roma eſt ,orbis caput,arbor , & herbæ,*
Et pauca pecudes , & caſa rara fuit.

Ed

Ed all'incontro, che cofa non furon Troia, e quelle gran città della Grecia, Sparta, Micene, Tebe, ed Atene? E che cofa al prefente fono? Dica, e l'vno, e l'altro l'iftéfo poeta, ed a' mortali rimproueri lo fdegnarfi d'efer mortali.

> —magna fuit cenfu, virifque,
> Nunc humilis veteres tantummodo Troia ruinas,
> Et pro diuitijs tumulos oftendit auorum:
> Clara fuit Sparta; magnæ viguere Mycenæ,
> Nec non, & Cecropis, nec non Amphionis arces:
> Vile folum Spartæ eft, altæ cecidere Mycenæ:
> Oedipodionæ quid funt, nifi nomina Thebæ?
> Quid Pandionæ reftant, nifi nomen Athenæ?

Metam. lib.15.

E di quà pofcia a cantar prefe con feliciffima imitatione l'Homero d'Italia,

> Giace l'alta Cartago, e a pena i fegni
> De l'alte fue ruine il lido ferba.
> Muoiono le città, muoiono i regni:
> Copre i fafti, e le pompe arena, ed herba:
> E l'huom d'effer mortal par, che fi fdegni.
> O noftra mente cupida, e fuperba.

Goffred. C.15.

Ma che città? che regni? *Eft quod nunquam fatis miremur: hic a quinque annorum millibus, & fexcentis habitatus orbis fenefcit. Et vt Anaxarchæ explofæ olim fabulæ applaudamus, iterum furgunt alibi, fuccrefcuntq; noui homines, & nouus orbis.* Ogni cofa al giro fatale foggiace dell'orto, e dell'occafo. E nella vafta mole dell'vniuerfo v'è qualche parte di lunga, niuna d'eterna durata.

Lipf. de Conft. 1. c.6.

D   Atque

Sanaz. E-
leg.lib.2.

Atque vtinam mea me fallant oracula vatem,
Vanus & a longa posteritate ferar.

Nec tu semper eris, quæ septem amplecteris arces:
Nec tu, quæ medijs æmula surgis aquis.

Solo le separate suftanze, ed aftratte, perche la loro
duratione mifurata non è dal tempo, ma dall'eternità
non fanno, che vi fia alteratione, ò vicenda; e però
diffe vna volta, e bene, l'emulo d'Euripide.

Sophocl. in
Aedip. col.

Solis Deis,
Nufquàm senectus molefta, nec mors accidit:
At reliqua mifcet cuncta tempus impotens.
Terræ per hoc vis, atque robur interit,
Simulque noftri corporis perit vigor.
Quæ fuerant, amara, ac triftia, &
Ingrata dudum, grata fiunt inuicem.

E fi come il giorno tragli fplendori, e le tenebre,
così dell'huomo la vita tra' contenti, e le noie fi di-
uide. Solchiamo talora il mare di quefto mondo con
marauigliofa felicità, & in tal guifa

Ariftoph.
in Pluto.

Nobis bonorum aceruus influit in domum,
Sine fraude, nemini patrata iniuria,

che d'effer tra coloro annouerati, fi facciamo a crede-

Cic. p leg.
Manil.

re, *quibus venti, etiam contrarij, tempeftatefq; ob-*
fecundant. Talora anche tutto a rouefcio fuccede, e
nelle calme rompiamo, e nelle bonaccie. E di repente dall'onde di mille calamità foprauegnenti abforti,
nel più profondo pelago delle miferie, fepolti ci ri-

Apud Aul.
Gel.3.c.9.

trouiamo. E pare, che'n cafa il cauallo di Seiano entrato ci fia, fenza d'hauerlo ricerco, non che a rigoro-

ſo prezzo comperato, come fece Cornelio Dolabella, che pagollo due mila, e cinquecento coronati.

Ma in queſto propoſito mirabile appare il ritroua-mento d'Homero. Oh quanto vide quel cieco: quanto ſeppe quel mendico. Non ſenza ragione vn'erudito chiamollo, *clariſſimum ingenium ſine exemplo maximum* ; ſoggiungendo elogio di ſingolarità, ch'egli, *& magnitudine operis, & fulgore carminum, ſolus appellari poeta meruit: in quo hoc maximum eſt, quòd neque ante llum, quem ille imitaretur, neque poſt illum, qui eum imitari poſſit, inuentus eſt.*

Vell. Pat. lib. 1.

Ora per moſtrarci queſti dall'origine la conuenienza di pigliare in bene le vicende delle coſe, introduce nella ſcena del mondo il ſuo Gioue, che auanti di ſe due gran vaſi habbia pieni, l'vno del bene, l'altro del male ; e fà, ch'ei meſcendo ogni coſa inſieme, alternatiuamente poſcia a' mortali, come a lui è in grado, le proſperità diſpenſi, le miſerie, le ricchezze, gli honori, le corone, i lacci, e le catene.

Di quà tù vedi vn Mario, hora tra le brutture della plebe d'Arpino ſordidamente inuolto ; nella curia di Roma con due ripulſe in vn medeſimo giorno iſchernito da tutti, e ſibilato ; alle ringhiere de' giudici condotto, ed iui d'ambitione accagionato, pendente, e palpitante a riſchio andar della vita. Hora uedi l'iſteſſo fatto grande ne gli eſerciti, comandar'in Africa, imprigionar'i Giugurti, eſterminar'i Numidi, trionfar de' Cimbri, e giunger glorioſo al ſeſto conſolato. Ed in vn ſubito, eccoti l'iſteſſo, quel medeſimo,

D 2 *Ille*

Ouid. 4. de Pont. Eleg. 3.

Ille Iugurtino clarus, Cimbroque triumpho,
Quo victrix toties consule Roma fuit.

Quell'Imperatore (dico)del popolo, acclamato padre della patria, conferuatore d'Italia ; domatore di prouincie, vincitore di rè; quel vedi poco dopo efule di Roma, prigione in Minturne, fuggitiuo in Africa viuere di limofinato pane tra le ruine di Cartagine, e iui da altro non riceuer conforto, che dalla vifta delle cePlin. li. 15. cap. 18.neri d'vna città, *quæ per ducentùm', & viginti annos de terrarum orbe, vrbis æmula fuit ; Marius fiquidem* Vell. Pat. lib. 1.(così fcriue l'hiftorico) *afpiciens Carthaginem, illa intuens Marium, alter alteri folatio erat.*

Et indi a poco, in quefto huomo, ò per dir meglio nella putredine di quefto huomo, vn non sò che di Mario, anzi lo fteffo Mario, chiaramente rauuifi. Ecco, che quafi rinouata fenice, e gloriofo più, che mai, in guifa di palma s'innalza ; e fatto duce d'una banda di mafnadieri, quaranta naui radduna ; d'Africa fe ne ritorna in Italia ; alle grandezze s'incamina pel fangue de' confoli ; s'appiana la ftrada al fettimo confolato fopra i cadaueri de'più cofpicui fenatori ; ed'all'vltimo nelle braccia de gli amici muore fettuagenario di morte naturale, pieno vgualmente d'immenfi honori, e d'immenfe calamità. Così

Lucan. li. 1.

Ille fuit vitæ Mario modus, omnia paffo
Quæ peior fortuna poteft, atque omnibus vfo
Quæ melior, menfoque homini quid fata pararent.

Offeruafi l'ifteffo nella perfona di Menelao, il quale fù altretanto fortunato rè di Sparta, quanto d'Helena,
infelice

infelice marito. E però nel teatro di sua vita, languir
lo vedi sotto l'instabil ruota della vicissitudine, e dalla
scena di Sofocle lagnarsi l'odi della sua non mai ben fer
ma sorte in cotal suono;

Apud Plut.
in vita De=
metrij.

> *Sortem meam semper Deus instabili rota*
> *Versat , subinde figuras illa nouas capit:*
> *Nunquàm vel ut duabus Cynthia noctibus*
> *Potest eadem sub specie persistere:*
> *Obscura nunc, sed innouatur illicò,*
> *Vultumque sumit, auget, atque splendidum:*
> *Et cum refulget nitida lumine plurimo,*
> *Spoliata rursum luce tenebras induit .*

Ma ad espressione di più illustre soggetto di miserabile varietà d'accidenti, eccoti vn Pompeo, principe del
nome Romano con titolo di Magno, da Plinio al gran
Macedone non pure , ma a Bacco nelle prodezze, &
ad Ercole adeguato, e nella maestà, ed autoreuole sem-
biăte creduto poco, ò nulla inferiore d'Agamennone ,
post tres consulatus, totidemque triumphos , domitumque
terrarum orbem , euectus super quod ascendi non pote=
rat; Eccoti dico,

Vel. Pater.
lib. I.

Petron. in
satyr.

> *Ille tremor Ponti , sæui quoque terror Hydaspis ,*
> *Et piratarum scopulus: modò , quem ter ouantem*
> *Iupiter horruerat , quem fracto in gurgite Pontus,*
> *Et veneratus erat submißa Bosphorus vnda;*

quasi al girar d'un'occhio, abbattuto mirasi, rotto, fugato, negletto ; e mentre nelle farsaliche campagne , la
speranza perduta dell'imperio del mondo , di saluar ei
procura in Egitto la uita , iui tradito, la perde ; e da

igno-

ignobile spada recisa dal busto , cade quell'honorata
testa sù gli occhi dell'amata consorte,che traffitta dal-
l'immenso dolore,quasi forsennata indarno grida,

Lucan.li.8.

Aut mihi præcipitem nautæ permittite saltum,
Aut laqueum collo , tortosque aptate rudentes,
Aut aliquis MAGNO dignus comes , exigat ensem .

Dio Caß.
lib.42.

Quegli,che'n guisa d'un'altro Nettuno , *mare vniuer-*
sum , quod Romanis parebat , pacauerat , in eo ipso perit .
Quegli,che pur dianzi con assoluto , & independente

Ibidem.

comando,*mille nauibus præfuerat,in nauicula occiditur,*
e ad accrescimento di ludibrio,in quel medesimo gior
no,in cui di Mitridate,e de' corsari trionfato hauea .
Così in quel giorno,che'l Teuere al Campidoglio andar lo uide cinto le tempia d'alloro,uestito di porpora,honorato dal senato,riuerito dal popolo,acclamato
da gli eserciti,in quell'istesso , poco di poi rimirollo il
Nilo giacer tronco miserabile sull'arena steso , lordato
di sangue , ed insepolto , con sorte tanto auuersa, &

Vel.Pater.
lib.1.

alternante,*vt cui modò terra , & mare defuerant ad vi-*
ctoriam,deessent ad sepulturam . Concetto di commi-
seratione,che mosse un'altro principe ne' tempi , che
seguirono,a replicare con pietoso sentimento,

Hadrian.
apud Dion.
lib.69.

Pene caret tumulo, cui tot modò templa fuerunt .
Quel Pompeo,che meritò dopo morte,ch'vn Catone ,
seuero stimatore delle qualità de gli huomini,dicesse,

Lucan.li.9.

Olim vera fides, Sylla. Marioque receptis,
Libertatis obit: Pompeio rebus ademptó,
Nunc & ficta perit ━━━━━━━━

altro rogo non hà,che d'vna barca vecchia , per pietà
da

da certi poueri pescatori subitariamente accesa.

Sfortunato eri Pompeo (se pur fauellar teco m'è lecito con lingua di gentile) mentre la fortuna nelle sue braccia accolto sì ti careggiaua, che ogn'vno per di lei vnigenito giurato ti haurebbe. Veleno alla tua gloria era quel cibo d'immature vittorie, e d'immense ricchezze, col quale di sua mano ella stessa ti nodriua alle palme, ed a' trionfi. Spine, e nó rose seminaua la maga alle tue piante, da nascer poscia sull'occaso de' tuoi giorni, quando nel verdeggiar de gli anni, quasi che con decreto eterno stabilisse la tua felicità, di te parlando diceua,

Quidquid calcauerit hic, rosa fiat.   *Pers. sat. 2.*

Ah, che all'ora nella preuisione delle sue fallacie, e de' suoi artificij ristretto, risponderle con Eschile doueui,

Tu me tibi genuisse : Tu me perdere   *Apud Plut.*
Videris━━━━━━   *in Demetr.*

Ma chi mai tanto di maluagità creduto haurebbe? Chi pur sognato si sarebbe giammai, che non ad altro fine l'ingannatrice, tanto ti lusingasse in vita, che per ischernirti maggiormente in morte? Impari ogn'uno a tue spese, che

Felicitates, atque opes dat maximas   *Apud Ari*
Fortuna multis, non quòd illos diligat,   *st. 2. Rhet.*
Sed de gradu præstantiore, vt decidant.   *cap. 30.*

Ma non mancano tragici Arazzi, che strane peripetie, e casi horribili di personaggi grandi ne rappresentino. Vno ne spieghi l'isola di Samo, e ne faccia ueder'il suo

Poli-

Policrate, che'n una oftinata felicità di lungo tēpo difperato a bello ftudio procuri cagione di qualche difgu

Strab.li.14. fto, e nō la truoui. *Smaragdum fignatoriam gemmam in*
ex Herod. *mare proiciat, vt tanta iactura diuturnã fuam profperita*
tem refrænet ; ne ad altro il tentatiuo vaglia del dif-
piacere , che per iftabilirlo maggiormente fulla bafe
della felicità ; ed indi a poco riceua in dono , da chi fi
fia, un nobil pefce, ne' cui inteftini ingoiata fi uegga la gittata gemma . E quando dall'accidente egli a
creder pofcia fi faccia d'effer camerata di Gioue, e che
per lui fia dal mondo ogn'auuerfità bandita, di repente
ce lo rapprefenti nell'eftremo delle calamità immerfo,
prigione prima d'Oronte capitano di Dario , e fopra
d'un legno poi traffitto, e morto.

Vn'altro poco diffimile ne fpieghi la Sicilia, e fotto
gli occhi ci rapporti Dionifio , il giouane , che l'imperio perduto di Siragufa , fe ne paffi in Corinto al comando d'una fcuola , ed iui di mercenario pane la vita foftenti, a fanciulli colla uoce, ed a gli huomini col-
l'efempio di fe medefimo infegnando, che la gloria del
principato è una nuuola fenza acqua, la quale allor da'
venti diffipata fi uede , che a noi più foda , e più chiara
ne pare. Che la grandezza della fortuna d'un'huomo,
è una fcena , la quale alla mutatione d'ogn'atto della fauola di fua uita , fi uaria , e fi cambia . E che'l
mondo nelle profperità n'inchina , nell'auuerfità ne
deride;

Ouid.deTri
ft. lib. I.
Eleg. 8. *Vtque comes radios per folis euntibus vmbra eft,*
Cum latet hic preffus nubibus , illa fugit.

Mobile

Mobile sic sequitur fortunæ lumina vulgus:
  Quæ simul inducta nube teguntur, abit.

Ne numerosa meno è la squadra di coloro, che per
contrario, senza nome, senza nascita,

  Quorum nemo queat patriam monstrare parentis,   *Iuue. sat. 8.*

di basso stato salgono alle grandezze, ed a gli honori.
E per cagione d'esempio, eccoti vn'Agatocle, dal maneggio del fango tolto, e della creta, ed a quello portato dello scettro, e della porpora. Vn Cornelio Silla, che fuor delle braccia leuato, e dal seno d'ignobil
meretrice, *&super Cimbricas Marij laureas, & septem*   *Plut. de*
cõsulatus positus, alla dittatura giunge, ed arbitro supre-   *for. Rom-*
mo fassi del mondo. Vn Gige vedi di pastor fatto rè.
Vn Romulo dalle mammelle tratto d'vna lupa, al diadema di Roma. Vn Seruio Tullo dalle seruili catene
alle reali scuri asceso, ed vn Serano dall'aratro por-
tato alla dittatura, *gaudente terra vomere laureato, &*   *Plin. li. 18.*
triumphali aratore.   *hist.*

Da quella primiera cagione originate vengono le
ricchezze di Mida, di Creso, e di Crasso, la pouertà
di Fabricio, il fuoco di Mutio, l'esilio di Rutilio, la pretura di Vatinio, la repulsa di Catone, e la cicuta di Socrate;

  Dolia namque Iouis duo sunt in limine plena   *Homer.*
  Muneribus, quæ is donat, in hoc mala sũt, bona in illo;   *iliad. vlt.*
  Hinc miscens dispensat acuto fulmine gaudens,
  Nunc mala distribuens, ac tristia, nunc bona rursũ.

Di quà le uicende, di quà le mutationi deonsi rico-
noscere dello stato di ciascheduno, e non dalla fortuna,

E   ch'è

ch'è vn puro fogno,un nome uano . E però lungi da
pie orecchie,la uoce fia di colui.

Ouid.3.Tri
ft.eleg.7.

>*Nempè dat, & quodcunque libet, fortuna,rapitque,*
>*Irus & est subitò, qui modò Cræsus erat.*

E feguafi la dottrina di quel fenfato Greco,che diffe,

Theogn.in
sententijs .

>*Nunc etenim huic libram inclinat,nunc Iupiter illi,*
>*Vt modò sis diues ,nil modò possideas.*

Ora,in feguimento del difcorfo , e per rientrare da
doue ufcimmo , quefto continuo aggiramento, e quefta eterna uiciffitudine di cofe,non hà dubbio ueruno,
ch'ella téde,e s'incamina al non effere de gl' indiuidui;
e che nella deftruttione de' particolari , il mantenimento riguarda dell'uniuerfo, e delle fpetie . Tuttauolta l'huomo pofto in nó cale il maggior'interefse de'
fuoi intereffi, e fatto in un certo modo dell'effer proprio men curante , di maniera ne gode,e fe n'appaga,
che niente ftima buono , niente hà per bello, che fotto gli occhi fuoi alla uarietà, alle uicende non fog-
giaccia.

Sia pure una fcena a marauiglia,di ftatue, di pitture,
e di mille altre uaghezze abbigliata,& adorna: fien pure di fceltezza, e nell'arte maeftri gli attori,che ad ogni
modo gradita giammai non farà quella fauola,che colle
fteffe apparenze,co' gli fteffi habiti,e dalle fteffe perfone venga rapprefentata.

Così , e non altramente dobbiamo dir noi , che
ful palco della republica, non mai farà di gufto il vedere l'ifteffo modo di gouerno,e fempre gli fteffi huo
mini collo fcettro in mano ,e colla toga in doffo della
                                                    publica

publica autorità, quando foſſero ben ſoggetti, nati al
comando, degni d'imperio, e non men ſaggi, ne men
prudenti de' Soloni, de' Licurghi, e de' Romuli.

Ne per altro fauoleggiarono gli antichi, ch'alle
fatiche del magno Atlante in ſoſtener' il peſo del ce-
leſte globo, ſottentraſſe il forte Alcide, che per farci capaci col belliſſimo ritrouato, che la mole dell'im
perio terreno in quelle patrie, doue è in pregio il viuer libero, vicendeuolmente dee eſſer ſoſtenuta, e
non ſempre ſulle ſpalle poſta delle medeſime perſone.

E' morte alla gloria, ſepoltura alla rimembranza di
quanto egregiamente habbia mai operato vn cittadino a prò della ſua patria, non ſolo la lunga amminiſtratione d'vn magiſtrato, ma anche dall'uno all'altro il
continuato paſſeggio. Anzi, che'l caminare per un ſimil circolo d'honori, altro non è, che vn comperarſi a
contanti l'odio, e la publica irriſione.

E recaſi per cagion d'eſempio un certo Metiocho,
che nella republica d'Atene fù gran partigiano, ed
amico di Pericle. Raccontano di coſtui, che per eſſer mai ſempre il comandante, ambiua ogni ſorte di ca
rico, ad ogni ſorte d'impiego attendeua. All'ultimo
trouoſſi odioſo a tutti; e fatto giuoco, e fauola del volgo, ſentì decantarſi da' fanciulli per le ſtrade publiche a ſuo vituperio le cantilene. *Metiochus dux eſt: Plut. in
Metiochus viarum: Metiochus panis: Metiochus farinæ* prac. polit.
*eſt curator: Metiochus omnia mouet: Metiochus in ma-
lam rem ibit.*

Chi vuol gouernar bene vna naue, fà egli di meſtieri,che molte cofe ei faccia di fua mano , & anche ad altri molte ne commetta; e non ifdegni andar talora fulla prora,lafciata della poppa,e del timone ad altri la cura , ed il comando . Così per buon'indirizzo d'vna republica , tutti i carichi di effa occupar non dee vn' huomo folo , ma commettergli anche vicendeuolmente ad altri.

Non è più inferma la mano , perche in più dita fia diuifa,e diftinta,anzi habile è più all'operare . Vn'anchora fola non tien ferma così ben la naue,

Euripid. in Pheton. apud Stob. ferm. 4.

Vt tres demiffæ . Et vnus princeps vrbi
Periculofus eft ; adiungi verò, & alium , non malum
eft ciuitati.

Deono gli huomini di republica effer fimili a' torrenti, che non pompofi fempre , e d'acqua douitiofi fanfi veder nel trono delle fponde affifi . Deono efsere della natura del baleno , di cui è grato lo fplendore , perche fol di quando in quando ei lampeggia . Il chermisì della porpora è fuoco a chi interrottamente lo mira ; è cenere a chi di continuo vi tien fifo lo fguardo. I miracoli fteffi della natura non farebbon miracoli, fe foffer continui : leuerebbe l'affiduità l'efser del miracolo,ed a cofe d'ordinario fuccedimento li ridurrebbe la frequenza.

Chi nauiga lungo tempo il mare della dominatione, in vno de' due fcogli,è necefsario,ch'ei rompa,dell'irrifione,fe fi porta male,dell'odio,fe gouerna bene ;

Nice. Gregor. hiftor. lib. 9.

nullo enim modo fieri poteft. Vt is , qui longo tempore rerum potitus eft , faftidio non fit ijs , qui parent , & capitalia

talia odia non subeat. E però tra gli oracoli d'Apollo, nō tra'detti preclari d'un'huomo, scriuasi l'auuertimen timēto di colui, ad un senatore di republica; *Fortunam* *tuam* *veluti* *tunicam* *magis* *concinnam* *proba* , *quàm* *longam.*

Apul. apo log.1.

Ma non è di minor vtile, di quello, che si è mostrato esser di gusto alle republiche, la varietà de' suoi regnan ti. Con più sicura politica, ne con più retta ragione di stato esser'indirizzata non poteua giāmai l'infantia, e la prima età del popolo Romano, che fù di ducento, e quaranta tre anni, da' sette rè, che colla diuersità de' loro ingegni. Necesfari elementi alla grandezza, e felicità della republica furon'i diuersi genij di questi principi, e le varie loro inchinationi. *Nam quid Ro-* *mulo ardentius? Tali opus fuit, vt inuaderet regnum.* *Quid Numa religiosius? Ità res poposcit, vt ferox popu-* *lus, Deorum metu mitigaretur. Quid ille militiæ arti-* *fex Tullus bellatoribus viris quàm necesfarius? Vt a-* *cueret ratione virtutem. Quid ædificator Ancus? Vt* *vrbem colonia extenderet: ponte iungeret, muro tueretur.* *Iam verò Tarquiny ornamenta, & insignia quantam prin* *cipi populo addiderunt ex ipso habitu dignitatem. Actus* *a Seruio cenfus, quid effecit, nisi, vt ipsa se nosceret respu-* *blica? Postremò superbi illius importuna dominatio, non* *nihil, immò vel multùm profuit: sic enim effectum est, vt* *agitatus iniuryf populus cupiditate libertatis incende-* *retur.*

Flor.lib.1. cap. 8.

E molto tempo dopo, ne' maggiori trauagli della republica, chi dall'armi poderose d'Annibale liberò

Roma,

Roma, se non la varietà de' capitani, che vi si oppo-
sero? Poteua bene Q. Fabio tener'a bada, & andar
temporeggiando con sì potente nemico; ma per di-
scacciarlo fuor de' confini d'Italia, basteuole egli giàmai non era: la spada abbisognoui di Marcello, che
d'altro genio, e di più risentito temperamento, non
ricusò mai d'attaccar la zuffa, ne di venir seco alle mani, ed al sangue. Onde la successione dell'vno, all'altro, e la varietà del comando, e del modo di guerreg-
giare di questi due cosoli, la salute fù di Roma, e la scon-
fitta d'Annibale, il quale poscia alla fine, parlando di
quegli, fù costretto a dire; *& Romani suum Anniba-*
lem habent; e di questi; *rem sibi cum eo hoste esse geren-*
dam, qui nec victor, nec victus quiescere posset.

Plut. in vi-
ta Annib.
Liu. li.32.

E nelle cose forensi, e ciuili, quando ben di continuo comàdati haueffero gli stessi Soloni, i Licurghi, gli
Aristidi, e'due Catoni, huomini tutti di singolar virtù,
ed altretanto freddi, e scioperati nel proprio, quanto
nel publico interesse pronti, ed accesi, che gouerno
quel d'Atene, di Sparta stato sarebbe, ò quel di Roma?
Alla nobiltà di poco gusto, alla plebe d'vtile minore.

E per fauellar di Catone l'Vticense, che sopra ogn'
altro vien commendato, *Et qui solus stetit aduersus vi-*
tia ciuitatis degenerantis, & pessum sua mole sidentis;
e che tante volte *cadentem rempublicam, quantum vna*
manu retrahi potuit, retinuit, ad ogni modo satieuole,
& odiosa a molti era quella sua rigidezza, e quella sua
tanto esquisita puntualità in ogni cosa. Cicerone stes-

Sen.de Cö-
stan.sapië.

so

fo, che fù fuo amico partiale, e che per teftimonio di
Tacito, *ipfum fcripto libro cœlo æquauit*, vna volta␣ *Ann.lib.4.*
di lui ftomacato, fi lafciò trafportar' a fcriuere ad Attico fuo confidente, che *Cato optimo animo ꝗtens, & lib.2.ep.1.
fumma fide, nocet interdum reipublicæ; dicit enim fen-
tentiam tanquam in republica Platonis, non tanquam in
fœce Romuli.*

E Plutarco, confiderato il modo di fare di quefto
patricio, fi diede a credere, che a lui interueniffe ciò,
che a' frutti interuenir fuole, che fuor di ftagione fi ma-
turano, i quali fono più habili a lufingar l'occhio, che
a dar gufto al palato: così i coftumi di Catone (diceua
egli) *ad antiquæ ꝟirtutis exemplum compofiti, corrupta* *In vita␣*
iam, & profligata ꝟiuendi honeftate, cum laudarentur, *Phocian.*
&)in magna effent gloria, nullo tamen fuerunt ꝟfui, quòd
ꝟirtutis illius grauitas illis temporibus non congrueret.
Anzi fù concetto de' più faggi, che quel fuo proceder
maeftofo, e graue, trafandati i confini del diceuole,
in quelli d'vna odiofa feuerità entraffe; e quella fua␣
coftanza, che'n apparenza hauea tanto del lodeuole,
altro in foftanza non foffe, che vna ceruicofa, e danne-
uoliffima oftinatione; e dienne egli medefimo non
ofcuro fegno, quando fenza fperanza di frutto alcuno,
alla legge agraria da Cefare propofta, e dal fenato cô-
fermata, così gagliardamente s'oppofe, che fe M. Tullio nol ferma, *docens iuftum non effe, hominem ꝟnum* *Plut. in vi-*
illis, quæ effent communi confenfu decreta, reluctari, cor- *ta Cat.*
re pericolo, egli della vita, e la republica di qualche
notabile riuolta.

A ri-

A rifchio d'vn'altro maggior'incōueniente foggiace-
rebbe anche quella republica, la quale in sì fatte tefte tutta la fua autorità per fempre depofitaffe; ouero
a lungo tempo le redini dello ftato all'arbitrio loro
commetteffe; ed è, che di neceffità conuerrebbe, che
tutti di continuo, una vita menaffero alla ftoica, ful
ferio fempre,e ful rigore, fenza giuochi, fenza fpetta-
coli, e fenza hauer'un minimo trattenimentò; poiche
è noto, che tutti coftoro, come huomini di natura graue, e di feuero fuperciglio, furono mai fempre poco
amoreuoli della fcena, e del teatro. E di Catone in
ifpetialità leggefi, ch'egli in guifa funne fchifo, ed abbor
rente, ch'appena il piè pofto fulla foglia del teatro, lo
ritraeua; di che vna volta fdegnato Martiale fù coftretto dall'impatienza ad efclamare,

Epigr.li.1.   *Cur in theatrum Cato feuere)enifli?*
               An ideò tantùm)eneras,)t exires?

Tac.An.4. E pure cofa certa,& indubitata è, *nec maiores abhorruiffe*
Val. Max. *fpectaculorum oblectamentis* ; e pur'è vero, che *theatra*
lib.2.c.1. *excogitata cultus Deorum,& hominū delectationis cauf-*
fa, faepenumero animofas acies inftruxerunt. Oltre a
ciò fà egli di meftier'anche alle uolte col ferio mef-
cere il piaceuole, col negotio l'otio, e col feuero il bur
leuole. Confumano gli fpiriti animali, feccano l'humido vitale, le continue occupationi ne gli affari più
graui, e più feueri. Non hà men di bifogno l'animo
di lucido interuallo ne' negotij, di quello, che s'habbia il corpo di ripofo nelle fatiche. Senza quefto mifto, fenza quefta alternatiua conferuarfi lungamente
                                                    non

non potrebbe la fabbrica del picciol mondo. Sufficiente dottrina da quel ſaggio rè d'Egitto n'habbiamo , il quale da' ſuoi più famigliari ſgridato, *quòd quandoque* *Amaſis a-* *morionem , &) ſcurram ageret ;* coll'eſempio dell'arco , *pud Herod.* che ne' biſogni inutil ſarebbe , ſe di continuo ſteſſe te- *lib.2.* ſo, inſegnò loro , *hominis inſtitutum eſſe, Ʋt ſi aſsiduo laborare ſtudio, nec Ʋllam partem ad luſum ſibi indulgere Ʋelit, fore , Ʋt citò, aut mente captus ſit, aut membris.* E di quà ammirar conuienſi l'ingegno d'Euripide , il quale là in Aulide introduce que' ſuoi heroi della Grecia, Proteſilao, i due Aiaci, Palamede, Achille, Diomede, ed altri principi, e capitani, a raddolcir' i penſieri, e le noioſe cure della guerra colla piaceuolezza de' giuochi de' dadi , de gli ſcacchi, ed altri paſſatempi; e fà , che'l choro dica;

> *Aſpice duos Aiaces in Ʋna ſede ſedentes ,* *Iphig. in*
> *Proteſilaumque* *Aulide .*
> *Teſſerarum oblectatos*
> *Formis Ʋariè tortis:*
> *Et Palamedem*
> ————*Diomedemque*——
> *Voluptate diſci gaudentem.*
> *Iuxta etiam Merionem Martis*
> *Ramum, miraculum mortalibus:*
> *Et parem Ʋentis pedibus*
> *Celerem curſorem Achillem,*
> *Vidi in littoribus,*
> *Et in calculis,*
> *Curſum habentem in armis.*

Augufto , tutto,che principe di quella maturità , ch'
Apud Suet. ogn'vno sà, *relaxandi animi cauffa, talis,nucibufque lu-*
debat cum pueris minutis , quos facie,ac garrulitate ama-
biles vndique conquirebat ,præcipuè Mauros , & Syros .
E Socrate fteffo,che fù padre del ferio,non iftaua fempre ful ferio . Di quando , in quando (raccontano)
ch'egli a fentir le tragedie andaffe d'Euripide ; e non
di rado le più graui materie ne' fuoi difcorfi,coll'acque
di facetie , e di piaceuolezze fpruzzaffe , le quali pofcia col fale di buona eruditione códite,cagionauano,
Xenophõ.
lib.4.de di
ttis,&fac.
Socr.
Hor.car.2.
ode 10. *vt ad auditores non minor fructus ex iocis, quàm ex ferijs*
rediret . Ma che marauiglia?

> *Neque femper arcum*
> —————*Tendit Apollo.*

Maeftà riceuettero,non che lode , i giuochi, e gli fpet-
tacoli , dalla maeftà dello fteffo fenato di Roma ;
quel feuero congreffo di padri , da' cui cenni il moto
pendea della machina del mondo (fe a Liuio diam fe-
lib. 34. de) *per quingentos, & octo annos populo mixtus, fpecta-*
culo ludorum interfuit . E molto tempo dopo,Traiano
principe di fingularità, non folo colla fua prefenza il
teatro nobilitar volle, ma emulando anch'egli que'
fenatori antichi ,difederui a rifufo tra la plebe, e'l popolo fi compiacque; il che diè pofcia al fuo panegiri-
In Paneg. fta occafione d'efultare,e materia da fcriuere ; *Circus*
digna populo victore gentium fedes,nec minus ipfa vifen-
da,quàm quæ in illa fpectantur . Vifenda autem, cum
cætera fpecie , tum quòd æquatus plebis, ac principis lo-
cus eft.

Ma

Ma più alto motiuo si osserua de' giuochi, e degli spettacoli. Hà egli sorte del malageuole, che'l volgo, per lo più nouitoso, e scioperato, lungo tempo star quieto possa senza trattenimento; e sopra ogn'altra cosa vedesi, ch'ei và perduto dietro la scena, e'l teatro; onde con ragione il Satirico disse di lui, che

—————*duas tantùm res anxius optat,*

Panem, & Circenses—————

Iuuen. sat. 10.

Ora chi non sà, quanto monti ad vna republica l'hauer'il popolo, e la plebe sodisfatta, e contenta? Questo punto di politica stimaron que' saggi d'Atene, così graue, e ponderante, che conoscendo il genio del lor popolo, tutto alla scena riuolto, *magnarū classium sumptus, & exercituum stipendia effuderunt in theatra; ita vt si reuocetur ad calculum, quanti quæque fabula ipsis steterit, plus impendisse planum fuerit eos in Bacchas, Phænissas, Oedipodas, Antigonam, Medeæ, & Electra calamitates, quam pro imperio, & libertate belligerantes cum barbaris erogauerint.*

Plut. de glor. Ath.

Era il popolazzo d'Atene strauagante d'humore, instabile, temerario, e malageuolissimo da essere regolato. Coloro, che da trattar seco haueuano, *vota prius concipiebant, vt ipsi bona consilia suggererent Dij.* E Plutarco non di rado soleua dire, *Athenienses, aut optimi euadunt, aut pessimi, sicut eorum terra, & mel saluberrimum, & cicutam producit exitiosissimam.* E Demostene vna volta da loro precipitosamente mal trattato, esclamò, *O Minerua vrbis Athenarum tutelaris Dea, vt quid tribus belluis pessimis delectaris? noctua, dracone, & populo.*

Collec. Adag. in Apopht. Vbi supra de glor. Athenien.

Plut. in vita ipsius.

F 2 E pe-

E però ad alcuno nõ dee efser di marauiglia,fe fù cre
duto in que' tempi efser buon termine di gouerno il
tener più conto d'vn'Euripide, d'vn Sofocle , d'vn'Ef-
chilo , che con le fauole il popolo tratteneuano , che
d'vn Temiftocle, d'vn Pericle, e d'vn Milciade, che
le mura della città coll'armi defendeuano . E di quà
facilmente prefe pofcia animo, e fè cuore quel nobil'
Dio Caß. hiftrione, il quale da Augufto accagionato , *quòd eius*
lib.54. *cauſſa in plebe eßet tumultus ,* auuantagiofsi in repli-
cargli da valente politico , *expedit tibi , Cæfar,popu-*
lum circa nos diftineri.

Dunque (epilogando in due parole le cofe dette)
doue fi profefsa del viuer libero,non è buono, quando
ben nelle mani fia de' buoni, vn perpetuo,e continuato
comando.

REPVBLICA
DI LESBO

OVERO

DELLA RAGIONE DI STATO
in vn Dominio Aristocratico

Libro Secondo

DELL'ABBATE DON VICENZO SGVALDI.

SOMMARIO.

Del premio, e della pena in vna republica. Virtù lo-
data, e spetialmente la guerriera. Pericolosa ogni mu-
tatione di forma di gouerno. E questa segue alla conti-
nuanza ne' magistrati, mentre que' che regnano, col star'
vniti, in loro stessi traggono la somma delle cose. Ed ecco in
Oligarchia, reggiméto di pochi, mutata l' Aristocratia, che
fù dominio di molti. S'esamina di proposito, qual rechi mag-
gior danno ad vno stato libero, ò l'vnione d'e' più cospicui
cittadini tra loro, ò pure la disunione.

VANTO più nel camino del discorso
si vantaggiamo, tanto più sode ragioni ci
si fanno incontro, che la mole d'vn'impe
rio di perpetua, ò di lunga durata ne gli
stati aristocratici, demoliscono, ed atterrano. Fù mai

sempre

sempre da' più saggi ne' secoli migliori creduto, che
per lo mantenimento d'vn ben regolato dominio, sopra ogn'altra cosa,debba stimarsi la ricompensa del va
lore a gli eminenti cittadini, e la pena a 'maluagi dalle
stesse leggi decretata . Plutarco hebbe sentimento,
che dal premio,e dalla pena tutte le virtuose operationi scaturissero ,ed originassero:e fessi a credere, *prima
virtutis elementa esse spem honoris, & formidinem pœnæ.*
E Solone, per quanto ci rapporta M.Tullio, in queste
due cose, *præmio,& pœna totam rempublicam contineri,*
al mondo persuase . Da doue deduffe poscia facilmente Tacito quella sua conclusione, *cruciatu , & præmio
cuncta esse peruia,*

    Rouina (e chi dubitonne giammai?) la machina di
quel dominio,il cui asse intorno a questi due poli del
premio, e della pena non s'aggira . A mille corruttele spalancata stà la porta di quell'imperio , che sopra
questi due cardini non posa . Pericola quella patria,
che di questi due contrapesi non si vale per guidar
l'horiuolo politico,che distingue l'hore del merito de'
suoi cittadini . Precipita quel corpo funambulo di senatori,che pendulo nell'aria del magistrato passeggia
la fune della curia , senza l'equilibrio giusto di questi
due piombi . E' spedito quello stato, che l'attioni de'
suoi sudditi , con queste due bilancie non pesa , con
queste due punte di geometrico compasso non misura.
A rischio di naufragio si mette la naue di quella republica, che senza il timone del premio , e la vela della
pena,nauiga il procelloso mare del gouerno . Stà mo-
ribon-

*Lib.de edu.
liberis.*

*Ad Brut.
epist.15.*

*Ann.lib.
15.*

ribonda quella città, nella quale hà tanto l'huom pro-
de, quanto il codardo, tanto il buono, quanto il maluagio, giuſta il ſentimento del tragico greco, che diſſe,

——————laborant multæ Vrbes, *Euripid.*
Hecuba.
Quando quis bonus, & promptus exiſtens Vir,
Nihil habet, præ ignauis amplius.

Ed è quello, di cui doleuaſi forte vna volta Achille
appo Homero, là ſotto le mura di Troia, che degnato
foſſe

——————æquali honore, & malus, & bonus: *Iliad li.9.*

E' ſimilmente premiato,

——————æqualiter, & otioſus Vir, & multa faciens.

Ma più giuſta cagione di lagnarſi, e ben più degno di
compaſſione era quell'altro Greco, il quale ſpendendo
preſſo de' ſuoi cittadini nome d'eſſer'huomo di ſpirito, e di vaglia; e veggendo ſe ſteſſo negletto, e nell'
amminiſtratione delle ciuili biſogne poſto in'nó cale, e
per cótrario in grado di ſouranità collocati i gnatoni,
i paraſiti, e gli adulatori, tutto dolente, & amareggiato
diceua;

Si quis potens Deus me accedens diceret, *Menand.*
apud Stob.
ſerm.104.
Poſtquam mortuus fueris, denuò reuiuiſces:
Eris autem quod Voles, canis, ouis, hircus,
Homo, equus ——————
——————tu quod mauis elige;
Quid Vis, potius ſtatim dicturus mihi Videor
Fac me, quam hominem.

Perche,

Optimus equus, diligentiori cura,

Quàm

Quàm alius colitur. Canis ſi bonus fueris,
In pretio longè maiori habeberis, quàm malus canis.
At homo licèt probus, nobilis, & valdè
Generoſus ſit, nihil ei prodeſt———
Adulator autem omnium optimè viuit, deinde
Sycophanta, tertio loco fraudulentus colitur.

Ed all'vltimo dalla diſperatione ſouerchiato, conchiu-
deua,

Aſinum fieri præſtat, quàm deteriores
Se ſplendidiùs viuentes intueri.

Ma fuori di piaceuolezza. Chiara coſa è, che Demoſtene non mai faticò tanto in veruna coſa, quanto in
perſuadere a' ſuoi Atenieſi la puntuale oſſeruanza di
quelle leggi, che, *& benè meritis honorem habent, & im-*
probos ſupplicijs coercent; perche diceua il Saggio, ſe tutti, *pœnarum metu, quæ legibus ſancitæ ſunt, maleficijs*
abſtineant: Ed all'incontro, ſe tutti *præmijs beneficio-*
rum inuitati, officium facere ſtudeant: Quid obſtat, quo
minus reſpublica florentiſſima efficiatur, & boni ſint om-
nes, malus nemo?

 E per dir' il vero, ſendo l'huomo più piegheuole,
ed inchinato al male, che al bene, ſe non foſſe il timore dell'eſilio, delle carceri, del carnefice, raddunanze
ciuili d'huomini, non ſarebbono le città, ma concili
di fiere, nidi, e ſeminari d'huomini maluagi, e traditori.
Non può ſenza il timor della pena gouernarſi vno ſtato, ne frenarſi baſteuolmente vn'eſercito. e però beniſſimo Sofocle,

Orat. ad
Leptin.

Nec

In Aiace.

———————————— *nec legibus*
Florebit ynquam , si metus deest , ciuitas :
Nec benè regetur yllus ynquam exercitus ;
Nisi sit pudore , yeluti yallis , & metu
Munitus ————————————————

Anzi , se alla qualità della colpa , la qualità della pena
rimane inferiore , fà pur conto , ò politico,

Vrbem breui illam rebus è prosperrimis ,
Ruituram in imum, ac perditissimum statum.

Idem vbi supra.

Ed all'incontro, doue delle buone, e lodeuoli operationi, nó ritruouasi il premio, manco ritrouerassi virtù di sorte alcuna,

————————*quis enim virtutem amplectitur ipsam,*
Præmia si tollas? ———— ———— ————

Iuuen. sat. 10.

Gran cosa ad ogni modo. E' pure la virtù compendio d'ogni creato bene; termine dell'humana felicità ;
oggetto ad ogn'altro , fuorche a se medesima , spropor
tionato , ed ineguale . Ella è quella, che sola di se medesima rimane capace, e sola, quanto amabile ella si sia,
perfettamente apprende . E vn'altra Helena , ma pu-
dica, ed immortale ; e per le sue bellezze potrebbe giustamente di nuouo deserta restar la Grecia , incenerita
l'Asia.

Nell'amore di questa bella Spirtana arderebbono
egualmente con quello di Paride tutti i cuori , benche
sotto le più fredde zone generati, se le di lei fattezze
fossero nella stessa maniera oggetto del senso , che sono dell'intelletto . *Pro huius forma* (diceua il gran Filosofo) *expetenda est in Græcia mortis conditio, & grauiū,*

Arist. a-
pud Laert.
i eius vita.

G   assi-

assiduorumque laborum tolerantia : Ipsa nimirum inse-
rit animis hominum fructum planè immortalem, & auro
præstantiorem, parentibusque ipsis, somnoque dulcissimo.

Bella è la uirtù delle proprie bellezze: ricca de' propri tesori; ne per abbigliarsi, le abbisogna cosa, che da
lei non uenga. Oh come andò colui errato, il quale
dalla penna lasciò cadersi, che

Virg. Ae-
neid. lib. 5.

    Gratior est pulchro veniens e corpore virtus.

Non riceue la Dea splendore, ò gratia, ma all'hospitio,
doue ella alberga, abbondeuolmente ne dispensa, e ne

Sen. ep. 66.

comparte. E però saggiamente il saggio, *nullo ornamen-*
to eget virtus: Ipsa magnum sui decus est, & corpus suum
consecrat. E Claudiano con sonora tromba dell'istessa
replicò poscia,

In consula
tu Man.

    Nil opis externæ cupiens, nil indiga laudis,
    Diuitijs animosa suis, immotaque cunctis
    Casibus

Sen. ep. 90.

    Nec hominis, nec fortunæ muneribus deliniri potest;

Hor. car. 3.
ode. 2.

    Nec sumit, aut ponit secures
    Arbitrio popularis auræ.

Tuttauia, così negletta, e posta tanto in non cale-
te la veggiamo, che ne pure ci penserebbe l'huomo, se
col premio, e colla mercede congiuntanon la vedes-
se; quasi che, e l'vno, e l'altra sieno dell' isquisita bellezza di sì nobil reina lenocinanti sensali.

Ma cessi la marauiglia. Verissime sono le prerogatiue della virtù; ed ogni lode rimane del di lei merito,
inferiore. Ma è ben'anche vero, c'hà del malageuole
tutto ciò, che sente del preclaro; e fra l'altre cose ma-
lage-

ſageuoliſſima è la conquiſta della virtù . Non coſi è
del vitio,che per ogni parte del corpo entra nell'huo-
mo:per vna ſola vi penetra la virtù , ed è l'orecchio de'
giouani,quando contaminato dall'adulatione,ò da gli
vffici d'huomini cattiui preoccupato non ſia . In alto   *Plut. de au*
trono riſiede la virtù,in baſſo luogo hà la ſua ſede il vi-   *dien. Poet.*
tio . Con ſudata fronte all'vna ſi ſaglie:con leggiero
piè all'altro ſi ſcende . Ed è queſto il concetto , col
quale Socrate turò la bocca a Teodota nobile meretrice di que' tempi . Inſultaua coſtei il ſaggio,a ſe medeſima applaudendo , che per tirare la giouentù foſſero
aſſai più valeuoli i ſuoi vezzi,che la di lui dottrina .
Riſpoſe egli,ed appunto da Socrate . *Nihil hoc mirum*   *Aelian.*
eſt,ò mulier, tù ſiquidem ad decliuem tramitem homines   *lib.13.*
rapis: ego ad arduum virtutis culmen.   *var. hiſt.*

 E' di ſouerchio ogni fatica per arriuar'al vitio . Appena ſono baſteuoli quelle d'Alcide per far'acquiſto
della virtù . Del vitio diſſe vn'antico,che

  ——*eſt via ad id breuis,(t) vicina in ſede moratur.*   *Heſiod. in*
Ma il medeſimo della virtù ſoggiunſe poſcia,che   *lib.1.cui ti*
                  tul. eſt ope
   ——*eam ſudoribus vndique Diui*   *ra,& dies.*
 Perſepſere: & longus ad hanc , perque ardua callis
 Aſper,& eſt————————

Lungo,ed aſpro ſolamente e'l ſentiere alla virtù ? Poco ſarebbe ; è pieno di trauagli , e di pericoli . E per
l'ombra bene ſpeſſo della morte , al lume della virtù
l'huom s'incamina . Anzi è vera virtù quella,

 ——*che morte ſprezza, e crede,*   *Goffr. c. 5.*
 Che ben ſi cambi con l'honor la vita.

     G 2   Tale

Tale per auuentura efser douea quella di Filippo il
Macedone , quando Demoftene , tra'l grofso dell'ar-

Apud Aul.
Gel. noct.
att.2.c.27. mi Ateniefi lo vide, *oculo effoßum, humero fractum,
manu, crureque oblæfum, & omne corporis membrum,
quod fortuna auferre voluißet, vltro offerentem, vt de cæ
tero vitam cum gloria ageret. Non v'è fatica, ò peri-
glio, che col frutto pareggiar fi pofsa della gloria , che
vien prodotta da quelle operationi, c'hanno tutto il
mondo per teatro. Solo è ferace di palme , e di allori
il terreno, che col caldo del fangue fi feconda, e coll'hu
mido del fudore s'irriga. Quindi è, che Pindaro la virtù nel maneggio dell'armi, e della guerra foura ogn'altra commenda , ed eftolle , come quella , che a rifchio
della uita, efpofta, il grido , e'l nome immortale rende
delle perfone. Onde con ragione un guerrier, che'n
prò della fede, ò in feruigio cada della patria, può dire
con Ennio,

Apud Cic.
lib.1.Tufc.
quæft.   *Nemo me lachrymis decoret , neque funera fletu*
     Faxit. Cur? volito viuus per ora virùm.

Fù quefto penfiere dell'immortalità del nome, cote, e
ftimolo gagliardo al natural defio delle più altiere , e
generofe menti dell'età prifca , che perciò poftergati
gli agi, e'l commodo de gli affari dimeftici , tutte di
uoglia fi diedero al mezo per confeguirla, ch'è il meftier dell'armi, ben che graue, e faticofo.

Poteua Achille habitarfene in Tefaglia , ed iui a
follieuo dell'incuruato padre, trattar le cofe ciuili , e
gouernar'i fuoi Mirmidoni ; ma col fangue, e colla vita
acquiftar volle fotto le mura di Troia , e fulla riua del
                                           diuino

diuino Scamandro a fronte de gli Hettori, e de gli A-
lessandri quella uirtù, che degno il rédesse della tromba d'vn'Homero.

Poteua Vlisse allo strepito dell'armi della Grecia
chiuder l'orecchio; al gra moto dell'Asia stársene quieto, e nel seno della sua amata Penelope, e tra le morbidezze condurr'i suoi giorni in pace, e tranquillità.
Ma fessi a credere quell'anima grande, esser di se indegna quella uita, che a' gloriosi perigli esposta non
fosse; e negletta quella uirtù, alla quale l'huomo per
lo calle smaltato di sangue non s'incaminasse. Ne per
altro dopo il Troiano eccidio, là al quinto dell'Odis-
sea, elegge di solcar'il mare ad onta di Nettuno suo ca-
pital nemico, posta in non cale Calipso, la bella, che'n
premio di se stessa, gli prometteua anni eterni; se non
per darci a diuedere, ch'indegna d'un'heroe è quell'im
mortalità, che có honorate fatiche, e con disagi illustri
non s'acquista.

Deride Amor'Alcide (al sentir d'un grande) mentre
in gonna feminile, trattar'il fuso, e la conocchia il uede:
poscia lo reme, e l'honora, quando guerrier'il mirá maneggiar l'armi, domar'i mostri, sostener le stelle, ed es-
pugnar l'inferno.

Celebre è Catone, quegli, che fù stimato *certius sa-* Sen. lib. 2.
pientis exemplar, quàm Hercules, aut Vlisses. Quello sco- de tranqu.
glio di costanza nell'auuersità. Quel santuario d'amo-
re uerso la patria. Quella viua, e spirante imagine della
uirtù; celebre è (dico) per lo ualore, col quale tante uolte togato sulle spalle della sua fortezza, la mole sosten-
ne

ne della cadente republica: Ma molto più per lo buono intendimento, ch'ei moſtrò d'hauere nell'arte della
militia, quando di nuouo le reliquie ſchierò del Pom-
peano eſercito; e fatto lor duce per i deſerti della Li-
bia le conduſſe; doue per opera de' pſilli incantate le
ceraſte, mitigati i baſilichi, tolerata l'arſura della ſete,
ſuperato il caldo dell'infocata zona, corſo pericolo di
reſtar prima nell'arena ſepolto, che morto, preſentoſſi
armato in campagna, ed alla ſurgente tirannide s'oppo
ſe di Ceſare. E quaſi colla uiolenza del fato, e colla
forza della fortuna cozzando, gli tenne ſempre a fronte
le ſue genti ſalde, ed intrepide. Ma che? Era forſe Catone uno di quegli huomini, *quibus dormientibus Dij*
omnia conficiunt? Era forſe la ſua uirtù ſpeculatiua,
e non pratica? Diceua egli forſe, e non faceua? O pure
ſotto il padiglione all'otio ſe ne ſtaua, e ſulle piume ne-
ghittoſo al ſonno? Odaſi ciò, che di lui ne ſenta il
Poeta,

Terent. in
Adelph.

Lucan. li. 9.

   ━━━ *cogit tantos tolerare labores,*
Summa ducis ỽ*irtus, qui nuda fuſus arena*
Excubat: Atque omni fortunam prouocat hora.
Omnibus ỽ*nus adeſt fatis. Quocumque* ỽ*ocatus*
Aduolat ━━━━━━━

Ora ſtando queſto, che gli ſcaglioni, per cui alla uirtù ſi ſaglie, inhumiditi ſempre di ſudore, e non di rado
uegganſi di ſangue allaſtricati, come abbondeuolmente
ſi è dimoſtro, che marauiglia ſarà, ſe gli huomini, i quali
ſono per natura altretanto alla fatica auuerſi, quanto
dell'otio, e di ſe medeſimi prodigamente amanti, ſi
                mo-

moſtrano di lei ritroſi, ed abbòrrenti ? Sarà ella mài
ſempre vile, e negletta, e gl'ingegni ſpiritoſi , e viuaci
dalla pigritia rimarran'oppreſſi ; e ſenza produr frutto
veruno, s'infraciderà quel nobil ſeme di talento eccelſo , che a larga mano ne gli animi più degni, ſeminouui
la natura, quando con qualche premio congiunta non
ſi vegga.

Ne quà ſi dica, che portan ſeco il premio le virtuoſe
operationi, ed è la contentezza, che d'hauer' operato
virtuoſamente, il virtuoſo ſente, e che però con ragion
fù detto, che è

Ipſa quidem Virtus ſibimet pulcherrima merces;   Sil. lib. 3.

perche veriſsimi ſono i concetti , ma ſolo in ſpeculatiua, che'n quanto alla pratica,

Nec facile inuenies multis in millibus Vnum.   Ouid. 2. de
  Virtutem præmium qui putet eſſe ſui.   Pont. eleg.
Ipſe decor recti ; facti ſi præmia deſint,   3.
  Non mouet : & gratis pænitet eſſe probum.

E' la virtù ſenza il guiderdone, vna naue ſenza vento, che'n guiſa d'alta pendice immobile a mezo il mare
ſe ne ſtà, della ſolita pompa, de' ſoliti trofei ſpogliata, e
priua. E' vno ſpiritoſo deſtriere ſenza l'inuito delle trò
be, che addormentato pare, ch'ei nõ poſſa; ò nõ ſappia
muouer'i piè al corſo. E' un torrère ſenza acqua, nel cui
uaſto ſeno, quaſi ſpolpate oſſa d'arido cadauero, ueggõ-
ſi ſcoperti i bianchi macigni; ma ſe un poco d'aura ſi
leua d'honorato premio, ſe ſi ode il ſuono di lodeuole
ricompenſa , ſe ſoprauengono acque di ſperanza d'un
poco di mercede; ecco di repente, qual torreggiante
                                                        città

città di legno, per quelle non mai ſtabili campagne, volar la vedi. Qual cauallo Pegaſeo deſtarſi, e l'ali metterſi a' piedi. Qual fiume reale per lo tributo di dileguate neui da' monti riceuuto, allargarſi ne' fianchi, ſouerchiar le ſponde, e di pari col vento correr tutto ſpumante, ed orgoglioſo.

Non v'è paeſe tanto diſaſtroſo, ed alpeſtre, che praticato, ed ageuole non ſi renda. Non v'è fiumana coſì alta, ed impetuoſa, che a piè non ſi corra. Non u'è ſtagione torrida tanto, ò gelata, che ſopportabile non ſi faccia. Non u'è mare coſì procelloſo, ed incognito, che non ſi pratichi, e non ſi ueleggi. Non u'è piazza, tutto che preſidiata, e chiuſa bene, che diſſerrata non uenga, ed eſpugnata. Non u'è finalmente eſercito tanto poderoſo, e con ſì buona maeſtria ſchierato, che aperto, rotto, e fugato dalla uirtù non ſia, quando col premio ella è congiunta, e maritata. Il guiderdone delle ſudate impreſe, la ricompenſa dell'honorate fatiche, de gli ſcorſi perigli, de' patiti diſagi, dell'oro ſpeſo, del ſangue ſparſo, è quella, che

Goffr. c. 2.

    ——— fà piani i monti, e i fiumi aſciutti,
 L'ardor toglie a l'eſtate, al verno il ghiaccio:
Placa del mare i tempeſtoſi fluſ̃:
Stringe, e rallenta queſta a' venti il laccio:
Quindi ſon l'alte mura aperte, ed arſe:
 Quindi l'armate ſchiere ucciſe, e ſparſe.

Le corone di palma preſſo i Cretenſi, d'uliuo preſſo gli Spartani, le ciuiche, le murali, le caſtrenſi preſſo i Romani, le ſtatue ne' campidogli, l'inſcrittioni nelle
           curie

curie,i colossi sulle piazze , i magistrati , gli honori, le dignità nelle patrie libere sono, come bersagli , verso doue i cuori generosi indirizzano i dardi delle loro operationi ; sono oggetti,i quali,tutto che muti , freddi,ed immobili, chiamano però di lontano, e per certa simpatica,ed occulta virtù,gli animi illustri de'cittadini a gloriose imprese muouono,ed accendono . E però non è marauiglia ,*si apud quos maxima uirtutis præmia proponuntur , in horum etiam ciuitate uiri præstantissimi reperiuntur.* Ed all'incontro doue

Neque præmium ullum est,ars nec ipsa item uiget. Martiale fù d'opinione , che la sterilità de gli huomini d'ingegno fosse,non per diffalta d'huomini d'ingegno, ma per mancamento di premio, e di ricompensa all'opere d'ingegno. E però non dubitò di scriuere ad vn suo amico,

    Sint Mecænates ,non deerunt Flacce Marones,
    Virgiliumque tibi uel tua rura dabunt.

Ma che ? L'istesso Virgilio,

    —————— *ingenti qui nomine pulsat Olympum,*
    Forsitan illius nemoris latuisset in umbra,
    Quod canit,& sterili tantùm cantasse auena
    Ignotus populis,si Mecænate careret.

Questo è ben chiaro,che pensieri di sublimità egli giàmai non hebbe,mentre in istato stette di fortuna bassa,ed esile . Prouisto poscia d'horreuoli facoltà, e della gratia fauorito del Principe ,

    Protinus Italiam concepit, & arma, uirumque,
    Qui modò uix culicem fleuerat ore rudi.

Thucyd. hist.9.

Aristoph. in Pluto.

Epigr.li.8.

Lucan.Pa-neg.ad Pis.

Martial.v-bi supra.

Egli è incredibile, quanto di fpirito diano alle penne
de gli fcrittori,il patrocinio,e la tutela de' grandi. Dal
moto di que' primi mobili rapiti,e có gloria agli eftremi del mondo,rapportati veggonfi gli fcritti loro.So-
lo il benigno afpetto di que' Gioui, è bafteuole per
eternar'ogni loro più fragile carta . Non fù ignoto il
buon vantaggio del celefte influfſo a colui,che fuppli-
cando,diceua ad Ottauiano Augufto,

Ouid. li.1.
Faſt.

> *Annue conanti per laudes ire tuorum,*
> *Deque meo pauidos excute corde metus.*
> *Da mihi te placidum: Dederis in carmina uires,*
> *Ingenium uultu,ſt atque caditque tuo.*

Ma come cósì in lungo hammi tirato la bellezza della
virtù,e'l difiderio , ch'io hò di vederla guiderdonata?
Scufami lettore,(ti priego)e fà conto, che la digreffione fia in gratia di quella,di cui ti veggo adorno.

Ora ogn'un uede , che fe porremo la perpetuità ne'
carichi,e ne' magiftrati, di neceffità alla virtù il premio,al uitio il gaftigo leueremo . E quando vera foſſe

Apud Plin.
lib.2.c.7.

l'opinione di Democrito,che tutta la fua Teologia in
due termini foli racchiufe,affermando al mondo altri,
che due numi non ritrouarfi,cioè pena,e premio,corre-
rebbe fenza pruoua l'illatione,che quello ftato, che'n
tal guifa fi gòuernaſſe,foſſe vno ftato pieno d'empietà,
ed ateifmo;auuenga che, giufta il fentimento di quefto
faputo,niuna adorata diuinità in eſſo fi rinuenirebbe .

Ed in noftro propofito,fe i gouernáti di Lesbo eſſer
deono sépre di magiftrato, e gli altri fenatori per fempre reftarne efclufi, premio veruno, fenza controuer-
sia

fia,non farà a quefti,quando bene fieno huomini di non
ordinario talento,e di virtù cofpicui; ne all'incontro
gaftigo a quegli, quando dal diritto del giufto , e del
conueneuole,non poco s'allontanaffero ; in guifa tale,
che potranno gli vni faticar lodeuolmente per lo publico,amminiftrar bene i carichi,e reggere i popoli con
amore, e carità , che ad ogni modo a coloro non faranno fuperiori di côditione , che gouernerâno male,
fucchiâdo il fangue de' fudditi,predando,e defertando
le prouincie nô meno indifcretamente di quello ,che fi
facefse già Caio Verre nel têpo de' Romani,la Sicilia.

Ed all'incontro potranno gli altri a compiacimento loro maneggiar le redini di quefto ftato,ed impuni
mal trattar'un Pericle,tener conto d'un Cleone,negar *Salluft.*
la pretura ad un Catone,côcederla ad vn Vatinio,afsol *Iugurt.*
uere un Clodio,ed in efilio mandar'un Cicerone . Ne
farà loro malageuole,*famæ,fi dei,&rebus omnibus com-* *Arifl.Po-*
*mꝯdꝰm fuum anteferre,*che fecondo la buona fcuola è *lit.5.*
un fare da tiranno; poiche come non hanno i loro decreti cenfori,così manco le loro operationi , quando
ben fieno ingiufte,hauer ponno gaftigo di forte alcuna,douendo a vita continuar nel magiftrato , ed efser
foli arbitri delle cofe,e gouernare la republica *iure , ac* *Tac.hif.1.*
nomine regio.

Or uengafi a quegli accidenti,che non crollano,ma
le mura della libertà abbattono,ed atterrano.Tra quefti uno n'è la mutatione , ò uogliam dire l'alteratione
della forma del reggimento loro.Di rado,ò non mai a
quefta fi uiene,fenza tumulti,feditioni ,e larga effufio-

ne di sangue. Che se bene, Licurgo non incontrò malageuolezza di sorte alcuna, alterando la republica de
gli Spartani, e creando, per bilanciar le forze reali, e le
Plut. in Li- popolari, vn corpo di senatori , *qui semper regibus au-*
curg. *xilio essent, ne ad populum summa rerum deferretur, &*
e contra populum corroborarent, ne ad tyrannidem res de-
ueniret ; tuttauolta a quell'hora egli mostrò essere
negotio , che sentiua forte del disastroso, quando in
caminandosi alla pratica calzò le scarpe di piobo, lusin
gando artificiosamente la nobiltà , e procurando a più
potere di tirare nel suo senso, ed in suo aiuto gli amici,
e' partigiani. Nè per questo tenendosi ben bene sicuro, deposta la pelle di volpe, vestì quella di leone, e pre
sidiando il foro d'una buona banda di nobili , ad ogni
moto, e ad ogni auuenititia sconciatura basteuolmente si oppose.

Coll'istessa felicità mutò pur'anche Alcibiade il gouerno d'Atene, e lo fece d'aristocratico democratico ,
mentre in disgratia del senato, al soldo se ne staua del
rè di Persia . ualendosi del cimbello di promettere al
popolo l'amicitia di Dario , e la diuersione dell'armi
Persiane, che vnite con quelle di Sparta a poco buon
termine di libertà condotto l'haueano . Ma il disordine , che nell'atto non seguì dell'alteratione , seguì
Iust. lib.5. poscia dopo il fatto; *cum enim nobiles insita genti super-*
bia, crudeliter in plebem consulerent , singulis tyrannidis
sibi potentiam uendicantibus, fù necessario richiamar dal
l'esilio l'istesso Alcibiade, il quale creato generale del
mare, e fatto poderoso di forze, maltrattò in guisa i nobili

bili,che ridotti a punto di defperatione, dopo hauèr tentato in uano di dare la patria nelle mani de gli Spar tani,hebbero per lor meglio fuggirfene tutti,& abbandonarla.

Generalmente però fauellando,è veriffimo, che le mutationi del reggimento de gli ftati non mai fenza graui difordini fuccedono . E la cagione adeguata ce ne reca il Liceo,mentre infegna,che,quando *mutantur* respublicæ,*mutantur ui,aut dolo* ; la forza fà la fua forza nell'atto della mutatione,ma l'inganno dopo,mentre i cittadini veggendofi delufi,procurano coll'armi, ò di rimetterfi nello ftato primiero,ò di védicar la riceuuta offefa. *Arif.Polit. 5.c.4.*

Ma più d'ogn'altra natione poffono dar conto di quefta pratica i Romani , come quegli,che tutte le for me prouarono di gouerno, ciò è a dire,de' rè,de gli ottimati,del popolo,e de' tiranni. Ci confefferanno quefti non hauer mai dall'uno all'altro fatto paffaggio ,fen za tumulto,feditioni,e largo fpargimento di fangue.

Quanto coftò loro l'eftintione del nome regio ? Quanto la cacciata de' Tarquini? Che non fecero il fenato, e' tribuni della plebe per liberarfi affatto dall'immenfa potenza de' decemuiri ? Che moti , quali feditioni non eccitò il popolo contra de' confoli, e del fenato? E finalmente chi dir potrebbe il numero de' profcritti, la varietà delle morti , la quantità del fangue ciuile, che tinfe il Teuere,quando Cefare vfurpandofi con violenza i fafci, e le uerge , fece paffare quella gran libertà ad vno ftato di deploranda feruitù ?

Bellum

De Conſt. lib.2.c.22. *Bellum ciuile Cæſaris, & Pompeij (ſcriue Lipſio, dall'au-* *torità d'vn Plinio ſpalleggiato) ad trecenta hominum* *millia conſumpſit.*

Ma a niuno dee eſſer di marauiglia, che coſtui tanto ſangue ſpendeſſe per comperare a ſe medeſimo l'impe- rio del mondo, poiche aſſai più ne ſparſe per mantener alla republica il poſſedimento de' regni di Francia, e di Spagna, confeſſandoci egli di propria bocca, *undecies* Apud Lipſ. vbi ſupra. *centena, & nonaginta duo millia hominũ prælijs a ſe occi-* *ſa,* in que' pochi anni, che guerreggiouui. Sopra di che leggiamo il mordace ſale di quel ſatirico, che poetica- mente il paſſaggio di tante anime ſchernendo, diſſe,

Petron. in ſatyr.
———— ———— *uix nauita Porthmeus*
Sufficiet ſimulacra uirùm traducere cymba,
Claſſe opus eſt ——— ——— ——— ———
Ad Stygios manes laceratus ducitur orbis.

Maeſtra di coſtui nella crudeltà ſarà per auuentura ſta- ta quella malefica Ate, la quale appo Homero,

Iliad.lib. 19.
———— ———— ——— *non in pauimento*
Ambulat, ſed in uirorum capita uadit.

O quanto alla voce di queſto huomo caminarono con diuario le operationi. Quanto alla dottrina furo- Apud Am mian. lib. 29. no contrari i fatti. Non di rado egli ſoleua dire, *miſe-* *rum eſſe ſeneEtutis inſtrumentum recordationẽ crudelita-* *tis. Et ideò de uita, & ſpiritu hominis laturum ſenten-* *tiam, diù, multùmque cunEtari debere, nec præcipitiſtu-* *dio, ubi irreuocabile faEtum eſt, agitari. Et nunquam* *tardum exiſtimandum, quod eſt omnium ultimum.* E poi all'incontro, egli medeſimo coſì precipitoſo alle mor- ti

ti correa,come alle palme,ed a' trionfi; in fentimento
di che trouoffi chi con libertà di penna fcriffe,

Cæfar in arma furens , nulla: nifi fanguine fufo   Lucan.li.2.
    Gaudet habere uias ━━━━━

E fù ben pofcia di ragione, che colui morendo fgor-
gaffe con ventitre bocche il proprio fangue a guifa di
fiume reale dentro il mare del campidoglio,che viuen
do in ogni angolo della terra , tanto dell'altrui fparfo
n'hauea.

Al Dittatore per diametro s'oppone vn Pericle ;
che nella republica d'Atene fù cittadino grande, ed illuftre . Leggefi di coftui,ch'all'ultimo di fua vita condotto,e fentendo de' fuoi amici, che per vifitarlo eran
venuti, dolerfi della perdita di sì grande huomo , e lo-
dar'altri l'eloquenza,altri il maneggio dell'armi , altri
le doti del corpo,ed altri quelle dell'animo; egli dal
compiacimento rauuiuato forfe , e rinuigorito , come meglio potè,la fieuol voce alzando diffe;Voi il più
bello lafciate,e quello di cui folo mi pregio,ed è, che'n
tanti anni,che gouernata hò la republica, niuno d'Atene per mia cagione a bruno s'è mai veftito. O Patricio degno d'impareggiabile trofeo(efclama Plutarco)
non folum propter æquitatem , & manfuetudinem , quam   Invita ip-
in tot actionibus; tantafque inter inimicitias conferuauit;   fius.
fed, & propter animi altitudinem iftam,qua inter fua bo-
na hoc primum duxit,in tanta potentia fe nihil,neque inui-
diæ,neque iræ indulfiße,neque ulli aduerfario implacabi-
lem fuiße.

E' dunque pofitione certa,ed afsai bene ftabilita ;
                                     che

che l'alterationi de' gouerni ne gli ftati di libertà, alle ftragi foggiacciono, alle rouine, ed a mille fconciature. Ora il voler, che'l fourano magiftrato di Lesbo
a vita ne' medefimi foggetti fi conceda, chi non s'auue
de efser quefta vna palliata mutatione di forma di reggimento, in cui vien forte in acconcio il pafsaggio dal-
l'ariftocratia all'oligarchia, mentre il gouerno, che di
fua origine, e natura, a molti conuienfi, a pochi fi parti-
cipa, e s'accomuna? Difordine tanto più degno d'effer temuto, e da ogni ftato allontanato, quanto che meno fenfibilmente dall'oligarchie nelle trinarchie, e bi-
narchie (gouerni infeliciffimi) non di rado fi trabocca,
e fi precipita, quando di que' pochi, che gouernano,
due, ò tre de' più fpiritofi s'vnifcono infieme, e così v-
niti fpalleggiandofi l'vn l'altro, s'auuanzano di forze,
ed in progrefso di tempo l'altrui poteza nella propria
autorità traendo, reftano della republica fignori, ed
afsoluti padroni.

Prendo volentieri da quefto luogo occafione di
confiderarti, lettore, agiatamente, e di propofito, qual
delle due cofe maggiore nocumento apporti ad una
patria, che della fua libertà viua follecita, ò la difcordia
tra grandi, ò quella tra loro ftatiftica unione, che per
fondamento hà un mafcherato zelo del publico bene,
per fomite vna fperanza di fouerchiar gli altri, e per if-
copo vn'occulta libidine di comandare; perche non
vorrei, che da quegli fpetiofi titoli di concordia, e d'v-
nione, ch'all'orecchio fuonano così bene, reftafsero
lufingati il moderno fecolo, ed i vegnéti, come lor mal
grado

grado reſtarono gli andati, ed i traſcorſi.

Per tanto io mi crederei eſſer ſenza dubbio veruno aſſai men pericoloſa per la libertà d'vno ſtato, ed aſſai men danneuole al publico ſeruigio , la diſcordia tra' maggiori cittadini, che non è vna sì fatta concordia, ed vnione . Che ſe quella *eſt uenenum ciuitatis*, queſta è infettione, di cui

Liu.lib.3.

> ———— *tetrius nullum eſt malum:*
> *Hæc perdit urbes ; iſta perdit & domos,*
> *Vaſtaſque reddit*————— ——

Sophocl.in
Antig.

Se quella *ſtatum reipublicæ conturbat*; queſta dir ſi può con Tacito, che *funditus rempublicam trahit.* Se è vero, che col mezo dell'vna *res maximæ dilabuntur*; veriſſimo è ancora dell'altra, che la di lei forza , e potenza

Thuc.li.2.
Ann. li.3.
Salluſt.
Iugurt.

> *Obterit,& pulchros faſces, ſæuaſque ſecures*

Lucr.lib.5.

de' conſoli, e de' magiſtrati . Quella in ſomma non ſempre nuoce; queſta mai ſempre produce ſtragi, e rouine, ed è cagione, che per lo più

> *Nobilitas cum plebe perit, lateque uagatur*
> *Enſis , & a nullo reuocatur pectore ferrum.*

Luc.lib.2.

S'alzano per l'ordinario i fondamenti di queſte intereſſate leghe, colle macerie delle morti violente, colla calcina dell'oppreſſioni, coll'arena delle crudeltà, e coll'acqua de' fiumi di ſangue . Ed è queſta la materia per l'appunto , ch'andaua preparando Lucio Catilina, per tirar auanti la fabbrica della ſua infame vnione , mentre a' Lentuli, a' Ceteghi, ed altri ſimili fattioſi ceruelli prometteua *tabulas nouas , proſcriptionem locupletum;*

Sall.côiur.
Catil.

I

pletum,magiſtratus,ſacerdotia,rapinas, aliaque omnia,
quæ bellum,aíque uiétorum libido fert.

Simile diſordine ,ò di rado,ò non mai ſucceder vedraſſi,doue ſieno i gràdi tra loro diſgiunti;perche men-
Poly.li.5. tre queſti, *natura ad imperitandum propendent , indeſi-*
nenter inter ſe dimicant ; & dum indiuulſo ſtudio huc
contendunt,ut priores in republica habeantur , s'oſſerua-
no l'un l'altro,e ſi temono ; e dal timore ne gli animi
loro ſeminato.dalla geloſia,che ciaſcheduno hà di non
eſſer ſouerchiato,ne naſce queſto buó frutto,che quan-
Tac.An.2. do bene , *odio præſentium , & cupidine nouitatis pluſ.*
*quam ciuilia meditarentur,*ſcoprir non oſano il lor mal
talento ; ò ſcoperto, che ſia , ageuolinente riceue contraſto,e col gaſtigo impedita ne viene l'eſecutione.
Ed è queſto quel caſo,nel quale dormir ponno ſicuri
gli altri cittadini, mentre alla propria ambicione ve-
gliando coſtoro , l'altrui quiete , e la publica libertà
guardano ,e cuſtodiſcono.Quindi auuerato ſi vede l'an
Ad Lept. tico concetto di Demoſtene , che *præſtantium uirorum*
inter ſe certamina, populorum libertatem cuſtodiunt.

Sono ſempre tra loro in conteſa gli artefici, e l'uno
con occhio obliquato , l'altro rimira. E però molto
ſaggiamente Heſiodo,

Liber cui   *Odit ità fabrum faber ,figuloque moleſtus*
tit. opera ,   *Eſt figulus ;mendico protinus inuidet alter*
& dies.   *Mendicus ;cantor cantorem liuidus odit*
    ━━━━━━━━━━━━━━━━*atqui*
    Concertatio conducit mortalibus iſta.

Così nelle republiche fà di meſtieri credere con Eſchi-
chine,

chine, che *priuatæ inimicitiæ omninò multa in publicis* Contra Timarcum.
negotijs corrigant. E di quà apprefe Plutarco quell'
ammaeftramento al fuo huomo ciuile, *non effe côtrarias* De ciuil. adminiſtr.
factiones omninò in ciuitate tollendas, fed tanquam æqui-
librium futurum retinendas. E di buona voglia fi fofcriffe al politico dogma di Polibio, *rempublicam nempè* Lib.6.
æquis ponderibus libratam, & æqua lance fufpenfam,
quàm diutiſſe mè durare.

Nè mancano efempi, ch'alla dottrina congiunti,
niun luogo di dubbio lafciano alla verità della pofitione. Quietiſſime paffarono le cofe della città di Tebe,
rempublicam hinc Pelopida, illinc Epaminonda trahen- Sabel.li.7. c.3.
tibus, ch'eran'i più chiari lumi di quella patria. E la
difcordia giuftamente bilanciaua le forze, e l'autorità
dell'uno, e dell'altro; cominciarono pofcia i tumulti,
quando infieme vnironfi, e di comun'affenfo gouer-
narono. La chiarezza dell'vnione de gli animi loro
fù ombra di tirannide in que' de' cittadini; di quà
s'originarono le calunnie, le accufe, i moti, e le feditioni. Ed in guifa crebbe lo fconuolgimento delle cofe,
ut quos ciuitas tulerit diſſidentes, hos côcordi animo rem- Idem vbi fupra.
publicam adminiſtrantes, ferre non potuerit.

Fiorì di maniera la citta d'Atene tra le pruine, ed i
ghiacci delle difcordie de' fuoi maggiori cittadini, che
da' più faggi meritò d'efser'honorata, hora con titolo
di mufeo della Grecia; hora d'emporio dell'humana
fapienza; hora di colonna, e di foftegno della Greca libertà. E tra gli altri in due parole tutte le di lei grandezze epilogando Tucidide, con belliſsimo fcherzo,

Græciam

Inepigr.ad
Euripid.

Græciã Græciæ eam appellauit. Non fconcertarono, ma
cõfolidarono la bafe del uiuer libero di quella patria i
difpareri, e le contefe, che'n diuerfi tempi pafsarono tra
Cliftene, ed Ifagora; tra Nicia, e Cleone, tra Temifto.
cle, ed Ariftide, tra Pericle, e Cimone ; anzi morto coftui, temendo gli ottimati, che l'autorità di Pericle,
trafandati i confini della potenza ciuile, in que' del-

Plut. in
Pericle.

la tirannide entrafse, *aduerfarium ei obiecerunt affi-*
nem Cimonis Alopicenfem Thucididem, qui urbem colens,
atque in concionibus cum eo decertans, rempublicam ad
æquilibrium reduceret.

Ne per altro il faggio Licurgo formò la fua Sparta-
nica republica di reggimento monarchico, fenatorio,
e popolare, che per feminar'in efsa qualche poco di
contrarietà, che a fuo tempo pofcia un'equilibrio di
forze, e d'autorità ne' fuoi cittadini producefse, come
per appunto, giufta il fuo propofito fuccedette ; *nam*

Polyb.
lib.6.

reges, ne fuperbè, ac impotenter agerent, metus populi im-
pediebat; populus uerò, ne reges contemneret, metus fenio-
rum cohibebatur, qui iuftiori parti fe adiungebant. Et fic
fenioribus ueterem difciplinam retinentibus, quoties pars
aliqua erat facta infirmior, inclinatione, ac nutu fenatus
ad illam maior femper erat euafura, ac prægrauatura.
Et hoc pacto conftituta republica Lycurgus Lacedemonijs
libertatem diutiùs conferuauit, quàm fit ab ullo populo
nobis cognito factum.

Non così interuenne a Solone, il quale perche fopra altre pietre di politica fondò la fua republica d'A-
tene, riducendola tutta a reggimento popolare, fenza

darui

darui contrasto veruno di principato, ò d'ordine senatorio, fù sì mal'assortato, ch'egli medesimo sotto la tirannide di Pisistrato andar la vide. E se bene quaranta anni dopo, che scacciati furono i di costui heredi, si ridusse allo stato primiero di libertà, perche nulladimeno ripigliò gli stessi antichi ordini di Solone, non contrapesando il gouerno del popolo, colla potenza del principato, ò con quella de' gli ottimati, possibil non fù giammai, ch'ella più di cento anni durasse, breuissimo periodo di tempo in riguardo a quella di Sparta, che ne durò otto cento.

Ed a partito ingannansi coloro, che si fanno a credere, notabile scossa hauer riceuuta la republica Romana da quelle continue dissensioni, ch'n essa leggiamo tra'l senato, ed il popolo. Notisi, che'n trecento, e più anni, che tra' Tarquinij passarono, ed i Gracchi, le contese, ed i dispareri di quella città, rade volte esilio, radissime sangue cagionarono. Come dunque potran dirsi quelle controuersie pernitiose, quella patria mal'ordinata, che'n tanto tempo per differenze dimestiche de' suoi cittadini, non più di otto, ò di diece esiliò, a pochissimi diè la morte, e non molti condannò in danari? Come potrà dirsi quella città, dalle disunioni conquassata, dalle discordie sconcertata, che tanti huomini insigni, tanti esempi di virtù produsse? Le buone operationi originate vengono dalla buona educatione, la buona educatione dalle buone leggi, le buone leggi da que'tumulti, da quelle contese, ch'inconsideramente molti chiamano rouine, sconcerti, e sono base, bafe,e ficurezze della publica libertà .

   Dunque non male in acconcio al publico feruigio vengono quefte concordi difcordie tra cittadini, anzi, che da effe,come da côtrarie qualità politiche,il bel mi fto ne rifulta della libertà d'uno ftato . Caderebbono, egli è ben certo,le fabbriche a uolta, fe de' mattoni in quelle collocati,e difpofti,l'uno non iftefe oppofto, e contrario all'altro ; così a fomiglianza potiamo dir noi,che la mole rouinerebbe del viuer libero , fe dalle controuerfie,e dalle ciuili contrarietà non foffe foftenuta . Ed è per auuentura quefto il fentimento del faggio,che diceua, *focietatem noftram effe fimilem lapidum fornicationi,quæ cafura,nifi inuicem obftarent, hoc ipfo fuftinetur.*

sen.ep.95.

   Ma più alto principio hà quefta dottrina.Non cantò folo l'armi de' grandi Homero,ma fcriffe ancora politicamente de'loro intereffi. Ne ui è fauola,ò concetto nelle fue carte , che ammaeftramento non fia di buon gouerno a chi gouerna. Mi conferma nell'opinione la rifpofta,che a Filippo diè una uolta Aleffandro,ancor fanciullo . Interrogollo il padre per qual cagione ei tãta ftima facefe de gli fcritti di quefto poeta,ed egli animofamente rifpofe, *Homeri poefim(pater) folam uide, ingenuam effe,& magnificam,& uerè regiã, cui animaduertere decet eum uirum, qui maximè imperaturus fit.* Giudicio da chioma di canutezza, non da guancia di prima lanugine ; da tefta fulle catedre d'Atene addottrinata,non ne' primi elementi del fapere pur'anche trattenuta .Eran le puerili note lampi

Dio Chryf. orat. 2.

pi

pi di maturità dell'animo grande, che nel picciol corpo di questo grande albergaua . Così ne' leoni ancor lattanti osseruiamo un certo che di magnanimo, in cui traluce la maestà della stirpe, e de' natali regi . E veramente non è concetto in quel diuino poeta, che 'l merito della lode d' Alessandro non adegui . Ma parue, che a quell'hora se medesimo , non che l'opinione di questo suo partigiano superasse , quando disse, che

      —————————*rex uirorum Agamemnon*   *Odiss.li.8.*
   Gaudebat animo, cum optimates Græcorum contenderent;

E che molto hauea in grado, ed in piacere
   Contentionem Vlyssis, & Pelydæ Achillis,
ch'eran capi de' capi delle sue genti.

Non fù otiosa, ma misteriosa l'inuentione. Ne fù poetico ritrouamento per dilettar chi legge , ma politico auuertimento per ammaestrar chi gouerna. Scrisse a quella uolta Homero, non come rinuenitore di fauole, ma come amatore del uiuer libero . Hebbe per oggetto, e per iscopo a beneficio delle republiche , lo stabilimento di questo dogma, che niuna cosa recar può maggior giouamento alla publica libertà, che le risse , e le contese tra' personaggi più illustri d'una patria . Così l'intesero gli antichi , rapportati da Plutarco. *Non finxisset Homerus Agamemnonem, (dice egli) rixa* *In vita A-* *Vlyssis, & Achillis gaudentem, mutua cum facerent gra-* *gesilai.* *uibus conuicia uerbis, nisi is ipse præstantissimorum heroum æmulationem, & disceptationem, magno reipublicæ*   *bono*

bono eße duxißet ; Et eam gratiam, quam ciues non ex-
ploratis priùs per mutuas contentiones animis, ultrò alter
alteri concedunt, ut otiosam, & desidem, concordi e nomen
non mereri senfißet.

Volle il faggio darci ad intendere, che come nella
difcordia de gli humori, l'armonia della uita confifte,
e l'equilibrio delle forze del corpo naturale dell'huomo, così nello fconcerto de gli animi de' grandi, la
faluezza ftà ripofta del corpo miftico d'un'efercito, e
d'una patria . E che all'incontro nell'unione di quefti
tali, come in pompofa bara, nobilmente di ricco panno
d'oro arredata, celebranfi i funerali alla libertà, ed infieme alla maeftà d'una republica.

Belliffima cofa, (ei non fi può negare) è il veder que
ft i foura gli altri eminenti, paffeggiar vniti la città, praticar concordi la curia, da' coftumi della patria non
punto dilungarfi, al cenno vbbidir de' magiftrati, il genio lufingar del popolo, e de' cittadini . Ah che fono
apparenze quefte; fono mafcare inorpelate, onde gab-
bati rimangono i femplicioti, e le perfone di pafta tenera, e molle.

Sono cimbelli colli quali trattengono il popolo, e
la plebe adefcano, ed inoltrandofi così a poco a poco
ne' cuori de gli huomini, li traggono pofcia nell'occor
renze doue loro più piace, ed è a grado. Leggafi Plutarco, a cui di ragion forte dobbiamo, ch'ei colla belliffima fimilitudine del vino, tutti quefti loro mifteri, ed
In politic. artifici ne difcuopre, e fpiega, *ficut enim uinũ* (dice egli)
primùm feruit, ac paret bibenti, at paulatim admixtum
uenis,

uenis,rapit hominē, ac traducit in suos mores; ità qui rem-
publicam administrant,initio se se moribus populi accom-
modant;post sensim eum ad sua trahunt instituta ,ed a
credere d'ogn'vno,con grandissima ageuolezza; *Nihil* Quint. de-
enim facilius est,quàm in quemlibet affectum mutare po- clam.2.
*pulum,*e particolarmente,se da persone di portata,e di
grido viene l'impulso.

L'autorità,e la lingua d'vn'huomo accreditato, tutto,ch'ei sia senza arte nell'arte del dire, mouerà nulladimeno l'immobile della terra,non che a sua voglia
tirerà gli affetti , che sono volubilissimi,del volgo.

—————————*Auctoritas licet maledixerit,* Eurip. in
   Persuadebit——————— , Hecuba.
   Potentium enim plurima habetur ratio in ciuitate ;
'asciò scritto vn'antico. E si come nelle riuolte de'
popoli vn personaggio eloquente,e facondo,che sia di
buon zelo verso la publica quiete , tra'l furore del volgo,e la mossa dell'armi ,

——*regit dictis animos,& pectora mulcet;* Virg. Ae-
——*sic blandiloquus,sed malo praeditus animo,* neid.1.
   Si persuaserit uulgo , magnum est ciuitati malum . Eurip. in
Oreste.
Haurebbe potuto cagionar la desolatione di tutta la
Grecia vn solo Demostene,s'ei fosse stato così cattiuo
politico,come tù buono oratore . Dal tenuissimo filo
della di lui lingua pendette gran tempo il bene , ed il
male della più nobil parte d'Europa,*quae fama,quae glo* Cicer. prò
ria,quae doctrina,quae pluribus artibus ,quae imperio , & Flacco.
Sabell. de
bellica laude florebat; poiche a testimonianza di clas- Sen. lib.1.
co scrittore,eo loquente,tota Graecia bella suscepit , su- c.6.

K   scepta

fcepta depofuit, fædera cum regibus iunxit, iunɛta dif-
foluit.

Maggior danno hebbe Filippo il Macedone dalla
facondia di queſt'huomo, che dall'armate ſquadre di
quel gran potentato. Soleua egli dire ad Antipatro,
che fù camerata d'Aleſſandro, che le di lui concioni
erano arietí, e catapulte, che ſpiccandoſi dalle mura
d'Atene andauano ad inueſtir' i ſuoi padiglioni, ed
ogni ſuo conſiglio diſſipauano. Confeſſollo Aleſſandro medeſimo, mentre a vendetta de gl'incontri fatti
al padre, dopo hauer' all'eſterminio condotta la città
di Tebe, l'eccidio intimò a quella d'Atene, ſe nő gliele daua nelle mani. Ma egli da ſaputo ſi difeſe col portar'a' ſuoi cittadini il belliſſimo apologo di quelle pe-
core, le quali ad aſſicuramento della pace, c'haueuan
fatta col lupo, per iſtadici gli dierono i cani. Onde
le miſerelle, ſubito, c'hebbero perduti i defenſori, col
ſangue pagarono il fio della loro ſcempiaggine imprudente.

In vno ſteſſo tempo declamauano Piſiſtrato, e Solone, queſti alla libertà, quegli alla ſeruitù d'Atene.
Chiuſe il popolazzo mal'auueduto l'orecchio alle concioni dell'vno, ch'erano men terſe, e men frizzanti, ed
in ſuo mal grado a quelle dell'altro, ch'erano più luſin-
ghiere, e più faconde, aprillo. Indi ne venne, che la
città per altro prudentiſſima, di libera, ch'era, ſerua ne
rimaſe, ed oppreſſa. Così colui, che tante volte armato trà nemici, difeſa la patria haueua, togato poſcia trà
cittadini, ſoggiogolla, ed a chi fù ſcudo di vita colla
ſpada,

Lucian. del
l'Encom.
di Demoſt.

Vale. Maſ.
lib. 8. c. 9.

ſpada,fù dipoi ſpada mortale colla lingua.

Fè tal'impreſſione l'accidente nell'animo di M.Ca- *Quint.lib.*
12.c.1.
tone il Priſco, c'hauendo vdito vna volta Carneade
della giuſtitia all'vna, ed all'altra parte fauellante, a
cagione,che dalla di lui facondia gli animi de' cittadini non foſsero guaſti,e corrotti,perſuaſe i padri a licen-
tiarlo incontanente, valendoſi per appoggio alla per-
ſuaſione,dell'eſempio de gli Spartani, i quali pur'anch'
eſſi,non per altro da' loro confini eſiliarono Ciſiſofon- *Plut.in tit.*
Lacon.
te oratore, ſe non perche profeſsaua di diſcorrere tutto vn giorno intero di qualunque materia,che gli foſſe propoſta. Notiſi quì,quanto di lungi prendeſsero
ombra della loro libertà i buoni, ed antichi republicanti.

Egli è incredibile a gl'ineſperti il moto,e lo ſcon-
uolgimento di coſe,che a produrre ſono valeuoli le ſe-
ditioſe voci d'huomini eloquenti, che ſieno di grido,
ed autorità; lo credette per auuentura M.Tullio, che
nelle concioni di Ceſare,e di Catilina,al popolo di Roma prouollo. E tentò anche con belliſſima ſimilitudine di renderlo credibile alla poſterità,dicendo, che ſi
come il mare,*quod ſua natura tranquillum eſt,uentorum* *Orat. prò*
Cluent.
ui agitatur;ſic populus ſua ſpontè placatus,hominum ſe-
ditioſorum uocibus, ut uiolentiſsimis tempeſtatibus attol-
litur. Ed è queſta una di quelle congiunture, che per
vnirſi,ſenza recar'ombra,ò ſoſpetto,vanno limoſinan-
do queſti ſoggetti di ſouerchio in vna republica eminenti,ſotto lo ſpetioſo titolo d'amore, e di carità ver-
ò la patria,ſtringonſi inſieme,quando veggono ſolle-

K 2 uato

An. li.16. uato il popolo, e la plebe commoſſa , *& ut imperium euertant,libertatem præferunt;si euerterint,ipſam aggre-diuntur,*dice Tacito . Ed a queſta maniera artificio-ſamente ſenza incontrare malageuolezza alcuna,diue-Liu. lib.9. nuti, che ſono padroni *rerum, temporumque , trahunt consilijs cunĉta ,non ſequuntur.*

E quando le coſe ſono ridotte a queſto termine, chi non vede,che'n quello ſtato , ſotto nome d'ariſto-cratia,viue coperta vna crudele oligarchia ? Così que', che da principio nel creſcere pareuano tanti cedri del Libano,e che irrigati coll'acque de' continuati comau-di , recauano ſperanza d'innalzarſi infino alle ſtelle a decoro , e ad ornamento della patria,fanſi in progreſ-ſo di tempo conoſcere per velenoſi napelli,e per fune-bri cipreſſi.

• Habbiaſi dunque per matematica poſitione, che la concordia tra' più coſpicui cittadini in vna patria libe-ra,maggior danno reca al publico, che la diſcordia . Ne alcuno in contrario porti l'eſempio di Ceſare, e di Pompeo,come che dalle lor gare , e dalle loro conteſe originaſſero le guerre ciuili ; poſciache ſenza dubbio veruno egli,con molti dell'antichità errato n'andrà,e moſtreraſſi mal guernito della pratica nelle ſtorie,e della peritia ne gl'intereſſi di quella republica. Non armò la deſtra di que' due principi la diſcordia; armol-la il concorde ſentimento,e l'amicitia,che fù tra loro. E vaglia per confermatione del concetto l'autoreuole In vita Ce faris. penna d'vn Plutarco;*non diſſidium Cæſaris,& Pompey* (ſcriue egli) *quod plerique putant, ciuilium bellorum*

cauſſa

cauſſa fuit,ſed amicitia ueriùs eorũ , quam initio ad euer-
tendum optimatium in ciuitate principatum initam, po-
ſtea diſciderunt.

E quando non ſia queſta baſteuole,aggiungaſi il teſtimonio di M.Tullio, che viſſe in que' tempi,e fù del-
l'vno,e dell'altro coetaneo , ed intrinſeco . Amò egli
mai ſempre , che ſteſſero diſgiunte quelle due grandi
anime . E dalla loro priuata vnione il diſauuantaggio
della publica libertà preuedendo , fè quanto ei potè
mai per iſtornarla. Così egli medeſimo ſcriuendo contra di M. Antonio afferma,e dice , *ego nihil prætermiſi,* Philip.2.
quantum facere enique potui,quin Pompeium a Cæſaris
coniunctione auocarem.

Arriuaua queſto gran patritio l'arriuabile nella ragione di ſtato ; e nella buona politica gli atomi vedea
di Democrito . Non hebbe egli giammai per dubbio ,
che'n tanto faceua Ceſare amicitia con Pompeo,e ſeco
col vincolo della parentela, medianti le nozze di Giu-
lia ſua figliuola,ſtringeuaſi , in quanto col ſuo aiuto ſi
daua a credere di poter ſoprafar gli ottimati, e ſotto-
porſi la republica . E tale fù il di lui ſentimento nel
pericolo della patria,ch'egli hebbe petto,e cuore d'or-
dir la morte di queſti due gran ſoggetti ; e di tentare ,
homo nouus (direbbe Salluſtio) *& Romulus Arpinas* ,di
mettere le mani nel più riuerito , e nel più degno ſangue,che giammai s' haueſſe la città di Roma . Leggaſi
Dione,che'l netto,e l'intimo del fatto racconta ,e troueraſſi,ch'egli apertamente dice,*Cicero,(t) Lucullus,qui-* lib. 38.
bus hæ nuptiæ diſplicebant,Cæſari,Pompeioq; per quem- Triumuiri.
dam

dam Lucium Vettium necem parauerunt. Ma non seguì l'effetto, perche le tele de'parricidi,e de' casi atroci hanno maggior'ageuolezza nell'orditura , che nella tessitura.

Penetrò pur'anche M.Catone l'Vticése,quella stoica testa,l'artificio di Cesare , benche sotto lo spetioso titolo di quelle nozze stesse chiuso,ed occulto,ne per isturbarle,pietra veruna lasciò,ch'ei non mouesse, protestando a chiara voce in publico, ed in priuato , che seruir doueano le facelle di quell'himeneo per lo funerale della libertà del Latio,sì come seruirono già quelle d'Alessandro,e d'Helena per l'incendio dell'Asia. E veggendo di non approfittar nulla,in guisa di mentecatto, andaua esclamando per la curia, *non esse ferendos eos,qui nuptijs principatum prostituerent , & mulierum caussa prouincias, copiasque sibi mutuò traderent.*

Plut.in vita Casar.

Ma più geloso di simili pratiche fù ancora il suo bisauolo M.Catone Censorino,il quale non solo non voleua l'vnione de' grandi nella republica, ma ne anche quella de' serui nella propria famiglia; e però ualendosi d'indegna politica, *semper contentiones aliquas,aut dissidium inter ipsos callidè serebat , suspectam habens nimiam concordiam eorum.*

Plut.in Catone maiore.

Mentre Crasso cittadino di portata ,stette da Pompeo disgiunto,e tra loro poca intelligenza passò, anzi nimistà , quietissime caminarono le cose di Roma ,ne pur si uide ombra , ò s'hebbe sospetto ueruno di sconciatura; ma quando per opera di Cesare,diuentarono amici,ed a loro egli medesimo si unì per terzo, cominciarono

ciarono subito ad intorbidarsi i sensi, a sentirsi i tumulti, ed a vedersi i moti. E che marauiglia? Eran diuersi i fini di questi trè principi, e tutti non al publico seruigio, ma al priuato interesse di cadauno di loro riuolti, ed intenti; *Pompeius enim caussam habebat, ut acta in transmarinis prouincijs, quibus multi obtrectabant, per Cæsarem confirmarentur. Cæsar autem, quòd animaduertebat, se cedendo Pompeij gloriæ aucturum suam, & inuidia communis potentiæ in illum relegata, confirmaturum uires suas; Crassus autem, ut quem principatum solus adsequi non poterat, auctoritate Pompeij, uiribus teneret Cæsaris.* Vell. Paterc. li. 2.

E quà vedesi in chiaro l'errore di coloro, i quali solo l'estrinseco considerando delle cose, e l'apparenze, dall'vnione di questi trè principi, fecer concetto della felicità della republica, e della grandezza del nome Romano. Ah quanto s'ingannarono. Ma non così interuenne già a gl'intendenti della buona ragione di stato, i quali ammaestrati dalla pratica, e delle sode massime di politica ben guerniti, francamente predissero, *illorū trium coniunctam potentiam, omni aduersariorum fortuna superiorem, senatus tandem, populique Romani potestatem esse euersuram.* Ne guari stette ad auuerarsi il pronostico, e la preditione; *nam cum quisque mutuis uiribus in suum decus niteretur, Galliam Cæsar inuasit, Crassus Asiam, Pompeius Hispaniam, ut iam sic orbis imperium societate trium principum occuparetur.* Plut. In Cæsare. Flor. li. 4. c. 2.

Ne fermossi quà la piena de gl'inconuenienti, ne meno quà s'arrestarono coloro, che prefisa s'haueano

per

per iſcopo la monarchia del mondo, ma rotto il vinco

Idem vbi ſupra.

lo dell'vnione, *Craſsi morte apud Parthos, & morte Iuliæ Cæſaris filiæ, quæ nupta Pompeio, generi, ſocerique concordiam, matrimonij fædere tenebat, ſtatim æmulatio erupit. Iam Pompeio ſuſpectæ Cæſaris opes, Cæſari Pompeiana dignitas grauis, nec hic ferebat parem, nec ille ſuperiorem.* Ed eccone il principio delle guerre ciuili, ed il fine della Romana libertà. Onde con ragione potè dir Lucano, che folti a te ſteſſa,

lib. I.

—————— *tu cauſſa malorum,*
Facta tribus dominis communis Roma.

Cadeſti uolontaria ne' duri lacci della ſoggettione de' tuoi triumuiri, donna poſsente, a cui mille reine con mano ſerua, e tremâte cinger d'alloro il crine uider già dolenti, i regni Eoi, e nel cader laſciaſti al mondo maggior diſiderio di te ſteſſa. E ne' crepuſcoli dell'occaſo fù più dolce, e più cara ad ogn'uno la ricordanza de gli ſplendori dell'alto tuo meriggio, non altramente, che

Seneca in Troade.

————— *eſſe Phœbi dulcius lumen ſolet*
Iam iam cadentis, aſtra cum repetunt uices,
Premiturque dubius nocte uicina dies.

Cadeſti ſucciſo dalla ſpada de' tuoi cittadini, il più bel fiore d'imperio, che giammai s'haueſſe il mondo. Cadeſti ſuperba mole, ch'emula dell'eternità feſti a creder di trionfar del tempo. E mortale, ed irreparabil fù la caduta, poiche da alto uenne, e nell'auge ſeguì di tua grandezza, e per appunto quando

Luc. lib. 7.

Haud multum terræ ſpatium reſtabat Eoæ,
Vt tibi nox, tibi tota dies, tibi curreret æther,

Omnia-

Omniaque errantes stellæ Romana uiderent.

Cadesti Roma , ma niuno, fuor che Roma, dar si può
vanto della tua caduta . Dal solio dell'imperio preci-
pitosa traboccasti, ma non altro la spinta ti diè , che'l
peso del tuo grande imperio . Inuitta ad ogni potentato , vincibile fosti solo a te medesima; e te stessa
vincesti , dopo hauer vinto il mondo , accioche nel
mondo nulla restasse,che dalla tua forza vinto nó fosse.

Apprendano dall'esempio della tua fortuna i secoli
venturi , ed i presenti , che *non his gradibus , quibus ad* *Sen.de be-*
nef. lib.6.
c.33.
summa peruentum est,retrò itur; sed sæpè,inter fortunam
maximam,& ultimam , nihil interest ; Dall'humil tetto
d'vno, che per viuere hebbe in grado, del latte nutri-
carsi d'una fiera , al superbo palagio della monarchia
del mondo, così a poco a poco ascendesti per diuersi
gradi d'anni,e di secoli,ma di là ne precipitasti poscia
al tramontar d'un sole; ed a rompicollo ,

   ——*tua fata tulit par omnibus annis* *Lucan.vbi*
supra.
   Emathiæ funesta dies▬▬ ▬▬ ▬

In vn sol giorno colà ne' campi di Farsaglia tu ti giu-
casti la tua gran fortuna , e perdesti in un gittar di dadi , in un girar di spada , quanto in vn lunghissimo pe-
rido di tempo , con molto spargimento di sangue ac-
quistato haueui ; e di padrona,e regnatrice, serua di-
uenisti, e ligia d'un tuo cittadino . E fù quell'hora
funebre,e dolorosa táto, che abbandonando il bel paese d'Italia,

   Et fugiens ciuile nefas,redituraque nunquam *Lucã.li.7.*
   Libertas , Vltra Tigrim,Rhenumque recessit.

Ma doue mi trasporta la compassioneuole caduta di sì gran colosso d'imperio ?

Egli è dunque il vero, che l'vnione di que' trè po, tenti, la perdita cagionò della Romana libertà. E come esser potea altramente, se i triumuirati altro non sono, che officine, doue fabbricansi l'arme a' moti delle città, alle solleuationi de' popoli, al principato della patria, alla tirannide ? *Cum enim quisque eorum princeps esse optet, ad ingentia inter se odia euadunt, ex quibus seditiones existunt, e seditionibus cædes, e cædibus ad unius imperium deuenitur.* Ne troppo lungi n'andremo per rinuenirne l'esempio; l'habbiamo di Roma; *Pompeij enim, & Crassi potentia citò in Cæsarem; Lepidi, atque Antonij arma in Augustum cessere.*

Ma niuna cosa vien più in acconcio per mostrarci di quanto pericolo sia il congiungimento di questi principali in vna republica, che la consideratione di quel gran fiume, di cui appo Herodoto leggesi, il quale diramato, e diuiso dall'insana potenza di Ciro in trecento, e sessanta riui, correa così humile, e basso, ch'ogni timida donzella col piè tenero, e scalzo osaua di soggiogarlo, e di passarlo a guazzo, che pur dianzi coll' onde vnite, tutto orgoglioso, e spumante, non senza spauento de' riguardanti, allagaua il piano, e tiranneggiaua la campagna. Così questi prepotenti, mentre stanno tra loro disgiunti, ed insieme mal'uniti, caminano di maniera bassi, ed humili, ch'ogni semplice legge d'alcun magistrato è valeuole a suppeditarli, non che possente a raffrenarli; ma quando vniscono insieme

Herod. lib. 3. in orat. Otan.

Tac. An. 1.

lib. 1. Cli.

fieme l'onde della loro potenza, maffimamente ,s'auuiene,che fieno quefte,ò per pioggia accrefciute d'a-
iuto popolare,ò intumidite , e gonfie per aura di qualche ftraniero principe, allora niuna legge,niun magiftrato può fermar l'empito loro . Efcono fuori del
proprio letto de' coftumi della patria, formontano le
fponde de' magiftrati,rompono gli argini delle leggi ,
annegano il piano della libertà, e feco traggono ciò,
ch'è di fermo,e di ftabile nella republica.

Conobbe molto bene il difordine Ariftide,nomato
il giufto nella republica d'Atene ; e coll'efempio di
fe medefimo,per quanto fù lui pofsibile, procuroui il
rimedio , ricufando mai fempre di collegarfi troppo
ftrettamente con alcuno de' grandi nella fua patria ,
ne curandofi giammai di prefidiare lafua fortuna con
fouerchia moltitudine d'amici, perfuafo (diceua egli) *Plut. nella*
dall'efperiéza, e dall'hauer'ofseruato,che pungenti fti- *fua vita.*
moli alle nouità, & alle fconciature,fono le fponde, e
l' adherenze de gli amici . Nel che forfe tacciar volle
Temiftocle nella medefima patria , non pur' emulo
fuo,ma nemico,il quale in niuna cofa maggiormènte fi
ftudiaua,che in ifpalleggiare la fua potenza d'una buona banda d'amici , e adherenti . Onde effendogli detto da vn tale,ch'egli haurebbe gouernato bene in Atene,ogni uolta,che di niuno foffe ftato partiale, ma e-
guale a tutti , e indifferente ; *nequaquam* (rifpofe) *Plut. vbi*
eo confideam folio, in quo non plus indè ad amicos,quàm *fupra.*
ad alienos fit rediturum.

E di quà riceuette il tracollo la ftadiera della fua

fortuna,perche non tantoſto egli conobbe d'eſſer poderoſo, e forte d'amici, e di partigiani, che ſubito diè
nel vaſto,ne più potè dentro i confini cótenerſi d'vna
grandezza ciuile . Onde perciò bandito dalla legge
dell'oſtraciſmo,e di là a poco da gli Spartani accagionato,e fatto reo , che anch'egli inſieme con Pauſania,
Tucid.li.ſ. ſe l'intendeſſe col rè de' Medi, fù ribello della republica dichiarato,e come tale gli conuenne fuggiaſco,
e ramingo andar'in Perſia, doue poſcia a forza di veleno coll'anima quella fortuna vomitò,che col penſiero auidamente inghiottito s'hauea .

Cótrario per diametro all'humor di coſtui fù Cleone,pur cittadino d'Atene . Queſti poſto appena il piè
ſulla ſoglia dell'amminiſtratione nelle coſe publiche,
rinuntiò la conoſcenza,nó che l'amore di quanti amici s'hauea,facendoſi a credere, niuna coſa più, che l'a-
micitia,peruertere i buoni ordini, e ſneruare i ſodi inſtituti d'un'ottimo gouerno di republica . Altro di
bene non fece egli giammai . E meglio per ſentimen-
In præcep-
polit. to di Plutarco haurebbe fatto, *ſi auaritiam animo , &*
peruicaciam eieciſſet; amicos abegit, ſed centum adula-
torum capita circa eum ligurierunt, fæcemque,& ſenti-
nam plebis in ſodalitium ſuum aduerſus optimates de-
curiauit.

Emulo glorioſo d'Ariſtide nella Romana republica
fù M.Catone, il quale poſto in non cale il priuato intereſſe di ſua caſa per lo publico della patria,non volle vnirſi d'amicitia,ne di parentela con Pompeo,quan-
do per appunto ei ſull'auge poſto della ſua grandezza
                                                    ſe

ſe ne ſtaua per trionfar la terza volta dell'Aſia ſoggio-
gata,ſi come l'altre due,dell'Africa,e dell'Europa triõfato hauea . Onde a Munatio , che mezano ſi faceua
della pratica,quando gli chieſe la figliuola, ò la nipote
per moglie di Pompeo , auuedutoſi il buon vecchione
nuptias illas ſui corrumpendi gratia a Pompeio affeſtari,
intrepido riſpoſe , e da ben ſentito republicante, *uade*
Munati,uade,& dic Pompeio,Catonem per mulieres ca-
pi non poſſ , nec ipſum illius gloriæ obſides contra patriam
unquam eſſe daturum.

Plut. in
Catone.

Firmato queſto punto di tãta cõſeguenza,e più chiaro,che'l ſole, apparendo,niuna coſa con maggior'ageuolezza raccorciar'il periodo della uita ad una republica,che l'unione,e l'amicitia tra' grandi (intendia-
moci;di quelle ſi fauella,che per proprio intereſſe con-
tratte,quanto più affiſe ſtanno alla diabolica ragione
di ſtato del mondo,tanto più da quella di Dio , ch'è la
buona , veggonſi aliene, e dilungate , che dell'altre al
publico ſeruigio indirizzate,non hà dubbio, che ſono ,
come diceua Ageſilao rè di Sparta, le terrapienate mura,ed i reali beluardi delle patrie di libertà) firmato,di-
co,queſto punto,eſſer danneuoliſſima di conſeguenza
n'appare la continuanza nel magiſtrato di Lesbo de'
medeſimi ſoggetti;poiche perſeuerando a lungo tempo l'autorità in un conſiglio,ed in vn corpo di ſì fatte
membra compoſto,chi non uede,*hoc in republica ſemi-*
narium Catilinarum fore, doue tra alcuni di loro con-
chiuderanſi leghe pernitioſe contra la publica libertà,
e donde, come da Troiano cauallo,vſcir potranno tu-

Cic.or.1.
in Catil.

multuanti

multuanti ceruelloni,che armati di ferro , e di fuoco la
reggia incendano della republica?

Rimedio opportuno a quefto male ; antidoto ficuro a quefto veleno,io mi crederei , che foffe la pratica
d'una determinata vacanza,per la quale dal magiftrato efclufi reftaffero quefti animi grandi ; e che la legge
prefcriuefse loro l'vbbidir', un tempo , dopo che l'altro,comandato hauefsero.

Serue marauigliofamente la viciffitudine dell'imperio,ed vn certo rimefcolamento d'vbbidienza, e di
comando,per frenar quefti faftofi ingegni, alla gloria ,
ed a gli honori di fouerchio afpiranti;ne permette,che
al precipitio corrano talhora della republica,e mai fem
pre di fe medefimi . Ed è il concetto giufta il fenfo di
colui,che diffe, *imperandi parendique uicifsitudo repri-*
mit mentes faftuofas,& gloriæ cupidas ,nec finit eas ine-
briari nimia potentia . Parole di greca fapienza , degne
per auuentura d'efser'intagliate collo fcarpello del zelo del publico bene,nell'immortale diamante dell'animo d'ogni buon fenatore di republica.

Dionyf.
Halic. l.4.

R E-

REPVBLICA
DI LESBO
OVERO

DELLA RAGIONE DI STATO
in un Dominio Aristocratico

Libro Terzo

DELL'ABBATE DON VICENZO SGVALDI.

SOMMARIO.

Detto di Pitagora considerato. Genio di M. Catone il Prisco, al nome di rè auuerso. Pratica de' rè sospetta in uno stato libero. Come li deggia riceuer' il publico, come trattar seco il priuato. Uguaglianza di forze tra' cittadini commendata. Disagguaglianza dannata. L'una dall'intermittente, l'altra dalla continua autorità de' magistrati esser prodotta.

PITAGORA, l'honor d'Italia, i cui preclari detti ne' trascorsi tempi hebber tanto d'autorità, quanto di fede gli oracoli d'Apollo; quegli, che nel più seuero sentimento de gli huomini, prima di conseguire il titolo di diuino, gl'incensi meritò, e'l tempio, ne più salubre precetto, ne più profitteuole ammaestramento, có quella sua

velata

velata dottrina diè giammai a colui , che viue fotto il
fortunato cielo della libeità , che quando fcrifse ,
QVAE VNCIS SVNT VNGVIBVS NE NV-
TRIAS.

Hebbe penfiero , col fimbolico concetto de gli
vccelli da rapina d'ammonirlo a non permettere, che
nella propria patria furgano huomini così potenti,
che l'ordinario ftato d'vna modeftia ciuile trapaffino
ed eccedano. Perche (voleua dire) fi come quelli
fulle eccelfe cime pofti de gli alberi , ouero in aria
fulla forza delle proprie penne librati, non ad altro fine mirano ful baffo del terreno , che per far preda de
gli altri più minuti ; così quefti dallo ftato fublime , in
cui ritrouanfi collocati, ouero dall'eminente dell'aria,
doue full'ali fi foftégono della propria potenza, non per
altra cagione gli occhi riuolgono al piano della republica, che per far ftrage de' cittadini di minor conto, e
di minor portata.

E fi come veggiamo pur gl'ifteffi, tutto che dimeftici, e dall'arte ammaeftrati, non venir'al pugno , dopo i
lunghi giri per l'aria, e gli alti voli , che dalla calamita
tirati d'un pezzo di cuore, ò di carne fanguigna , così
de gli huomini eccelfi, e di fouerchia potenza fà di meftieri il fofpettare , che dopo i moltiplicati rauuolgi-
menti de' più fourani honori, e gli alti voli de' più cofpicui comandi, ò di rado, ò non mai calino al baffo della piaceuolezza , che lufingati , ò dalla gola attratti, di
pafcerfi della carne, e del fangue di qualche miferabi-
le cittadino.

E chi

E chi sà, che di coftoro non volefse per auuentura efser'intefo il diuino Homero , quando alla pofte-
rità , ful memoriale di buona politica lafciò fcritto,
non effe in republica admittendos reges, populi denora- *Apud col-*
Adag.
tores? Io per vero dire, fi come non giurerei il contrario , così ne meno mi farei lecito di biafimare M.
Catone il Prifco,che'l concetto rapporta a' rè di corona,ed hà per coftante non poter'efser, che di fofpetto,
la pratica loro in una patria di libertà.E di quà venne ,
ch'egli giammai andar non uolle al verfo di Eumene rè
di Pergamo,tutto che fofse dal fenato tenuto per partigiano,e per benemerito della republica, come quegli,che nelle guerre dell'Afia,e della Grecia hauefse
mai fempre fpalleggiati i confoli,ueftite l'armi a lor comando,e la parentela ricufata d'Antioco, come di nemico del nome Romano ; e però a gli amici,che colui
predicauano per vn'ottimo rè,e de gl'interefli della republica molto ftudiofo,e partiale ,non fenza indigna-
tione rifpofe;*fit fanè; at rex eft animal natura carni-* *Plut. in vi-*
ta ipfius.
uorum.

Dal genio , che così repugnante vedefi in quefto
gran patritio verfo de'rè ; prendo volentieri occafione
di toccar così in isfuggendo,dell'ombra,e del fofpetto,
che può recar'al publico vna troppo ftretta , e dime-
ftica pratica, che tenga vna corona in quelle patrie,
nelle quali i cittadini hanno folo per uitale quella vita,che'l fiato,e lo fpirito dalla libertà riceue. Lettore
fcufami . Ben m'auueggo di allontanarmi alquanto dal
filo del difcorfo ; ma importante troppo è la materia

sotto la péna d'una mano, che nel tempio delle sue carte, non ad altro, che all'idolo del viuer libero pro-
fessò d'appendere i voti, ed offerir gl'incensi.

In Philip. Demostene disse vna volta, *omnis rex, & tyrannus*
hostes sunt libertatis. Fù ben sì già cercato, s'egli dices-
se ciò, sol per tacciar Filippo il Macedone, che fù atroce nemico della Greca libertà, ò se pure, perche ciò
di tutte le teste coronate credesse; ma non sù giammai da veruno posta in litigio la forza, che d'affattu-
rar le persone hanno la maestà, le maniere, ele miniere d'un rè. Alla presenza dell'vna, a gli allettamen-
ti, ed alle vehemenze dell'altre, abbattuta, prostra-
ta, e prostituita può cader la libertà d'una patria. Sotto il peso dell'oro regio alle volte si sono uedute va-
cillar le più ferme colonne del senato, incuruarsi i più
saldi sostegni della curia. Infranto in minute scheggie,
non che contuso, n'andrà l'inuincibile diamante della
publica fede, se vi sia chi con un martello d'oro lo per-
cuota. Al soaue suono di questo cordiale metallo
addormentansi gli Arghi, c'hāno in custodia la bella Io
della libertà, si sueglian coloro, ch' allo strepito della
Apud Flo-
rid. lib. 2. pericolante republica uincono nel dormire il Creten-
se Epimenide, di cui è fama, che facesse un sonno di settanta cinque anni. Simboleggiata è questa occulta
virtù dell'oro da quella uerga dell'Homerico Mercurio, colla quale

Odyß. li. 5. ——— ——— *mulcet lumina somno*
Quorumcunque, soluit quoque lumina somno.

Non v'è mente così casta; non u'è cuore così pudico,
che

che prouocato a libidine, dalla libidine non fia dell'
oro; che tentato da quefto lufinghiere metallo non fia
próto a proftituire la pudicitia della patria; che non fia
perfuafo da quefto follecito fenfale ad efpor venale il
pregio del viuer libero,che non hà pregio.

Penetra l'oro i penetrali della libertà ,inueftendo
corruttore le più fegrete,e più recondite parti del feno di quefta nobiliffima dama.Sofcriue a quefta verità
la fcuola de gli antichi poeti,coll'ingegnofo ritrouato
di Danae,fotto la fpetie d'vna pioggia diluuiante d'o-
ro,da Gioue corrotta,e fuergognata ; che però fù can-
tatoda vn di loro ;

Iupiter admonitus nihil effe potentius auro;
   Corruptæ pretium uirginis ipfe fuit .

Ouid.3.A
mor Eleg.
8.

Alla vehemenza dello ftrepito di graue mafsa d'oro cadéte dall'erario d'vn rè, fuettate cadono le cime delle
rocche più fuperbe,e fi fpalácano i petti men penetrabi
li de'cittadini,per altro incorruttibili, e fedeli . Doue
quefto metallo corre prima alle mani,che s'aprino le
bocche alle promeffe,ageuol cofa egli è,che là fi pieghi
l'auida mente dell'huomo ; e'n cofe lubriche,tanto lo
fteffo è il piegare,che'l precipitare;ne dall'atto confu-
mato il femplice penfiero fi diftingue. E' caduto colui,
che fi penfa di cadere. Ma che? cadean'i Dei,dal lume acciecati,non che dal nume battuti dell'oro,fe alle
carte diam fede de'gentili ; e però vedeanfi le ftatue
loro al riceuere più difpofte,ed in acconcio,che al dare ; onde Ariftofane,il Comico,vna volta diffe di loro,
che

In Conciō
natricibus.

————*cum precamur, largiantur ut bona,*
Manum supinam porrigentes stant, uelut
Nihil daturi, sed recepturi magis.

Chi libero nella casa entra d'vn rè, n'vscisce seruo,
Iliad. li. 3. diceua quel Menelao, che appo Homero, di poche cose fauella, ma in tutte sempre con sali, ed acutezze. E
io mi crederei poterfi affermar con verità, che nella
medesima disauuétura inciampi colui, che seco entra in
negotio, od in trattato. Sono armate le parole d'un rè,
muoue ei la lingua, e minaccia colla mano; e nello stesso
tempo, col suono della voce, il fischio s'ode della spada. Non difcorre egli giammai, che non perfuada,
non persuade, che non comandi; non comanda, che non
Ann. 14. isforzi. E però disse Tacito vna volta, e bene, che
suasio ab eo, qui iubere potest, uim necessitatis affert.

Giuchi di lontano, chi dal folgorante aspetto d'vn
rè, arfo, ed incenerito restar non vuole. A vicinanza
de' grandi oggetti fensibili, a rischio vanno di perderfi
l'organiche potenze; così per similitudine dir potiamo, che a pericolo di ruinare mettófi coloro, che troppo alle forze s'accostano d'vn coronato braccio. Niente di proportione cade tra l'oggetto reale, e la potenza priuata.

Auuicinoffi vna volta Leonida (non sò se miglior
cittadino, uogliam chiamarlo, ò capitano di Sparta) a
Serfe rè di Persia; e nella uicinanza poco mancouui,
che nó restassero, egli sotto lo smacco della fellonia, e la
patria sotto il giogo della tirannide. Stauano amendue così di vicino accampati, che sentiuasi dell'uno, e
                                                    dell'al-

dell'altro le trombe, quando il rè fece risolutione di tentar prima il nemico di tradigione, che di prouocarlo alla battaglia, ed in vn biglietto gli scrisse, *si cum Diis bellare desinas, & meis te copiis adiunxeris, potes totius Graciæ fieri monarca.* Volle colla punta della penna batter colui, ch'ei d'incontrare non osaua colla punta della lancia. Sfidollo a singolar tenzone nel campo del tradimento, coll'armi dell'ambitione, prima che côtra gli mouesse nella foce di Termipoli, le barbariche squadre. Declinò il generoso quell'incontro, e ritiratosi dentro il santuario dell'amor della patria, rispose, *si nosces ea, quæ sũt honesta, desisteres aliena cõcupiscere; mihi satius est pro Græcia mori, quàm in ciues meos gerere monarchiam.* Era Leonida. Portossi, e rispose da Leonida. Infelice Sparta, s'ei fosse stato dell'humore diquell'empio, che per vn giorno di dominio in Atene, haurebbe patuita la pelle, e l'esterminio di tutta la sua stirpe, onde arditamente lasciandosi intendere, diceua,

Ipse non recusem ━━━ ━ ━━ ━

Viuus excoriari, & excindi meum genus;

Vnicuique Athenis imperassem si priùs diem.

Vn cittadino di patria libera, per publica, e priuata sicurezza dee trattar co' rè, come col simulacro di Venere, scriuono, che facesse Hippolito il casto. O recasse corone, ò consumasse incensi, ò preparasse tabelle, non mai fù, ch'egli le si appresasse costui più di quanto bastaua per distinguerne la forma. Ben conosceua il saggio, che la stretta pratica di ciò, che può corrompere, è mortale.

Plut. in Apoph.

Plut. vbi supra.

Plut. in vita Solon.

Eurip. in Hippol.

Glo-

Gloriofa republica di Venetia, degna non pur di lode, ma di marauiglia, che cõ l'occhio preuedendo d'v-
na prudenza inarriuabile ciò, che'n fi mil'affare ugualmente alla tua libertà, ed a tuoi cittadini nuocer poteua, col forte braccio della legge , fuor d'ogni lubrico
incidente, e l'vna, e gli altri trahefti ; decretando con
pietofa feuerità pena del capo a chiunque , fenza tuo
ordine ofa di trattare, non pure con alcuno de' grandi,
ma ne tanpoco con alcuno de' miniftri loro . Viurà
dunque (e ben poffo da sì buoni ordini predirlo) coe-
terno col moto, e col tempo il tuo imperio ; principeffa delle franche città , metropoli del viuer libero ,
reggia delle leggi d'ogni buon gouerno.

    Tutti gli honori, che fi facciano ad vn rè fono afsai
minori del merito d'vn rè; *ficuti enim inter præftatifsi-*
ma naturæ Deus excellit, ità terrenis, & hominibus rex an-
tecellit . Afsegna Hefiodo alla sfera della corona reale
per intelligenza affiftente, e motrice, Calliope figliuola
di Gioue, e vuole, che le mufe con effo lei fieno in offequio, ed in feruigio delle tefte coronate, e dice,

Stob.fet.
46.

> *Calliope forma præcellit omnibus;*
> *Hæc & reges uenerandos comitatur.*
> *Quemcumque honorarint magni Iouis filiæ,*
> *Et nafcentem afpexerint, a Ioue nutritorum regum,*
> *In huius linguam effundunt cantum.*

In Theog.

Edi quà pofcia facilmente apprefe Senofonte a dire;
mihi a Deo, & a cælo uidetur uenus quæpiam, & gratia
comitari, & fubfequi uirum principem . Platone appella
i rè terreni Dei . Temiftocle per natura altiero , non

In Biero-
ne.

m ai

mai feppe lafciarfi cader genufleffo ad inchinare il coronato de' Perfi, fin che non hebbe intefo dal prudente capitan delle guardie reali, che *rex eft imago Dei in terris* . Ma non per tanto è da dirfi , che città libera deua introdurfi nel feno con fouerchia confidenza, e liberalità, la pratica d'vn rè , quafi che ciò foffe per riufcir fenza grandiffimo pericolo di biafimo , ò detrimento . E chi sà, che Tacito non intendefse lo fteffo allhora, che diffe, *fimplicitas, & liberalitas , nifi modus* Li.3.hift. *adfit, in exitium uertuntur* .

Non caderebbe dalla mia penna il concetto , fe prima vfcito dalla bocca d'vn rè non foffe. Và Pirro ad Atene . Vien riceuuto con iftraordinarie accoglienze . Corrono in offequio le militie , il popolo , e'l fenato . Se gli aprono le fortezze, che fono le vifcere dello ftato . Vi s'introduce dandoglifi agio di facrificare a Minerua . Riceue il rè gli vfficiofi trattamenti; ofserua la fouerchia fimplicità; ed al fine partendofi corrifponde a' riceuuti honori, col lafciar per rimedio opportuno all'imprudente cortefia di que' cittadini , quefto falubre documento, *ut in pofterum, fi fapere uolunt , nullum* Plut. in vi *regem in urbem introducant , neque portas ulli aperiant .* ta Pyrrhi.

Migliore non può effere il concetto , ne l'ammaeftramento, quando s'adopri bene, ed opportunamente; quando male, corre rifchio, che fia l'ultimo de' mali , e l'eftremo delle rouine d'una republica . Maliffimo fe ne feruiron' i cittadini di Tiro ; e però l'ecc idio della lor patria cagionarono.

Moffe Aleffandro in Perfia . Accoftoffi di pafsaggio

gio a Tiro città della Siria, poderofa in fe ftefsa di forze, ma molto più per la confederatione, c'haueua con
Cartagine, ficura, e dal fito molto ben prefidiata, per
efser pofta dentro l'acqua, come hoggidì Venetia.
A gli ambafciadori, che vennero in nome publico per
complir feco, fà intencer'il principe di voler'entrare
nella città, per facrificar'ad Hercole, da cui credono i
Macedoni trarr'origine i loro rè. Rifpofero i cittadini,
che la republica di Tiro farebbe mai fempre ftata al
fuo nome diuota, e partiale, ma che ne lui, ne le fue
genti nella terra introdotti giammai hauerebbero;
trouarfi fuori della città vn tempio dedicato ad Hercole, doue era libero il facrificare a chi che fofse. Sde-
gnofsi quell'anima grande, alle repulfe infolita, che vna
città gli chiudefse le porte, mentre tutto il reftante
dell'oriente gli haueua fpalancate. Vi pofe l'afsedio,
e dopo il fettimo mefe cade fotto la di lui vendicatrice
spada quella città, che *erat uetuftate originis, & crebra*
fortunæ uarietate ad memoriam pofteritatis infignis.

Quin.Cur.
lib.4.

Non fù Pirro giammai d'opinione, che gli Ateniefi,
ne altri popoli liberi efcludefsero dalle loro città i rè,
ne che perciò l'armi s'irritafsero contra, di maggiori po
tenze; ma fi bene coll'afsoluto concetto hebbe penfiero di fargli della grandezza del pericolo auueduti, a cagione, che nel praticar'vn tal negotio, ogni cautela v.
fafsero, & ogni modo.

Così l'intefero ne' fecoli più vicini i Lucchefi. Rifolue Galeazzo, duca di Milano, d'efsere in Lucca di
pafsaggio per Fiorenza. Poteua il principe, come fu-
                                                        perior

periore di forze appianarſi la ſtrada col ferro, ma dalla
richieſta riconoſcer la volle, e dal complimento . Dopo varie conſulte gliele concedono que' cittadini , e
dentro delle mura lo riceuono della lor città ; ma in
guiſa tale , e con sì fatto modo , ch'eſſer ponno eſempio d'auueduta politica ad ogni ſtato di libertà . *Ad-* Brut.li .5.
uentantem (ſcriue l'Hiſtorico) *magnificè excipiunt.* hiſt. Flor.
Portam, qua in urbē erat inuecturus, & turrim, quæ e por-
t.e fornice in ingentem altitudinem producebatur, demoli-
ti, ſotto colorato , e ſpetioſo titolo d'honorarlo , e di
farlo andar del pari nella pompa del riceuimento colle teſte coronate, *ſed re uera, quòd illis ambitio hominis*
ſuſpecta metum inieciſſet , ne turre occupata loco arcis
ad urbem expugnandam uteretur.

Ma del pericolo in riceuere ſenza i douuti riguar-
di vn principe di monarchia dentro i muri delle patrie
loro, reſteranno per auuentura meglio perſuaſi gli ariſtocratici dall'eſempio d'una moderna republica , che
dalle parole d'un'antico rè . Leggaſi la ſtoria del paſſaggio di Carlo ottauo rè di Francia alla conquiſta del
regno di Napoli, che ſi apprenderà, come dall'eſſer'egli
ſtato raccolto in una delle più floride città d'Italia, tutto che con ogni termine d'applauſo , e di corteſia a
quella corona diceuole, ne ſeguì nulladimeno ſcôciatu-
ra tale, che ſe Pietro Capponi nobile, e valoroſo râpol-
lo di quella ſtirpe, che hà prodotti all'Italia tâti heroi,
quanti huomini; quaſi nouello Catone alle pretenſio-
ni del rè intrepido non s'opponeua, ed a ſuoi miniſtri
alterata non moſtraua la fronte, ſcoprendo loro vgual-

N   mente

mente di buon zelo , e di fino acciaio guernito il petto, cadeua fgratiatamente quella famofa libertà , prima
dal folgore della real prefenza oppreſſa, ed eſtinta, che
ſi vedeſſero i lampi del pericolo , e s'vdiſſero i tuoni
delle minaccie . A quell'hora nella fede , e nella credenza appo il mondo auualoroſſi molto il concetto di
Tacito, che *inter impotentes,& ualidos falso acquieſcas.*

De morib.
Germ.

*Et ubi manu agitur, modeſtia , & probitas nomina ſupe-
rioris ſint.*

Sono i prepotenti nelle republiche tãti numi della
terra, che nõ in altra guiſa ſi placano, che colle vittime
humane. Hanno il cuor di diamante, che ſenza ſangue
non ſi ammoliſce . Ne falla la regola generale, che delle forze minori furono mai ſempre nemiche le maggiori . E che i grandi inghiottiſcono i piccioli,

Varro in
fragm.

▬▬▬ ▬▬▬ *piſces ut ſæpè minutos*
Magnus comeſt, ut aues enecat accipiter.

Scriuaſi pur dunque con franchezza di mano a ca-
ratteri d'oro, e cubitali ſopra la porta maggiore della
curia d'ogni ſtato di libertà, ad inſegnamento de' viuenti, e de' poſteri, *QVAE VNCIS SVNT VN-
GVIBVS NE NVTRIAS.*

Quello, che Pitagora inſegnò ſotto il velo de gli vccelli di rapina, inſegnò anche Pericle ſotto il ſimbolo
del leone; e non una volta dalla ſcena di Ariſtofane
fe riſonar' il teatro d'Atene dell'aureo detto;

Ariſtoph.
in ranis.

Catulum ne alas leonis in republica,
Ac maximè ipſum, ne leonem alas ibi.

ſoggiungendo a beneficio de' ſuoi cittadini, che quando

do nodrito,ed alleuato ei si sia,è di necessità, non che di conueneuolezza, il sopportarlo. Firmato che vn cittadino habbia il piè nel posto della maggioranza, egli è impossibile,che lo ritragga;ed in tal caso,miglior partito è il tolerarlo, che ridurlo a bisogno di mantenersi con violenza,*stultum est enim*(diceua colui) *&in-* *utile eas obtrectare uires,quas ipse foueris*. Val. Max. 7.de sap. dictis.

E' ardir di pazzo,non consiglio di sauio, il voler cōtrastar col leone,il uolergli rintuzzare l'unghie,ò sterpargli dalla superba ceruice il dorato crine. N'habbiamo documento dal platonico Socrate, che una uolta di se medesimo fauellando disse, *se usque adeò dementem non esse,ut leonem auderet tondere.* li. de repu.

Così in proposito;il volere scemar di forze un cittadino,che di statura ordinaria alla grandezza sia cresciuto di gigante in una republica; che a guisa di leone passeggi superiore de gli altri la curia,e pratichi il foro; il uoler,che le chiome d'oro della souranità, che superbo scuote,alla forfice sottoponga della legge, alla censura le sommetta del magistrato,è negotio assai più pericoloso,che malageuole, ancorche malageuole e' sia più di quanto si possa esprimere.

Risoluo di dire, che fin'il fauellarne stesso,è mal sicuro.Ce lo auuertì la prudenza del consolo Marcellino,quando nel declamare al popolo Romano contra la surgente grandezza di Pompeo disse *acclamate,Quirites,dum licet.* Adesso,ch'è pargoletto, e lattante il leone,si può aprir la bocca,è lecito predire, e sospirare le future calamità. Verrà ben tempo,e sarà quando e- Val.lib.6. c.2.

N 2 gli

gli in iſtato troueraſſi di conſiſtenza, e di robuſtezza; che *uocibus id facere non licebit.*

Le fiamme, che nate, e deſtinate al cielo, ſono per violēza reſpinte al baſſo, ſe la nube dà lor l'impulſo, di repente ne rimane ſquarciata, e franta; ſe la terra, ò qualche edificio tenta reſtringerle in anguſto luogo, ben toſto egli arſo ſi vede, ed incenerito. Coſì le fiamme della dominatione, che per appunto è fuoco dell'animo, ſalite che ſieno vna volta al cielo della ſuperiorità, ſe ſi procura di reſpingerle al baſſo d'vna ciuile aggualianza, miſerabilmente eſtinguono, chi dà loro il moto. Chi per forza le racchiude dentro il termine del conueneuole, è ſicuro di vederne ſubito ſuelto da' fondamenti, non che ſcoſſo, l'edificio della republica.

Penetrarono coſì al viuo queſti cōcetti, e fè tal'impreſſione queſta dottrina, tutto che velata, e ſimbolica, in quelle Greche teſte, della lor libertà auide, e zelāti, che in niū'altra coſa poſero maggior cura, ne più eſquiſito ſtudio, che'n cuſtodire vna certa agguagliāza, ed vn certo equilibrio di forze, e di potenza tra loro, mediante la quale niſſun cittadino ſouerchiar l'altro poteſſe. E di quà originaronſi poſcia i decennali bandi, gli oſtraciſmi, ed altre ſimili leggi, colle quali s'aggrauauano coloro, *qui excellere uidebátur, uel propter diuitias, uel propter amicos, uel propter aliam ſimilem potentiam:* non già a gaſtigo, ne a pena; ma a publico ſeruigio, accioche mantenendoſi più l'egualità, come vna certa conſonanza, tra' cittadini, il gouerno loro, di maggior ſicurezza, e di più lunga vita rimaneſſe. Onde

Ariſt.li.3. polit.c.9.

non

non come più rei,ma come più eminenti de gli altri ,
in diuerſi tempi in Atene, *exulare coaɛ̃i ſunt Ariſtides*   *Athen.li.*
iuſtus,Themiſtocles in Perſide , Iphicrates in Thracia ,   *13.c.14.*
Conon in Cypro,Timotheus in Lesbo,Chabrias in Aegypto,
huomini tutti di prodigioſo valore,e ſoggetti rari, che
per ogn'altro riſpetto erano colonne , e ſoſtegni della
republica.

   E per dir'il vero niente più è confaceuole alla libertà di vna patria,che l'aggualianza tra' cittadini.Queſta
è quel picciol legno, che diritta tiene la naue della
republica. All'incontro,l'eminenza è vn vento aqui-
lonare,che inuettendola per fianco,la fa poggiar'ad orza con euidente pericolo di ſommergerla.

   L'egalità è la baſe d'uno ſtato libero;ed ogni poco,
che queſta traballi,precipitoſo ben toſto ne rouina l'e-
dificio . Vn minimo ecceſſo nell'ordine de' cittadini
toglie alla bilancia della città l'equilibrio del potere ,
e doue più aggraua il peſo, là ſi precipita . Ed habbiamo dall'eſperienza,che nelle forze ſtraordinarie,ordi-
nariamente di coſe nuoue s'inuogliano gli humori.
E quando ſi ſcuopre la forza aperta eſſer mancheuole,
ſi penſa alle mine,dalle quali,oltre ogni credenza viene ſcoſſa la reggia dell'imperio.

   La potenza d'un cittadino in vna patria di libertà
è come vna voce nella muſica, la quale diſconcerta, ſe
è maggiore , l'harmonia di molte buone , quando ben
dell'altre ſia la migliore. E' come il uento in mare, il
quale,ſe è troppo gagliardo,mette in pericolo il nauilio, tutto che a' ſuoi viaggi ſia propitio,e fauoreuole.

                                                        La

La maggioranza ciuile è fuoco, che abbruccia, prima, che fcaldi . E' aria, che infetta prima, che fi refpiri.
E' acqua, che n'affoga prima, che ne bagni . E' terra,
che ne cuopre prima, che moriamo.

Non furono nafcofti all'auuedutezza del diuin Platone quefti brutti effetti, che vengono cagionati dalla
difagguaglianza tra'cittadini in vna patria di libertà. E'
però egli nella fua republica, che s'imaginò per formarfi
uno ftato d'ogni pfettione, uolle, che tutti i beni fofser
pofti in comune, facendofi a credere di porre a quefta
maniera la fcure alla radice del male; pofciache efsen-
do tutti ugualmente ricchi, ed ugualmente poueri, e ui-
uendo tutti fotto un fol nome comune di cittadini del-
l'iftefsa patria, niuno haurebbe potuto foprafar l'altro,
alterando quefta sì profitteuole, e sì necefsaria agguaglianza.

Ed in propofito foleua egli addimãdare beata, e fortunata quella città, in cui non habitafsero quefte due
Lib.5.de
legibus. parole *MEVM, & TVVM.* Concetto, che però af-
folutamente pronuntiato, parue che non fonafse in tutto bene all'orecchie del fuo difcepolo Ariftotele, il
quale modificandolo pofcia, e diftinguédo il retto dominio, dall'utile, lafciò in ifcritto il fuo fenfo alla pofte-
Li.2.polit. rità, *poffeffionem nempè, & proprietatem bonorum effe*
debere pènes certos; cæterùm ob ufum, uirtutem, & focie-
tatem ciuilem, omnia communia.

Tutto quefto in teorica, ed in fpeculatiua. Ma
Licurgo afsai più zelante di quefta ciuile agguaglianza difcefe alla pratica, e feppe così ben dire, che per-

fua-

ſuadette i ſuoi Spartani a diuiderſi tra loro a giuſta portione i campi, ed i poderi. Ne di ciò ben contento,
ne in tutto ſicuro, che tra eſſi non ſurgeſſe qualche
grado di ſuperiorità, *rerum etiam mobilium communio-*   *Plut.in Li*
nem inſtituit,qua omnem (dice Plutarco) *prorsùs inæ-*   *curgo.*
qualitatem tolleret.

Fù ottima la prouiſione, mentre ei viſſe, ma dopo la
di lui mancanza, non potero quegli animi ſitibondi di
gloria, e di potéza contenerſi, che, ò ſtimolati dal proprio valore, ò portati dall'altrui aſſiſtenze, l'uno alla
ſouranità nó s'incaminaſſe dell'altro. Onde per ouuia-
re con qualche opportuno rimedio al ſerpeggiante
contagio, fù di meſtieri inſtituire il magiſtrato de gli
Efori, i quali hauendo (ſe ſi dà credenza a Tucidide)
autorità anche ſopra i medeſimi rè, mantennero, per
quanto fù mai poſſibile, in quella patria la douuta agguaglianza.

Ma al prodigio, non che alla marauiglia s'accoſta
la premura, c'hebbero in ciò i cittadini d'Efeſo, i quali prouidero al diſordine, non colla comunanza
de'beni mobili, od immobili, non colla creatione d'alcun magiſtrato di ſuprema potenza, ed autorità, ma con
vna ſpetie d'apparente ingiuſtitia. Vollero coſtoro,
che niuno tra loro habitaſſe, il quale foſſe, ne pur maggiore di forze, o di potere, ma che ne anche gli altri eccedeſſe di vaglia, e di virtù. E M. Tullio di peſo ne porta le ſteſſe parole del decreto. *Nemo de nobis unus ex-*   *Tuſc.quæſ.*
cellat, ſed ſi quis extiterit, alio in loco, & *apud alios ſit;*   *lib.5.*
in eſecutione del quale conuenne ad Hermodoro an-
                                    dar'

dar' in efilio;a quell'Hermodoro, dico,che fù l'vnico interprete delle leggi decemuirali,al cui merito,al cui valore dirizzarono pofcia nel comitio i Romani ftatua d'eternità,e coloffo di gloria.

Parue quefta rifolutione ad Heraclito tanto ftraua: gäte,ed ingiufta,ch'ei non potè contenerfi di non efcla Laert. in vita ipfius. mare;*merentur Ephefij omnes adulti mori,impuberibufq. urbem relinquere , quoniam Hermodorum fui præftan- tiffimum expulerunt dicentes, noftrum nemo inæqua. lisfit.*

Fù il giudicio di quefto huomo per auuentura più da filofofo , che da politico; pofcia che a riguardo del publico feruigio,del mantenimento de' buoni or- dini della patria, deonfi poftergare gl'intereffi priuati, i rifpetti di caduno . E però meglio di lui fentì Cice-
Philip.8. rone,il quale animofamente proruppe ; *ure, feca, ut membrum potius aliquod,quàm totum corpus reipublicæ intereat .*

Molte attioni in rifpetto a' particolari confiderate , fentono forte dell'ingiufto,e dell'iniquo, che fe poi al publico bene,alla publica vtilità , a cui fono indirizza· te,le confideriamo,giuftiffime ne paiono,e neceffarie. Hift.li.14. Ed è quello per appunto , che diceua Tacito;*habet ali- quid ex iniquo omne magnum exemplum,quod contra fin- gulos utilitate publica rependitur.* E nel medefimo fen- fo crederei douerfi auuerare il detto di M.Tullio, che
D.Aug.de Ciu. Dei li. 2.cap.21. Li.de doft. princip. fi legge preffo d'un gran fauio ; *fine iniuria rempubli- cam regi non poffe* ; e quell'altro di Plutarco ; *fine iufti- tia nec Iouem quidem poffe principem agere.*

Oltre

Oltre di che, potrebbesi dire ad Heraclito, che'l bando d'Hermodoro, come quello d'Aristide, che pur'anch'egli, non per altra cagione fù esiliato d'Atene, se
non per esser troppo giusto, si riduceua ad vna certa
spetie d'ostracismo, che non essendo argomento di colpa, manco era segno di demerito, anzi di gloria, ed honore, condannandosi con questa legge solamente huomini di grido, e di rispetto. Onde d'vn certo Hiper-
bolo, huomo d'oscuri natali, presso Plutarco si legge, che
essendo stato chiamato in bando dall'ostracismo, i ma-
gnati d'Atene fortemente si lamentarono de' giudici,
*quod dignitatem supplicij tàm impuro homini irrogati mi-
nuiffent.* E di costui pur fauellando Platone il Comico,
tutto sdegnoso vna volta disse,

————digna quidem moribus suis tulit;
 Indigna sei pso, stemmatibusque tamen suis.

Ne mancano illustri esempi di personaggi, che auuedutisi d'esser superiori a gli altri di gloria, e di valore,
quasi nelle cose proprie dishumanati, ed in vn certo
modo, fatti contra di se medesimi giustamente ingiusti,
abbassarono spontaneamente le vele della lor grandezza, e dentro si ridussero a' termini della ciuile agguaglianza, non aspettando di riceuerne la spinta, ed il tracollo dalla legge, ò dalla mossa de' cittadini.

E tra gli altri, uerrà sempre in acconcio di lodeuole
imembranza l'egregio fatto di Valerio Publicola, il qual
uedédo nella propria persona rapportata quasi tutta l'au
orità de' rè scacciati, e de' consoli, che gouernauano,
odiando in se medesimo quella sproportionata gran-

O   dezza,

In vita Niciæ.

Plut. in vi ta Alcib.

dezza,ch'efser poteua d'ombra alla patria ; e fatto altretanto,ne' di lei intereſſi caldo, ed ardente , quanto ,
ne' propri agghiacciato , e freddo , volontariamente il
grado depoſe, l'imperio,e'l eminenza . Ne di ciò ben
ſodisfatto,accioche la maeſtà dell'habitatione,la modeſtia non eccedeſſe dell'habitante,fè gettar'a terra il ſuo
palagio , che'n poſto ritrouauaſi più alto de gli altri,e
più ſublime . E queſta fù l'vnica ſtrada, che per maggiormente creſcere,e per meglio accreditarſi nel côcet-
to de' ſuoi cittadini,ſola gli rimaneua ; *cui enim nihil ad*
augendum faſtigium ſupereſt ,hic uno modo creſcere po-
teſt,ſi ſe ipſum ſubmittat,ſecurus magnitudinis ſuæ.

Plin.in
Paneg.

   Emule dell'antiche republiche in iſtudiarſi di mantener tra' loro ſoggetti, vna certa agguaglianza di forze,e di potenza, ſono le moderne libertà d'Alamagna,
de' Suizzeri,Griſoni,Berneſi,d'Olanda ,e di Zelanda.
Anzi p niuna altra cagione,credôſi,fiorir tra le pruine,
ed i ghiacci di que' paeſi,le ariſtocratie,e viuer quiete,
ed in pace l'iſteſſe democratie,ſe non perche, regnando in que' popoli ſolo vna coſtante determinatione di
conſeruarſi liberi , ed vn fermo proponimento di non
vbbidir'a chi ſi ſia,mantengono tra' ſoggetti principali
de'loro ſenati,vna modeſta,e ciuile egualità,ne permettono, che ſurga tra loro vn' odioſa ſproportione d'immenſi honori,e di ſmiſurate ricchezze,che come lo ſpirito dà,e l'anima alle monarchie,così affatto alle libertà la toglie,ed alle republiche.

   E queſta può dirſi,che foſſe vna delle principali cagioni,perche'l primo Bruto dopo lo ſcacciamento de'
rè

rè, potè fubito introdurr'in Roma il viuer libero; e far
nol potè il fecondo, dopo la morte di Cefare; l'vno ritrouò la materia difpofta per riceuer la forma della libertà, ed era l'agguaglianza tra' cittadini; mercè, che
Tarquini, mentre regnarono, non permifero giammai,
che nel giardino della lor tenuta germogliaſsero papaueri formontanti l'ordinaria altezza; ne meno vollero,
che nelle campagne de gli ſtati loro, fi vedeſsero ſpiche
eminenti, che l'altrui fouerchiaſsero.

Per contrario, l'altro trouò in Roma grandiſſima
difagguaglianza tra' cittadini, prodotta dalle fattioni di
Mario, e di Silla, e nudrita pofcia, e fométata dalle guerre ciuili, che furono feconde miniere di fublime tefte,
e di caporioni, altretanto auuerfi alla libertà, che gli
rendeua vguali a molti, quanto inchinati al principato,
che fargli poteua fuperiori a tutti. E però a quegli, per
mantener faldo il popolo Romano nell'efclufione de'
rè, baftò il femplice farlo giurare, che non confentireb-
be giammai, che alcuno regnaſse in Roma; a quefti non
baftaron l'autorità, e la feuerità protette dalla forza di
tutte le legioni orientali, per tenerlo difpofto a mantenerſi quella libertà, nella quale egli nó meno virilmen-
te del fuo antenato, pofto l'haueua.

Ma bello nella foggiacente materia, ed a marauiglia
ingegnofo è'l ritrouamento d'vn moderno politico.
Per darci coftui a credere, che la difagguaglianza nelle
città fia madre del principato, e matrigna delle republiche, radduna in Pindo vna dieta, doue introdotte le monarchie tutte dell'vniuerfo, difcorrono del modo di

conferuarſi. E dopo lunghe, e varie feſſioni, concordemente fanno decreto, che fino dall'vltime radici, ſi fuel-
la ogni forma, e veſtigio d'aggualianza; conchiudédo
i più ſaggi, che la molta inegualità di ricchezze, e di forze, che ſi ritruoui in vn regno tra la nobiltà, ſicuro lo
renderebbe, che giammai in eſſo altri introdur non vi
potrebbe il viuer libero . E per ricordo d'vno di loro,
fù fatta conſideratione niun'altra coſa dopo la morte
di Filippo Maria Viſconte, hauer preſeruato più il ducato di Milano dal viuer'in quella libertà , che ſi buci-
naua d'introdurui, che la molta ſproportione di facol-
à, che'n eſſo tra que' cittadini ſi è ſempre veduta, ed of-
eruata. Il che pure haueua cagionato , che nel regno
di Napoli, doue è tanta inegualità di ricchezze , e di
conditioni tra que' baroni, niuno di loro , in occaſione
della mancanza del ſangue reale, e de' molti interregni,
propoſto haueua giammai di fondarui il viuer libero;
mercè che la nobiltà per ſuo natural'inſtinto, hà per coſtume più toſto di voler'vn principe , ed vn rè per padrone, e ſuperiore, che vederſi fatti vguali, non ſolo i
baroni di minor lega, ma i più deboli cittadini, e gl'iſteſ-
ſi più vili artefici, e più plebei, che dalla comune libertà ſolleuati, ſi vedrebbono aſſunti ad una aſſoluta parità co' maggiori.

Ma torniamo alle coſe antiche , doue non mancan
dottrina', ed eſempi contra la diſagguaglianza de' ſoggetti in paeſe libero . A chi vuol concedere ad vn cittadino la maggioranza ſopra gli altri , fà di meſtieri,
ch'ei non gli nieghi il principato, ne il regno.

Non

Non può vn'huomo di spirito, che dia nel vasto, contenerfi dentro i termini di vna fortuna stabilita, e terminata. Quanto più d'honore se gli concede, tanto più ne brama. E s'hà per posto in nő calere, se nő si vede nel primo luogo collocato. Così Achille stimatissimo tra' Greci, e che sotto le mura di Troia hebbe carico principale, quando s'auuide di non andar del pari col generalissimo di quell'armi, cominciò a dolersi d'esser da lui mal trattato, e publicamente diceua,

——me Atrides, &) latè dominans Agamemnon
Inhonorauit▬▬▬ ▬▬ ▬▬ ▬▬ ▬▬

Homer.
Iliad. 1.

Così di sì fatta gente scriue il Morale, che *humili, ac depresso loco se stare putant, quia supra rempublicam non stant*. E mossi dalla vastità del pensiero, e dal concetto, c'hanno di eminenza, formano chimere, e pretensioni inarriuabili. Minacciano la carcere ad Alessandro, le tenebre al sole, e'l giogo all'oceano. *Altera manu orientem, altera occidentem contingunt; & concupiscunt, quæ non capiunt.*

De benef.
lib. 5.

Pare, che sia basso, e vile l'honore, che lor viene da' mortali. Pretendono rispetto dall'istesso Gioue; e posto in dimentico il caso horribile de' fulminati giganti, ardiscono di muouergli guerra, e di prouocarlo a singolar tenzone. Di questa sorte di ceruelloni, vno tra' Greci ne fù Achille, l'altro tra' Latini Caio Cesare. Di quegli si legge, che diceua,

Honorem mihi debebat Olympius tradere
Iupiter altitonans; nunc autem; neque me paululum honorauit.

Q. Cur.
lib. 7.

Di

Apud Sen· li.1.de ira· Di questi si hà,che *iratus cælo,quòd obstreperet; quòd co-meßatio sua fulminibus terreretur , ad pugnam uocauit Iouem,exclamans,tolle me,aut ego tollam te .* E per non eser di temerità nulla inferiore a colui,che appo Euripide diceua,

In Cyclop.   *Ego fulmen Iouis non horreo;*
    Neque noui,quod Iupiter sit præstantior me .

Dio.li.59. inuentò certa machina,colla quale tonaua contra i tuoni,e contra i folgori folgoreggiaua . Grande fù la pazzia di costui, che a creder si fece , ò di poter'offender Gioue,ò di non poter da Gioue eser'offeso; ma mag-*Sen. 1. de ira.* giore è la marauiglia , *quòd Roma eum ferret, qui Iouem non ferret.*

Non v'è grado,ò carico nella republica, che sia valeuole a satiar l'ingordigia di simili ingegni.Tutto che si veggano più sublimi de gli altri, non rimangono *De animi tranquil.* per questo,più sodisfatti de gli altri. *Plorant* (dice,oh come bene,Plutarco) *se non gestare uestem patritiam;& si ferant,quod non sint prætores ; & hoc adepti , quòd non consules,& consules quòd non priores , sed posteriores fuerint renuntiati.*

Vn solo,che si veggano gir'auanti,è loro di maggior noia,che di gusto non sono mille,che si veggano seguir dopo . Non riuolgono l'occhio giammai della consideratione allo stato priuato,di doue furono tratti, ma sempre a quello della souranità,doue aspirano, fiso lo tengono . E l'estremo de' mali è,che non riconoscendo gli honori,ne i comandi dalla publica autorità,ne dalle mani de' suoi cittadini,ma dalle pretensioni del
pro-

proprio ualore,ingratifsimi mai fempre moftranfi uerfo la patria.

Ingrato fù C.Mario, il quale di gregario foldato d'Arpino,giunto al fettimo confolato,e dal trattar della picca,al maneggio portato delle fcuri fourane, ftimò di non hauer cangiato fortuna, ed effer'ancora nel fango de' natali fordidaméte inuolto,fe co'funerali di Roma, la ftrage non adeguaua de' Cimbri; fe dell'vccifione, e dello fpargimento di fangue ciuile,egli medefimo,non fi faceua antefignano,e carnefice.

Ingrato L. Silla , che la patria con più duri remedij fanar uolle,che'l pericolo non richiedeua; che col ritrouamento della profcrittione, le più illuftri famiglie efterminò di Roma ; che da Prenefte infin fulle porte della città,fi fè la ftrada fopra i cadaueri de' cittadini; che'n una uolta fola,da barbaro,dopo la vittoria, da empio, dopo la data fede , a fil di fpada andar fece due ualorofe legioni di foldati .

Ingrato Pompeo, ch'n ricompenfa di trè confolati, di trè trionfi,di tanti honori,e la maggior parte,immaturi,quefta mercede alla patria rédette, che a più d'uno la fece ferua, e foggetta;come che l'inuidia della fouerchia potenza haueffe a declinar,facendo lecito a molti quello,che a niuno fi conueniua.Nel diftribuir le prouincie a'partigiani, nel diuider'il patrimonio della repu blica fra' triumuiri , a tal fegno di miferia riduffe il popolo,che la fola feruitù gli reftò per riparo di tăti mali.

Ingrato fù l'ifteffo nemico , e vincitor di Pompeo , il quale dalle più rimote parti del mondo,a' danni della

la patria, traffe le Gallie, e le Germanie; e più da ui-
cino ftrinfe le mura di Roma colle barbariche fquadre,
che già non fece Porfena colle Tofcane.

Ed eccoui, ò moderni Catoni, ò uoi, che nella politica nauigatione, nõ ad altro polo fpiegate le uele della
uoftra fortuna, che a quello della libertà; che la fune del
uiuer uoftro non ad altro raccomãdate, che all'anchora fagra del libero dominio; eccoui (dico) le brutte
fconciature, e'paffi fregolati, che fanno quefti gigan-
toni in una republica. Non ui lafciate già mai lufinga r'a
credere, che quà fi fermi la piena de gl'inconuenienti.
Oltre la natural propenfione, auu alorati coftoro dall'
autorità di colui, che diceua,

Sen. in Aga
memnð

Per fcelera femper fceleribus tutum eft iter.

ogni misfatto, ogni fceleratezza, e fempre fotto qualche fpetiofo, ed honoreuole pretefto intraprendono.
L'ingratitudine hà nome di caualerefco rifentimento;
la fellonia di necefaria difefa, la temerità di magnanimo ardire, e generalmente da effi,

Idẽ inHer
cul.fur.

Profperum, ac felix fcelus,
Virtus uocatur ━━ ━━ ━━ ━━ ━━

Colla fperanza delle rapine folleuano la plebe, col timor della profcrittione atterrifcono i nobili, peruerto-
no colla forza gli ordini migliori; e dando finalmente
nell'ultime fregolatezze, la fuprema delle quali è l'im-
pietà,

Homer.
Iliad.

━━ ━━ ━━*deprauant publica iura*
Iuftitiamque fugant Diuùm, nil uerba uerentes.

Ed a cagione d'efempio, uien da M. Tullio portato
Cefare,

Cefare, il dittatore , *qui omnia iura diuina ,& humana* De off.
peruertit, propter eum, quem fibi ipfe opinionis errore, finxe- lib.I.
rat principatum.

Mentre Paufania fù tenuto baffo da gli Spartani, e
riftretto dentro i termini della douuta agguaglianza,
caminarono quietiffime le cofe di quella patria, ed egli
con molta lode, e con ifpauento de' nemici il colmo
maneggiò dell'armi Greche ; ma quando fi vide fuperior'a gli altri di gloria, di potenza, e d'autorità , per
la rotta, ch'ei diede a Mardonio , genero , e generale di
Serfe, doue reftaron morte, e fconfitte da ducéto, e ven-
timila perfone, allhora dimenticatofi il nome di cittadino , e poftergato l'horreuole titolo di patritio , e di
padre d'una patria libera, cominciò a fare da principe
affoluto, ed a portarfi da tiranno odiofo . *CunEtis aditu* Thuc.li.1I
difficilem fe præbuit (dice l'hiftorico) *& iracundia , ac*
fuperbia adeò graui ufus eft , ut ad eum nullus poffet ac-
cedere.

Ma che marauiglia ? Delle grandezze , indifcreta
affiftente è la fuperbia, e di rado, ò non mai accade ,
ch'un fia ricco di fortuna, e pouero d'arroganza . Gli
Aftrologi fteffi, tutto che'n gran parte fia vanità l'arte
loro , tra'l lubrico nulladimeno delle loro pofitioni
hanno quefto di fermo, che colle grãdezze vnifcono il
fafto, e la boria; e quel fole fecondo loro, che'n riguardo de gli honori, difpenfa i principati, in riguardo de'
coftumi influifce la fuperbia . E però leggefi di Eliã.li.8.
Filippo il Macedone, che per non offufcare con fuper- var.hift.
be maniere lo fplendore delle reali qualità, volle, che

vn ſuo valletto di camera ogni mattina trè volte gl'in-
tonaſſe all'orecchie; ricordati Filippo, c'hai da morire.
Tinganſi quà di porpora le guancie coloro, ch'ad onta ſi recano il ſentirſi rammentare la loro mortalità;
quaſi che della morte ſia cagione la ricordanza della
morte; e come che lo ſcordarſi della morte habbia tal
ento di render' immortale.

Al fumo dell'alterigia di Pauſania, nõ iſtette guari a
diſcoprirſi il fuoco della fellonia, ch'egli chiudeua nel
petto. Scoperſero gli Spartani, che tentaua coſtui di
dar nelle mani di Serſe l'imperio della patria, adeſca-
to dalla ſperanza d'hauer per moglie la figliuola dell'
inimico; onde ſenza porui punto d'indugio, lo fecero
morire dentro allo ſteſſo tempio di Minerua, doue il
trouarono. S'hebbero in debito di vendicar quel nume, a cui l'empio hauea profanato il tempio col ſemplice atto di diſegnarlo ricouero, e riparo a ſì gran fellonia. Giurarono, che la Dea non poteua non iſtimarſi
honorata da un ſacrificio ſì nobile, come egli è, e ſarà
ſempre l'ultimo, e nõ mai crudele eſterminio d'un tra-
ditore della ſua patria.

Diod.ll.1. E' coſa degna d'oſſeruatione, anzi d'oſſeruanza, che
la medeſima madre, poſta in non cale la materna, e feminile tenerezza, correſſe a proueder di propria mano
gl'inſtrumenti neceſſari all'eccidio delle proprie viſcere. Forſennata correndo, e ricorrendo dalla maſſa
alla porta del tempio, tante volte partì, e tornò, ſo-
meggiãdo pietre, che ſuggerì di propria mano, come im
pedirſi poteſſe l'vſcita a quel figliuolo, che ſpontanea,

con-

condannaua non folo alla morte,ma ad vna morte pe-
nofa,e ftentata, come è quella del morire di fame.

Corfe pur'anche graue pericolo la republica di Roma nel tempo della fouerchia grandezza di Scipione ,
l'Africano,tutto ch'ei foffe in fe medefimo di grandiffima moderatione;e che vgualmente fi portaffe nel ricufar,e nel meritar gli honori.

Mentre quefto patricio co' piè dell'agguaglianza, e
della modeftia, al publico feruigio per la ftrada incami-
noffi della virtù,e del valore,nulla d'ombra , ò di gelofia diede giammai di fe fteffo,anzi fù adoperato in carichi grandi,ed in comandi fupremi , ne' quali a beneficio,ed a gloria della patria , conduffe a buon fine imprefe,che molto haueano del duro,e del malageuole.

Quattro nobiliffimi generali d'Africa, quattro po- *Liu.lib.8.*
derofi eferciti ruppe , e disfece in Ifpagna . Racchiu- *Decad.4.*
fe di là dal giogo del gelato Caucafo l'imperio,e le forze d'Antiocho . Debellò Siface . Vinfe Annibale, e
tributaria refe Cartagine . Era(fi dee dire) l'amore , e *Paul. Giò.*
le delitie della patria . E dal fauolofo credito d'efsere *nel fuo*
ftato vna volta offeruato, che trefcafse dimefticamen- *elog.*
te con efso feco,che pargoletto ancora balbettaua nelle fafcie,vn dragone,fparfefi fermo, e coftãte concetto
nelle genti,ch'e' fofse di legnaggio diuino , e che non
di rado a diportarfi cõ Gioue in Campidoglio fi condu
cefse,ritrahendone a beneficio del publico i più utili, e
famofi refponfi . Non vi fù carico,honore, ò dignità,
che dalla publica beneuolenza,difiderata ,e dall'autorità del fenato,non gli foffe offerta . Vollero porui le

ftatue

Val.lib.1.
cap.4.
statue nel comitio, ne' roſtri, nella curia, nel foro. Vol:
lero, che la di lui imagine guernita ſi vedeſse di trion-
fale ammanto : che cóceduto gli foſse perpetuo il conſolato, perpetua la dittatura.

Pareua, che ſolo al di lui merito, ſi fabbricaſſero le
porpore in Tiro, ſi legaſſero i faſci nella curia, s'intral-
ciaſſero gli allori, e gli vliui nel Campidoglio, e che
dalle rupi, e dalle viſcere della terra ſi ſpiccaſſero i marmi, & i bronzi, ſolo per effigiarſi nella ſua perſona.

Ma quando, portato ſull'ali della gloria, e del valore, fù veduto ſouerchiamente innalzato ſopra de gli
altri, allhora lo ſplendore dell'eminenza generò ombra,
la virtù inuidia, l'inuidia perſecutione, la perſecutione
calunnie, ed accuſe.

E ſe bene, confuſi gli accuſatori, ſcherniti i giudici,
dal loro tribunale al Campidoglio ei ſe n'andò trionfante, con inſolita pompa, non di precedenti coronate
teſte, ne di lunghi ordini di barbari cattiui; ma d'un nobile corteggio del ſenato, e del popolo, che ſeguillo,
tinte le guancie d'ingenua erubeſcenza, per quelle ſue
Liu.lib.8.
Decad.4.
voci di magnanimo riſentiméto; *hic eſt dies ille, Quirites,
quo Annibalem uici, Carthaginem tributariam conſtitui,
Patriam maximo periculo liberaui. Eamus hinc in capitolium, gratias Dijs immortalibus aĉturi*; nulladimeno
tanto è lontano, che coll'acqua della gloria di sì illuſtre trionfo, il fuoco dello ſdegno del magiſtrato contra di lui acceſo s'eſtingueſse, che anzi di vantaggio
s'auualorò ; onde arſo, e conſunto il concetto, che ſi hauea della diuinità de' coſtui principij, e ridotto in cenere

nere l'amore,e'l rifpetto,cô che fi partialeggiaua al fuo
valore,cominciarono di repente a traballar quelle ftatue,e que' coloffi,che fi credea, doueffer gareggiare di
durata con l'eternità;niun'altra cofa fcalzando loro le
bafi , che la propria,fouerchia,e formidata grandezza.

Per la medefima cagione offerua pur Plutarco , che *Ne'Precct*
di trecento ftatue di bronzo,che furono dirizzate da gli *ti polit.*
Ateniefi al merito, ed al valore di Demetrio Falereo ,
niuna arruginita fi uide, ò dal tempo logorata, ma tutte
in meno d'un'anno furon'abbattute . E Plinio, che, fe- *Lib.3.c.6.*
guendo l'opinione di Laertio,fcriue di trecéto, e fefsá-
ta,fà conto,che fù maggiore il numero delle ftatue ,che
furono innalzate,che de' giorni,che ftettero in piedi.

E' proprio de gli honori fmifurati, che fieno *ma-* *Plut.ubi*
gnitudine fua odiofi . E fe bene gli Ateniefi col gittar'a *fupra.*
terra le ftatue,non atterrarono perciò la uirtù di quefto
heroe,in gratia del quale furono dirizzate ; tutta uolta
così ne' dieder' ad intendere,che alle grandezze,per effer'in una patria di libertà,dureuoli, fà di meftieri , che
fien mediocri,e moderate. E' coloro,che poffeggono
quelle,che non hanno termine,ò mifura , come colofsi
di prodigiofa mole, rouinano, e bene fpeffo in cadendo traggon feco ciò , che ftà loro in appoggio . Così
nel cafo di Scipione,poco mancouui,che alla di lui caduta, non feguiffe anche quella di Roma ; e che colla
fouerchia grandezza,egli non foffocaffe quella patria,
che tante volte hauea faluata col fuo valore.

Fù così graue il tracollo ,che dal pefo del fuo ftato
eminente,riceuette la bilancia delle forze ciuili, che

(come

(come per natura fuccede) il corpo dell'imperio feco portando, quafi precipitofo tutto fù per caderne. Ed a quell'hora fi conchiufe efer necefario, che *aut Scipio Romæ deeffet, aut Romæ libertas*, altrimenti era di meftieri, che vna delle due cofe feguiffe, ò che *libertas Scipioni*, ò che *Scipio libertati faceret iniuriam*.

Sen.ep. 86.

Fù tratta fuori di quefto laberinto l'anguftiata republica, dal filo dell'accorta politica di que' tempi; e potè apprender Scipione a fuo rifchio, che'n tutte le cofe,

Pallad. apud Stob. ferm.38.

> *Optima eft mediocritas; fummus enim ftatus folet Periculofus effe;* ———— ————

Ed è per appunto quello, a cui appigliato s'haurebbe Seneca il Tragico, quando fofse ftato in fuo potere il fabbricarfi vn Gioue colle fue mani, ed all'indirizzo della propria fortuna, le feconde cagioni accozzar colla primiera, che però andaua dicendo,

In Ædip.

> *Fata fi liceat mihi*
> *Fingere arbitrio meo;*
> *Temperem zephyro leui*
> *Vela, ne prefsæ graui*
> *Spiritu Antennæ tremant,*
> *Leue, fed modicum fluens*
> *Aura, nec uergens latus,*
> *Ducat intrepidam ratem;*
> *Tuta me media uehat*
> *Vita* ———— ———— ————

Ma in propofito di Scipione, non v'è la più bella dottrina di quel Greco aforifmo; *oportet in ciuitate ciuem educari nec ut leonem, neque ut culicem, hic enim conculcatur;*

Metrodor. apud Stob. ferm.43.

catur; aduersùs autem illum occasio quæritur.

La grandezza dell'inimico vinto, la potenza della republica soggiogata, l'hauer sempre con marauiglia d'ogn'uno, vgualméte adoperata la toga, e la spada, hauean posto in istato tale la fortuna di Scipione, ch'egli nella patria se ne viueua per appunto, come leone, superiore, e maggiore d'ogn'altro. Ma non molto lungi andarono i suoi cittadini médicádo le occasioni per mozzargli l'unghie della forza, per trócargli la dorata chioma dell'eminenza.

Catone il Prisco, che'n que' tempi era riuerito come heroe, fù il primo ad arrottargli cótra il ferro della lingua, e a dire, che nó doueasi chiamar libera quella città, doue uiueua vn cittadino temuto da' magistrati. Furon di zolfo le parole di sì accreditato senatore per accender gli animi de' tribuni a muouere contra la rocca della sua maggioranza ogni ordigno, che hauesse attitudine a procurarne la caduta.

Il calunniarlo, che per danari hauesse conceduta la pace ad Antiocho, con patti, e conditioni non confaceuoli alla maestà della republica. Il chiamarlo importunamente a render conto dell'appropriatosi nelle guerre dell'Asia, come non sono (e chi non se ne accorgerebbe?) ritrouamenti per abbassarlo, artifici per ridurlo allo stato primiero d'agguaglianza? Qual'huomo di sentito giudicio apprenderà giammai, che la republica tanto informata della generosità di Scipione, ascoltasse, e sentisse per vere le calunnie di chi lo accagionaua di furto (ò per parlare con gl'istessi termini Romani)

mani)di peculato? Sarà poſſibile , che apprendeſſe reo
di tenacità colui,che,dopo hauer ſaccheggiata ben mezo l'Africa,dopo hauer tagliati a pezzi tanti eſerciti ,
e riportato lo ſpoglio di tante prouincie, per côto delle quali dourà ualerci la ſola regina dell'altre,io parlo
di Cartagine,fù trouato coſì pouero,che nulla più,che
Plut. A- due libre d'oro , e trenta d'argento poſſedendo, hebbe
poph. pche cedere,non dirò a qualch'uno de'più celebri padri della republica;ma a ben molti migliaia de' più poueri ſaccománi,che gli haueſſer corteggiate l'inſegne.

Eh che poco,ò nulla premeuano gl'intereſſi dell'erario a quel magnanimo ſenato , che per man di coſtui ſi
godeua intromeſſo al dominio di ſì nobil parte del mô-
do. Tormentauanlo i pericoli della libertà vacillante,
che trepida , e mal viua a' piedi della troppo alta mole
della grandezza d'vn cittadino, ſoſpirauaſi in pericolo
di reſtar di punto in punto ſoperchiata , ed oppreſſa .

Sien di ciò argomento viuo i ſuſurri , anzi le voci
chiare,che vſcir ſentiuanſi dalle bocche de gli accuſa-
Lib.8.D.4. tori ,mentre eiſe ne ſtaua alla preſenza de' tribuni. *Di-*
ctatorem eum conſuli,non legatum in prouincia fuiſſe. V-
num hominem caput,columenque imperij Romani eſſe.
Sub umbra Scipionis,ciuitatem,dominam orbis terrarum,
latere. Nutus eius pro decretis patrum, pro populi iuſſis
eſſe . E conchiudeuano,che non iſtaua bene,ne chea
Liu. vbi verun modo tollerar ſi doueua,*unum ciuem tantùm e-*
ſupra. *minere,ut legibus interrogari non poſſet ;* ſoggiungendo,
nil tàm æquandæ libertatis eſſe,quàm potentiſſimũ quem-
quam poſſe dicere cauſam.

Era

Era lo ſtato,e la gloria di Scipione della natura del Sole,che la pupilla de gli occhi offende, di chi lo rimira. Ed egli molto bene ſe n'auuedeua. Anzi per raccôto di Plutarco habbiamo,che nô di rado a bello ſtudio ei ſi ritiraua in villa , *ut et inuidiæ pondus detraheret, &* *In polit.* *ijs, qui premi uidebantur a ſua gloria, reſpirare concederet* . Ma veggendo,che n'anche in queſta guiſa profittaua,e che perciò non diminuiuanſi punto le geloſie,ſè da magnanimo riſolution di cedere , e l'eſilio di voglia dalla città s'eleſſe. E nel partire , riuolto a quella patria,che con memorabile eſempio di pietà abbandonaua(*Exeo*(diſſe)*quia,pluſquam tibi expedit,creui* . *Nihil* *Sen.eſ.86.* *uolo derogare legibus, nihil inſtituiis* . *Aequum ius inter omnes ciues ſit. Vtere ſine me,beneficio meo patria. Cauſſa tibi libertatis fui,*quando vinſi il vincitore delle tue genti,l'vcciditor de' tuoi conſoli. *Argumentum libertatis e o,*da quì auanti col mio eſilio , *& docebo , quod nil niſi æquale poſſis ferre.*

Fortunata republica, c'haueſti gête coſì auueduta, e ſcaltra,che ſeppe, e patritio coſì moderato , che volle dal pericolo liberarti della ſeruitù,anche con la depreſſione di ſe medeſimo. Attione heroica tâto,che gli diè maggior grido appreſſo la ſcuola de gli Stoici,che non fecer giammai preſſo il rimanente del mondo le più famoſe impreſe,ch'egli a buon fine ſi conduceſſe. E l'iſteſſo Seneca, tutto che huomo di ſeuero ſuperciglio , non dubitò di ſcriuere, *animum Scipionis. in cælum , ex* *Vbi ſupra.* *quo erat,rediſſe, non quia magnos exercitus duxit,ſed ob egregiam moderationem , pietatemque magis admirabilem,*

Q   lem,

lem in illo, cum reliquit patriam, quàm cum defen-
dit.

Non così furono pofcia i tempi,che feguirono, ne' quali la natura produffe huomini, che fecer'ogni sfor- zo per falir'a gradi di fouranità, ed ogni indegna fcon- ciatura per mantenerfi. Chi fpinfe C. Mario a perfe- guitar Giugurta ne gli vltimi deferti dell'Africa? Vn' ardente brama,ch'egli haueua d'afcender dalle baffezze d'Arpino, alle glorie del Campidoglio. Così Mario conduceua gli eferciti,e condotto era Mario dall'am- bitione.

Sen.ep.94.

Chi ftimolò Pompeo a portar l'armi in Ifpagna con- tra Sertorio,in Africa contra Domitio,in Ponto contra Mitridate? Vn'infano amore di grandezza. Chi lo traffe dalle belle contrade d'Italia,infino al centro del- l'Armenia, e ne gli eftremi confini dell'Afia? Vn' in- tenfa cupidigia di crefcere, parendo a lui folo, che foffe picciolo il cognome,e'l titolo di grande.

Chi moffe Cefare a penetrar col ferro le più rimote parti del Mondo,a foggiogarle,a piantarui le vincitri- ci infegne? la gloria, e l'ambitione d'effer fuperior' ad ogni altro.Che vn folo gli fouraftaffe,non potè foffri- re coftui,e pur fi uedeua in vna republica,che fottoftaua a due.

Parue poco a que' moftri d'ambitione l'armeggiar fuor d'Italia, per acquiftarfi grido di nome, e grado di maggioranza. Vollero per mantenerfi far violenza alla fteffa patria, portar contra di lei i fafci, e le ver- ghe,ed impiegar' alla fua oppreffione quelle forze, e

quegli

quegli eserciti,che da lei medesima alla propria difesa contra de' nemici furon loro consegnati.

Così quel popolo vincitor del mondo , pacificator *Sen.lib 5.* delle genti, confinate le guerre in lontanissimi paesi, *de benefic.* sedati i tumulti dentro le proprie mura, deposto ogni terrore, di repente attorniato dall'armi si vide de' suoi cittadini ; e fù costretto a prouar nelle proprie viscere,non che ne' proprij tetti, la forza de gli artigli delle sue aquile medesime.

Così cadette non da altro abbattuto , che dalla souerchia grandezza de' suoi membri, quel colosso di libertà , alla cui potenza era destinato tanto di vita , quanto di durata al mondo . Così col ferro della forza ciuile,trafitta, e morta ne venne quell'Amazone intrepida,che

Nunquam succubuit damnis ; & territa nullo   *Claudian.*
Vulnere, post Cannas maior, Trebiamq.fremebat.
Ed a colei,che fù

Armorum legumque parens, quæ fudit in omnes   *Idem.*
Imperium, primique dedit cunabula iuris,
abbisognò prestar'omaggio, ad vno de' suoi sudditi,e da lui gli ordini aspettar , le leggi , e la ragione delle genti.

E per parlare più da vicino, videro pur'anche gli auoli nostri,poco men,che caduta nell'inestricabil fosso della seruitù la republica di Genoua,per la prodigiosa grandezza di due suoi cittadini . L'vno fù Giannettino Doria,giouane spiritoso, ed accreditato , il quale per l'eminenza delle sue doti, meritò prima d'esser da

Q 2   Gio.

Gio. Andrea suo zio adottato p̄ figliuolo, e da Carlo V.
preconizato al generalato del mare.

L'altro fù Gio. Luigi Fiefchi conte di Lauagna,
huom, che rapito dall'impeto dell'età, e dell'ambitio.
ne, non contento dell'honoreuoliffima conditione, ri.
ceuuta in heredità da' fuoi maggiori, ad altro non afpi.
raua, che a fabbricarfi fortuna fuperiore a quella di Gia.
nettino. Veggendo coftui di faticar'in darno, fenza
l'oppreffione della patria, la tentò con tanta felicità di
principij, che gli riufcì di correre armato la città, préder
due porte, e prefidiar la bocca della Darfena ad effetto
di reftar padrone delle galee. Eragli (fin'al veder morto il riuale) felicemente riufcito il tutto; e fe fgratiatamente traboccando in mare, non foffe improuifamente
pericolato, ed affogato, pericolata, ed affogata mifera.
bilmente ne rimaneua nel mare della grandezza d'vn
fuo cittadino la libertà d'vna delle più famofe, e reli-
giofe republiche, c'hoggidì fi riuerifca nell'Europa.

Difordine, che difficilmente può fuccedere in quel.
la di Venetia (doue nõ sò, fe Italia piãga, ò pur fe goda,
in veder picciol sì, ma però augufto, e florido veftigio
dell'antica fua libertà) poiche non così tofto vede in-
nalzarfi alcuno de' fuoi cittadini, al volo della fuperiorità, che fubito gli fterpa i vãni, e cader lo fà allo ftato
dell'ordinaria ciuile fortuna. Quindi è, che a fcorno
di tanti potentati liberi, così Greci, come Latini, ella
fola dopo mille, e ducento anni di vita fe ne ftà in piè-
di ancor falda, e vigorofa, giouane nella vecchiaia, e
vecchia nella maturità de' configli, e delle fpeditioni.

Hab-

Habbiasi dunque per verità incótrastabile, che saranno mai sempre vicini a perdersi quegli stati, in cui vedransi surger'huomini di sublimità, e di maggioranza. E rammentisi ogni republicante, che *nunquam deerunt* Vel. Pater. *alienæ libertatis raptores lupi, nisi excisa sylua* di queste *lib. 2.* piante, che d'altezza l'altrui souerchiano. E chi mal' auueduto ne lascierà crescer pur'vna, amaramente piangerà poscia il di lei aumento; ne ad altro valeranno le lagrime, che ad irrigarla a maggior'altezza. Onde veggendola poi di lótano, e senza frutto, rammaricato, tra se stesso dirà,

Quæ præbet latas arbor spatiantibus umbras,   Ouid. li. 1.
    Quo posita est primùm, tempore uirga fuit.   de remed.
Tunc poterat manibus summa tellure reuelli;   amoris.
    Nunc stat in immensum uiribus aucta suis.

Alle forze minori furono mai sempre auuerse le maggiori; e però ad esempio della natura, deonsi tener da lontano, ò frenar con buoni capezzoni. Conuertirebbe ogni cosa in cenere il fuoco, eleméto vorace, ed insatiabile, se di sito non sol separato, ma rimoto nó fosse stato collocato, e cinto da un'horrido cerchio di freddo. L'ocean vasto inghiottirebbe la terra, se rotto non fosse dalle uoragini, e se l'onde battute, e ribattute da gli scogli, non andassero mansuefatte ad inuestir'il lido, doue alla fine frangono, e'n lieue spuma risoluono le lor'ire.

Dalle premesse, con buone ragioni firmate, e con sodi fondamenti assai ben stabilite, dedur si può, questa conclusione, che conseruando la republica di Lesbo a
vita

vita nel magiſtrato i ſuoi decemuiri, viene a rompere
quel caro vincolo d'agguaglianza , che tiene vnito il
corpo ciuile d' vna perfetta ariſtocratia,ed all'incótro,
la ſede ſtabiliſce,e'l trono alla maggioranza , che dà lo
ſpirito,e l'anima alla tirannide ; non rappreſentando
que' dieci altro, nel terreno della lor giuriſdittione ſe.
condato dal caldo d'vna continua autorità , che quelle
Hero.li.5. ſpighe, proeminenti diſſipate, e tronche da Tarſibulo
di Mileto tiranno, per inſegnamento del nouello principe di Corinto ; e quegli alti papaueri,quaſi come per
iſcherzo dalla verga abbattuti di Tarquinio il ſuperbo;
che furono ieroglifico di ſangue , e di ſeruitù,pur trop
po da Tarquinio il figliuolo , a coſto de gl'infelici,e
mal'aueduti Gabini,ben'inteſo,e praticato.

REPV.

REPVBLICA DI LESBO

OVERO

DELLA RAGIONE DI STATO

in un Dominio Aristocratico

Libro Quarto

DELL'ABBATE DON VICENZO SGVALDI.

SOMMARIO.

Lodi della libertà, e di coloro, che muoiono pe'l mantenimento d'essa. Catone, Bruto, e Cassio in ueneratione presso gli Stoici. Tacciati di uiltà, d'ingiustitia, di desperatione, e di pernitiosa politica nella risolutione d'ammazzarsi. Oppressioni delle patrie simili alle congiure de' principi. Artificij scoperti. Preseruatiui portati. Malageuole il passaggio dalla seruitù alla libertà. Perche dalle mani de' Tarquini potesse trarr'il gouerno di Roma, il primo Bruto, e da quelle di Cesare nol potesse il secondo.

AVVERSA farà mai sempre la perpetuità de' carichi alla libertà delle republiche. E chi disse *tyrannidis, & libertatis naturale dissidium*, non caminò guari con Demost. in Philip. diuario nel concetto, dal nostro sentimento. Perpetuità,

petuità,e libertà fono due cofe,che non conuengono
in alcuna cofa;e chi pur voleffe accozzarle infieme,ha-
urebbe di meftieri formarne vna medaglia, di cui l'vna
pe'l rouefcio,l'altra pe'l diritto valerebbe. E' la perpetuità de' magiftratı vna circonferenza politica , donde tutti gl'inconuenienti,che fi tirano ,fono come tante linee , che vgualmente vanno ad inueftir'il centro
d'vno ftato,ch'è la libertà;ne bafteuolmēte abbominata
ella farà giammai, fe bafteuolmente conofciuta quefta
non fia;e però diciamo,che

La libertà è dono, che vien dal cielo ; chi nafce in
paefe libero,nafce della famiglia di Gioue. Nafce grande,non fi fà . E'l punto della coftui nafcita è lo fteffo,
che quello del fuo dominio ; ne adatta giammai la par-
goletta mano alla poppa della madre,che non la ftenda
prima allo fcettro dell'imperio . Non v'è al mondo cofa per cara,e pretiofa,che fia , che di valuta alla libertà
non ceda.

Alfonfo d'Aragona, che fù gloria del principato,e
corona della corona,richiefto vna volta,fe poffedendo
sì gran cumuli d'oro,e d'argento penfaua di poter mai
impouerirfi, dicono, che rifpondeffe di sì, fe comperar
fi fofse potuta la fapienza. Senza dubbio veruno rifpo-
fto haurebbe il magnanimo,fe comperar fi fofse potuta
la libertà,quando vgualmente ei fofse dell'vna ,e dell'
altra ftato priuo;e così (cred'io) perfuafo dall'autorità
Diog.apud di quel faggio,che pregato a dire , *quid nam effet inter*
Lacrt. *homines optimum? Refpondit, libertas.*

Ma che oro ? che argento ? che ricchezze? Indegna-
mente

mente con gli ſtati grandi, e co'regni immenſi la libertà
ſi cambia, ò ſi merca. Preſtano fede d'oracolo al penſiero, che ſente per auuentura dell'ardito, que' due magnanimi cittadini della republica di Sparta, i quali inuitati da' capitani di Serſe a reſtare alla real corte di Perſia, ed a viuer'honorati iui tra'più cari amici, e ſeruitori,
che'l rè s'haueſſe, quaſi ſdegnati della propoſta, francamente riſpoſero. *Ignorare uidemini nobis, quanti ſit liber-* Plut. Apo
tas ⬤ *Hanc non mutabit quis (niſi amens ſit) Perſarum* ph. Lacon.
regno.

Solo è pareggiabile prezzo della libertà la vita; e però molti ſtimano, che dir non ſi poſſa, che colui ſi vaglia prodigamente della vita, che per lo mantenimento della libertà in iſcompiglio la pone; anzi per ſì nobil'oggetto ogni buon cittadino dee correre, non men
veloce alla perdita del ſangue, che all'acquiſto delle
palme, e de gli allori. Benche (ſe'l vero vogliamo dire) non muoia colui, che vittima cade a piè dell'idolo
della patria libertà; anzi ſen viua eterno di gloria, ed
immortal di nome. Coſì c'inſegna vn poeta d'Atene, Lib. 14. del
che meritò il titol di diuino, dalla diuina penna di Pla- le leggi.
tone.

 Haud unquam eius bona gloria, neq. nomen interit ; Tyrt. apud
 Sed quamuis ſub terra conditus, manet immortalis Stob. ſer.
   ille, 49.
 Quem fortiter ſe gerentem, manentemque, & pu-
   gnantem
 Pro patria, & liberis uehemens Mars peremerit.
Ne la di lui gloria in quell'anima, benche grande, ſi re-

ſtringe,ò ſerra,ma fuor ſe n'eſce,ed alla poſterità ſi ſpan
de,e ſi dilata.

Idem.
—*&liberi inter homines præclari ſunt,*
Itemque nepotes, & genus omne poſterum.

E' la ſua tomba,non corpo opaco,ma luminoſo, da' cui
raggi,non meno,che da què' del ſole , vn deſcendente
quaſi moderno Prometeo,pigliar può luce,e ſplendore
per far chiaro,ed illuſtre il caſato.

Sono quell'oſsa,béche ti paiau fracide,e corroſe,tan-
te pietre focaie,che percoſse dall'acciaio della memoria del ſangue ſparſo,mandauo fauille ardenti, che accender ponno gli animi de'pronepoti a glorioſe impreſe, a fatti egregi; e da quell'honorate ceneri, come dal-
l'animate glebe delle campagne di Colcho naſcer ve-
dráſi huomini valoroſi,che armati s'opporráno alla forza de' Giaſoni , che predar tentino l'aureo vello della
pregiata libertà.

Oh come moſtraronſi in tutte queſte maſſime ben'
addottrinate quelle due generoſe madri , di cui appo
d'un Greco n'habbiamo l'hiſtoria,l'una delle quali hauendo inteſo,ch'era mòrto un ſuo figliuolo , valoroſamente per la libertà combattendo, alzò le mani al cielo,ed eſclamò giubilãdo, *Benè actum eſt,ò fili;hanc enim*
ob cauſam te peperi; l'altra per contrario , ueggendoſi
uenir'incontro i figliuoli, che dall'armi nemiche poſti
in iſpauéto,la difeſa abbandonauano delle patrie mura,
Teles de
*imperturb.*ueſte ſublata,*& nudum corpus oſtendens,*ſgridò loro,di-
cendo, *quò fugitis? An redituri in uentrem, unde egreſſi*
eſtis?

Fortu-

Fortunati que' fecoli, che a fcorno de' moderni, produffero donne d'animo inuitto, pie a gli altri, empie a a fe medefime; che a difefa della libertà, nó di ferro il petto, ma di brózo armarono le vifcere cótra delle proprie vifceré; che faggiamente pazze nell'amore della patria, furono pazzamente faggie nell'odio de' figliuoli; che alla pietà del fangue hebbero di diamante il cuore, di carne al feruigio della republica. Madri gloriofe, degne, che nell'arco de' voftri triófi fi fcriua elogio di fingularità, che fofte feconde alla patria, fterili a voi fteffe; che per figliuoli hauefte i cittadini, per figliaftri i figliuoli; che a gli vni participafte il fangue, a gli altri il atte.

Erano preffo degli antichi in tanta veneratione coloro, che con l'armi in mano a prò della patria, rimaneuano oppreffi, che (quafi foffero Deificati) poteafi ugualmente giurar pe'l nome loro, come pe'l nume degl'Iddij; così giurò vna volta Demoftene a fuoi Ateniefi. *Teftor maiores noftros, qui in Marathone pro alijs dimicauerunt; & qui ad plateas in acie fteterunt, & multos alios, qui in publicis monumentis fepulti funt, fortes uiros, quos uniuerfos æquè respublica eodem dimata honore fepelijt.* Quindi è, che non dubitò vn Greco di fcriuere con franchezza di péna, che *melius eft moriretenta libertate, quàm feruiliter uiuere;* ed vn'altro, d'auanzarfi, e di foggiungere, che anzi *præferenda eft purcifsima mors feruituti mundifsimæ.*

Dottrina tutta con l'atto pratico da quel M. Catone approuata, alla cui fortezza fi può dir con Pindaro, che

Orátione de corona.

Dio.li.61. Hero.

Sen.epift. 70.

R 2 *folidum*

In Py:h.
ode 10.
ſolidum duntaxat cælum erat inacceßum, quãdo, dopo il conflitto di Farſaglia, doue oltre al fiore de' Pompeiani, morta, e ſepolta rimaſe la libertà della republica,

Lib.dePro
uid.
più toſto fece elettione di morir libero, *ſanctiſſimam animam* (parole di Seneca) *indignam, quæ ferro contaminaretur, manu educendo*, che di viuer ſeruo ſotto l'vſurpato imperio di Ceſare.

Dell'iſteſſo ſentimento moſtraronſi pur d'eſſere Bruto, e Caſſio, quegli animi grandi, non men della tiranni de nemici, che della libertà cuſtodi, e propugnatori, quando dopo hauer per lungo tempo veſtite l'armi contra la potenza de' triumuiri, all'vltimo rotti nelle campagne Filippiche, veggédo, che ſempre più inuigoriuanſi le forze della monarchia, vollero più toſto morir liberi di morte ignominioſa per mano de' ſerui, che viuer ſerui ſotto'l fortunato imperio d'Ottauiauo Auguſto. Attione, che reſe immortale appo la poſterità il nome loro; onde Cremutio Cordo patritio Romano, ſettanta anni dopo, che mancarono, in vna ſua hiſtoria, che poſcia autenticò col proprio ſangue, hauendo in eſtremo lodato M. Bruto, s'auanzò tanto in parládo di

Tac.An.4.
Caſſio, che non dubitò chiamarlo, *ultimum uirum Romanorum*. Elogio, e prerogatiua, che di poi fù dal poeta anche a Bruto accomunata, mentre fauellando di lui, e con lui, eſclamò,

Lib.7.
    O decus imperij, ſpes ò ſuprema ſenatus,
    Extremum tanti generis per ſæcula nomen.

Belliſſimo penſiero, ſpiritoſo concetto, degno per appunto della nerboruta penna d'un Lucano. Fù M. Bruto

to veramente l'honore, e la gloria del Romano imperio; fù l'unica fperanza del fenato, l'anchora fagra della libertà, l'ultimo rampollo di quel magnanimo Bruto,
a cui dal cielo fù conceduto in forte, non folo di cauar
dalle mani de' rè il gouerno di Roma, ma anche di tra-
mandar per retta linea di cinquecento anni nella fua *Marc.Tul.*
ftirpe l'iftessa virtù, l'ifteffo mafchio ualore, e lo fteffo *filip.1.*
fpirito per intraprendere vn fatto fimile di generofo
ardire.

Quefte rifolutioni però, tanto ardite di metter le
mani nel proprio fangue, per fottrarfi dalle prefenti, ò
future calamità, vengono folamente da gli Stoici com-
mendate, ingannati per auuentura, prima dalla uoce, e
pofcia dall'efempio del difperato Aiace, il quale in cō-
correnza d'Vliffe, non hauendo potuto ottener l'armi
d'Achille, quafi mentecatto, gridò,

Aut honeftè uiuere, aut mori decet *Apud So-*
Generofi hominem animi—————— *phocl.*

E conuertitafi contra il fianco la punta della fpada, fog-
giunfe,

——*hoc utendum eft in me mihi, quique cruore* *Ouid.Met.*
Sæpè Phrygum maduit, domini nunc cæde madebit, *13.*
Ne quifquam Aiacem poffit fuperare, nifi Aiax.
O pure (e direm forfe meglio) furon coftoro alla lor
uolontaria morte perfuafi dalla credenza, c'hebbero,
fupereffe animas poft mortem, eafque non nafci, fed infi- *Lact.lib.3.*
nuari in corpora, & de alijs, in alia migrare. *c.18.*

Ma meglio di quel, che fecero coftoro, giudicarono
l'altre Sette, Pitagorica, e Platonica, benche l'una, e l'altra

tra nel dogma della trafmigratione dell'anime deliraſ.

Apud Cic. de Senec.
ſe. Hebbe quella per concluſione ferma, e certa, *iniuſſu imperatoris, ideſt Dei, de præſidio, ac ſtatione uitæ, nõ eſſe diſcedendum*. Queſta, per maſſima ſenza contraſto,

Apud eūd. de ſomn. Scip.
pijs hominibus retinendum eſſe animum in cuſtodia corporis, nec iniuſſu eius, a quo ille datus eſt, ex hominum uita migrandum, ne munus humanum, aſſignatum a Deo deffugiſſe uideamur. E da Lucio Apuleo, che fù pur della

De Phil.
medeſima ſcuola, habbiamo, che *ſapiens corpus non relinquet inuito Deo; nam, & ſi in manu eius ſit mortis facultas, & quamuis ſciat, ſe terrenis relictis, conſecuturum eſſe meliora, niſi perpetiendum iſtud lex diuina decreuerit, accerſire tamen ipſe mortem non debet.*

E parue, che nel medeſimo ſenſo caminaſe ancor colui, che appo il Tragico greco diceua,

Euripid. apud Stob. ſerm. 118.
——— *ſuauius eſt uiuere, quàm mori prudentibus.*
——— ——— *inſanit autem, qui optat*
Mori; malè uiuere præſtat, quàm benè mori.

In conformità di che, il ſaggio Homero fà, che l'ombra d'Achille dica ad Vliſſe,

Odiſ. li. 11.
Ne iam mihi mortem commemora, illuſtris Vliſſes
Vellem, & ruſticus eſſe, & ſeruire alij
Viro inopi, cui non facultates multæ eſſent,
Quàm functus functis dare iura, atque imperitare.

E da Virgilio ſi ueggono condannati all'inferno coloro, che colle proprie mani ſi troncarono il filo della uita; leggaſi il ſeſto dell'Eneade.

Arriuò infin quà la gentilità, benche nelle palpabili tenebre caminaſſe dell'ignoranza, e'n que' barbari

bari,e ferrei fecoli uiueſſe; ma noi , c'habbiamo ſortiti
fecoli più miti,ed ingegni meglio illuminati,diciamo ,
che l'eſſer'homicida di ſe ſteſſo, tra le maggiori paz-
zie ,ch'al mondo ſi poſsa far'vn' huomo , deeſi anno-
uerare.

E ſe bene chi faceſſe gran litigio ſopra queſto punto,
io mi crederei,che egli foſſe anzi degno d'eſſer caſti-
gato,che confutato, come al ſentir d'Ariſtotele , ſono
coloro *qui dubitant,an oporteat Deos honorare , & pa-* 1.*lib.Top.*
rentes diligere; tuttauolta a maggior chiarezza della *cap.9.*
uerità,perſiſtendo pure ne' medeſimi fondamenti de'
gentili,ſi ſoggiunge, ch e

Crimen relinquit uita,qui mortem appetit; *Publius*
Mori neceſſe eſt,ſed non quoties uolueris. *Syrus.*

L'incontrar la morte è atto da codardo,non da huomo
forte . Ne ſtà in oſcuro la cagione; ed è, che ſimili riſolutioni non hanno per fine l'honeſto , ma la fuga di
qualche male imminente . Ed è per appunto dogma,e
dottrina del Liceo. Odanſi le parole del Filoſofo .
Mori,ut uel paupertatem,uel amorem , uel moleſti quip- *Lib.3.Eth.*
piam fugiamus,non eſt fortis uiri, ſed timidi;mollities eſt *ad Nicom.*
enim fugere laborioſa ,& aſpera. In ſentimento di che *cap.7.*
habbiamo quel nobile rimprouerio ad uno di queſti
micidiali .

Tàm ignauus euaſiſti? Non enim animi fortitudo *Philem.*
Eſt,quod nùnc facis , ſed ignauia ,& puſillanimitas *apud Stob.*
Dolorem ſuſtinere nõ poſſe,nec triſtitiæ tuæ moderari. *ſerm.106.*
E preſſo Plutarco rideuaſi Arceſilao di coſtoro , che
s'ammazzano per iſchifar qualche infortunio,e diceua,
che

Dè côfol.
ad Apol.

che *ob uilitatem ingenij moriuntur, ne moriantur.*

Diciam di più, che la morte volontaria è atto d'ingiuftitia, perche non u' hà legge diuina, od humana, che
permetta il torre la uita a perfona, non condannata, ed
Auguft.
de Ci. Dei.
innocente. Quindi è, che appo il principe de' faggi uien
iftimata degna di biafimo l'ingiuftitia di quel fatto della moglie di Collatino, in cui Lucretia fuergognata am-
mazza Lucretia, cafta, ed innocente. Ditelo uoi, leggi,
e giudici Romani.

E' atto di ferità, fe diamo credenza a colui, che
diceua,

Varro in
fragm.

> *Quamnam te dicam feram,*
> *Qui manu, corporis feruidos*
> *Aperis lacus fanguinis;*
> *Atque uita te leuas*
> *Ferreo enfe?*

E per ultimo, è tratto di difperatione, e di pazzo furore. N'habbiamo ualeuole teftimonio in Quintilia-
Decl. 344.
no, il quale afferma, che *non fiunt ifta, nisi fubito. Nec
quifquam fpiritum ratione ponit.* E niuno refterà giammai perfuafo da chi fi fia, che penfatamente, e cô intera
deliberatione un'huomo dia d'orecchio alla uoce di
quel Pfeudofilofofo, che diceua,

Theogn. a-
pud Plut.
lib. contra
Stoicos.

> *Pauperiem ut fugias, in uaftum te abijce pontum;*
> *Et te de celsis praecipitato petris.*

Configlio altretanto efecrando, e deteftabile, quáto au-
uerfo, e contrario alla pia ammonitione d'un fauio, che
Epictet dif
fert. 1.
dice, *homines fuftinete, Deum expectate, donec ille fignū
dederit, & foluerit hoc minifterio. Tunc ad eum reditei*

nunc

nunc autem in præfenti tolerate æquo animo , (et) incolire regionem iftam, in qua uos collocauit . Enimuero exiguum eft tempus huius incolatus, et facile, nec graue ijs , qui fic funt affecti.

E bifogna anche aggiungere , che di molto danno al publico feruigio riefca il dogma de gli Stoici, mentre alla republica toglie il fiore delle perfone più degne , e più qualificate . Morì Catone , che foprauiuendo era per giouar non poco alla patria . Morì colui , che'n vita contraftò fempre la fortuna di Cefare . Ne morendo preuide, che'l fuo cadauero feruir douea per bafe alla grandezza dell'inimico.

Fugò con la morte la priuata feruitù, chi con la vita conferuar poteua la publica libertà . Hebbe (bifogna confeffarlo) più cuore in quel punto per morir carnefice di fe medefimo, da buono Stoico, che petto per riferbarfi vittima della patria, da buon cittadino.

E per auuentura diedefi a credere di fodisfar'ad ogni fua obligatione verfo di quella, mentre in fua vece fuftituì il figliuolo, mandandolo a Cefare, ed efortandolo a viuer fotto quel giogo di feruitù ; dal quale ei con la morte, ne fottraheua il collo, dicendogli: *ego ò filj in li-* Lib. 43. *bertate natus, non poffum nunc, immutata uitæ ratione, feruituti fenex me adfuefacere ; te uerò in huiufmodi rerum ftatu educatum, eu genium, qui te nactus eft, colere decet;* quefto è il racconto, che fà Dione .

Ma altri fcrittori di miglior fede affermano, che Catone s'ammazzò, *non tàm, ut feruitutem fugeret , quàm* Lact. de fal. fap. lib. 3. cap. 18. *ut Stoicoru decretis obtemperaret, nomenque fuum gran-*

S   di

di aliquo facinore clarificaret . Non potendofi metter dubbio nella clemenza di Cefare, di cui ad ogn'uno era noto , ch'egli anche nel maggior colmo delle guerre ciuili, più d'una uolta s'era lafciato intendere di non hauer'altro oggetto, che d'obligarfi la republica, *duobus optimis ciuibus Cicerone, & Catone feruatis* .

Idem vbi fupra.

L'ifteffo fi può dire di Bruto , e di Caffio . Confulta, ron quefti tra loro poco dianzi, che attaccaffero la zuf. fa cõ Antonio, ed Ottauiano, fe doueffero, ò ammazzar. fi, ò fuggirfene , in euento , che fofsero rotti, e perdenti. Bruto diffe. Quãdo io era giouine, e mal pratico delle co fe biafimai Catone, che nell'ultimo fi foffe moftrato infe riore a quella fortuna, di cui tante volte triõfato hauea. Adeffo fon d'altro parere ; *fi inftitutum noftrum Deus non fecundet, non exiftimo nouas mihi fpes experiendas, bellumue reparandum ; fed moriar fortuna collaudata propter idus Martias, quibus patriæ uitam meam impédi.* Con vn forrifo approuò Caffio il difcorfo ; e ftringendofi al petto il collega, *& hoc animo (inquit) in hoftẽ eamus, aut enim uincemus, aut a uictore nobis nihil metuem?.*

Plut. in Bruto.

Vedefi quì la determinatione in amédue di morire. Ma non vedefi già, come dalla lor morte, rifultar poteffe verun beneficio alla patria. Miglior partito era quello della fuga; poiche, cedendo per allhora alla fortuna auuerfa, potean o di nuouo metter'in piè la guerra, ed almeno ritardare, quando non del tutto impedire , l'affoluto principato nella città di Roma. Ed eran loro frefchi l'efempio, e la memoria di Statilio contubernale di Catone, il quale diftratto, che anch'egli in Vtica nõ s'am mazzaf.

Plut. in Catone.

mazzaſſe, riuolto poſcia a più ſano conſiglio recò con la fuga giouaméto notabile alle coſe della libertà, guerreggiando infin'all'vltimo ſpirito valoroſamente ſotto le di loro medeſime bandiere.

Ne biaſimar quella fuga ſi dee d'un cittadino, c'hà per iſcopo il beneficio della republica. Coſì l'inteſe Cleomene, il quale dopo eſſere ſtato rotto da Antigono, non hebbe per male, a ſperanza di più benigna ſorte per la patria libertà, di ritirarſi in Egitto, ed a colui, che volle perſuadergli, *ut ſibi manus inferret, nè Antigonum* Idem in Cleom. *ſupiens, Ptolomæo ſpontè ſeruire uideretur, riſpoſe da ſaggio, ego non mihi, ſed patriæ ſupereſſe uolo. Et mortii metu, mortem ſibi conſciſcere, non fortis, ſed inſani hominis eſſe iudico.*

Non fugge, ma perſeguita il nemico colui, che fugge per preſentargli di nuouo più aſpra la battaglia. Ne deeſi a codardia recar quella fuga, che indirizzata a miglior fortuna, minaccia all'hoſte d'incontrarla con maggior forza, e con vrto più gagliardo. N'habbiam l'eſempio del rè de' Turchi appo il Taſſo, il quale rotto, e ſconfitto dalle genti di Goffredo, ſenza nota di viltà.

——————————————diſcorre, Canto 9.
Se morir debba, e di sì illuſtre fatto
Con le ſue mani, altrui la gloria torre;
O pur ſoprauanzando al ſuo disfatto
Campo la uita in ſicurezza porre.
Vinca alfin, dice, il fato, e queſta mia
Fuga il trofeo di ſua uittoria ſia.

Vegga

Vegga il nemico le mie spalle, e scherna
Di nouo ancora il nostro esilio indegno;
Pur che di nouo armato indi mi scerna
Turbar sua pace, e'l non mai stabil regno.
Non cedo io nò, sia con memoria eterna
De le mie offese, eterno anco il mio sdegno.
Risorgerò nemico ogn'hor più crudo
Cenere anco sepolto, e spirto ignudo.

Tuttauia, le stoiche risolutioni di que' braui spiriti, che dispregiarono la vita, quando si trattò di viuer sotto il durissimo giogo della seruitù, benche per natura dānose, e dannate sieno, qualche volta però son riuscite per accidente fruttuose, e profitteuoli; e ciò, quādo non per altro, certo, perche ne han dato a diuedere, quanto grā bene sia quella libertà, a cui huomini, così accreditati, posposero la vita, e quanto gran male quella seruitù, a cui i medesimi anteposero la morte.

Ma che marauiglia? Era quel seuero, e rigido senato de gli Stoici, così amāte del viuer libero, e così abborrente del seruire, che ne meno contentauasi, che l'huomo a se medesimo seruir potesse. Anzi stimaua, che questa seruitù (per così dire) indiuiduale, e dimestica fosse asai più dura, ed insopportabile, di qual si uoglia altra ciuile, e politica. Onde Seneca auanzossi vna

Lib.3.q.na tur.in proæ mio. volta a dire, che *sibi seruire durissima seruitus est.*

E la cagione, crederei, che fosse, perche, chi serue a un monarca, serue ad vn principe, il quale, quando pē ogn'altro rispetto sia graue, & odioso; venerabile nulladimeno sarà mai sempre, in quanto egli ci si rapprēsenta

senta imagine, e ritratto dell'Onnipotente. Ma chi serue a se medesimo, quando in particolare accada, che sia
cattiuo, perche non si può ritrouar fortuna a questo
mondo, per grande, ch'ella si sia, che per seruir'a' propri
affetti, dell'altrui mezo, bisogno non habbia, conuien,
che non di rado nell' abbomineuol seruitù d' inde-
gnissime persone, quasi non se n'auueggendo egl'incespi.

E come grauissima seruitù non dourà stimarsi quella
d'vn sensuale, a cui vna vilissima donnicciuola comàda?
a cui prescriue leggi vn sesso, che nell'imperio non hà
legge, nell'esecutione apprende le tardanze per nega-
tiue, per ingiurie le risposte? *Poscit; dandum est. Vocat;* ^{Cic. Parad.}
ueniendum. Eicit; abeundum. Minatur; extimescendum. ^{5.}

O pur diremo non esser seruo quell'altro, che appe-
so ad vn'hamo d'oro, dal filo si lascia tirare della speranza di grossa heredità, ad ogni sorte di vilezza, e di dura
seruitù? Qual cenno ei non osserua d'vn vecchio ric-
co? a qual non soggiace? a qual non vbbidisce? *Loqui-* ^{Vbi supra.}
tur ad uoluntatem; quidquid nunciatum est, facit. Assen-
tatur, arridet, miratur.

O finalmente diremo esser libero colui, che per co-
màdar' ad altri, fà se medesimo seruo dell'ambitione, che
è la più superba, la più imperiosa regnatrice, di quante se
n'hauesse giammai l'Egitto? Facciane fede Lucullo,
che fù nella Romana republica senatore di portata, e di
grido. Confesserà costui, il sò certo, che per ottener'
il gouerno della Cilicia, *coactus est Cethego, homini* ^{Vbi supra.}
non probatissimo seruire, mittere munera, noctu uenire do-
                                                        mum

mum ad eum, precari, devique supplicare. Quæ servitus est, si bæc libertas existimari potest?

Ma non ci fermiam tanto sù questo punto, che non v'è huomo(diceua Agrippa ad Augusto)*qui libertatis cupidine non ducatur, dominiùq. omne non oderit.* Solo de' pazzi è l'amare i ceppi, e le catene, benche sien d'oro, e di gême abbigliate. Diogene quel gran dispregiatore di quanto si ambisse giammai l'humanità; quegli, che per viuer fuori di questo mondo, viueua dêtro d'un doglio, hebbe cuore da ricusar la gratia d'Alessandro, non hebbe collo da sottoporre al giogo della seruitù. Stando vna volta venale all'hasta, raccontano, che da disperato ei gridasse. Non sò seruire, sò comandare. Ed a colui, che l'esponeua, *prædica*(diceua) *quis nam dominum sibi emere vult?*

Apud Dio. lib. 52.

Apud Laer. in vita ipsius.

Naturalissimo a tutte le creature è l'amore della libertà, e l'odio della seruitù. Gli animali stessi irragioneuoli sono in questo, non men ragioneuoli dell'huomo. *Bestiæ ipse*(diceua M. Tullio) *quas delectationis caussa concludimus, licet copiosiùs alantur, quàm si essêt liberæ, non tamen facilè patiuntur se contineri.* Ed è notissimo il prisco Adagio. *In cauea minùs benè canit Luscinia.*

De finib. lib. 5.

Apud Collect.

Il neruo della difficoltà consiste in preuedere, e prouedere a quegli accidenti, che di liberi ne possono far serui; poiche non di rado ritruouansi huomini nelle republiche, così imprudêti, e trascurati, che non mai pensano alla libertà, se non quando l'han perduta; ne mai si muouono, se nó quãdo veggono le patrie loro ridotte a

termine,

termine,che fia neceffario,*omninò*,*aut ī feruitutē redigi;* *Dio.li.41.* aut penitùs excindi;e della feruitù della patria nulla me *Cef.Off.* no fono in colpa coftoro per la loro trafcuratezza,che gl'inuafori per la loro vioéza;*tā enim* (dice vn fauio) *Thuc.li.1.* *is,qui in feruitutem redigit patriam,quàm qui negligit,cū prohibere poffit ,id facere exiftimandus eft* . Oltre che habbiamo la regola generale,che

Qui non uetat peccare, cum poffit, iubet. *Sen.in Me-*

L'oppreffioni delle patrie di libertà fono come le *dea.* congiure de' principi,le quali non mai fi credono ,che feguita la morte loro. *Conditionem principum miferri-* *Sueton. in* *mam effe* (diceua vn principe) *quia de coniuratione com-* *Domit.* *perta nihil creditur,nisi ipsis occisis.*

Non hanno fede,fe non fono fcritte col fangue . Dalla morte feguita di Cefare fi conchiude della di lui congiura . Ma non fi crede già così di quella , che fù ordita contra di Ottauiano Augufto , per- che dal ferro dell'atrocità del cafo , funne la trama recifa . Ed haffi per fauola,che de' cofpiratori fofse ca- po Cornelio Cinna,nipote del magno Pompeo , e che pofcia a richiefta di Liuia fofsegli condonata la colpa, benche concordemente da' più claffici fcrittori il tutto venga a pofteri con efatezza rapportato . Così della feruitù delle republiche(diceua Liuio(*non creditur,nisi* *Lib.4.* *perpetratum facinus. Nec ciues quid amiferint ,nisi op-* *Iust. hist.* *preffi fentiunt.* *lib.8.*

Ne è malageuole il rintracciarne la cagione;pofcia- che non è mai,ch'altri impugni la libertà della patria , fe non con l'armi di qualche pretefto in apparenza al- men

Cic. phi-
lip. 2.
men ragioneuole , già che non può eſſer giuſto; (*nulla
enim omninò iuſta cauſſa eſſe poteſt contra patriam arma
capiendi* . Anzi il più delle volte , all'eſecrabile ten-

Tac. biſt. 4.
tatiuo, *libertas, ac ſpecioſa nomina prætexuntur.* E di quà
viene, che bene ſpeſſo ingannati i cittadini, non ſe n'auueggendo corrono al loro eſterminio, e non volendo
rieſcono fabbri della patria ſeruitù.

    Lucio Catiſina, huomo famoſamente infame, ſi moſſe
contra la patria ſotto religioſo titolo di pietà , dichia-
rando di ciò fare per opporſi alla ſurgente oligarchia .

Sal. de con
iur.
Ed hebbe lingua da dire a' ſuoi maſnadieri; *nos pro patria,
pro libertate, pro uita certamus. Hoſtibus ſuperuacuum
eſt pugnare pro potentia paucorum.*

Apud Cic.
3. offic.
    Ceſare, tutto che di frequente haueſſe in bocca , *ſi
uiolandum eſt ius, regni cauſſa uiolandum* , nulladimeno,
aſſalir non volle la libertà della patria con queſte armi
ſacrileghe dell'ambitione, ma cō quelle, che nel di fuori
haueuano dell'honorato, e del caualereſco, ciò è a dire,
di vendicar l'ingiurie riceuute, e'l torto fatto a' tribuni della plebe . E da ſì nobil motiuo eccitati i ſoldati,

Comm. de
bel. ciuil.
lib. 1
eſclamarono , *ſe paratos eſſe imperatoris ſui, ac tribuno-
rum plebis iniurias defendere.*

    Armò Auguſto , prima ſotto horreuole preteſto di
militar per la republica contra di M. Antonio, e poſcia
contra dell'iſteſſa republica, ſotto colore di gratitudine, ch'era di eſtirpare i Pompeani a uendetta della morte di Ceſare, a cui tanto egli doueua. All'ultimo occu-
ponne il dominio ſotto titolo ſpetioſo di carità, hauendo fatto pur dianzi correr voce nel popolo, per bocca
de'

de' ſuoi partigiani, *non aliud diſcordantis patriæ reme-* Tac. an. 1.
dium eſſe, quàm ſi ab uno regatur.

O che grande artiſta fù queſto principe. Erano de-
plorati (predicaua egli) gl'intereſſi della patria, ſe non
ſi daua nella monarchia; ma non credea già col cuore,
come eſprimeua con la bocca; ned era la lingua fedele interprete della mente, era ben ſi dell'intereſſe
miniſtra ſagace. Sapeua l'auueduto, che nella mutatione del gouerno, non in altro, che'n lui, cader poteua
l'imperio, *Lepido ſocordia ſeneſcente, & Antonio per li-* Tac. vbi ſu-
bidines peſſumdato, ch'erano i ſuoi emuli. pra.

.Ambiua d'eſſer monarca, ma odiaua la monarchia.
Ne da altro riceue fede il concetto, che da' ſuoi medeſimi ſcritti, i quali dopo la di lui morte, furon da Druſo
letti in ſenato, ne' quali per indirizzo ad vna buona
politica eſortaua i padri, *ut iterum rempublicam ÿs, qui* Dio' Caſſ.
prudentia, ac rerum gerendarum peritia ſint præditi, com- lib. 56.
mitterent, neque alicui unam totam crederent, ne, uel ty-
rannidem is affectet, uel eo aduerſa paſſo, reſpublica cor-
ruat.

E da queſte parole atterrito Tiberio, che alla di
ui ſucceſſione aſpiraua, hebbe per bene darſi tutto alla
ſimulatione, ed a gli artificij. E come ſpirito, ed anima
del predeceſſore, replicò il medeſimo ſenſo, ch'era ben
ragioneuole, *in ciuitate tot illuſtribus uiris ſubnixa, non* Tac. an. 1.
ad unum omnia deferre. Plures facilius, munia reipu-
blicæ ſociatis laboribus executuros. Co' ſenatori trattaua
come ſenatore. Alla volontà de' conſoli rimetteua i
negotij. Ne volle eſſer nomato, che per tribuno, tito-

T lo

lo,e carico,che pur'anche fotto Augufto poffedeua.
In apparenza ogni cofa caminaua fulle veftigie dell'antica
tica republica.

Dall'altra banda,nell'ifteffo tempo, per opera della
madre diuulgoffi, *exceffiffe Auguftum*, *& rerum potiri*
Neronem; ed egli tratanto fcriueua alle legioni, a gli
eferciti,come principe. A' pretoriani,ed alle guardie
del palazzo daua il contrafegno,come imperadore. Ed
all'vltimo, *excubiæ, arma, cætera aulæ, miles in forum,*
miles in curiam comitabatur. E di Tiberio poteafi dire

Tac. vbi
fupra.

Apud eūd.
Hiſt. 4.

quel,che fi legge di Muciano,che *apparatu, inceffu, ex-*
cubijs, uim principatus amplectebatur, nomen remittebat.
Furono quefti gli fcaglioni,pe' quali falì Tiberio al folio dell'imperio. Gli altri l'occuparono colla forza, ei
coll'ingegno l'ottenne.

Pofti dunque tanti pretefti,così ben colorati,e tanti
artificij così ben condotti, qual marauiglia farà, fe alle
volte i cittadini fentono prima il giogo della feruitù,
che ne veggano l'ombra?

La libertà non è vn punto indiuifibile. Ne tutta ad
vn tratto fi perde,ma così a poco a poco, permettédofi
hoggi vn'eccefso,e domane un mancamento;e perduta
vna volta, che fia, poco, ò nulla ci rimane di fperanza
per ricuperarla. E' fimile all'elefante, animale d'immenfa mole, che caduto ò non rifurge, ò malageuol-
mente.

La libertà è vna di quelle piazze, che non fi pigliano
per affalto,ma per afsedio; ò fe pur talhora per affalto,
non fi faglie giammai all'efpugnatione d'efsa per la
breccia

breccia,ne tra la folla de' difenfori,ma fi bene pe' gradi de gli agguati,de gli artificij, e de gli ftratagemi, ed
anche alle volte fotto lo fpetiofo titolo di giouamento,
e fotto il lufinghiere pretefto del beneficio; *tyrannicæ* Demoft.ex
enim calliditatis eft fimulare fe ijs cõfultum uelle,quibus arg.lib.
ftruunt infidias.

Nelle mani d'vno,che voglia tender'infidie al viuer
libero,uale per mafchera dell'iniquità , il beneficio.
E però fi fuol dire , che radiffime volte dall'ambitiofo
efce uergine il beneficio,ma sì ben corrotto,e deflora-
to dal libidinofo,ed occulto interefe di dominare .

Artificiofi beneficij furon quelli di Spurio Melo ,
huomo d'equeftre dignità , e di ricchezze prodigiofe .
Comperò coftui quafi tutto il grano, che di Tofcana
era ftato condotto a Roma , e 'n tempo di penuria, abbondeuolmente foftentonne pofcia la plebe. Così in
breue per lo feguito della beneficata turba, fatto poderofo di forze,non iftette guari a penfare a cofe nuoue.
E perche il confolato,*non nifi certamine a patribus erat* Sabel.li.5.
extorquendus, de regno agitare cæpit. Ma all'ambitiofo Æneid.3.
motiuo opportunamente s'oppofe il fenato,e col crear-
gli contro Dittatore L. Quincio Cincinnato , crudelmente lo fè morire.

Mafcherati di più fottili artificij d'affettata tirannide, furono i feruigi, che fece Manlio Capitolino alla
epublica . Pagò una uolta coftui tutti i debiti, che la
plebe haueua; e l'altra , difefe ualorofamente il Campidoglio . Nel primo cafo beneficiaua il publico, nõ pe'l
publico , ma pe'l priuato interefe . Nel fecondo, di-

fende-

fendeua la patria, non alla patria, ma a ſe medeſimo.
Propugnaua quel luogo con l'armi, il cui dominio s'haueua già inghiottito con la mente. Scacciaua i Franceſi
da quel poſto per introdurui la tirannide . Maneggiaua la ſpada, non pe'l mantenimento della libertà alla
republica, ma per la cóquiſta del regno a ſe medeſimo.
Plin.lib.7. cap.28. *Capitolium (diſſe un'antico) ſummamque rem in eo poſi-
tam, ſolus ſeruaſſet, ſi non regno ſuo ſeruaſſet .*

Ma non lungi dalle atrocità delle colpe, ſoglion'andar le atrocità delle pene . Per ordine del ſenato, come reo di leſa maeſtà, condotto nel Campidoglio ſù
dal ſaſſo Tarpeo precipitato. Hebbe il patibulo, doue
Liuius. ſperò lo ſcettro . Morì, doue regnarſi credea. *Hunc
exitum habuit uir, niſi in libera ciuitate natus eſſet, memo-
rabilis.*

Ma, che ſotto il manto del beneficio, ſi portino na-
ſcoſte l'arme micidiali del uiuer libero, n'habbiamo illuſtre eſempio nella perſona d'Auguſto . E chi giammai
creduto haurebbe, ch'egli con l'indirizzo di quell'afo-
Polyb. hiſt.6. riſmo Greco, *qui principatum ambiunt, nec poſſunt illum
per ſeipſos conſequi, incipiunt opes prodigere, ac plebem quo-
uis modo ineſcare*, a quell'hora tendeſſe inſidie all'ul-
Tac.an.1. timo poſto di ritirata della Romana libertà, *quando mi-
litem donis, populum annona, cunɛtos dulcedine ocij demul-
cebat?* E pur'egli è uero, che a queſta maniera eſpugnol-
Ibidem. lo; poiche così a poco a poco, *munia ſenatus, magiſtra-
tuum, legum, nullo aduerſante, in ſe traxit.*

Aſſediaua una uolta Filippo la città di Bizãtio; perche ſù ricercato del motiuo originale di quell'aſſedio,
riſpoſe

rifpofe(p quanto ne tramáda l'antichità)che' Bizantini eran fimili a colui, *qui formofam alens uxorem, frequen-* *Stob.fer.2.* *tiùs, & lafciuiùs accedentes ad ipfum, cur id facerent, in-terrogabat;* l'ifteffo per appunto,credo, dir fi potrebbe a chiunque addimandaffe la cagione, perche così di buona uoglia fi dimeftichino i principi co' cittadini di patrie libere, e s'inducano con tanta ageuolezza ad honorarli con doni,e con prefenti.

E' la libertà un'altra Helena di bellezze, ma però dentro a così feuere leggi di caftità racchiufa, che la di lei uita, folo dal tenuiffimo filo pende della pudicitia. Ne v'è Aleffandro, che non arda per lei d'amore,e non dica in fuo cuore,che con più giufto titolo per quefta,che per quella,che fù figliuola di Gioue,potrebbe reftar di nuouo defolata la Grecia, e defertata l'Afia.

Le catene d'oro, i filati di perle, i fermagli, le cinture di diamáti,le gioie,le pietre pretiofe d'un principe, fono machine,fono infidie,che tédonfi all'efpugnatione del forte reale del uerginal petto di quefta corteggiata principeffa.*Principû dona funt auttoramentà feruitutis,* *Ex arg. libri.* diffe una uolta Demoftene.*Regû munera*(ripigliòPlinio) *In Paneg.* *funt hami cibis illiti;funt laquei præda operti,*nõ tefi ad altra cagione, che alla fola di farui incefpar dentro quel piede, che troppo,ò femplice, ò cõfidente di fe medefimo,haueffe ofato di portarfi a paffeggiar trafcurato fra i pericoli del mal ficuro pofto.

Tali furono i doni,che offerir fece Dionifio, il uecchio,a gli ambafciadori di Corinto; ma dalla di lui libidine,

dine,reſtonne quella libertà intatta , perche eſſi ſi ricu-
ſarono,portando per iſcuſa l'obligo,c'haueano dell'oſſeruanza della lor legge, la quale vietaua il riceuer che
che ſi foſſe dalle mani di potentato ſuperiore.

Attonito ,e deluſo rimaſe il tiranno,veggendo,ch'allo ſplendor dell'oro,eran gli òcchi di que' magnanimi,
come que' dell'Aquila a' raggi del Sole. *Et indignam
rem facitis* (riſpoſe) *qui quod unum bonum eſt tyrannidi,
aboletis,docetiſque etiam tyrannorum beneficia eſſe for-
midanda.*

Plut. apo-
phteg.

Lacci pericoloſi,dentro a' quali predato reſtar poteua,nó ch'altri,vn Diogene ſteſſo,furono i cumuli del-
l'oro,che Filippo di Macedonia inuiò a Focione,l'vnico Argo del virginal fiore della libertà d'Atene . Fù
più generoſo l'animo di queſto cittadino , che auueduto, e ſagace il conſiglio del rè.

Ricusò il magnanimo d'accettare,e tutta la Grecia,
eſclamò,che maggiori ricchezze poſſedeua colui,che ri-
cuſaua,che colui,che offeriua.Onde a'miniſtri regi,che
vollero perſuaderlo ad accettargli,in riguardo almeno
de'figliuoli,a' quali molto male in accócio ueniua il ſo-
ſtentare in anguſto patrimonio lo ſplendore della pa-
terna grandezza, riſpoſe ,e per appunto da Focione ;

Prob.in vi-
ta ipſius.

*ſi mei ſimiles erunt,idem agellus illos alet,qui me ad hanc
dignitatem perduxit,ſin diſſimiles,nolo meis impenſis au-
geri illorum luxuriam.*

Così Filippo hebbe a conoſcere,che nó tutte le rocche delle menti s'eſpugnano con la ſemplice applicatione della machina d'un ſomiere,che ſi ſfiati ſotto una
carica d'oro.   I doni

I doni,ch'efcono dalla cafa reale , ed alle mani fen
paffano d'un fenatore ariftocratico, fono della natura
dell'oro Tolofano , che l'eftremo de' mali recò al con- *Aul. Gel.*
folo Cepione,ed a chiunque particionne. Sono fimi- *lib. 3. c. 9.*
lia quel pretiofo vafo,col qual Gioue per mezo di Pan-
dora,volle regalar Prometeo, il qual nel di fuori era
d'efquifita bellezza,ma nel di dentro racchiudeua ogni
forte di difaftro,e di calamità. Sono in apparenza non
diffimili da quel nobile fcrigno , che Medea mandò a
Creufa, la nouella di Giafone, che nell'aprirfi vomitò
fiamma ineftinguibile ; onde la miferella con tutta la
reggia,arfa reftonne , ed incenerita. E finalmente diciamo,che raffembrano la vefte fatale, donata da Dia-
nira ad Hercole,che lo fè morir di fmania . E per con-
chiufo habbiafi generalmente,che

—————— *ab hofte hofti ueniunt lethalia dona ,*   *Apud Coll.*
  Quæ ftudij fpecie fata, necemque ferunt.   *Adag. ex*
                                                græc.epigr.
Ma fottile,e pellegrino a marauiglia fù l'artificio di
Pififtrato . Coftui non col beneficiar'alcuno , ma col-
l'offender fe medefimo;non col metter l'oro nell'altrui
mani , ma collo fpingere il ferro dentro delle proprie
carni,al principato d'Atene s'aprì la porta . E dichiaroffi in paralello dell'Homerico Vliffe , tanto più degno di vituperio,e di biafimo,quanto,che *ille flagris fe* *Apud Lip.*
confcidit,ut hoftes falleret;hic uulneribus, ut ciues. Oprò *2. Monit.*
                                                         polit.c.5.
l'uno a beneficio de' fuoi , l'altro a maleficio. E quel
fangue , che per legge politica confecrar doueua alla
libertà della patria,deftinollo alla tirannide.

  *Nofti(*fcriue di lui Solone ad Epimenide)*quanto aftu,* *Apud Laer.*
                                          quo   *i vita Sol.*

quo ingenio,qua arte tyrannidem inuaſerit ; nam ſibi uul-
nera inflixit,ac progreſſus in publicum , eaque ſe ab hoſtibus accepiße uociferans ,orabat quadringentos ſibi robu-
ſtiſſimos iuuenes cuſtodes dari; at illi, me quidem recla-

Dē repub.
8.

mante,& reluctante,acquieuerunt. Ed in mal punto, dedit eos plebs(dice Platone)de illo nimis ſollicita,de ſe autem nimis ſecura. E così caminando ella per la ſtrada
d'vna folle pietà ,al termine giunſe d'una miſerabile
ſeruitù.

Mal'auueduti cittadini , ſe l'orecchio non deſte al
uoſtro legiſlatore,quando ui diceua,

Solon.apud
Plut. in vi
ta ipſius.

Veſtrum quiſque uafræ ſequitur ueſtigia uulpis ;
  Vanus ,& imprudens omnibus eſt animus.

E' bene di ragione,c'hora lo ſopportiate , che a rimprouerio delle miſerie uoſtre dice,

Vbi ſupra.

Iam mala ſi ueſtra toleratis triſtia culpa,
  Non accepta bonis illa referte Dijs.
Præſidio ueſtro muniſtis namque tyrannum;
  Veſtra hinc ſeruitium nunc graue colla premit.

ApudColl.
Adag.

Egliè noto ad ogn'vno l'antico prouerbio, *Athenien-
ſium inconſulta temeritas* ; ma dall'altra banda ſi sà anche,che uoi haueſte per nume aſſiſtéte Minerua, la quale tutto riuolgeua in bene ciò , che uoi chiudeuate in
male. Onde ſenza nota di temerità fù poſcia tra' più
ſaputi bucinato,che voi foſte di quella ſtampa d'huomini,a' quali,

Ex Theog.
apud Coll.
Adag.

———læua quidem mens eſt;ſed numina dextra,
  Queis bene uertit, & id,quod temerè inſtituunt.

Perche dunque nella buona ragione di ſtato com-
                                                    metter'

metter'un così euidente folecifmo?

Ah, che a quell'hora facilmente doueua dormir la Dea, e voi impenfatamente armafte prima il tiranno, e pofcia confultafte della libertà. Ed aggiungefte fede alle parole del voftro Demoftene, che vna volta dif-fe, *alios homines folere confultare priùs, ac deinde rem* **Apud** *aggredi; contra Athenienfes poft rem factam, tùm confulta-* **eundem.** *tare.*

Ma lafciamo gli Atheniefi fotto la sferza di Pififtrato agonizzáti, e noi ammaeftrati a fpefe loro, diciamo, che molte cofe hà ritrouate l'arte per render ficura, e forte vna città, ciò è a dire terrapieni, beluardi, fcarpe, con-trafcarpe, fofse, muraglie, ed altre fimili fatture di lungo tempo, e di fpefe eccedenti. Ma che la natura afsai più follecita della noftra libertà, che non è l'arte, hà ne gli animi de' cittadini piantato vn forte reale, che ben cuftodito, bafteuolmente folo alla difefa vale d'ogni patria.

Et quodnam iftud eft (dice Demoftene.) *Non facilè* **In Philip.** *credere; uel fi uno uerbo dicam, DIFFIDENTIA. Hâc feruate; hanc amplectimini; hanc fi habueritis integram, nihil graue uobis obueniet.*

Quando fi tratta d'ombra, benche tenuiffima, benche fieuoliffima, di feruitù, e di foggettione, *uigila, et) memen* **Cic. ad At.** *to non credere ; artus hi quippe funt , & nerui fapientiæ,* **epift. 17.** diffe quel mai fempre vigilante, ed auueduto confolo **lib. 1.** Romano,

—————————*cuius fub iure, togaque* **Lucan.** *Pacificas fæuus tremuit Catilina fecures.* **lib. 7.**

V   E nel

E nel medefimo fenfo replicò quell'altro ufcito dalla
fcuola d'Anafagora.

Euripid.in
Helena.

——————— *prudenti incredulitate*
Non eft quicquam utilius mortalibus .

Apud Col.
Adag.

Anzi in negotio di tanta gelofia (ftò per dire) che *nec*
Catoni credendum eft, tutto che al fentir di Plutarco foffe oracolo di verità; tutto che alla di lui fede , al di lui
teftimonio tanta credenza deffe M. Tullio , che vna
volta , fcriuendo ad Attico col maggior fenno , ch'ei

Li.2.ep.5.

s'haueffe, non dubitò di dire, *unus Cato mihi eft pro cen-*
tum millibus.

Ma che? In fimile delicata facēda, nulla di fede preffo fenatori zelanti del viuer libero , habbiano gli fteffi
Socrati, e Ariftidi; quegli, che preffo gli Atenieſi n'heb-

Apud Sui-
dam.

ber tanta, *ut illis folis remiferint iufiurandŭ, cum alioquin*
nullus illic teftis admitteretur fine iureiurando . E la cagione ftà in aperto , ed è , che quando viénfi al trattato
dell'importante negotio della materia di ftato, veggiamo per pratica, che

Menander
apud Stob.
ferm.28.

Aetate noftra fides omnis confunditur.

Il titubare nelle cofe della religione è fpauenteuo-
le empietà, perche fi tratta con Dio, che non sà, nó vuole, non può ingannar'alcuno ; ma il creder facilmente
nella ragione di ftato, e 'l non pigliar'ombra, anche dalle cofe, che non han corpo, è mortale imprudenza, perche fi tratta coll'huomo, che nel negotio fi uale dell'inganno per fenfale. E però in fimil facenda, credafi poco alla lingua, che fauella, e meno alla mano, che dona;
ed habbiāfi, e l'una, e l'altra per miniftre d'un cuore nó
leale, ne fedele.   E' ac-

E' accortezza gràde il preueder'i pericoli;ma è mag-
giore il prouedere a' principij; *incipientibus malis ob-* **Hiperid.**
ſtruendæ ſunt uiæ(auuertiméto Greco) *cum enim ſemel* **apud Stob.**
radices egerit, & *inueterata fuerit malitia,tanquam con-* **ſerm.44.**
genita ægritudo difficilis extinctu fit.

Nella tenerezza ogni coſa è piegheuole,nella maturità è robuſta anche l'iſteſsa debolezza; e però,ò cittadino di patria libera,

Opprime,dum noua ſunt, ſubiti mala ſemina morbi. **Ouid.de ar.**
E rammentati,che, **lib.1.**

Et ualidas ſegetes, quæ fuit herba , facit.

Pincipio di coruttione,tanto più danneuole alla città,quanto men conſiderato , è una lunga continuanza,
ne' publici maneggi . Non è ombra queſta,che faccia
pendente, od ambiguo l'animo de' cittadini, è corpo
sferico , il qual, s'auuien,che da' raggi d'una ſuperior'
accortezza politica ſia percoſso, ſubito produr lo uedi
un'ombra piramidale , e lunga, la quale giungendo al
centro della libertà,che è occhio luminoſo della republica,non meno l'eccliſsa,di quello, che ſi faccia l'ombra della terra,il globo della luna,ch'è l'altr'occhio del
mondo.

Le lunghezze de' comandi ſupremi ſono crepuſcoli,
neſſaggieri dell'oſcura ſera della ſeruitù . Sono tenebre precorritrici all'imminénte notte della tirannide.
Sono officine,dentro delle quali fabbricanſi i ceppi, e
le catene al uiuer libero . E però ſaggiamente ricorda-
ua Liuio , *libertatis magnam cuſtodiam eſſe,ubi magna* **Lib.4.**
imperia diuturna eſſe non ſinas.

Per ficurezza d'uno ſtato libero, delle due coſe, è di meſtieri, ch'una ſe ne faccia, ouero, che ſi dia contrape-

Tac. an. 2. ſo alle forze maggiori, *nunquam enim ſatis fida potentia,*
Plut. in Li- *ubi nimia,* come già fecero gli Spartani, che a cagione di
curgo. freno alla real potenza aggiunſero l'imperio de gli E-
fori. Ouero, che ſi racchiudino dentro vn breue, e deter-
Controu. 7. minato periodo di tempo, i più ſourani magiſtrati, *nihil*
enim tam utile eſt, quam breuis poteſtas, ubi magna.

E fù auuertimento di Seneca il vecchio, il quale vn'
Contr. 23. altra volta nel medeſimo propoſto replicò, che *ſaluber-*
rimè omnis nimia potentia breuitate conſtringitur. E la cagione ci uiene chiaramente rapportata dalla pēna d'un
Dio li. 36. ualente politico greco, il quale ſcriue, che *immodicæ po-*
teſtates, & diuturnæ etiam optimorum hominum animos
extollunt ad faſtum, atque corrumpunt. Concetto, che
egregiamente ſi vede illuſtrato dall'erudito Lipſio con
Lib. 1. mo- una belliſſima ſimilitudine. *Sicuti* (dice egli (cæli inferio-
nit. polit. *res a ſupero illo abripiuntur, &) quamuis contra nitentes*
c. 6. *obſecundant, ſic homines ab ipſa nimia potentia,* quaſi cō-
tra lor voglia ſono tirati al diſiderio d'un'aſſoluto, ed
independente imperio nella patria.

Ma per auuétura uani ſarebbono queſti inſegnamen-
ti, ogni volta, che le leggi ſi praticaſſero delle republiche. S'hà per oſſeruamento, che quaſi tutte miſurano
il tempo della durata de' magiſtrati, col moto dell'horiuolo della loro autorità. Se queſta è grande, quello
è breue; ſe immenſa, breuiſſimo.

Ed a cagione d'eſempio, preſſo de' Romani fù annuo il conſolato, perche la potenza adeguaua de' rè;
ſeme-

semeſtre la dittatura, perche l'eccedeua . Ne mai quel potétato diè ſegno di caduta, che quádo aperſe il ſeno alla corruttela di prolungare gl'impieghi a' ſuoi miniſtri . E'l primo, per cui s'introduſſe il diſordine, fù Publio Filone.

Aſſediaua coſtui Palepoli, città della Francia , e parendo, che ſul fine del conſolato quella piazza poteſſe cadere nelle ſue mani, non iſtimò tratto di poca auuedutezza il ſenato, il non mandargli ſucceſſore , e laſciò , ch'egli coll'imperio terminaſſe l'impreſa . Coſì per oſſeruanza di Liuio, *due huic uiro ſingularia contigere, pro-* *rogatio imperij , non antè in ullo facta , & acto honore* *triumphus.* Li.8.D.1.

Ma perche non ſi rópono mai le leggi in gratia d'un ſolo, ne a richieſta d'un ſolo s'introducono i mal'eſempi, l'iſteſſo qualche tempo dopo fù conceduto anche a Gneo Manlio, e ſotto lo ſpetioſo titolo di por fine alla guerra, che'n Aſia contra d'Antiocho haueua cominciata, fugli data la conferma nel conſolato.

E dopo queſti fù fatto il medeſimo con M. Fuluio, ſotto titolo honoreuole di comporre le differenze, che vertiuano in Grecia tra gli Achei, e' Lacedemoni . Ma facciamo a dire il vero, montaua più alla republica, nó eſpugnar Palepoli, cótinuar la guerra in Aſia, anzi eſſer perdente con Antiocho, e nudrire , non che eſtinguere il fuoco delle greche diſſenſioni, che introdurr'vn ſimile pernitioſo abuſo.

Fonte originario, di doue ſcaturirono tanti fiumi di miſerie, dentro i quali fù poſcia coſtretta d'affogarſi la

libertà

libertà di quel gran potentato, fù la prolungatione del; l'imperio ne' suoi magistrati. Non serbano mai le co. se quel tenore, c'hebbero da principio; ne sempre tra' confini del giusto, e del diceuole si mantengono; ne so. pra la base posano sempre del publico seruigio, ma colla mutatione de' tempi, colla varietà de' genij succeden. ti l'vno all'altro, anch'esse notabilmente soggiacciono alle alterationi. E bene spesso quello, che fù ritroua. to, ò permesso a beneficio de gli stati, riesce loro in au. uenire disastroso, e danneuole.

Anzi il più delle uolte i cattiui successi veggonsi originati da' buoni principij, giusta il sentimento di Sallu- stio per bocca di Cesare rapportatoci, mentre dice, *om. nia mala exempla bonis initijs orta sunt*. E la cagione non stà in oscuro. Al buono intendimento de' primi colla medesima rettitudine non vanno poi dietro i se- condi, *nec ibi consistunt exēpla, unde cœperunt, sed quem- libet in tenuem recepta tramitem, latissimè euagandi sibi niam faciunt; (t) ubi semel recto deerratum est, in præceps peruenitur. Nec quisquam sibi putat turpe, quod alijs fru- Ctuosum fuit.*

Vell. Pa- terc. li. 2.

Così interuenne a' Romani. Derogarono i primi alla lor legge, e con ottimo sentimento prolungarono il tempo a' loro magistrati. Ma poscia non istettero quà le cose. Malamente del buon' esempio seruironsi quegli, che seguirono. E' carichi in pace, e' comandi in guerra di maniera senza occasione, senza bisogno fu- rono prolungati, che fino diece uolte vide Roma, con- firmarsi ne' medesimi soggetti la tribunitia podestà, e

continuar

continuar nella perſona di Ceſare il comando delle legioni,e'l gouerno delle Francie per lo ſpatio di noue
anni, ilche in immenſo accrebbe l'ambitione nell'animo de gli altri cittadini,ed a lui fè larga breccia,e pa-
tente apertura al fauore del popolo , ed al cuore de'
ſoldati , che furono poſcia mezi opportuniſſimi per tirar'auanti l'edificio della tirannide.

Quod ut adeptus eſt (fauella Suetonio della conferma
ma nel ſecondo conſolato) *altiora iam meditans , & ſpei* *In vita ip-*
plenus,nullum largitionis , aut officiorum in quemquam, *ſius.*
genus,publicè,priuatimque omiſit. E Dione chiaramen-
te ſcriue,*ipſum propterea , quòd multis incontinenter an-* *Lib.43.*
nis contra Gallos cum imperio fuiſſet , inde ad dominandi
cupiditatem profectum fuiſſe , ſeque ad confirmandam
ſuam potentiam parauiſſe.

Anzi molto tempo dopo, ritornato, ch'ei fu dall'A-
fricana ſpeditione,e la qualità conſiderata del diſordine,come che vn continuato magiſtrato , ſotto l'aſſoluto,e monarchico imperio cagionar poteſſe l'iſteſſo brutto effetto,che ſotto il dipendente , ed ariſtocratico cagionato haueua ; e temédo nel maggior colmo della ſua
fortuna d'eſſer con quella medeſima machina abbattuto,colla quale da lui erano ſtate le mura della Romana
libertà eſpugnate,*lege cauit,ne quis omninò prætor anno,* *Dio vbi ſu-*
aut conſul biennio ampliùs a ſuo magiſtratu continuò im- *pra.*
peraret.

Ed eccoui,ò republicanti, con quanto debil principio ſi perdano gli ſtati,e come di leggieri nel foſſo ſi cada della ſeruitù,e nel laberinto s'inceſpi della ſoggettione.

tione. Foſſo così profondo, laberinto così rauuiluppato, che, ne ſcala per l'uno, ne filo per l'altro ſi ritruoua
da vſcirne. La ſeruitù è una febre maligna, dalla quale,
quando vn corpo d'imperio vien'oppreſſo, ſi può dire,
che la di lui cura ſia più toſto opera di fortuna, che
d'ingegno.

Curò una uolta (ei non ſi può negare) feliciſſima-
mente Lucio Bruto quello di Roma, ma hebbe ventura,
che ritrouò talmente preparate le materie peccanti da'
ſiroppi della mala ſodisfattione, che recauano i Tarquini al popolo, e cotti i crudi humori dal fuoco dello ſdegno di Lucretio padre, e di Collatino marito di Lucretia, oppreſſa da Tarquinio il ſeſto, che dopo la miſſione
del ſangue della morte di quella matrona, ageuolmente
potè colla ſemplice medicina ſolutiua della riſolutione, ch'ei ſeppe prendere di dichiararſi capo dell'altera-
to popolo, euacuare i peſſimi humori della tirannide,
ed introdurui la priſtina ſalute della libertà.

Ma nó riuſcì poſcia molto tépo dopo, a M. Bruto, ſuo
diſcédente, l'iſteſsa pratica, tutto ch'egli foſſe dello ſteſſo ſpirito, dello ſteſſo cuore, e di maggior ſenno di lui,
ſe crediamo a Plutarco, il quale del primo Bruto, dice,
In Bruto.   che *præduro ingenio præditus fuit*, e per contrario del
ſecondo, afferma, *ità indolem ſuam diſciplinis, pl.iloſophi-*
ciſque ſtudijs temperaſſe, naturaque ſuaptè ingenium gra-
ue, & placidum ad res agendas exercuiſſe, ut egregiè ad
honeſtatem compoſito animo uideretur.

Ora intrapreſe coſtui animoſamente, anch'egli la
cura del corpo della Romana libertà, aggrauato forte
da

da un foprabbondante humor biliofo di tirannide ; ma
in ifcambio della falute diegli la morte. E la cagione fù,
perche egli fi fece a credere, cô una potente medicina
d'antimonio, e d'altri ualidi ingredienti di diuerfi congiurati, e col falaffo della morte di Cefare, d'euacuar'affatto gli humori crudi della feruitù, ed ingânoffi a partito; perche con un rimedio così gagliardo, alterò di maniera il male, c'hauendo prima a fe medefimo, ed a' cô-
pagni cagionato l'ultimo efterminio, introduffe l'incu-
rabile infirmità d'una lagrimeuole profcrittione, che
côdufe a uiolenta morte quella libertà, a cui pur dianzi s'era propofto di recar la uita.

Ne quà bifogna accagionar di poca auuedutezza
quefto valorofo foggetto, come, che'in una cura così
graue, ed importante, per diffalta di confideratione egli
nô hauefse premuto fulle veftigie del fuo antenato col-
l'afpettar, che fofsero prima da qualche mala fodisfat-
tione difpofti, e preparati gli humori peccaminofi, e col
valerfi giuntamente di medicina alquanto più leggiera,
e più piaceuole, poiche l'uno fentiua forte del malageuole, l'altro del mancheuole.

Erafi impadronito Cefare, fi può dire, del cuore de'
foldati, e de' popoli cól continuato comando de gli e-
ferciti, col lungo gouerno di prouincie immenfe, e con
una larga effufione d'oro, e di tefori, onde difficilmente
poteua cadere congiuntura di maleuolenza, ò di difgu-
fto, e n tanto crefceua la febre della tirannide, e manca-
ua la uirtù vitale, e'l polfo all'infermo corpo della
libertà.

X   Che

Tac.hiſ. 3.

Che dunque in tal caſo, nel quale , *periculum erat ex miſericordia,* poteua far M. Bruto , ſe non metter mano al ferro, ſecar la vena dell'infettione , e valerſi di tutti que' medicamenti alteranti, e uiolenti, a' quali ricorrer ſuole ogni valoroſo , e diligente medico in ſimili cure pericoloſe , e diſperate?

Conchiudaſi dunque, che in certo modo non ſi portò male Bruto in quel fatto, ma che l'importante facenda di cambiar la ſeruitù in libertà, è vno de' più malageuoli negotij da trattarſi, e de' men ſicuri da eſequirſi, che giammai ſi poſſano ritrouar' al mondo . E però in meſtier così graue, e diſaſtroſo dee l'huomo andar molto cauto, e raffrenar ſe medeſimo nella carità della patria, nell'amore della libertà, e nell'odio del tiranno .

Mi ſi ricorda quì d'vn bel penſiero, che egregiamente s'adatta alla materia, che per le mani habbiamo . Introduce vn Greco nelle ſue carti la fortuna a far da mae ſtra di ſcene, e da regolatrice d'attioni . E vuole , che a ciaſcheduno ella diſtribuiſca la parte, che della fauola di ſua vita hà egli da rappreſentare al teatro del mõdo . Quindi tu vedi, a compiacimento dell'imperante, aleſtirſi, altri a far da naufrago, altri da medico, altri da eſule, altri da plebeo, e altri da nobile, e da generoſo, ed ella aggirarſi ſollecita aſſiſtitrice hora a queſti, hora a que gli, inanimar tutti a portarſi valoroſamente, e dire a ca

Teles li. de ſaſib. apud Stob. ſerm. 106.

dauno, *naufragus es factus? Benè repræſentato naufragũ. Pauper ex diuite? Benè agito pauperem. Exul? Obſcurus? Glorioſus? Rectè exhibito te exulem, obſcurum, glorioſum.*

Così diciamo noi. Chiunque tu ſei, che ſerua, ed op
preſſa

preſſa dal tiranno vedi la patria, fà conto, che per opera di coſtei, ch'è operatrice del primier'Operate, ſia toccato a te il far da ſeruo; *bene igitur repraſentato ſeruum.*

E rammentandoti dell'aureo concetto di Pittaco, che *prudentis uiri officium eſt, ne quid mali accidat, cauere; fortis autem id, quod accidit, moderate ferre,*

Conare amentiam fortunæ animo forti ſuſtinere.

Apud euñ dẽ vbi ſup.

Menander

Oh troppo dura, ed inſopportabile (dirai) è la cõditione di coloro, che nella ſoggettione cõſeruano la memoria della perduta libertà. Solo il far paſſaggio colla mẽte ſopra di ciò dallo ſtato preſente al paſſato, è vna di quelle pillole da inghiottirſi, che non eſſendo inorpellate, hanno vgualmente dello ſchifoſo nella ſuperficie, che dell'amaro nella ſoſtanza.

E' vero, anch'io lo confeſſo, e compaſſionandoti m'accordo teco, e col fiato d'un'altro ſaggio greco dico;

Graue omninò, moleſtumque eſt fortunæ negotium; ſed oportet.

Animo, & moribus Ipſam, uelut onus quoddã ferre.

Apollodor. apud Stob. ſerm. 106.

ed aggiungo a tuo ſodisfacimento, che'n cotal caſo,

—— *qui præſentem fortunam non ſeruant.*

Dum temere petunt maiora, pereunt.

Euripid. in Menalippe.

Mentre ſtanno in vigore que' mezi, colli quali hà occupata il tiranno la libertà della republica, non cittadino innamorato del bene della ſua patria, ma crudeliſſimo nemico ſtimarſi dee colui, che machinando contra la di lui vita, è cagione, a' ſuoi concittadini di più dura ſeruitù, alla patria di ſcandali maggiori.

Gran

Gran pezza si mantennero nell'usurpata tirannide i Tarquini coll'affettione,che'n diuerse maniere, si erano acquistata,del popolo Romano; ma quando per le crudeltà, ed insopportabili libidini, che commette uano,la perdettero,mancò affatto la base,e'l fondamento della lor grandezza,e di leggieri in quella congiuntura potè cader'il colosso della tirannide. E però Lucio Bruto(facciamo a dir'il vero)non si può dar vanto d'hauer,colla sua congiura,tirato giù dal trono reale i Tarquini,ma si bene d'hauer data loro la spinta,mentre essi dall'odio del publico abbattuti,ne precipitauano.

Per contrario M.Bruto,così necessitato dalle caden ze de' tempi,e dalle qualità delle cose, che correuano, assalì Cesare nel maggior caldo della beneuolenza del popolo,e de gli eserciti; onde col priuarlo di vita, altro non fece,che cambiar Cesare in Augusto, l'uno de' quali per la strada della cleméza s'incaminaua allo stabilimento della sua fortuna; l'altro ueduto l'infelice esito del suo predecessore,per assicurarsi da vn simile incontro non hebbe per male valersi in molte cose della seuerità,mediante la quale,dopo hauer regnato lungo tempo,potè trasferir l'imperio Romano nella persona di Tiberio,principe sagace,ed auueduto, che poscia col tramandarlo anch'egli nel suo pronepote Caligula, lo fece hereditario nel sangue de' Giuli,e de' Claudi.

Ed a quell'hora,si può dire,si facessero i funerali, e si prestasse lodeuole sepoltura al cadauero dell'estinta libertà,lasciato così sopra terra,infino a quel tempo,per la speranza,che si hebbe di nuouo spirito di vita,quan do do Cornelio Cinna, nipote del magno Pompeo, a richiesta di Liuia, impetrò da Augusto il còsolato, in premio della congiura, che contra di lui ordita hauea.

Ma torniamo al nostro filo, e fia il fine di questo libro. E' dunque vero, che'l senato pose Cesare sù i salti della tirannide, quando la seconda volta creollo consolo, ed armogli poscia la destra per vsurparsela, quando con tanta imprudenza lasciollo così lungo tempo gouernar la Francia.

Ora se la republica di Roma, che dopo hauer coll'armi soggiogato il mondo, fù creduta, che coll'osseruanza delle buone leggi douesse superar la morte, quasi carnefice di se medesima, trócò lo stame di sua uita colla spada della prolungatione de' suoi impieghi; che farà quella di Lesbo, la quale colla Romana nulla tien di comune, fuor che'l nome, colla còtinuatione a vita del suo decemuirato?

Ogn'huomo, di men che mediocre politico intendimento, è ualeuole alla risposta del quesito. Ne per arriuare alla pronosticatione delle future pessime conseguenze, fà di mestiere hauer lo spirito di Cassandra, ò dell'Homerico Tiresia. E tanto meno, quanto che a paralello dell'vno, e de gli altri magistrati, assai più raccorciata strada alle nouità, hà quello di Lesbo, che non hebbero que' di Roma.

Questi, tutto che fosser'immensi, e prolungati, stauano nulladimeno pendenti dal cenno, e dall'arbitrio del senato. E Cesare medesimo con quel suo reale, e monarchico comando, c'haueua in Francia, da se stesso sotenersi

nerſi non poteua, ma dell'opera, e del fauore era biſo-
gneuole de' ſuoi partigiani, che'n Roma riſedeuano,
E n'habbiamo ſopra di ciò conferma ſufficiéte dall'autorità di Plutarco, il quale ſcriue di lui, che, *cum in Gal-*
liæ eſſet apud exercitus, muneribus, & amicorum opera po-
tentiam ſuam Romæ confirmabat.

In Catone minore.

Aggiungaſi, che tutti i carichi Romani ſtauano eſpo-
ſti al martello del ſeuero giudicio de' cenſori. Ed è opinione, che non per altra cagione contra il diuieto del
ſenato, il medeſimo Ceſare valicaſse armato, il Rubico-
ne, ſe non perche temeua, *ne, ſi priuatus rediſſet, Milonis*
exemplo circumpoſitis armatis, cauſſam apud iudices dice-
ret, che ſarebbe ſtato vn render conto rigoroſo di ciò,
che giammai egli operato haueſse nel gouerno delle
prouincie. Tutte coſe, che nella Romana republica
difficoltar poteuano ogni più ardita impreſa, e sbigotti-
ré ogni grande ingegno (tranne quel di Ceſare) per
violento, e nouitoſo, ch'ei ſi foſse ſtato.

Suet. in vi-
ta ipſius.

Per contrario, nó hauendo il decemuirato di Lesbo,
ne ſenato ſuperiore, ne alcuno tribunale, da cui penda
la di lui autorità, ageuolmente può ogni decemuiro il
primo giorno, che pone piè nella ſala del magiſtrato,
noua moliri, etiam prioribus non firmatis, contra il precetto di Tacito.

Ann. 12.

Conchiudaſi dunque con M. Catone l'Vticenſe, *ſe-*
natum Lesbi, quádo ogn'anno confermi nel carico i ſuoi
decemuiri, *ſuis ipſius ſuffragijs decem tyrannos in arce*
collocare.

Plut. in vi-
ta ipſius.

REPVBLICA DI LESBO

OVERO

DELLA RAGIONE DI STATO
in un Dominio Aristocratico

Libro Quinto

DELL'ABBATE DON VICENZO SGVALDI.

SOMMARIO.

Più alle strette del gouerno di Lesbo . Se torni conto ad una patria di libertà lo stender gran fatto i confini del suo imperio . Pompe, lussi, e prodigiose ricchezze auuerse al viuer libero . Antichi Romani non hauer voluto soggettarsi l'Inghilterra . Perche . Strabone, e Suetonio reprouati. Paralello tra'l Deceuirato di Lesbo, e quel di Roma. Artifici di coloro, che vogliono perpetuarsi ne' carichi . Genio, e natura dell'huomo difficili da conoscersi . Doppiezza in un senatore di republica, detestata.

IN qui s'è discorso più tosto. contra vna lunga continuanza ne' magistrati delle republiche, che contra quella del decemuirato di Lesbo. E di leggieri ponno adattarsi le considerationi, che sotto la penna ci son venute

ad

ad ogni carico perpetuo di qual si uoglia stato di libertà. Ora farà pregio non inferiore all'opera, se ad esamina più particolarizzata del gouerno di questo dominio ci ridurremo.

Gran marauiglia a' più curiosi ingegni di politica è
sempre stata, come questa republica, la quale gittò le radici della sua grandezza, quando l'Isola di Lesbo cominciò ad habitarsi, che fù al sentire di Herodoto Hali-
carnisseo, *annis centum post, & triginta ab expeditione*
Græcorum, quam Agamemnon, & Menelaus in Ilion
habuerunt, si sia mantenuta così lungo tempo, non come
miserabile auazzo, ma come florido, & augusto uestigio
della greca libertà; ed habbia con occhio ridente, vedute le rouine, non solo di quelle gran patrie di Sparta,
ed Atene, che le furono mai sempre emule infeste, ma
il cadauero ancora di quella di Roma, la quale coll'e-
sterminio delle più famose monarchie, pareua, che di
durata, douesse gareggiar col moto, e col tempo.

Da questa marauiglia eccitati alcuni principi, sotto spetie di negotio, ò di complimento, col mezo d'ambasciadori, sono stati in estremo curiosi d'intendere, có
qual liscio questa regnante habbia conseruato così bene il fiore della primauera della sua giouanezza, anche
nell'horrido uerno della vecchiaia.

E con qual sorte di scherma, tra l'incédio delle guerre, e delle riuolte de gli stati uicini, in maniera si fosse
difesa, che ne pure dal fumo annerita ella si uedesse,
non che dalle fiamme deformata, ò consunta. E come
poscia ne' moderni tempi, ed in istagione temperata
d'agio,

Lib. de vi-
ta Homer.

d'agio, e di quiete, paia, che vada mancando, e della pri-
sca grandezza, e di quel suo primiero splendore assai
perdendo.

Varie sono state le relationi, che però anche varie opi
nioni hāno introdotte circa la grandezza di questo imperio; ma la più comune, e forse la più verdadiera è,
che non per altro, quando men si credeua; si sia mantenuto in istato di sublimità, che per non essersi giàmmai
applicato allo stéder grā fatto i termini della sua potéza; hauédo sempre tenuto per costante il senato, che la
sicurezza, e buona fortuna d'vn principato sia posta, nó
in hauer moltitudine di prouincie, ò di regni soggetti;
ma solo in hauerne tanti, che'l principe, non altrimenti, che vn buon pastore possa vedere gli stati suoi coll'
occhio, gouernarli colla verga, e reggerli col fischio.

Politica vniuersalmente così buona, e così perfetta,
che ben'intesa, e ben praticata, come oltre ogni termine di credenza, può stender la vita di qual si voglia potentato, così negletta, e postergata, è valeuole in po-
chissimo tempo a rouinarlo. Ne male viene in questo
luogo in accòcio il preualermi del ritrouato d'vn'huomo di non ordinario intendimento di politica.

Radduna egli ogni quindennio in Focida tutti i principi d'Europa. E fà, che'l più saggio con diritta stadiera pesi le forze di ciascheduno, a cagione di dar'il douuto contrapeso a chiúque si fosse trouato esser'arriuato
à grandezza odiosa, e pericolosa. E venutosi all'atto di
pesare vna delle maggiori monarchie del mondo, trouossi, che i regni, e le prouincie di natura a lei vicine, e

Traiano Boccal.

Y   congiun-

congiunte arriuauano alla somma di venti milioni di libre;aggiuntoui poscia un fioritissimo regno,ed vn poderoso ducato (stati di conquista,e auuenititij)non solo accrebbero il peso,come ogni ragione persuadeua, ma lo fecero calare due milioni, e mezo.

Attoniti restaron coloro,che con occhio di lince vi badauano ; ma più d'ogn'altro il principe interessato, il quale,ò non esser giusta,esclamò , la stadiera ,ò hauer commessa frode,ed inganno, chi la maneggiaua . Fugli incontanente risposto esser giustissima la stadiera,e giustissimamente trattata da chi l'haueua per le mani ; ma che quegli stati scemauano il peso, perche erano membri lontani,e dal corpo distratti dell'imperio . Che l'vnione de' paesi , e la moltitudine, e diuotione de' sudditi naturali,erano quelle, che sole cagionauano il peso, e lo faceuano traboccare . Sodisfatto alla risposta rimase quel monarca , e dall'accidente apprese il modo di regolar meglio le cose sue in auuenire.

E' bellissimo il pensiero in se stesso , ma molto più si rende considerabile in ragione dell'esperienza , da cui egli hebbe l'origine,e'l principio . Fè conquista l'imperio Romano de' regni di Francia,e di Spagna,d'Egitto,della Soria,e d'altri stati immensi,ciascuno de' quali diuiso,e per se stesso,a tutti si rendeua formidabile; nulladimeno vniti poscia insieme,ed a lui congiunti,tanto è lontano,che lo accrescessero di forze, che anzi lo indebolirono , e gli seruiron per accelerargli la rouina,e la distruttione.

Vagliami per conferma,il ragionamento, che fece ad
Augu-

Augufto M. Agrippa, huomo, che'n que' tempi col fenno, e colla lingua a fuo compiacimento la machina del
mondo rauuolgeua. *Quantifper*(diceua egli, ò Cefare) *Apud Dio. Caff. li. 52.*
neque ingens fuit populi Romani multitudo, neque præ-
ftantior uicinis, & ciuitas bono in ftatu fuit, & Italia ferè
tota ab ijs fubacta eft. Poftquàm uerò extra Italiam pro-
grefsi, in uarias terras, infulasque traiecimus, omnia ma-
ria, omnes terras nomine, potentiaque noftra repleuimus, ex
eo nihil boni accidit, fed primùm domi, atque intra mœnia
coitionibus factis, rempublicam côcufsimus; deinde in exer-
citus quoque id mali propagauimus.

Maggior principe d'Augufto non inchinò quel fe-
colo, al fentire di colui, che fcriffe, che egli, *omnibus om-* *Vell. Pa-terc. lib. 2.*
nium gentium uiris magnitudine fua induxit caliginem;
tuttauolta non iftimò baffezza del trono, ne indignità
della corona, non folo a dar'orecchio alla voce, ma anche a praticare la dottrina d'vn fuo miniftro; che però
contento de gl'antichi termini del fuo imperio, ricusò
mai fempre di ftéderli più oltre; *nam cum plurima bar-* *Lib. 56.*
barorum fui iuris efficere poffet, nunquam tamen uoluit,
fcriue di lui Dione; e di repente la cagione ne foggiunge, *quippe, cum difficulter grande imperiû feruari pofsit,*
periculum fore, ne plura princeps appetendo, parta quoque
amittat. Come per appunto a' Greci interuenne, ed a
gli Spartani, gli vni de' quali per ifcrittura d'Ariftide,
l'oratore, *cum per uarias diftractiones infirmiores domi* *Orat. de Ro-ma.*
redditi effent, non potuerût feruare fua, dum aliena quæ-
fierunt. Gli altri per rapporto di Polibio, *cum ad obti-* *lib. 6.*
nendum Græcorum principatum proripuiffent, continuò

de sua quoque libertate periclitati sunt .

Ma il uero maestro di questa massima è Polibio, il quale c'insegna , che *ubi respublica ex parua fit magna, ex tenui diues; tunc in ea simultates ciuium inter se, & ambitiosa de principatu certamina, denique seditiones, & luxus oriri solent.*

Racchiude questa dottrina quanti inconuenienti, e disastri possano mai accadere ad vno stato libero, il quale da picciol centro di tenuta tiri diuerse linee di paesi ad un'ampia circonferenza d'imperio. Io nó vo', republicante , che senza consideratione la lasciamo; e tánto méno, quanto ch'ella per diametro alla comune si oppone de' moderni potentati, i quali si fanno a credere per acquisto d'vn palmo di terreno poter giustamente profondere col sangue de' cittadini i tesori, e l'erario del publico.

A tal segno d'aggrandirsi di stato giunsero vna volta i pensieri de gli Ateniesi, dalla prosperità delle cose loro per auuentura solleuati, e corrotti , che alcuni d'essi sul tapeto della consulta misero di nuouo la speditione della Sicilia , infelicemente già tentata sotto il comãdo d'Alcibiade; altri la cõquista proposero dell'Egitto ; ed altri infino sognarono il possesso di Cartagine, e del Latio. Maturamẽte all'arditezza de'caprici si oppose la prudenza di Pericle, che'n que'tẽpi maneggiaua autoreuole i maggiori affari della republica; ed in iscambio d'applicarsi a nuoui acquisti, *maiorem potentiæ partem ad*

custodienda ea tutò, quæ tùm adepti erant, conuertit.

Più volte tra me stesso son'andato tracciando la cagione

gione, perche questo gran patricio, risoluesse contra
il torrente dell'opinione di tanti altri suoi accreditati
cittadini. Alla fine non senza fondamento di ragione
vengo in parere, ch'egli preuedesse il danno, che alla
sua patria haurebbe recata l'aggiunta di peregrini stati,
coll'introdurr'in essa peregrini costumi, peregrino lusso, e peregrine morbidezze.

E per dottrina alla conferma dell'opinione, mi va-
glio delle cose de' Romani, dalle quali, come da tante
feraci miniere d'accidenti grandi, chiunque scriue in
ogni sorte di materia, può trar massime, esempi, e buoni
documenti.

Soggettarono quegli all'imperio loro il paese di Capua, paese pieno di delicie, e che prima fù dall' Homerica Circe habitato. Non poco danno riceuettero
essi dalla conquista di questo territorio, posciache la
soldatesca iui niente più scaltra de' compagni d'Vlisse,
colla prima forma della disciplina militare, perdette
anche affatto la ricordanza dell'amate mura della patria; onde Liuio hebbe a dire, *iam tunc minimè salubris
militari disciplinæ Capua, instrumentum omnium uoluptatum, delinitos militū animos auertit a memoria patriæ.*

Simili paesi soggiogati, e domi, senza attaccar di nuouo la zuffa, senza sparger di nuouo il sangue, fanno della lor soggettione contra li soggettanti uendetta notabile, mentre gl'infettano di cattiui, e di corrotti
costumi. Così Giuuenale l'intese, che pur fauellando
de' Romani dopo, c'hebber vinto, e soggiogato il mondo, disse con sale di mordacità,

sæuior

Sat.6.

—————————————*ſæuior armis*

Luxuria incubuit, *uiſlumque ulciſcitur orbem.*

O che vendetta crudele fecero i luſſi,e le laſciuie_,
che vennero dall'Aſia doma; dall'Achaia debellata ,e
da Cartagine ſouuertita . Maggior danno hebbe il Romano imperio da quelle,che non hebbe dall'armi della
Grecia, dell'Africa,e di tutto l'Oriente inſieme .

Vinſe quel popolo martiale , ma nel vincere reſtò
perdente . Soggettoſſi la Grecia, e l'Aſia , ma la Grecia,e l'Aſia ſoggettò lui . E però egregiamente il principe de' poeti lirici .

Epiſt.2.ad
Auguſt.

Græcia capta ferum uiſtorem cepit.

Catoſenior
apud Liu.
34.

Ma prima, e meglio di lui eſplicoſſi vn Romano ſenatore . *In Græciam, Aſiamque tranſcendimus* (dice egli)
omnibus libidinum illecebris repletas . Et regias etiam at-
treſtamus gazas ; & plus horreo, ne illæ nos magis res ce-
perint,quàm nos illas.

Concetto di tãta verità,che confirmato poſcia da gli
accidenti,che ſeguirono,coſtrinſe vn claſſico ſcrittore

Flor.li. 3.
cap.12.

a ſcriuere , *neſcio, an ſatiùs fuerit populo Romano Sicilia,*
& Africa contentum fuiſſe,aut his etiàm ipſis carere, do-
minanti in Italia ſua,quàm eò magnitudinis creſcere , ut
uiribus ſuis conficeretur . Quæ enim res alia furores ciui-
les peperit,quàm nimia felicitas ? Syria prima nos uiſta
corrupit; mox Aſiatica Pergameni regis hæreditas . Illæ
opes,atque diuitiæ afflixere ſæculi mores, merſamque ſuis
uitijs,quaſi ſentina,rempublicam peſsumdedere.

Il luſso ſolo,col quale M. Scauro, figliaſtro di Silla
fabbricò vn teatro, mentre era edile,capace d'ottanta

                          mila

mila perfone, fuperbo di trecento fefsanta colonne, ricco di tre mila ftatue di bronzo, fù di sì pernitiofo fcan-
dalo, che Plinio il vecchio fà quiftione, *an huius uiri* | Lib. 26.
c. 15.
ædilitas maximè proftrauerit ciuiles mores, maiufque fue-
rit Syllæ malum, tanta priuigni luxuria, quàm profcriptio
tot millium . E pure concordi ci rapportano le ftorie,
che in vna volta fola, *feptem millia ciuium medio finu ur-* | Apud Fir-
mic. lib. 1.
bis Syllana profcriptione ceciderunt.

Venerabile fù il nome della Romana Republica, e
dalle più rimote nationi del mondo mai fempre riuerito quel congreffo di padri, quando contentoffi d'hauer
dentro d'vn modefto diftretto i confini del fuo imperio, ne volle, che nel vafto deffero le fue ricchezze.

A quell'hora trouoffi chi di lei fcriffe, che *nulla un-* | Liu. lib. 1.
quam refpublica, nec maior, nec fanctior, nec bonis exemplis
ditior fuit . Che *gentium in toto orbe una, & præftantif-* | Plin. li. 7.
c. 11.
fima in omni uirtute fuit. Ne mancouui chi l'addiman-
daffe, *uirtutum omnium larem , uirtutum omnium latif-* | Amian.
Caffiod.
fimum campum. Ed ella medefima fentì decantarfi in
ogni luogo.

Ciue Romano nemo uiuit iuftiùs. | Apud Lipf.
de mag. Ro
ma lib. 4.
c. 5.
Ma quando colla dominatione dilatoffi, e ftefe il
braccio dell'imperio,

Quà mare, quà terra, quà sidus currit utrumque, | Petr. Arb.
in fragm.
allora fi conuertirono la veneratione in difpregio, l'a-
mor in odio, le lodi in vituperio. E fentironfi quelle
indegne voci d'auaritia nelle cofe ciuili tra'l foro, e la
curia,

——————— *empti Quirites* | Idem vbi
fupra.

Ad

Ad prædam, strepitumque lucri suffragia uertunt.
Venalis populus, uenalis curia patrum,
Est fauor in pretio————————

Eque' lamenti d'oppreſſioni nelle guerre, e nelle vittorie, *Romani in omnes arma habēt, & in eos acerrima, qui-*
bus uictis ſpolia maxima ſunt. Audendo, & fallendo,
& bella ex bellis ſerendo magni facti ſunt. Romani rapto-
res orbis, poſtquam cuncta uaſtantibus defecere terræ, &
mare ſcrutati ſunt; ſi locuples eſt hoſtis, auari, ſi pauper,
ambitioſi; quos non oriens, non occidens ſatiauerit. Et in-
fino vna donna d'vn mondo dal noſtro diuiſo, hebbe
lingua da dire *qui ſeruitutem ſeruiunt apud alias gentes,*
morte liberantur; ſoli populo Romano mortui uiuunt quæ-
ſtus, & compendij cauſsa.

Allora ſpalancate ſi videro le porte alle corruttele,
a' luſſi, alle laſciuie. E quelle ottime leggi Fannia, Li-
cinia, Sillana, Emilia, *ad propulſandam ciuium luxuriam*
latæ, obliteratæ ſunt, & opertæ ciuitatis opulentia, quaſi
quibusdam fluctibus exæſtuantis maris. Allora eſtinto
apparue ogni veſtigio di virtù, ogni eſempio di buon
coſtume. *Muliebres munditias, colores meretricios, ma-*
tronis quidem non induendos, uiri ſumpſerunt. Tenero,
& molli ingreſsu ſuſpendebant gradum. Non ambula-
bant, ſed incedebant.

Allora *torpebant ingenia deſidioſæ iuuentutis. Can-*
tandi, ſaltandique obſcæna ſtudia effæminatos tenebant.
Et capillum frangere, & ad muliebres blanditias uocem
extenuare, mollitie corporis certare cum fœminis, & im-
mundiſsimis ſe excolere mū ditijs, adoleſcentium ſpecimen
erat.

Marginal notes:
Mithrid. a-
pud Salluſt.
Tac. in A.
gricol.
Apud Dio.
lib. 62.
Aul. Gell.
lib. 20. c. 1.
Sen. fil. lib.
8. nat. quæſ.
Sen. pater
controu. 1.

erat. Quis eorum satis ingeniosus, satis studiosus, imò quis satis uir erat? Emolliti, eneruesque, quòd erant, inuiti manebant, expugnatores alienæ pudicitiæ, negligentes suæ.

Allora vennero al mondo i non più veduti mostri di lusso. Vn C. Mario, *ille arator Arpinas, & manipularius imperator, qui post uictoriam Cimbricam, cantharis, Liberi patris exemplo potauit.* Vn Metello proconsolo in Ispagna, i cui conuiti, *ultra Romanorum, ac mortalium etiam morem curabantur.* Vn M. Antonio triumuiro, *cuius gulæ duorum principum bona, Cæsaris, & Pompeij non potuerunt satisfacere.*

Plin. lib. 33. cap. 11.

Apud Sal.

Sen. pater suas. 7.

Allora fù scritto con penna di verità, che' Romani, al lusso delle loro mense, *flagitabant remotorum littorum piscem; peregrini aeris uolucrem; alieni temporis florem. Et parum se lautos putabant, nisi luxuria uertisset annum; nisi hibernæ poculis rosæ innatassent; nisi æstiua in gemmis capacibus glacie falerna fregissent.*

Pac. in paneg. ad Theodosium.

Piegaua la republica, quando M. Catone, il Prisco, (*quem tàm reipublicæ profuit nasci, quàm Scipionem; alter enim cum hostibus bellum, alter cum moribus gessit*) quando dico quel patricio, sospirando il lusso della sua età, e indi preuedendo la rouina della patria, esclamaua, *non posse esse saluã urbem, in qua piscis plusquam bos ueniret.*

Sen. ep. 78.

Plut. in uita itsius.

Ma non fù già egli basteuole a proueder'al disordine, ne coll'esempio della parsimonia, ne col rigore delle leggi, ne meno colla forza della lingua; *difficile enim est* (diceua Plutarco) *ad uentrem uerba facere, cùm is auribus careat.*

Vbi supra.

Precipitò poscia affatto l'imperio, quãdo ne' secoli,

Z   che

che feguirono, trouoffi vn P. Ottauio, che non dubitò di fpender cento, e venticinque fcudi in vn pefce di

Lib.hif. 9 certa fpetie, *cuius magnitudo* (al fentir di Plinio) *binas libras ponderis, rarò admodum excedit.*

Iuu.fat. 4.
  Hoc pretium fquamæ? potuit fortaffe minoris
  Pifcator, quàm pifcis emi—— ——

Epift.95. Veggafi Seneca, che con iftomacaggine del fatto, racconta l'hiftoria; e fe ne rida quel buon'Epicuro, che di
Lipf.Com. frequente haueua in bocca, *fe paratum effe, cum Ioue*
ī epif.110. *de felicitate certare, fi polentam, & aquam habuiffet.* E'n
fen. tanto con feliciffima vena, e con Romana libertà a noi canti il luffo di que' tempi vn caualier Romano.

Petr.Arb.
in fragm.
  Ipfa fuas uires odit Romana iuuentus,
  Et quas ftruxit opes, malè fuftinet. Aspice latè,
  Luxuriam fpoliorum, & cenfum in damna furentì.
  Aedificant auro, fedefq. ad fydera mittunt.
  Expelluntur aquæ faxis; mare nafcitur aruis,
  Et permutata rerum ftatione rebellant.

E ad improperio del medefimo luffo, foggiunga vn' huomo dell'vltimo tratto della Spagna, non fenza erubefcenza del nome latino, che

Lucā.li.1.
  —— —— ut opes nimias mundo fortuna fubacto
  Iniulit, & rebus mores ceffere fecundis,
  Prædaque, & hoftiles luxus fuafere rapinæ;
  Non auro tectifque modus; menfafque priores
  Afpernata fames —— —— ——
  —— —— —— —— fæcunda uirorum
  Paupertas fugitur, totoque accerfitur orbe,
  Quo gens quæque perit —— ——

Verif-

Veriſſimo tutto . Oſſeruiſi la ſerie delle coſe de' cento anni, che ſeguirono dopo l'eccidio di Cartagine, Corinto, e Numantia, e ſi apprenderà ageuolmente la verità del concetto , che tutte le ſciagure, e' diſaſtri della republica, non da altro , che da vn'ecceſso d'opulenza, e di ricchezze furono prodotte, e cagionate.

Ma ſenza faticar l'intelletto nel rauuolgimento , e nella conſideratione ſopra le ſtorie , e gli annali, diaſi orecchio a ciò, che'n breue riſtretto ne dice Floro. *Et* *lib.3.c.12* *ut ſpecioſiora uitia tangamus, nonne ambitus honorum ab ijſdem diuitijs incitatus eſt? Atque inde Mariana, inde Syllana tempeſtas; aut magnificus apparatus conuiuiorum, & ſumptuoſa largitio, nonne ab opulentia paritura mox egeſtatem? Hæc Catilinam patriæ ſuæ impegit ; deinde illa ipſa principatus, & dominandi cupido, unde niſi ex nimijs opibus uenit? Atque hæc Cæſarem, atque Pompeium furialibus in exitium reipublicæ facibus armauit.*

Arriuò a tal ſegno l'abuſo delle ricchezze ne' Romani, che la medeſima fortuna , tutto ch'ella ne ſia cieca, e furibonda diſpenſiera, e che d'ordinario a' più maluagi le còpartiſca, offeſa nulladimeno reſtòne, e ſtomacata. Reſtonne (dico) colei mal ſodisfatta , che vna volta ſtranamente innamorata del loro imperio, *ut au-* *Ammian.* *geretur ſublimibus incrementis, fœdere pacis æternæ cum* *lib.14.* *uirtute conuenit; quarum altera ſi defuiſſet, ad tàm perfectam non ueniſſet ſummitatem.* Onde dolente, e pentita d'hauer collocati i ſuoi doni in chi ſi malamente ſe ne valeua, ſoſpirò, e poſcia ad alta voce diſſe,

Omnia, quæ tribui Romanis arcibus , odi, *Petr.Arb.* *in fragm.*

Z 2 *Mune-*

Muneribufque meis irafcor. Deftruat iftas
Idem, qui pofuit moles Deus . Eft mihi cordi,
Quippe cremare uiros , & fanguine pafcere luxum.

Ne vani furono di coftei gli augurij,ne alle minaccie ftettero guari a fucceder gli effetti . *Poft furentia*
Sen.pater
fuas. 6.
toto orbe ciuilia arma ; poft Italicas , Pharfalicafque
acies , Romanorum fanguinem haufit etiam Aegyptus.
E quella,

Martialis.
Terrarum Dea , gentiumque Roma,
che credeuafi immortale , ne men del tempo , che del
Lipf.de Cõ.
lib.1.c.16.
mondo fourana regnatrice,rimirafi hora,*obruta, diruta,*
incenfa , inundata . Nec uno letho perijt . Et ambitiosè
hodie quæritur,nec inuenitur in fuo folo.

Sannaz.
epigr.li.3.
Quæque priùs fanctos cogebat curia patres,
Serpentum facta eft , alituumque domus.

Ora dal difcorfo,e dall'efempio della rouina di Roma,nõ poco di forza,e di fede acquifta il politico affio-
ma,che non è bene per una republica l'aggrãdirfi troppo,ne l'hauere ftati lontani foggetti ne' barbari paefi.

E quando vi foffe di meftiere aggiungere altra conferma , potrebbefi dire, che'n vn vafto dominio , per
quella difficoltà di reggimẽto,che porta feco vno fpro-
portionato pefo,abbifogna aggrandire i cittadini più di
quello, che ad vno ftato di libertà conuienfi, coll'affe-
gnar loro carichi grandi, e comandi affoluti fopra prouincie,e regni lontani,non hauẽdo vn corpo d'un fenato le mani di Briareo da proueder'in cento luoghi ,ne
gli occhi di Lince da penetrar'in paefi remoti,ne meno
ftomaco di Struzzo da digerire il ferro d'vna immenfa
mole di negotij. E que-

E questa credesi,che fosse la cagione,perche quegli antichi Romani non vollero giammai soggettarsi l'Inghilterra,e non perche(come vuole Strabone)alcun timore hauessero d'incontro da quel paese,tutto che fosse sotto l'altrui dittione,ne meno speráza d'emolumento,quando ben fosse sotto la loro;come che la machina della Romana potenza sopra questi due poli del timore, e della speranza tutta si rauuolgesse.

Geogr. lib.2.

Guerreggiò quel popolo,sempre inuitto,sempre augusto solo alla gloria . E l'unica tramontana delle sue armi fù la cupidigia dell'imperio . Ne per altra cagione Cesare, il Dittatore , pose armato il piede soura quest'Isola,che per ambitione d'hauer dilatato il dominio della sua patria anche di là dal nostro mondo.

Sò,che Suetonio altro fine a questa impresa assegna, e vuole,ch'egli si conducesse colà, lusingato dalla speranza d'arricchirsi di perle,di cui il paese abbonda,persuaso(cred'io)da quello,che scriue Plinio; *Diuus Iulius toracem, quem Veneri genitrici in eius templo dicauit,ex Britannicis margaritis factum uoluit*. Ma satieuole ,e senza frutto sarebbe il voler confutare con lungo discorso ciò,che dalla comune vien reprouato.

Nella sua vita.

Li.9.c.35.

Nó fù mai quell'anima grande imbrattata d'auaritia, ò tenace di ricchezze,sitibonda più tosto di dominio , e hidropica di gloria, e d'honore . Ne sia argomento, senza replica,ch'egli dopo il fatto d'armi di Farsaglia, senza riserbarsi cosa veruna , diè a sacco tutto il rotto campo di Pompeo,doue erano tesori da far preuaricare vn Diogene,vn Curio,e' due Catoni.

Odasi

Odasi la voce di quest'Aleſſandro Romano.

Lucā. li. 7. ——————————————cunĉtis en plena metallis

Caſtra patent; raptum Heſp erijs e gentibus aurum
Hic iacet. Eoasq. premunt tentoria gazas.
Tot regum fortuna ſimul, Magnique coaĉta
Expeĉtat dominos. Propera præce dere miles,
Quos ſequeris, quaſcumque tuas Pharſalia fecit,
A uiĉtis rapiantur opes ——————————————

Diciamo dunque noi, e forſe meglio, che que' priſchi
Romani, come più auueduti del pericolo della lor li-
Strab. li. 2. bertà, che non furono i poſteri, *Britanniam cum occupa-*
pare poſſent, ſpreuerunt, conſiderando, che nella conquiſta d'un paeſe, e d'un'Iſola tāto da noi diuiſa coll'ocea-
Apud Dio. no, *ut habitātes alias terras, aliud cælū incolere uideantur,*
lib. 62. per gouernarlo, oltre il preſidio d'una intera legione, e
d'vna buona bāda di caualli, come pur nota l'iſteſſo Stra
bone, faceua di meſtiere comunicar tanto d'autorità ad
vno de' ſuoi cittadini, che da quella all'aſſoluto principato nulla, che'l titolo, e'l nome, s'haueſſe a deſide-
rare.

E chi non s'auuede, che da quel fonte ſarebbono poſcia deriuati que' fiumi di ſouerchia potenza, e di ſmiſurate ricchezze, dentro de' quali per l'ordinario ſi perdono l'ariſtocratie, e s'affogano le patrie di libertà?

Ora di queſti diſordini niuno ſucceder può in vno
ſtato di moderata grandezza, e di mediocre tenuta, come è queſto di Lesbo, nel qual può dirſi, che l'autorità
del principe faccia l'vfficio, che fà l'anima nel corpo,
& ſi tota in toto, & tota in qualibet parte. E però non

è da

è da marauigliarsi, che tanto tempo si sia mantenuto grande, e poderoso, e che nulla d'alteratione habbia patito a uista delle riuolte, anzi delle rouine de gli altri stati circonuicini. Come poi anch'esso, che a guisa di piazza forte, e quasi nell'epiciclo di Marte fondato, pareua, che douesse star'al cimento de' colpi del cielo, e della terra, hoggidì si vegga andar mancando, uoglion dire, che ne sia la cagione, perche, mentre stettero in piedi le famose città di Sparta, e d'Atene, quello di Lesbo, ch'all'una, ed all'altra era inferior di forze, visse mai sempre geloso della sua libertà, come d'ordinario accader suole alle minori potenze in vicinanza delle maggiori. Ne mai alcuno di que' potentati diè ombra, non che segno di soggiogarlo, ch'egli subito col far'all'altro ricorso, brauamente non si difendesse.

Presso Tucidide n'habbiamo chiaro l'esempio nella concione, che fanno gli ambasciadori di Mitelene, reggia, e metropoli di questo dominio, nel senato di Sparta a cagione di chiedergli aiuto contra de gli Ateniesi, che sotto spetie di confederatione, a suo danno ordiuano trame di nouità. Leggasi il racconto dell'historia.

Dunque viuendo di continuo tra queste ombre di temenza i senatori di Lesbo, niun'altra cosa al mantenimento del loro viuer libero, più agiata giudicarono (tranne la protettione, e la sponda de gli stati vicini) che la diligente osseruanza delle lor leggi, ed in particolar di quelle, che furono il latte all'ancor balbettan-te te' lor republica . E mentre caminarono per quefta

Sal.de con iur.Catil.

ftrada,tutto fuccedette bene,*domi fuit induftria,foris iuftum imperium ; animus in confulendo liber, neque libidini obnoxius.*

Ma quando coll'eccidio di quelle due potenze rallentoffi in loro il rigore della priftina temenza,*fublatis

Vell. Pat. lib.2.

quippe imperij æmulis , non gradu , fed præcipiti curfu a ueritate defcitum ; ad uitia tranfcurfum ; uetus difciplina deferta,noua inducta. In fomnum a uigilijs ; ab armis ad uoluptates;a negotijs in otium conuerfa ciuitas , publicamque magnificentiam fecuta priuata luxuria eft.*

E fpalancate a quefta maniera le porte a gli abufi ,e rotti gli argini de' buoni ordini, fubito s'introduffero le corruttele,ed inondarono i fiumi delle male confeguenze,che auualorandofi ogni giorno più,finalmente han penetrate le vifcere de' fondamenti della fabbrica di quefto ftato . Onde non è da marauigliarfi,fe da poco tempo in quà fi vede hauer gittato cosìgran pelo, e fatta così larga feffura,che par minacci più tofto prefente,che vicina caduta.

Così habbiamo per pruoua,che niuna gran città può afficurarfi di viuer co' fecoli . Haurà dentro delle mura il principio di corruttione , quando non habbia di

Liu.1.D.3.

fuori l'hofte nemica ; *ut præualida corpora ab externis cauffis tuta uidentur ; fed fuis ipfa uiribus onerantur.*

Ma quello,che fà crollare la machina di quefto imperio,e ftranamente abbatte le mura di così nobile ariftocratia,e'l cannone della perpetuità del fuo decemuirato . E quando il fenato non prenda partito d'op-

porui

porui il terrapieno d'una vacanza legale , ò configlio
d'imboccarlo, e di romperlo col tiro d'vna colubrina
carica di tante faue nere, non hà dubbio veruno , che
colla continua batteria farauui così commoda breccia,
e così larga apertura, che fenza molto di malageuolezza vi fi potrà introdurre, ò'l regno , ò vna crudele oligarchia.

Propofitione, la quale, non folo hà fondamento in
quella dottrina di Liuio , *nimis continuatu fummum im* *Li.8.D.1.*
perium facilè in regnum, aut in crudelem oligarchiam de-
labitur; ma è tale, che trouerafſi di matematica verità,
e nó meno chiara, ed euidente di quelle d'Euclide, fe
col paralello tra quefti due decemuirati, di Roma, e di
Lesbo, fe ne farà la pruoua, e la dimoftratione.

Scriffero diuinamente delle cofe di Roma T. Liuio
tra' latini, e Dionifio Halicarnaffeo tra' Greci; e fe furono diligenti in alcun racconto, conuien dirfi , che foffero in quello de' decemuiri; poiche così bene uedefi
minuzzata nelle lor carte l'origine, l'autorità, il gouerno, e'l fine di quefto tribunale, che poco, ò nulla da de-
fiderarfi vi rimane.

Per tanto riferendo noi quel, che ne fcriuon quefte
due penne d'oro, andremo rapportando quì, come in ta
uola, od in tela, delineato il vero, e naturale ritratto del
Romano decemuirato, e dirimpetto a lui procurercino
di porre in maniera pennelleggiato quel di Lesbo, che
coll'accuratezza del paragone, altra differenza tra loro diueder non poffa il politico, che quella, che da vn'
elegante, e buon maeftro nell'arte farebbe offeruata tra

due pitture, di cui l'vna fosse copia, l'altra originale.

Seguì la creatione del magistrato in Roma secondo Liuio, cento, e due anni, dopo la fondatione della città. E fù, quando la seconda volta vi s'introdusse la muta-tione di reggimento, passandosi dalla dignità del con-solato a quella de' decenuiri, sì come la prima, dalle corone reali risurse la gloria, e'l nome de' fasci, e delle verghe consolari.

Originossi l'occasione dall'insolenza della plebe, la quale dapoi, che sentisse forte, e possente d'autorità, per hauer fatto condannare i due nobilissimi consoli T. Romulio, e C. Vetturio, a cagione, ch'eglino, *ingenti præda ex hostibus captam propter ærarij penuriam uen-didissent*, tanto s'inoltrò nell'ardimento, e nella preten-sione, che ne' carichi, e ne' comandi della republica volle alla nobiltà esser pareggiata.

Ne giammai hebbero fine i tumulti, e le riuolte, sin che (dandosi tempo al tempo) il senato, mandato a pi-gliare in Grecia le leggi di Solone, persuase al popolaz-zo ondeggiante, che con l'osseruanza di queste, si ha-urebbe portato a quella souranità di possanza, dalla qua-le il ritraeuano la natura, il giusto, e'l ragioneuole.

Nõ fù malageuole cosa l'ottener le leggi dalla Gre-cia, fù ben malageuole il dar la cura a chi le riducesse a buõ ordine, e'l modo prescriuesse di farle osseruare; per che, se tutti doueuano concorrere al carico, si daua nel-la difficultà, che porta seco la confusione della molti-tudine; se alcuni, si daua nell'altra, che nasce dal racchiu-dere in vn picciol numero una gran moltitudine di pre-tendenti.　　　　　　　　　　　　　　　　Dopo

Liu.3.lib. D.I.

Dopo varie seſſioni, e qualche conteſa, finalmente
coſpirandoui tutti gli ordini, fù conchiuſo, che *decem-* *Li.* 10. *anti*
uiri, ſenatorij ordinis nobiliſſimi eligerentur, eorumque im- *qu. Rom.*
perium eſſet annuum ab eo die, quo creati eſſent, & totius *Dion. Hali*
reipublicæ adminiſtrationem haberent cum ea poteſtate, *carnaſ.*
qua tunc conſules præditi erant, & quam reges multò an-
è habuerunt, cæterique omnes magiſtratus abrogarentur,
donec poſtea ex legibus creati fuiſsent, utque de priuatis
contraCtibus cognoſcerent, eoſque deciderent, & publica
negotia procurarent. Ed ecco in pochiſſimi tratti di penna deſcritta dall'Halicarnaſeo, l'origine, e l'autorità
del decemuirato.

Con poco diuario camina nell'vna, e nell'altra
quello di Lesbo. Dapoi, che Pittaco valoroſo cittadino di Mitilene, & vno de' ſette ſaul della Grecia,
cui per teſtimonio di Plutarco, *magna fortitudo, ma-* *De tranq.*
na ſapientia, & iuſtitia parauerunt gloriam, hebbe *anim.*
col braccio della forza, liberata dalla tirannide di Me-
naniro l'iſola di Lesbo, diéne alla nobiltà l'aſſoluto, e
independente dominio; e ſenza rimeſcolarui pur'vno,
che di bruttura plebea foſse macchiato, formonne una
perfettiſſima ariſtocratia.

Ma perche non era oſcuro al ſaggio, *quamlibet reipu-* *Poly. li.* 6.
licæ formam ſimplicem, & uno genere conſtantem, pericu-
loſam eſse, quia facilè ad proprium ſibi utilium, quod ipſa
natura comitatur, deflecTit, puta regnum ad monarchiam,
optimatum principatus ad paucorum dominationem, po-
puli imperium ad potentiam ferinæ ſimilem, per aſſicurar-
ſche'l gouerno non cadeſse nel ſuo proptio vitio d'oli

garchia con vn valido recinto di buone leggi lo ſtabilì.

E tra le altre comandò con infleſſibile rigore l'egualità tra' nobili in tutte le coſe. E volle, che alle publiche riſolutioni, ed al compartimento, e diſpenſa de gl'
impieghi, e de' comādi, così ciuili, come militari, vgualméte tutti cōcorreſſero, e niuna coſa per ben deciſa s'ha
ueſſe, ne per ben decretata, che dalla ſeuera cenſura di
ſegreti voti non riceueſſe, la conferma, e la lode, ualen-
doſi delle faue per ſuffragi, come faceuan parimente
gli Atenieſi, ſe diam fede a Tucidide nell'ottauo delle
ſue ſtorie.

Con queſte, ed altre leggi quel ſaputo vecchione
tirò così auanti nello ſtato di bontà la ſua republica, che
non ſolo il gouerno preſeruoſſi immune dalla naturale infettione oligarchica, ma'l nome, e'l ſito medeſimo
dell'Iſola diuenne ſagro, e venerabile ; onde non mancouui penna d'autorità, che ſcriſſe,

Hom. apud
Plut. de e-
xilio.

Et quæ Lesbus habet ſedes præclara Deorum.

Il grido, e la fama del buon reggiméto, dilatò poſcia
i confini dell'imperio. E molti de' popoli uicini, fug-
gendo i tumulti, e gli horrori delle patrie loro, uolen-
tieri ſe gli fecero ſoggetti, e ligi. E di quà uenne, che
non potendo contenerſi tanta moltitudine dentro il diſtretto di Lesbo, il ſenato applicò l'animo a fondar co-
lonie, e ad eſtenderſi di paeſe. Così coll'habitato
dieſſi ſpirito di uita a molti cadaueri di città, e di caſtelli, che ſudditi furon già d'Atene, la deſolata.

A queſta maniera la republica crebbe di ſtato, e d'
forza, ma non crebbe già, anzi ſcemoſſi, di fortuna ; poi
che

che alla multiplicatione de' popoli ſuccedette la multiplicatione de' reggenti, i quali douendo poſcia
concorrere per l'oſeruanza della legge, alle proui-
ſioni, che ſi faceuano della republica, non poco di confuſione generauaſi nelle determinationi; *in multitudine* Cicero pro
enim eligentium eſt uarietas, & crebra tanquàm tempe- domitio.
ſtatum, ſic ſententiarum mutatio. Onde fù di meſtiere
reſtringere il numero di coloro, che doueſſero comandare. Coſì dopo qualche moto, fù conchiuſa la creatione del decemuirato, il quale con regia mano, e con
ſuprema autorità, le redini maneggiaſſe della republica.

Facciamoci ora al paralello, e diciamo; Roma ſcaccia-
ti i rè cadde ſotto l'imperio de'cóſoli; Lesbo ſcacciato
il tiranno ſoggettoſſi al comando de gli ottimati. Roma la ſeconda volta, che mutò reggimento, dalle verghe di due, fè paſſaggio a quelle di diece. Lesbo nella
ſeconda forma, che prouò di gouerno, dalla dominatione ariſtocratica portoſſi alla decemuirale. In Roma
l'origine dell'un magiſtrato, fù per isfuggire la confuſione, che da una grà moltitudine naſceua nel regolar
delle leggi. In Lesbo fù per iſchifare il diſordine, che
nelle publiche determinationi cagionaua la moltitudine de' votanti. È per vltimo i decemuiri hebbero in
Roma l'iſteſſa autorità, c'hebbero già in eſſa i rè, ed i
conſoli. In Lesbo poſſono i decemuiri tutto quello,
che potero già il tiranno, e gli ottimati. Ma veniamo
col paralello più alle ſtrette.

Tutto che tra que' dieci di Roma ui foſſe vn'ag-
guaglian-

guaglianza di forze,e di autorità ; tutto che nelle determinationi delle cose fossero eguali di peso,e di valore i voti di ciascheduno ; e tutto che,come vuole l'Ha-
Li.10.Ro.
antiq.
licarnasseo,*omnes pari honore,ac potestate essent*; la somma nulladimeno delle più importanti materie,vedeuasi
star pendente dall'arbitrio d'un solo . E però soggiunge Liuio,e dice , che *regimen totius magistratus penes
Appium Claudium erat.*

   L'istesso veggiamo osseruarsi ancora in Lesbo.E' vero,che tutti i decemuiri sono d'ugual'autorità , e d'v-
gual potere;ma però presso d'vn solo,che s'appella capo,e principe della republica, vna tal quale souranità
risiede . Ne solo nel tempo de' Comitij egli tra loro
tiene il posto di maggioranza,ma nel rimanente ancor
dell'anno, si rapportano alla di lui sopraintendenza le
cose più graui,ed importanti , che giornalmente acca-
dono , le quali comunicate poscia a certo numero di
senatori,riceuono quelle prouisioni , che al publico ,e
priuato seruigio paion loro esser confaceuoli.

   All'immensa potèza de' decemuiri Romani,cedette
ogni altro tribunale, e'n quelle dieci teste sole si vide
depositata tutta l'autorità della republica. Dall'assoluto arbitrio loro pendeuano le decisioni delle cause senza appello . Ed eransi del foro leuate le ringhiere ,e
chiuse stauano le porte de' magistrati, giusta il diuieto
Liu. lib. 3.
Dec. I.
del senato, *ne quis eo anno magistratus esset.*

   In Lesbo oltre i decemuiri vi rimangono pure tali,e
quali giudici, alla cui carica ; ed incumbenza s'attiene
la cognitione di certe cause priuate,e l'osseruanza delle

lé leggi, e de' buoni ordini della republica. Ma que'
dieci non permettono, che da quel tribunale esca giudicio, che dall'arbitrio loro non dipenda. E ad imitatione di Tiberio, che ne contento delle graui cure
della monarchia, *nec patrum cognitionibus satiatus, iudi-* | Tac. an. 1.
cijs assidebat in cornu tribunalis, s'intromettono in ogni
speditione, formano, e riformano i decreti, ed a compiacimento loro si risoluono i litigi, e le cause.

E questo altro non è, che quel *paulatim insurgere,* Tac. vbi su
munia senatus, magistratuum, legum in se trahere, che pra.
praticaua Augusto, per fermar bene il piè nell'usurpato
imperio. Di che tutto l'opposto leggesi di quel buon
principe di Traiano, sotto il cui gouerno, *nullius magi-* Plin. Pa-
stratus ius, nullius auctoritas imminuta est, aucta etiam, si neg.
quidem plura ad prætores remittebat, atque ita, ut etiam
collegas uocaret.

Non erano tutti i decemuiri Romani dell'istessa vaglia, ne tutti dell'istesso spirito, ma come accader suole
in ogni consiglio, la somma delle cose a due, ò tre si riduceua, ch'erano l'intelligenze della sfera di quell'imperio; e però habbiamo presso Liuio, che *principes inter*
decemuiros, erant Appius Claudius, & Q. Fabius.

Osserua pur il medesimo ne' suoi decemuiri, la republica di Lesbo; due, ò tre di loro, i più spiritosi liberamente trattano le redini dello stato. De gli altri, chi per
leggierezza di mente, chi per grauezza d'anni, chi per
poca attitudine, e chi per molta scempiaggine, sul caldo de' negotij, se ne stanno scioperati, ed otiosi.

Che poi d'una tal fatta d'huomini si guernisca il tribunale,

bunale, e contra il diuieto di Pittagora dell'officina di questa curia, *ex omni ligno fiat Mercurius*, pare si vada bucinando, che sia artificio di que' due, ò tre gouernanti, a' quali non poco monta l'hauer per le mani simil materia cedente, e molle, per poterui stampare quelle forme, ch'al genio loro sieno più facili, e arrédeuoli. Ed è per appunto quel *collegas in suos mores formare*, che'n atto pratico metteua Appio Claudio, la più maluagia volpe, che s'hauesse il magistrato di Roma.

Apud A-pul.apol. 1.

Non s'assicura Liuio d'affermare, che lo sforzo tutto di que' dieci Romani fosse, *ut perpetuo decemuiratu semel possessum imperium retinerent*, e ce lo rapporta come per opinione nel concetto del popolo assai bene inuigorita. Ma Halicarnasseo, huomo di greco, e più penetrante ingegno, non vi ponendo dubbio alcuno, có franchezza di penna scriue di loro, che *fœdere clandestino inter se, inscia plebe, icto coniurarunt, ut imperium perpetuò retinerent, nec alium quempiam ad reipublicæ administrationem admitterent*.

Vbi supra.

Lib. 10. antl.Rom.

Nó è fuor di ragione il credere, c'habbiano fatto il medesimo anche que' di Lesbo; ne ueruno farauui sopra gran quistione, a cui sia noto, che'l diuidere l'imperio da un'huomo, che per qualche tempo l'habbia gustato, è cosa non men spauenteuole, ed horribile, che l'ultimo punto, in cui stà per separarsi l'anima dal corpo.

Leggasi presso d'un moderno politico ciò, ch'al nipote del principe de' Laconici interuenne, quando fù costretto a lasciar'il principato, ed a ritornarsene alla casa

Traian. Boc. Rag. 59.par. 2.

caſa priuata,che ageuolmente s'indurrà a credere, che anche i decemuïri di Lesbo, per non ſentire gli acerbi dolori della morte,nel fare l'abbomineuole paſſaggio dallo ſcettro della dominatione al ſupplicio del viuere priuato,procurino d'accordo,*ut perpetuo decemuiratu ſemel poſſeſſum imperium retineant.*

Nõ v'è coſa,che più deſideri l'huomo,che'l coman-dare;*natura mortalium auida eſt imperij,*diſſe il princi-pe tra gli hiſtorici.Ne meno egli s'affatica in ritener'il comando,quando lo poſſiede,di quello,che ſi faccia in procacciarlo,quando nol poſſiede, coſì ſtimolato, cre-do io,da colui,che diſſe. *Sal.Iugur.*

Non minor eſt uirtus , quàm quærere, parta tueri; *Caſus ineſt illic ;hic erit artis opus.* *Ouid.de ar* *2.*

Troppo diſaſtroſo,e malageuole è'l paſſar dalla do-minatione alla ſeruitù . Ce l'inſegnò Giugurta, quan-do nella perdita del regno,eſanimato dal dolore, eſcla-nò,*ò quàm grauis eſt caſus è regno ad ſeruitium.* *Apud Sal.*

Chiè dominante , e di magiſtrato non può ſcender dal trono , può precipitarne . Dal palagio dell'impe-rio,al tetto della vita priuata,non v'è ſcala,v'è preci-pitio .

Summum ad gradum cum claritatis ueneris , *Laber.apuđ* *Conſiſtes ægrè,& quàm deſcendas , decides.* *Aul.Gel.* Tacito diceua, *imperium habentibus,nihil medium in-ter præcipitia,& ſumma .* E ſe pure v'è mezo veruno , *Ann.2.* appi per ricordo di Liuio,*dominantium maieſtatem dif-* *Lib.37.* *cilius a ſummo faſtigio ad medium detrahi , quàm a nedijs ad ima præcipitari .* E di quà è, che per mante-

B b nerſi

nerſi nel ſommo de gli honori, chi chi ſi ſia , le fatiche
d'Hercole non abbôrre.

Salluſt.   E perche generalmente è vero, che *imperia facilè his*
artibus retinentur,quibus parta ſunt ; e nelle patrie di li.
bertà per lo più s'ottengono con gli artificij,a gli arti.
ficij , per mantenerſi,ricorrono gli ariſtocratici . Non
v'è dogma,non v'è inſegnamento recatoci dalla penna
de' più forbiti politici dell'antichità,che'eſſi non hab.
biano,anzi alle mani,che alla mente.

E ſulle prime,nõ fà di meſtiere,rammétar loro , che
per tal'effetto vien molto in accócio la diſſimulatione;
che però Ludouico l'vndecimo di Francia , altro non
volle,che giungeſſe di latino all'orecchio di Carlo ſuo
figliuolo,che il *neſcit regnare,qui neſcit diſſimulare*;per
che fù queſto tra' primi elementi di politica,ch'eſſi ap.
prendeſſer giammai ſotto la diſciplina di quel grã mae.
Tib. apud ſtro,di cui ſtà ſcritto,che *nullam ex uirtutibus ſuis ma*-
Tac.an.4. *gis diligebat, quàm diſſimulationem*. Anzi ſi ſtudiano
tanto di praticarlo, che da niun ſegno è poſſibil maia
tracciarne, qual ſiaſi il loro vero ſenſo nelle publiche
Cic.ad Q. negotiationi;ita *multis ſimulationum inuolucris tegitur,*
fr.epiſt. 1. *& quaſi quibuſdam uelis obtenditur eorum natura;frõs,*
oculi,uultus per ſæpè mentiuntur , oratio uerò ſæpiſſimè.

Au.lib.2.   E' familiariſſimo loro quell'*affectare omnem infimæ*
plebis rumorem di Tacito.Non è lor naſcoſto quell'al-
Li.2.de of. tro,*conciliare ſibi amicos,& ad uſus ſuos adiungere* di M.
Tullio . Sanno beniſſimo praticare la dottrina di Li-
Li.3. D.1. uio,*& uulgari cum priuatis, ac ſeipſos in ordinem cõ*
gere.

E per

E per arriuare con più d'ageuolezza a' loro diſegni, *gratiam fingere in odio ; in gratia offenſam ſimulare, in-* Iuſt.lib.9. *ſtruere inter concordantes odia;apud omnes gratiam quæ-* *rere,ſolemnis illis conſuetudo eſt* . Tutte coſe prima da Filippo il Macedone praticate,quando all'aſoluto im- perio della Grecia aſpiraua.

Altri di più ſcaltrita ſcuola, maſticano tra' denti il verſo d'Euripide replicato colla penna , e poſto di poi in vſo colla ſpada da Ceſare il dittatore,

———————*regni cauſſa*   In Phæniſ.
Pulcherrimum eſt iniuſtè agere.
Ed hauendo oſſeruato quaſi il medeſimo concetto in Salluſtio,*omnia retinendæ dominationis honeſta eſſe,* non Orat. Lep. diſpregiano onninamente il penſier di Plinio; che *ſit prudentia pro moribus temporum decipere,* i più ſemplici Li.8.epiſt. colla ſperanza, e' più auueduti col timore , che per appunto è il conſiglio di Tacito , *ſpem offer ; metum* An.lib.1. *intende* .

Ne quì ſi può tacere, che alcuni ſi truouano di ma- niera preda dell'ambitione , che non iſtimano inde- gnità d'un'huomo, non che d'vn ſenatore,il tener die- tro la traccia di quel triſto di Menone di Teſaglia , di cui s'hà per verità,che *compendiaria admodum uia, ſe* Xenoph li. *ad imperium peruenturum putabat,ſi peieraſſet, ſi menti-* 2. de expe- *tus eſſet,ſi fefelliſſet : animi ſimplicitatem, & candorem,* dit. Cyri *quaſi lentitudinem quamdam, & ignominiam exiſtimans.* min.
Altri con filo di minor'empietà , tutto che di mag- gior ſottigliezza,guidano le coſe loro;e nel fondamen- to della lor fortuna pongono , il tener buona lega, e

Bb   2   conſi-

confidenza con alcuni, ed occultamente ſtringerſi poſcia con que', che ſono di contrario partito, a cagione d'hauer nelle mani a queſta maniera i voti de gli uni, e de gli altri. E vanno cohoneſtãdo il tratto di doppiezza coll'eſempio d'vn'auueduto rè, il quale per relatio-

Ann. 12. ne di Tacito, *ſocietatem unius palàm induebat; ſed ad alterum per occulta, & fida magis inclinabat.* Tutto pe- rò ſi fà con gran cautela, e con vna ſingolar'accortezza,

Cic. pro Planc. che *frontem aperit, & mentem tegit,* ſapendo eglino mol- to bene, che gli artificij non hanno dell'artificio, s'hanno dello ſcoperto. Coſì l'intendeua colui, che diſſe.

Oui. de ar. 2.   *Si latet ars, prodeſt ; affert deprehenſa pudorem.*

Queſte ſono le maniere, e l'armi, colle quali eſpugna- no gli ariſtocratici le menti de gli huomini di mediocre talento, ed alla confirmatione de' carichi, e de' magi- ſtrati nelle proprie perſone, traggono i voti loro. Ter- mini però tutti biaſimeuoli, e indegni del candore, che ad vn buon cittadino ſi conuiene.

Nella caſa de gli honori, e delle dignità, non ſi dee entrare per la fineſtra de' dishonori, e dell'indignità, ſa lédo la ſcala di doppiezze viliſſime, ed ingiuſtiſſime, ſi dee per la porta del merito, battédo il ſentiero della virtù, e del buon nome. E quando vn ſenatore ſi truo- ua entrato, dee mantenerſi col giuſto, e col ualore, nõ

Ariſt. pol. li. 5. c. 11. colle ſimulationi, colle frodi, e con gl'inganni; *hæc enim, & huiuſmodi* (diceua il gran filoſofo) *a tyrannis exercen- tur pro retinenda dominatione.*

Ma troppo è malageuole da conoſcerſi la natura de gli

gli huomini; più facilmente s'arriua a quella de' bruti.
La cognitione d'vn folo indiuiduo di quefti, tragge feco la cognitione di tutta la fpetie. Per contrario, alla co
nofcenza della fpetie di quegli, d'vn folo indiuiduo haurai la conofcenza. Tanta fra loro è la diuerfità di natura, che ciafcheduno d'effi, vna particolare fpetie, ci for
ma, e ci côftituifce: che che fen dicano i logici; io mi rap
porto alla dottrina di colui, che fcriffe,

Non eft uulpes alia quidem uafra, diffimulatrix   Phile. apud
Sua natura; alia uerò fui cuiufdam, & peculiaris   Stob. fer. 2.
    ingenij;
Verùm fi triginta millia
Vulpium quis congreget, unam naturam
Omnibus cernet ineffe, modumque uitæ, & tenorem
    parem.
Noftrum autem quot corpora numero,
  Totdem eft, & uitæ rationes cernere.

E quindi viene, che fulla piazza del publico negotio, niuna mercatantia più ageuolmente fi fpaccia di
quella, che fotto il contratto camina della fimulatione,
e dell'inganno, mentre reftando la natura de' mercatan-
ti, mal conofciuta, di frequente fi vende per lana venuta di Mileto, quella, che'n Italia s'è tonduta.

E di quà Momo preffo Luciano fi fà lecito d'accagionar di poca auuedutezza Vulcano, perche a chiufo, e
non a feneftrato petto habbia formato l'huomo, a fin di
poter conofcere, *quid in animo quifque ftrueret. Et num*   Dialog. de
mentiretur, an uerum diceret. E Medea maltrattata da   barefib.
Giafone per bocca del Tragico, forfénata, e tutta dolen
te grida,

                   O Iup-

Euripid.in
Medea.

O Iupiter, quidnam auri quidem adulterini
Indicia hominibus dedisti certa?
Inter homines uerò, quo malus discerni possit,
Nullum corpori signum innascitur?

Ma per vero dire, di rado accade (fauellando dell'
huomo ciuile) che lungamente stiano nascosti i suoi artificij. E mi crederei, che per lui fossero vane le doglien
ze di costoro.

Da veder dentro ne' più intimi sensi dell'animo di lui
per foro vale il Foro. Da conoscer, qual siasi la lega del
metallo di ciaschedun cittadino per pietra lidia vale la
curia. Scuopronsi i cuori, non che' genij de gli huomini, nel trattar delle cause, nel difenderle, e nel giu-
dicarle.

Si dileguano come neue al Sole, e come nebbia al
vento, le doppiezze alla luce della maestà, allo suento-
lar dell'imbiancate chiome di tante teste, sulla catedra
addottrinate di mille sperienze. Suela ogn'artificio
l'auuedutezza del congresso di tanti padri, ne può cosa,
c'habbia dell'indecente, ò sia sospetta di lordura, celarsi
lungamente a quella curia, che da' più saggi s'appella,

Cicero pro
Milone.

templum sanctitatis; caput urbis; ara sociorum; portus
gentium; sedes ab uniuerso populo, concessa uni ordini.

Ma quando pure per discoprire i brutti tratti, non sia
valeuole la prudenza dell'huomo, valeuolissima succe-
de quella del tempo, c'hà gli occhi d'Argo, l'orecchie
di Mida, e che niuna cosa può tener nascosta, giusta
l'oracolo del saggio.

Soph.apud
Aul. Gel.
li.12.c.12.

Ne quid occulas siquidem intuens

Cuncta

Cuncta, audiensq. cuncta, proferet dies.

E discoperte, che sieno l'arti, veggonsi poscia gli artisti
spogliati delle bianche piume della rettitudine; e coloro, che pur dianzi ne pareuano candidi cigni, fansi conoscer'a memoreuol'infamia del nome loro; per cor-
nacchie portentose, e nere.

Nõ hà animale così nociuo la terra, ne pianeta così
maligno il cielo, ne mostro così spauéteuole l'oceano,
che di danno, di maleficio, ò d'horridezza possa pareg-
giarsi ad un senatore, che sia in concetto nella republica di caminar colli due piè della simulatione, e dell'inganno.

Ogn'uno lo fugge, e di lontano còme infame scoglio
l'addita, doue vn'huomo di candida fè può rompere di
di leggieri il legno de' suoi interessi. Così l'infelice sen
za negotio in patria di negotio sen viue ludibrio de gli
emuli, e giuoco della fortuna, che lo sbatte,

Quasi uentus folia, aut penniculum tectorium.

Plautus
in milite.

Ma gagliarda molto, e valida è la machina, con la quale costoro tempestano la rocca della mente de'senatori di più sentito giudicio, per farla cadere, a loro prò, nel
senso della perpetuità de' magistrati. Ed è la ricordanza de' riceuuti beneficij, e della douuta gratitudine.

Dicono, che non così di leggieri possono non incõ-
trare l'infamia dell'ingratitudine, ogni uolta, che nie-
ghino il fauore de' lor voti a coloro, dalla cui autorità
cõfessano d'essere stati tolti dalle sozzure della priuata conditione, ed a' più sublimi honori della republica,
innalzati; come che non sia noto ad ogn'uno che, *non*
est

Cicer. de
amic.

est beneficus,qui beneficia fœneratur, sed qui benignè fa-
cit,nulla tacita ratione ad utilitates suas redundante.

E perche fra tutte l'ingiurie, che posano mai ferire
il cuore d'vn'huomo, non v'è,ne la più acuta, ne la più
sensitiua di quella,in cui d'ingratitudine siamo accagionati,facendo di mestiere per non sentirla, esser più che
bestia,e per sopportarla più che huomo,non sarà senza
pregio dell'opera il fermarsi sù questo punto, e'l considerare due cose,l'una,c'hà riguardo a coloro, che'n v-
na republica fanno beneficio,l'altra a coloro, che lo ri-
ceuóno,e porre auáti gli occhi de gli vni il modo della beneficenza,e de gli altri quello della gratitudine,
perche in tutte due le pratiche ageuolmente con dáno
del publico, si ponno commettere eccessi , e manca-
menti.

Si tiriamo (Io confesso lettore) alquanto fuori del
discorso,ma nó già fuori del fine,che ci siam proposto,
ch'è l'utile,e'l bene di chiunque viue in vna patria di libertà . Se questo è un trasandare senza ragione le buone leggi,tuo sarà il giudicio,dopo che ueduto haurai il
seguéte libro,alla cui lettura , come anche alla dottrina di coloro,che delle digressioni,e de gli suagamenti
maestreuolmente hanno scritto , di buona voglia mi
rapporto.

REPV-

REPVBLICA DI LESBO

OVERO

DELLA RAGIONE DI STATO
in un Dominio Aristocratico

Libro Sesto

DELL'ABBATE DON VICENZO SGVALDI.

SOMMARIO.

Diffusamente dell'ingratitudine. E' la regnante nelle republiche. Seneca in recarci l'origine di questo vitio, non costante. Chi fà beneficio a'meriteuoli, non dà cagione all'ingratitudini. Modo di beneficar con frutto. Principi, e senatori di republica in pericolo; quegli per aggrandir di souerchio i seruidori, questi gli amici. Silla sferzato dà Mario. Pausania morto da' suoi. Benefici priuati non deono compensarsi coll'interesse del publico. Scipione, e Bruto cōmendati. Temistocle biasimato. Amore uerso la patria, qua e, e quanto in un cittadino. Luogo di Tacito illustrato.

L'Ingratitudine è vno di que' mali, che non hanno rimedio, perche è vno di que' mali, che sono necessari. Vien prodotta da cagione necessaria, ch'è la beneficenza. Tranne questa dal

Cc   mondo

mondo, non haurai vn mondo, ma vn deferto, e rimar.
ranne fenza indiuiduo l'humana fpetie.

Chi all'huomo feruirebbe di nutricamento nell'età
balbettante? Chi di freno nella cadente? Chi di fol.
lieuo nella caduta? Così dunque da madre di porten.
tofa bellezza, e d'efquifita bontà, vna figliuola n'habbia.
mo, che portentofamente deforme, efquifitaméte è ma.
lefica.

Non v'è angolo della terra, doue coftei non metta
il piè fuperbo, e baldanzofo; ma da per tutto però
fafsi vedere, come paffaggiera, fuccinta in gonna, e'n ha.
bito di pellegrina; folo moftrafi effer di cafa, in cafa.
delle republiche, doue, veggendo, che a man larga fi
fpargono i beneficij, e che a fomiglianza della luna, la
beneficenza non è mai grande, fe non è piena, fà la fi-
gnora, e la regnante.

Inarriuabile è'l numero de' fenatori benemeriti, ed
illuftri, a cui l'imperiofa fofcriffe il decreto del loro
efterminio.

Non mi lafci mentir quà Atene, republica di grido,
che numerò da cinquecento padri nel fuo fenato; ed
cortina calata efpóga nella fcena delle mie carte al tea.
tro de' leggéti vn Solone, ed vn Tefeo morti'in efilio;
vn Socrate, ed vn Focione condannati a bere la cicuta,
e'l veleno; vn Demetrio Falereo, che nella proftratio-
ne delle proprie ftatue, egli medefimo fi vede proftra.
to, ed abbattuto; vn Pericle priuato del generalato de
mare, a fodisfacimento d'vn Cleone, huomo famofo
d'infamia; vn'Ariftide mal condotto, ed vn Temifto
cle

cle proſcritto, di cui l'vno, tutto flemma fà voti a gl'
Iddei per la ſalute de' ſuoi maltrattanti cittadini; l'altro tutto bile, *quid quæſo tumultuamini* (grida) *ò Athe-*
*Plut. de
laude ſui ip
ſius.*
nienſes, de quibus ſum ſæpiùs benemeritus? Ingruente tem
peſtate, uos ſub me, ſicut ſub umbram confugitis; poſtquam
diſſerenuit, uellitis prætereuntes.

Si ſbigottiſce Seneca, ne gli dà l'animo di narrare la
ſtrage, che fè l'ingratitudine in Roma de' più coſpicui
cittadini, ſolo in paſsando accéna, *Camillum in exilium*
*De benef.
lib.3.c.7.*
miſsum; Scipionem dimiſsum; exulem poſt Catilinam,
Ciceronem; dirutos eius penates; bona direpta; faſtum
quicquid Catilina uiſtor feciſſet; Rutilium innocentiæ pre-
tium tuliſse, in Aſia latere; Catoni præturam negatam, con
ſulatum pernegatum.

Ecco come ſuperba trionfatrice delle più riuerite
:eſte paſſeggia il campo delle republiche, queſta mai
ſempre odioſa, mai ſempre maluagia imperante.

E' ella (e chi nol pruoua?) vn Nilo, ma un Nilo malefico, che non feconda l'aride zolle delle campagne
d'Egitto, ma le più ineſauſte fonti di corteſia, le più fe-
:aci miniere di munificenza, che s'habbia l'humanità,
ecca, ed iſteriliſce.

Sono le di lei ſette foci, con le quali, non isbocca in
mare, ma vn mare ella ſola di maluagità produce, altre-
:anto note, e manifeſte, quanto ignotiſſime, e latenti le
prime vene d'acqua, che le danno di Nilo il nome.
Quindi è, che per rinuenirne la traccia, non vna delle
più auuedute teſte dell'antica prudenza io veggo fa-
:icanti.

Studiafi Dione Cafsio, huomo, che fù collega d'Aleffandro Cefare nel confolato, di farci credere, che non
da altro originato véga quefto grã fiume dell'ingratitudine, che dal magnanimo fentimento, che di loro mede-
Hiſt.lib.4. fimi hanno gli huomini, e perciò vuole, ch'eglino, *dedi-*
gnentur uideri beneficio affecti, tanquam minores.

    E per uero dire, fdegna l'huomo d'effer minor del-
l'huomo, a cui la natura lo fece vguale, e pure in ragione di beneficenza, non può non apprenderfi, che infe-
Moral.Ni- riore di conditione, il beneficiato al beneficãte; *is enim,*
com.lib.4. *qui accepit, minor eſt eo, qui beneficium dedit* (infegna
c.3. il gran peripatetico) e però fecondo lui, *magnanimus ta-*
lis eſt, ut beneficijs alios afficiat, ipfe autem affici eru-
befcat.

    Altri vogliono, che molte fieno le vene, che compar-
tifcono l'acque a quefto fiume . E tra le maeftre, e
principali, uengono annouerate quelle dell'ambitione,
dell'inuidia, e della fuperbia. Dell'ambitione, perche
Franc.Pe- quefta, *muneribus non lenitur, fed accenditur, & dum*
trar.dial. *quærendis inhiat, quæfita non meminit.* Ed è la più fina
de benef. fpetie d'ingratitudine, che giammai fi ritruoui. E però
Li.3.de be- egregiamente il Morale; *ingratus eſt, qui beneficium ac-*
nef.c.1. *cepiſſe fe negat, quod accepit; ingratus eſt, qui diſſimulat;*
ingratus, qui non reddit; ingratiſſimus omnium, qui obli-
tus eſt.

Idem de be-   Della inuidia, perche mentre l'huomo, *impenfa alijs*
nef.2.cap. *beneficia fuas ducit iniurias, in fe collata non afpicit.* Della
27. fuperbia, perche chi riceue il beneficio, *uel maioribus*
Petrarca *fe dignum cenfet, uel præferri fibi aliquem indignatur.*
vbi fupra.

Sene-

Seneca, che per iscriuer bene della beneficenza, diuinamente scrisse dell'ingratitudine, nel tracciar l'origine di questo uitio, è men costante di quello, ch'ei si
uegga in tutti gli altri suoi trattati. Pare da una banda,
ch'egli conceda non da altro prouenir l'ingratitudine,
che dall'impunità, non ui essendo legge alcuna, che pu
nisca l'ingrato. A gli homicidij, a' ueneficij, a' parrici-
cidij, a' uiolatori delle religioni, *aliubi, atque aliubi di-*   *De benef.*
uersa est pæna, sed ubique aliqua; ingratitudinis crimen   3.c.6.
nusquam punitur, ubique improbatur.

Dall'altra, pare, che lo nieghi, mentre con uiuissime
ragioni si studia farci capire, esser d'essenza dell'ingratitudine, che a niuno tribunale ella soggiaccia; *si enim iu-*   *Ibid.c.7.*
dicem appellamus, incipit beneficium, non esse beneficium,
sed creditum. E cessando il merito della beneficenza, cessa di conseguenza ancor'il titolo dell'ingratitudine.

Vuole egli questa non dal giudice, come l'altre sce-
leraggini, ma dalla propria deformità riceua il gastigo;
ingrato pæna est (dice egli) *quòd nõ audet ab ullo beneficiũ*   *Ibid.c.17.*
accipere; quòd nõ audet ulli dare; quòd omniũ designatur
oculis, aut designari se iudicat; quòd intellectum optimæ
rei, ac dulcissimæ (ch'è la gratitudine) *amisit.*

Così l'infelice nel medesimo tempo sente la pena,
che commette la colpa. E quasi un'altro Perillo d'A-
grigéto, prima d'ogn'altro nella propria machina pruo
ua il martiro.

Ma queste sono pene morali, che non feriscono il
cuore d'vn'huomo ingrato, ferirebbono ben sì quello
                                                        d'un

d'vn generoſo, quando capace ei foſſe d'ingratitudine.

Chieſto vna volta Hippocrate da un principe dell'
Aſia minore, che coſa e' ſi doueſſe fare d'vn huomo
conuinto d'ingratitudine, riſpoſe, *ſi magno eum benefi-*
cio affeciſti, trucida hominem; ſi paruo eijce e prouincia, uti
ad uirtutem formidoloſum.

Apud
Plut. A-
poph.lacõ.

Se col ſangue, e coll'eſilio ſi doueſſero punir gl'ingrati, non molti ſarebbono que', che reſtaſſero in vita,
e pochiſſimi que', c'habitaſſero il paeſe loro. Di vantaggio ſarebbe, quando, ſe non per gaſtigo dell'ingrato,
per freno almeno dell'ingratitudine, s'andaſſe dietro
la traccia di Filippo il Macedone, il quale a memoreuol
ſegno d'infamia, *ingrati hoſpitis frontem ſtigmate in-*
uſſit.

Apud Se-
nec. de be-
nef.4.c.37.

Ma non cerchiamo di leuar'il flagello fuori delle
mani di Dio; *& ingratitudinem inter ea relinquamus,*
quæ ad uindices Deos tranſmittimus.

Apud eun.

E facciamo ritorno al noſtro Seneca, il quale in vn'
altro luogo filoſofando meglio di queſto vitio, dice eſſer queſta vna delle primarie cagioni dell'ingratitudine, che, *non eligimus dignos, quibus tribuamus.* E fà alti
ſegni di marauiglia, che noi, i quali non in ogni ſorte di
terreno, ma in quello, che più fertile, e fecondo ci pare
ſogliamo ſpargere le noſtri ſementi, nel beneficiar poſcia (negotio di ſì gran rilieuo) ſenza fare ſcelta alcuna
di perſone, in maniera alla cieca corriamo, che con più
ragione ſi può dire, che *beneficia magis proijciamus,*
quàm demus.

De benef.
lib.1.c.1.

Vbi ſupra.

Nel far gratie, nel dar benefici vi ſi ricerca matura
conſi-

conſideratione, e più che ordinario giudicio . Della beneficenza, *duo ſunt fontes* (diceua quel Romāno) *ue-* *rum iudicium, &) honeſta beneuolentia.* E pure a tutti non s'acco muna il giudicare , chi ſia degno , e chi indegno d'eſſer beneficato.

Val. Max.
de liberal.

Quindi è, che quanto rieſce più ageuole il riceuer'il beneficio, tanto più diſaſtroſo ci ſi rende il darlo, *accipe-* *re beneficium nullius eſt momenti* (dice il filoſofo) *dare au-* *tem arduum eſt, &) difficile.* E da queſta dottrina auua-lorato poi Seneca ſi fè lecito ſcriuere, che per auuedu-to, che ſia un'huomo , *nunquam tamen tàm certam ma-* *num habet in beneficijs, ut non ſæpè fallatur.*

Ethic. li. 9.

Epiſt. 81.

Nel riceuer doni, e nell'accettar preſenti impoſero i due Ceſari Seuero , ed Antonino a' ſuoi Proconſoli ; legge d'oſſeruanza dell'antico, e greco Adagio . *Nec* *omnia; nec paſſim; nec ab omnibus ,* Perche, *a nemine* *accipere, inhumanum eſt ; paſſim, uiliſſimum; ab omni-* *bus auariſſimum.*

Apud Vlp.
in Pand. I.
Tit. de off.
Proc.

L'iſteſſo per ſimilitudine potiamo dir noi a coloro , che profeſſano di beneficar'altrui . Il non far gratia ad alcuno, e diſcorteſia; il farne a rifuſo ad ogn'uno, è im-prudenza; d'ogni ſorte, è ſciocchezza.

Democrito , che nella filoſofia delle coſe di queſto mondo,

Perpetuo riſu pulmonem agitare ſolebat, non potè ridere della pazzia d'uno, che vide far gratie a tutti ſenza diſcernimento di qualità, e di perſone; e da repentina bile commoſſo proruppe in dire;

Iuuen. ſat.
10.

Malè tibi ſit, qui gratias uirgines ſcorta facis.

Doueua

Alij tribu-
unt dictum
Socrati.

Doueua per auuentura effer coftui vno di coloro; che vengono da M. Tullio rimprouerati, *quòd multa dant temeritate quadam, fine iudicio, uel modo in omnes, uel repentino quodam impetu animi, quafi uento incitati; quæ beneficia æquè magna habenda non funt, atque ea, quæ iudicio confideratè, conftanterque delata funt; anzi non fon benefici, fimili benefici: non enim eft beneficium, cui deeft pars optima, datum effe iudicio.*

Li.2.de of.

Sen.de ben. 1.c.vlt.

E' lo fteffo il far beneficio, che 'l giucar' alla palla. Non men fi ricerca in quefto giuoco il giudicio di chi la manda, che l'arte di chi la piglia. *Beneficium non minùs defiderat dantem, quàm accipientem* (diceua colui) *Ex utroque enim perficitur.*

Plut.de So crat.d§mõ.

Il concetto viene dalla catedra di Chrifippo, che fù colonna, e foftegno del portico. Ed è con chiarezza di parole portato da Seneca, *in pilæ lufu* (dice egli) *non eft dubium, ipfam pilam cadere, aut mittentis uitio, aut accipientis. Tunc curfum fuum feruat, ubi inter manus utriufque aptè ab utroque, & iactata, & excepta uerfatur. Eadem ratio beneficij eft. Nifi utrique perfonæ dantis, & accipientis aptatur, nec ab hoc exibit, nec ad illum perueniet, ut debet.*

Li.2.de be- nef.c.17.

Giucheremo bene quefto giuoco; e rimandata faranne la palla del beneficio rettamente, fe nel beneficare non camineremo al buio de' noftri affetti, ma al lu me della ragione, e del giudicio, facendo elettione de' migliori, e de' più degni.

Non è benefattore, ma beneficato chiunque fà beneficio ad vn'huomo d'honore; e fi come colui, che la
fua

sua casa alloga a persona dabbene, può dirsi, che nel-
l'atto medesimo d'allogarla, il denaro riceua della pi-
gione; così, e non altrimenti dobbiamo dir'ancor noi,
che colui riceua il frutto del beneficio, mentre lo dà a
chi n'è meriteuole, giusta il sentimento d'vn'antico,

Beneficium dando accepit, qui digno dedit. *Publ. Mi-*
mus.

Hà egli più dell'impossibile, che del malageuole, ch'vn'
huomo di retta mente incespi giammai in questo brutto vitio dell'ingratitudine; poscia che di ripente tra se
medesimo all'esamina viene della qualità del beneficio, che riceue, della conditione della persona, che lo
dà, del luogo, del tempo, e del come.

Omnia examinat secum sapiens (dice Seneca) *quan-* *Epist. 81.*
tum acceperit, a quo, quando, ubi, & quemadmodum. E
in riguardo all'honorato concetto, che di lui hà hauuto il benefattore, mentre l'hà stimato non indegno de-
positario del beneficio, risponde da magnanimo alla
parte sensitiua, quando pure per qualche sordido inte-
resse ella se gli opponga; *si his, qui imprudenter læserunt,* *Cic. Rhet.*
ignosci conuenit, his, qui profuerunt, habere gratiam nõ opor- *vet. 1.*
tet? Ed applicatosi al buon consiglio d'Hesiodo, và *Presso Cic.*
imitando il secondo terreno, il quale al faticante, ed in- *1 de gli of.*
dustre agricoltore rende mai sempre assai più frutto di
quello, che da lui habbia riceuuto, di semenza.

Di questa sorte d'huomini furono nella republica d'
Atene, Aristide, e Focione, l'vno verso Clisthene, l'altro
verso Chabria; nella Romana, Lucullo verso Silla, Catone verso Fabio Massimo, e nella Tebana, Epaminonda;
verso Pammene. Tutti costoro hanno da Plutarco elo-

D d   gio

In præcept.
reipubl. ge-
rendæ.

gio di singularità, che *rectè, atque ordine ad extremum usque uitæ suos benefactores, & promotores coluerunt, &) cohonestauerunt.*

Quando porti la buona fortuna, che s'incontriamo in cotal fatta di persone, apransi pur le mani alla benefi- cenza, e chiudansi le bocche alle promesse; e facciasi a gara coll'albero del fico, il quale senza lusingarci nell'a- spettatiua con pomposa mostra di fiori, opportunamen te ci prouede di frutti saporitissimi.

Imitiamo pure in cotal caso (che n'è bén di ragione)

Epictet. a-
pud Stob.
serm. 44.

il sole, *qui non expectat preces, ut exoriatur; sed illicò ful- get, ut salutetur ab omnibus; ita, &) nos, non expectemus plausus, strepitus, &) laudes, ut benefaciamus, sed sponte conferamus beneficia, & æquè, ut sol, laudabimur.*

Ma quando s'abbattiamo in vn'huomo d'ambigua fede, e di cattiuo temperamento, tutto al contrario dob biamo operare, pigliando l'occasione da questo, ch'an-

Sen. de be-
nef. 4.

ch'egli fà tutto a rouescio di quello che dourebbe: ni carius æstimat, quàm beneficium, dū petit; nil uilius, quàm cum accepit. E pure ageuolmente egli haurà dal Lice-

Arist. 9.
Ethic. Nic.
cap. 1.

appreso, che *beneficium nõ tanti existimandum est, quã- ti apparet alicui, cum habet, sed quanti æstimabat, ante quam haberet.*

Nell'animo di costui non fanno nulla d'impressio ne i benefici, che presenti; ed in guisa di fiori, non sor gli cari, che freschi.

Vn'huomo di corrotto senso, e di peruerso intellet to non rende mai gratie, che furtiue, e di nascosto, al suo benefattore; *ueretur enim palàm id agere, ut sua pt*

Sen. de be-
nef. lib. 3.
c. 13.

tiùs

tius uirtute, quàm alieno adiutorio, beneficium consecutus dicatur.

Và con riserua, e stà sul contegno ne gli vfficij, e nell' ossequio con coloro, a' quali è tenuto della vita, e de gli honori. Ne s'auuede il meschino, che, *dum opinio-nem timet clientium, grauiorem subit ingratorum.*

Idem vbi supra.

Ad huomo di questa sorte, habbi per costante, e per fermo, che

Si quid benefacias, leuior pluma gratia est?
Si quid peccatum est, plumbeas iras gerit.

Plaut. in Pœnul.

Mentre egli tien bisogno dell'amico, idolatra si mo-stra della di lui volontà, ingratamente faceto gli assiste, importunamente sollecito, della gratia lo richiede,

————————*crebris periuria miscet.*
Blanditijs; sociat perituro fœdere dextras
Ma sì come,

Claudi. in Ruf. lib. 1.

————————*periuria ridet amantum*
Iupiter, & uentos irrita ferre iubet;

Tibullus.

così que' di costui, che col suono della parola, e col mo-to della lingua finiscono; *donantur a Dijs, perinde qua-si puerorum instar sint, qui nondum rationis compotes sunt.*

Plato apud Ath. li. 12.

A partito si truoua pur'errato colui, che dà orec-chio ad vn cattiuo, che vada col giuramento alle sue promesse limosinando fede, mentre ei se ne stà sul cal-lo di chieder gratia, ò mercede.

Lingua iurauit; sed iniurata mens est.
Dicit; sed quicquid dicit, accipiendi causa dicit.
Vuonne la pruoua? Eccola più chiara, ed euidente, che

Euri. apud Stob. serm. 28.

non è la luce del fole . Non tantofto hà egli dall'ami.
co ottenuto il beneficio, che fi vergogna de' concetti,

*& uerba priora , quafi fordida, & parum libera euitat.
Deinde peruenit eò, quò pefsimus quifque, & ingratifsimus
peruenit, ut obliuifcatur, aut neget .* Così perduto fi ue.
de il beneficio, ed auuerato il concetto di colui, che
diffe,

*Malus uir dolium eft perforatum, in quo d omnes
Immittens gratias, in uanum effudifti.*

Tra la ferie di sì fatte perfone , viene dall'antichità
annouerato Agefilao Spartano, il quale creato per ope
ra, ed ufficio di Lifandro, prima rè nella republica, e po
fcia generaliffimo in Afia contra dell'armi di Perfia; ca.
rico non men, che la corona, da lui ambito, e procurato,
non pafsò guari, che poftergata la memoria de' riceuuti
beneficij, di maniera mal trattollo, che'l minor de' ma-

li, che gli faceffe, fù il rilegarlo, fotto pretefto d'honore, per fuo Luogotenente nell'Hellefponto.

Non camina con diuario dallo Spartano nella Romana republica Publio Sulpicio. Efaltato coftui, e fatto grande dal magnanimo Catone, nò arrofsò pofcia di-
chiararfi fuo competitore nella richiefta del Cófolato,

rebus tùm maximè (al giudicio di M. Tullio) *talem confu
lem defiderantibus.*

E fe bene n'hebbe la ripulfa, non tanto , perche quefto huomo gli faceffe concorrenza, quanto perche egli
medefimo, *nec per fe, nec per amicos, ciuium animos deme*

reri uoluit, nulladimeno dichiaroffi Roma grandemente
del brutto termine offefa; *afferens Sulpitium iniuftè egif*

fe;

se,malamque gratiam benefactori tuliſſe.

Haurebbe potuto vendicar l'offeſa M.Catone , col ſottrarſi dal publico ſeruigio,ad eſempio di Valerio Pu blicola,il quale nell'infantia della republica , in caſo ſi mile pur di repulſa nel conſolato, *abſtinuit foro, tempe-* *rauit curia,& reipublicæ procurationem depoſuit* . Od al- meno ſenza biaſimo haurebbe potuto chiamarſi mal trat tato da Sulpicio , e accagionarlo di poca gratitudine , dolédoſi giuntaméte d'eſſere ſtato nõ al tutto diſſimile da quella pecora,che aſtretta a dare il latte ad un pic- ciol lupo,tra ſe medeſima,la meſchinella diceua ,

Plut. in *Valer.*

Lacto lupum uberibus proprijs—— ▬

   In me rurſum erit fera ,poſtquam creuerit ex me. Tuttauolta egli,*per omnia ingenio Dijs* , *quàm hominibus* *propior*,non ſi commoſſe,ne turboſſi punto. Ne meno dalla di lui bocca altra voce vſcì,che *mirum non erat,ſi* *quod quis maximum bonorum putaret,id alteri non conce-* *deret* . Anziu' è tal'uno(e de' claſſici ſcrittori)che af- fermia eſſer'egli ſtato d'animo,e di mente coſì tranquil- lo,*ut eodem,quo repulſus eſt die,in comitio pila luſerit* .

Menan.1. *epigr.*

Vel. Pat. *lib.2.*

Plut.ĩ Cat.

Sen. epiſt. 104.

Della medeſima ſtampa di Sulpicio , fù Marcellino , huomo,che di priuata conditione , dal ualido braccio dell'autorità di Pompeo,a' più ſublimi honori della re- publica innalzato,nel cominciar poſcia delle diſſenſio- fioni,che nacquero tra lui,e Ceſare,dategli le ſpalle s'ar rolò fra'partigiani dell'emulo, famoſo sì,ma non per- ciò men dannabile,e meno ingiuſto trasfuga.

Non potè già darſi uanto coſtui, d'hauer trouato in Pompeo tanto di flemma,quanto Sulpicio in Catone; poſcia

poſciache opponendoſegli egli nella petitione del ſecondo conſolato, e con non infaceto ſale di mordacità,
maltrattandolo, nõ fù poſſibile, che ſi conteneſſe quell'
anima grãde, altretãto all'ingiurie inſolita, quãto auuez
za alle palme, ed a gli allori, e però voltatoſegli contra
có quella fronte, e con quel ciglio, col quale haueua
atterriti i Tigrani, e' Mitridati, e rimprouerãdo lui de'
ſeruigi fatti, eſclamò nel coſpetto de'padri, *nõ te pudet,*

Plut.in A
poph. *Marcelline, ei maledicere, cuius beneficio ex muto factus*
es facũdus; ex famelico eò perductus, ut uomitũ nõ teneas?

Ne ardirei giammai quà io di tacciar huomini di sì
alto grido, che per diffalta di giudicio, hauſſer fatta ſcel
ta di perſone, della lor munificenza non adeguatamen-
te degne, perche, ſe bene pur teſtè habbiamo detto, prouenir da queſto l'ingratitudine, che *non eligimus dignos,*
quibus tribuamus, non v'è però huomo di mediocrità,
chi metta dubbio, non poter'originarſi un così brutto
effetto anche da altre più, ò men note cagioni.

Ed in propoſito io mi terrei aſſai ben perſuaſo, che
gli huomini, tutto che di prudenza non ordinaria, e di
ſentito giudicio, ſpetialmente nelle republiche, non di
rado uadano errati nel beneficar, per un'ecceſſo d'ac
cortezza de' candidati.

Nel chieder le gratie, nell'addimãdar'i carichi, tu oſ-
ſerui tanta ſagacità in coſtoro, tu uedi tãte ſommiſſioni,
tu odi tãte cõcioni, e così bè'elaborate, e terſe, c'haure-
ſti p giurata indignità, il ſoſpettar'in alcun di loro d'indi
li.3.de be
neſ.c.5. gnità; *audi uoces petentiũ* (per bocca di Seneca) *nemo nõ ui*
cturũ ſẽper in animo ſuo memoriã beneficij, dixit; nemo non
debitum

debitum se, (t) deuotum profeſſus eſt:& ſi quod aliud hu-
milius uerbum, quo ſe oppignoret, inuenit.

Fatta così larga breccia col cannone dell'artificio, che marauiglia è, ſe ageuolmente ſalgono poſcia all'aſſalto del forte reale della magnanimità de' più auueduti ſenatori? ſe l'eſpugnano? ſe ne fanno di ſouente la conquiſta?

Aggiungaſi vn nuouo tratto d'auuedutezza. . Non tantoſto, c'hāno ottenuti i carichi, ed i magiſtrati, ſcuoprono la peruerſità del genio loro, anzi a più potere l'occultano; e col dar ſegni di retta mente, e col far preludi ad una buona gratitudine diſpongono a coſe più rileuate gli animi de' benefattori.

Giūti poſcia, che ſono all'auge delle publiche grandezze, e che s'auueggono di non eſer nulla inferiori a chi gli hà promoſſi, ſubito mal ſodisfatti dello ſtato d'agguaglianza, ſeco guerreggiano per quello della ſouranità.

E (non altrimenti, che i cani d'Atteone) aſſalgono ſconoſcenti il proprio padrone, e formando al rimanente, e della curia, e della poſterità eſemplari d'ingratitudine, tanto più deteſtabile, quanto più vſitaria, laſcian debito a' deſcendenti d'andar molto ben guardinghi, e riſpettoſi, ò nel dar cō cautela, ò nell'eleggir cō riſerua.

Non riuoltoſſi mai Ageſilao contra Liſandro, ſe nō quando con illimitato imperio maneggiaua l'arme di Sparta in Aſia; ne Sulpicio contra M. Catone, ſe non all'hora, ch'egli ſi conobbe d'eſer'in iſtato di poter con eſſo lui andar del pari nella pretenſione del conſolato.

Ne

Ne Marcellino dichiaroſſi côtra Pôpeo, ſe nó in tempo,
che ſi era acquiſtata tal'autorità in ſenato, che pareuagli
di poter ſtar'a fronte di colui, che per detto di Plutarco,
haueua quaſi di tutto il mondo trionfato.

Ma diciamo (e forſe meglio) che gli huomini di giudicio, nel beneficar ne s'ingannano, ne ſono ingānati,
ma che per lo più coloro, che riceuono il beneficio,
auanti lo riceuano, ſono buoni, e riceuuto, che l'hanno,
diuengono cattiui. E che' gran benefici ſono della natura de' grandi honori, e de gli aſſoluti comandi, i quali non poco guaſtano, e corrompono il genio delle
perſone.

Tac. an. 4. E ſi come oſeruò quel Politico, che *homines ui dominationis conuelluntur, & mutātur*; così de gli ſteſſi potiamo dir noi, che *ui beneficiorū conuelluntur, & mutantur*.
Ne'l concetto è ſenza ſponda, od appoggio di claſſico
ſcrittore. Veggaſi Plauto, huomo, che dalla ſcena con
leggiadriſſimi ſali inſegnò al teatro di Roma il modo
di viuere, e che ſouente ne' penſieri innalzoſſi dal ſoc-
co al coturno, ed apprenderaſſi, che

*In Captei-
uco.*
> ——*ferè maxima pars morem hunc homines habent;*
> *quod ſibi uolunt,*
> *Dum id impetrant, boni ſunt, ſed id ubi iam penes ſe*
> *ſe habent,*
> *Ex bonis peſſimi, & fraudulentiſſimi*
> *Sunt*——

E di quà per auuentura ſi fè poi lecito il Morale di ſcriuere, che *periculoſiſſima res eſt beneficiū magnum in aliquem conferre.* E' ſeme, preſſo di lui, d'odio tragico,
Epiſt. 81. d'vn'Atreo,

d'vn'Atreo,d'vna Medea,vn beneficio eccedéte l'ordinario, nell'animo d'un huomo trifto,ed ingrato . E la
cagione non ftà in ofcuro,perche mentre coftui *putat
turpe non reddere,non uult effe,cui reddat.*

Tacito volle,che coloro, i quali ammazzarono A-
grippina,la madre di Nerone , foffero pofcia in odio al
figliuolo,c'haueua comandato il parricidio,e ne trafse
notabile auuertimento,a freno de' potenti,che *grauio-* *Ann. 14.*
rum facinorum miniftri,quafi exprobrantes afpiciuntur .
L'ifteffo per appunto nel cafo noftro habbiamo a dire,
che,*grauiorum beneficiorum datores quafi exprobrantes*
afpiciuntur.

Non meno con occhio obliquato rimira il fuo benefattore,chiunque fi fente dalla mole oppreffo di graue
beneficio,di quel che faccia quell'altro , che debitore
di grofsa,ed à lui non poffibil fomma,s'auuiene nel fuo
hoggimai non più creditore, che nemico.Egualmente
l'vno , e l'altro di coftoro s'aggrauano di quella
prefenza del benefattore,nella fronte , ancorche muta,
del quale par loro di legger l'inftanze del pagamento ,
e l'efattione del capitale.

E (fe ben mi rammento) Paulo Giouio,ad efpreffio-
ne dell'odio capitale,che vn perfonaggio grande portaua ad alcuni,da' quali haueua riceuuto feruigi confide-
rabili,appūto fi valfe di quefta fimilitudine,e diffe, che
oderat eos,tanquam creditores. *Lib.32.*

Di quà apprédano i principi,che per afficurarfi dalle congiure deefi temer più di coloro , a' quali fi fon
fatti eftremi beneficij , che di quegl'altri, a'quali fi fon

E e   fatte

fatte ingiurie, ancorche grâdi a gli vni abbondano, ed
gli altri mâcano i cômodi d'opprimergli; e pure in tutti
è l'iſteſſa voglia, che nõ luſinga meno il deſiderio di do
minare, che'l prurito della vendetta ; *exitus regum* , *ſi*
reputauerimus, plures a ſuis , quàm ab hoſtibus interem.
ptos reperiemus, diſſe Q. Curtio.

Lib.9.

Gran cautela in cuſtodia d'vn principe è'l non innal
zar mai ſouerchiamente vn ſeruidore. La dottrina è del
Peripatetico; *cuſtodia principatus eſt neminem unum*
magnum facere . Ma quando pure così richieda l'emi.
nenza del valore d'vn'huomo, c'hà per ſuo correlatiuo
la ſouranità, l'honori non quanto può, ma quanto con
uienſi, faccialo grande, ma non giammai tâto, che frà la
coſtui potenza, e quella del principato , non ſia vaſto
interuallo; *periculoſum enim eſt* (diceua il Maeſtro) *pri*
uati hominis nomen , ſupra (immo iuxtà) principis at
tolli.

S. Polit.
cap. 11.

Tac. Agr.

Pigliſi il documento dal Sole, che non leua mai tan
to in alto i vapori dalla terra , che giunger poſſano alla
ſua sfera, quantûque reſti poſcia in ſuo potere il riman
dargli d'ogn'hora cadenti, e riſoluti là, donde caldeg
giati dal beneficio de'ſuoi raggi fortunati montarono;
coſa, che nõ ſépre vn principe può fáre ſéza pericolo di
perderſi oppreſſo dalla vaſtezza di quella mole, ch'egli
generoſo non può battere, perche non ſi è ritenute for
ze baſteuoli per contraſtarla in campagna ; e che ſagace
non può ſcalzar , e ſpiantare ſenza tirarſene in capo il
precipitio.

Non hà ſcure il principe da troncar a ſua voglia vna

pianta,

pianta, che cresciuta col fomento della sua autorità, di troppo si truoua sopra l'altre auázata, e torreggiante. Se vuol ferire, sarà ferito. Se la costei grandezza fù troppo ombrosa, la caduta sarà troppo ruinosa. Guai a chi le confina. Dicalo Alessandro il Macedone, c'hauendo alimentato con l'acqua del torrente de' suoi fauori quel sublime cedro di Filota, per troncarlo, non hebbe cuore di valersi del ferro, allhora che riseppe, come il temerario adagiato nel seno d'Antigona, nobil dama di corte, sul caldo della sensualità, e delle tenerezze millantando le proprie forze haueua detto; *quid fuisset Philippus, nisi fuisset Parmenio? quid esset Alexander, nisi Philotas foret?* Ma stimò tratto d'accortezza, e di prudenza il dissimularlo per allhora; *gloriam eius, & potentiam metuens*, dice Plutarco.

Plut. orat.
2. de virt.
& fort. A-
lexandri.

In vita ip
sius.

Così quel Grāde, nell'animo del quale non cadette giammai altro timore, che di non hauer tempo di soggiogar' i mondi, che gli predicaua Anasarco, fù a quell'hora costretto a temer la forza, e la souerchia grandezza d'vn suo seruidore.

Dicalo Tiberio, che fece tanti giuochi di testa per estirpar quell'alto cipresso di Seiano, che irrigato da Cesarea mano, quasi alla sfera della corona dell'Imperio innalzato s'era. Dicalo Arrigo rè di Francia, il grande, che per abbattere quell'eminente papauero del Duca di Birone, a' giorni nostri, hebbe di mestier in vece della verga, adoperar la spada.

Non per questo vogliamo, che resti vn personaggio grande d'esser benefico, e liberale, ma sì bene, che'n pra

ticar quefta virtù vfi modo , e moderatione ; che ftia
nella mediocrità, non dia ne gli eccefti . Non refta di
commetterfi di nuouo al mare, l'auueduto nocchiere,
tuttoehe pur dianzi habbia patito, e corfo pericolo di
fommergerfi . Ben sì guernifce con più cautela il legno, e meglio il tempo offerua.

Ne dal fementar la terra, s'aftiene l'agricoltore, benche taluolta, fe gli fia refa fterile, ed infruttuofa, hauendo imparato per ifperienza, che di fouente , *quidquid
perierat affidua infœlicis foli fterilitate , uniusanni refti-
tuit fertilitas.*

Senec.epif.
81.

Vn fol feruigio ben'impiegato , alle volte produce
così abbondante frutto di gratitudine, che cento ne ricompenfa, che fieno ftati mal pagati con termine fcor-
tefe , ed ingrato.

Di vantaggio fù compéfata l'ingratitudine, che prouò Pompeo nella perfona di Marcellino, colla gratitudine, che fperimentò pofcia in quella d'Afranio, il quale a cagione de' beneficij da lui riceuuti , *cum confula-
tus ei deftinaretur, fuffragante alijs Pompeio,* di buona vo
glia ricufollo , affermando per ogn'altro rifpetto , *fibi
amplum fore, confulatum affequi, fed inuito Pompeio, nec
petitionem fuam iuuante, moleftum et graue .* Era qualche cofa ricufar'il fupremo de gli honori nella patria,
per cederlo allo fteffo Pompeo, ma per cederlo ad altri, in riguardo de' beneficij da lui riceuuti, fù tratto di
gratitudine fenza efempio.

Plut. de
præcept.ge
ren.repu-
bl.

Vaglia dunque la digreffione , e'l difcorfo per infe-
gnaméto, ch'egli è da hauerfi confideratione alla qualità

tà de' beneficij, che si fanno, ed a quella delle persone, a cui si fanno; e che'l principe nello spender le sue gratie, nó dee spander la memoria d'esser, e la volontà di conseruarsi principe. Habbia nella prodigalità dell'amore contegno, e decoro per la maestà del principato; e rice ua dal senato de' migliori politici, per consiglio incontrastabile, che, si come la più esquisita virtù, di cui si seta guernito, e corredato il grade, subito ch'e' si fa ligio d'vn suo seruidore, non dirò oscurata, & adombrata, ma auuilita, e prostituta ne rimane, così lo splendore del saper sostentarsi sempre il padrone, di vantaggio ogni annerita macchia di vitio, che'n lui si ritruoui, lumeggia, ed illustra.

Fuggon dalla ricordanza de gli huomini, l'ombre di quante laidezze, scrissero giammai gli antichi di Nerone, all'apparir del raggio di diuina lode datagli da Tacito, ch'egli non hauesse, *infra seruos ingenium.* *An. li. 13.*

E per contrario rimangono al buio, ed in oscuro le più chiare prerogatiue di Costanzo Augusto, al sentir solo, che Ammiano Marcellino, scrittore delle cose di Roma da Nerua infino a Valente, lo fà cameriere d'Eusebio suo cameriere, scriuendo con penna piccante, che'l popolo inchinò costui, *apud quem (si uera dici de-* *Lib. 18.* *bent) mul ta Constantius potuit.*

Non è degna di trattar lo scettro la mano di quel principe, che del basso metallo d'vn suo gnatone, forma vn bue d'oro, e lo ripone tra' suoi Penati per offerirgli poscia diuoto, tabelle, ed incenso.

Sieno i beneficij moderati, e meriteuoli coloro, à'

quali

quali ſi fanno . Ad vn'huomo indegno facciaſi gratia, ma di poco rilieuo, *huic demus aliquid* (diceua Herode Attico) *cui cui modi eſt, tanquam homines . non tanquam homini*, cioè a dire, di quelle coſe, che giouano a lui, ed a noi non nuocono, *ut erranti oſtendere uiam, non prohibere aquam profluentem; pati ab igne, capi ignem.*

Ad vn'ingrato per ammaeſtraméto di Seneca ſi nie. rghi ogni ſorte di gratia, e di beneficio . Perche, ſi come ſcimunito , non che mal conſigliato , vien creduto colui, che nel ſuo teſtamento, *tutorem filio relinqit pupillorum ſpoliatorem , ſic peſſimè beneficia dare dicitur, quicumque ingratos eligit, in quos peritura conferat.*

Ne ſia rilieuo il dire, che *Dij quoque multa ingratis tribuũt*; perche l'iſteſſo Seneca, che muoue la difficoltà, vi riſponde . E' veriſſimo (dice egli) che *Dij multa ingratis tribuunt; ſed illa bonis parauerant . Contingunt aũt ét malis, quia ſeparari nõ poſſunt. Satius aũt eſt , prodeſſe etiã malis, propter bonos, quàm deeſſe bonis, propter malos.*

Con coloro, che viuono in republica, vadaſi con più riguardo nel praticare queſta virtù della beneficenza. Si peſino con iſtadera d'oro, non ſolo i meriti de' candidati, ma la natura, il genio, e' coſtumi loro . E di pari con la morte ſia in horrore ad vn patricio il tirar tanto auanti vn'amico, che a ſe medeſimo lo faccia vguale; poiche non anderà lungi dal pericolo di perderlo con ſuo danno.

Ne ſia Ceſare in eſempio, il quale perdette **T.** Labieno ſuo luogotenente , per hauerlo con la beneficenza tirato a ſegno di grandezza, che poco, ò nulla eragli inferiore

Apud Lip. in com. ſu p Sen. li. de benefic. 4. c. 29.

Ennius apud Cicer. off. 1 .

De benef 4. c. 27.

Vbi ſup.

feriore di côditione; *is enim* (scriue di lui Dione) *cum dî* Lib.41.
uitijs, ac gloria auctus, maiori cû fastu, quàm pro imperio:
se gereret;&) Cæsar sibi exæquatum se uidens, illum mi-
nus diligere cæpit.

Non istette guari ad accorgersi Labieno dell'alie-
natione dell'animo del Dittatore. Ne hauendo petto
da dissimularla, con indegnissimo trasfugio abbando-
nollo, e 'n prò di Pôpeo, vestì l'armi contra di colui, che
l'haueua fatto quasi vn'altro Cesare, benche non senza
scapito della sua fortuna, se diam fede a Lucano, che
disse,

——————————————*fortis in armis*   Lib.5.
   Cæsareis Labienus erat. Nunc transfuga uilis,
   Cum Duce prælato, terras, atque æquora lustrat.
E fù di costui l'odio, e lo sdegno verso il suo benefattore sì pertinace, che dopo la rotta di Farsaglia, seguì le
bandiere di M. Catone, che andaua raccogliendo le reli
quie dello sbandato esercito. E poscia tra' seguaci ar-
rolossi di Sesto Pompeo, ch'a vendetta del padre vinto, fè lunga, e trauagliosa guerra al nemico vincitore.

Finalmente con indegna risolutione del Romano
nome s'adherì a' Parthi, e lor Duce guerreggiò contra
l'imperio. Tanto può lo sdegno d'vn'huomo di spirito. Non si ritruoua, ne più dolce mele, ne più pungente ago di quello dell'ape; così nô v'è, ne più tenero amore, ne più tenace odio di quello, che nasce tra persone
di più qualificata amicitia.

Nelle patrie libere tra gli vguali, perche lui v'è concorrenza di gradi, ed honori, egli è impossibile, che si
                                ritruo-

In Paneg. ritruouino buone, e perfette amicitie; *in principum do-*
mo est tantum nomen amicitiæ inane, & irrisum, diſſe Plinio, e bene; ma meglio, ſe'l concetto anche alle republiche haueſſe accomunato, poſcia che'n nulla ſarebbe.
ſi dimoſtro alieno dal ſentimento di colui, che di propoſito, e coſì bene ſcriſſe dell'amicitia, da cui habbia-
Cic.in Lęl. mo, che *ueræ amicitiæ difficilimè reperiuntur in ijs, qui in*
honoribus, (&) in republica uerſantur. Ma quando pure
Pōp. apud
Dio.li.36. vi ſe ne ritruoui qualcheduna, *tunc confunditur, cum, uel*
de gloria, uel de potentia certamen initur, coſì diſſe quel
Grande, che fauellaua per iſperienza.

Vn'amico, alla ſublimità condotto de gli honori del
la republica non è più amico, ma fratello di chi ve lo
traſſe. Ne come tale ſi contenta di partir ſeco a giuſta
portione il patrimonio della patria, che ſono i carichi,
i magiſtrati, e' publici impieghi, ma di vantaggio preten
de la parte, che ſi conuerrebbe alla maggioranza, ed alle preeminenze d'vn primogenito. Habbiamo l'eſempio del mal'eſempio nella perſona di Pompeo, il quale
calpeſtata l'agguagliāza, fà da padrone tra' ſuoi corre-
Sen. de be-
nef. lib.5. gnanti triumuiri; *ità prouincias diſtribuit, ut eligat; ità*
rempublicā diuidit, ut tamē in ſua domo duæ partes ſint.

L'altro punto, che ſi proponeua cōſiderabile, s'attiene alla perſona, che riceue il beneficio, ed è, come ella
ſi deggia portare, e fino a che termine di gratitudine ſi
ſtenda la ſua obligatione in vna patria libera verſo coloro, a' quali è tenuto di ciò, che d'honore poſſiede nel
la republica.

Chiara coſa egli è, che baſteuolmente non ſi può bia-
ſimare

fimare vn'ingrato . E' coſtui vn ſeminario d'ogni vitio, vn compendio, & vn riſtretto d'ogni iniquità.

Dixeris maledicta cuncta, cum ingratum hominem di-
xeris. E per contrario, maggior d'ogni lode è il merito
d'vn'huomo grato , poſcia che la gratitudine è qualità
impareggiabile ; è vna gemma caduta dal cielo. Fortunata quell'anima, che ſe n'imperla. *Eſt laudatiſſima uir-*
tutum omnium; eſt res cælo, & hominibus iucunda.

Publ. Mi-
mograph.

Sabel. 3.
exempl.

Propoſitione ſenza controuerſia, e verità da tutte le
nationi bè'appreſa, ſieno pur barbare, quáto ſi vogliano;
ſieno pur fra loro di fede, d'habito, di coſtume, e d'opinioni diſcordanti, che ad ogni modo, *in tanta diuerſita-*
te, omnes uno ore affirmant; bene merentibus gratiam eſſe
referendam, & nihil honeſtius eſſe grato animo.

Sen. ep. 81.

Il neruo della difficoltà ſi riſtrigne in vedere, quali
veramente ſieno i benefattori d'vno, che ſen viua in republica . Punto di tal ſoſtanza, che ſenza la notitia di
queſto io mi crederei, che malamente, poſſa vn'huomo
dirſi perfettamente grato ; *ſunt enim primæ gratitudinis*
partes intelligere , cui beneficium acceptum referre
debeas.

Theſ. lat.
ling ī ver.
gratitudo.

Vn capitano generale, che eſpugni vna città, che domi una prouincia, che apra, e diſordini l'hoſte nemica , a
ſe medeſimo ſolo, la gloria, ed il fine dell'impreſa , rap-
portar non può, non dee, eſſendo irragioneuole , ed ingiuſto, che

 Vnus uibrans haſtam cum alijs innumeris,
  Nihil plus uno faciens —— ——

Eurip. An
dro.

s'vſurpi quella lode, che a molti ſi conuiene. Vaglia per

dottrina alla conferma del concetto, l'esempio del Sole, il quale non a se steffo solamente appropria la gloria
de' pianeti, ne dell'altre stelle, tutto ch'egli ne sia il
capo, e'l principe sourano; ma lascia, c'habbiano anch'effe la parte loro di lode nel cócorrere, che fanno con effo lui, ad abbellir'il cielo, a fecondar la terra.

Il far'altriméti farebbe vn voler rubar la gloria, che
foffe stata mercata coll'altrui fangue. E quindi giu-
stiffima (tutto che gli recaffe morte) n'appare la doglienza, che fece Clito, camerata d'Aleffandro, perche
ne' trofei dell'imprefe militari, posta in non cale la ricordanza de' capitani, e de' foldati di vaglia, che col
fangue v'hebbero più di parte, folo de' rè vi fi fcriuef-
fero il nome, e la memoria.

All'eccidio di Troia (e chi no'l sà?) vi furono i Ne-
stori nel configlio; gli Vliffi nell'accortezze; gli Achilli
nell'adopere rar la fpada; e pure vollero i Greci, che folo
d'Agamennone, tutto ne foffe l'honore, tutta la gloria,
e tutto il trionfo.

E perche ò faggi, o voi, che un tempo fofte al mondo,
come luminofo fanale d'equità, e di giuftitia, perche (dico) di tanti heroi occultar la fama? di tante anime ualorofe, che non men di lui alla gran conquifta faticaro-
no, defraudar la lode, fopprimere la gloria, feppellir'il
nome? Ah che a quell'hora con ifcapito del uoftro intendimento applaudefte più tofto alla fortuna del principe, che al diritto di quegli fpiriti magnanimi, e generofi.

Meglio di uoi portoffi C. Mario, il quale non uolle
appro-

Q. Curt.
lib. 8.

approuar per giuſto un ſimil tratto nella perſona di Sil‧
la ſuo teſoriere nelle guerre d'Africa . Fè coſtui per
nſigne tradimento del rè Bocco, prigione Giugurta rè
de'Numidi. E giouinetto ancora, e nella gloria luſsu‧
eggiante di sì nobil fatto, a ſe ſolo n'attribuì l'honore,
la lode , *& imaginem rei in anulo inſculpens, Iugurtam* Plutar. in
ſibi traditum pro ſigillo geſtauit. præcept. ge
ren. reipu-
bl.

Non ſopportò il conſolo l'ambitioſo ardimento del
niniſtro, ma trattollo di maniera, che lo conduſſe a ne‧
ceſſità di ricercar miglior fortuna ſotto il ricouero di
Catulo, e di Metello, ch'erano ſuoi emuli; colla ſpóda
le' quali in progreſſo di tempo potè egli poſcia far‧
ie altretanto ingiuſta , quanto aſpra , e doloroſa ven‧
detta.

Ora diciamo per ſimilitudine, che nelle republiche
loue fà di meſtiere, che alle diſtributioni de gli honori,
e de' magiſtrati, molti concorrano, non può alcun par‧
icolare , ſenza offeſa del publico , a ſe ſolo attribuir
a lode d'hauer' honorato queſto , e quell'altro ſog‧
ʒetto.

E per cagion d'eſempio, in Venetia città, doue ogni
gran potentato può apprender regole, e documenti di
buon gouerno, il gran Conſiglio è quello, che diſpenſa
ʒli honori, e gli vtili della republica. Di métecattaggi‧
ne, ò (dirò meglio) di leſa maeſtà, ſarebbe reputato reo
colui, che ſolo alla partita di ſuo credito, voleſſe rappor
ʒar l'obligo, e la gratitudine de' proueduti cittadini; po
cia che ſarebbe queſto vn voler fare da rè in vna pa‧
tria, doue ſi hà più in horrore il nome di rè, che non ſi

Ff 2 hà

hà l'vltimo fupplicio della morte.

Non v'è offefa, che più a dirittura vada ad inueftire il cuore del publico, che l'vfurpatione di quello, ch'è del publico. Da vn colpo folo mille fe ne giurano offefi, ed in vn punto mille la vendetta agognano.

Ce ne faccia fede Paufania rè di Sparta, che dalla catedra dell'efperienza apprefe la verità del concetto; lufingando coftui fe medefimo per hauer maneggiate con buona fortuna l'armi delle Greche libertà contra lo sforzo, e l'impeto de' Perfi, e de' Medi, tronfio, e pettoruto fi diede a credere di poter fenza cenfura, appender nel tempio d'Apollo a memorabile ricordanza della vittoria, vn tripode d'oro coll'ifcrittione,

Thuc. li. 1.

Poftquam Græcorum Dux agmina Medica fudit,
Phœbo Paufanias, hæc monumenta dedit;

ed a partito ingànoffi, pofciache mortalmente offefi fe ne richiamarono tutti gli Spartani. Onde fatta fubito cancellar la memoria, comandarono, che'n fua vece vi foffe fcritto il nome delle città amiche, e confederate.

Ne fermoffi quà lo sdegno, ne'l rifentimento di que' popoli liberi, ma paffonne tant'oltre, che l'arroganza d'hauerfi vfurpata quella gloria, che ad vna moltitudine fi conueniua, e che al publico s'atteneua, *inter cætera* *Paufaniæ facinora iniufta numerabatur*. E con tanta pútualità fabbricarono gli Efori il proceffo, e cribrarono la caufa, che riducendola a materia di ftato, *perduellionis confilio confentanea uifa eft.* E di quà originoffi il precipitio, prima della fortuna, e pofcia della vita di

Idem ubi fupra.

sì accre-

sì accreditato principe, e di sì auueduto condottier
d'eferciti.

Ora se'l difcorfo camina,conuien dire in confeguen
za, che alcun decemuiro di Lesbo non dee pretédere
da' cittadini vna totale gratitudine de gli honori, nelle
lor perfone collocati, come che foffero ftati anzi doni
di lui, che premi della virtù, e ricompenfa della republica.

Nó per opera d'vn folo,mà per cócorfo di molti fi ge
nera il moto dalla priuata vita, a quella del comando.
E chi fifaceffe animo di perfuaderfi altrimenti,non an-
drebbe nella fomiglianza gran fatto lungi da quella
gloriofa mofca d'Efopo, la quale per feder fopra l'afse
d'vn carro,lufingaua fe medefima,dichiarandofi d'effer
quella fola intelligenza,che deffe il moto a sì gran ma-
china:e millátandofi diceua,oh quáta poluere leuo io?
oh di qual moto fon'io cagione? Così coftui per fe-
dere fopra la panca del magiftrato,vanamente farebbe-
fi a credere d'effer quell'vno, che lo fpirito deffe, e'l
moto di fuperiorità,a colui,ch'è moffo,ed innalzato da
tutto il corpo della republica.

Non per quefto dall'animo de' noftri promoffi efclu
diamo quella gratitudine,che a' loro promotori, come
a miniftri della republica,fi conuiene.

Ma ben diciamo,che per molto,che falga l'obligatione,non può però arriuare a tal fegno, che ne ponga in
neceffità di lafciarfi trafportare dalla corrente della lor'
ambitione a crear'in danno del publico vn'magiftrato,
che fia di perpetua efiftéza,e fuperiore d'ogn'altro nella forza,e nell'autorità.   Doue

Doue ſi tratta di condannare la fortuna d'un'huo mo ad una perpetua ſoggettione. Di priuarlo di quel la cara libertà,che dalla natura gli fù conceduta, ceſſa ogni ſorte d'obligatione,ſi eſtingue la memoria d'ogni ſorte di merito,di mercede,e di pretendimento. Trop po valeuole e'l dono della libertà,e troppo vile la con ditione della ſeruitù.

Eurip.in Ione.

Vnum ſolum nomen infames facit ſeruos, diſſe il tragico greco. E tutto,che Gioue venga da Ho mero nelle ſue carte celebrato per giuſto,e per benigno con ogn'uno,nó hà però il poeta per beſtemmia il dir,

Odiſ.li.18. ch'e' *dimidiũ mentis illis auferat,qui ſeruitutis ſorti ſunt ſubiecti.* E di quà per auuentura ſi farà conſigliata l'im prudenza di quella donna,che preſſo il ſatirico rimpro uera il marito,perche tenga opinione , che' ſerui ſieno huomini,dicendogli

Iuuen.ſat. 6.

O demens, ità ſeruus homo eſt ?

E queſta è la dottrina,di cui ſtudioſſi tanto di far ca pace Auguſto,quel ualente politico di M.Agrippa,che ſolo ſeppe felicitarſi nelle turbolenze delle guerre ciui li,mentre coll'indirizzo del Tulliano aforiſmo , che la

Philip. 2. ſeruitù *eſt poſtremum omnium malorum,non modò bello, ſed etiam morte repellendum,* ageuoloſſi l'ingreſſo al pe netrabile del gabinetto,ed iui a bell'agio potè far diue der'al principe,che tutta la beneficenza,colla quale po teſſe egli giammai farſi cadere a' piedi idolatro il popo

Apud Dio. lib. 52. lo di Roma,*tanti non erat,ut reliqua incommoda ſeruitu tis,& amiſſæ libertatis compenſare poſſet ; atque propter eam eſſent ſerenda.*

Aggiun-

Aggiungasi consideratione di nō minor rilieuo,che'l riceuer la pretura,od altro carico; è priuato seruigio in riguardo alla persona,che lo riceue;il continuare a uita nel magistrato i medesimi soggetti,è negotio,che al publico s'appartiene. Ora i priuati fauori deonsi con priuate gratie,non col publico interesse compensare; *pri-* *uata enim beneficia* (diceua vn'huomo d'autorità) *a pu* *blicis rebus sunt separata ,illisque est priuato beneficio re-* *spondendum,* come insegnonne con la pratica Scipione Africano,il magno.

Guerreggiaua egli in Asia,legato di Lucio Scipione, suo fratello,cōtra d'Antiocho, ed hauēdogli questi fatto prigione vn suo figliuolo,giouane,brauo,e spiritoso, gliele fè poscia offerire in dono, purche dal consolo cō vantaggiose conditioni gl'impetrasse la pace , ed una buona intelligenza col popolo Romano . All'oblatione,ed alla richiesta, che'n apparenza sentiuā si forte del ragioneuole,rispose il magnanimo , *ego ex munificentia* *regia maximum donum filium habeo , & pro tanto in me* *munere gratum me esse in se sentiet, si priuatam gratiam* *pro priuato beneficio desiderabit ; publicè,nec habeo quid-* *quam,nec dabo.*

Poteua ricuperar Scipione senza suo discapito la più cara cosa,ch'egli s'hauesse al mondo;ma come zelante de gl'interessi della patria,ricusar volle quella gratia,di cui renderlo capace altro nō poteua,che'l pregiudicio della republica.

Attonito alla risposta di si Romana risolutione rimase il barbaro rè. E sferzato(cred'io)dall'esempio di vir-

tù

Iust.lib.3.

Liu.lib.7.
dec.4.

tù offeruata in quell'heroe, apprefe anch'egli a trattar
l'arti della virtù in fe medefimo. Ne pafsò guari, che
libero, e fenza alcuna riferua da magnanimo mandògli
in dono il figliuolo.

L'iftelfo zelo delle cofe publiche, e l'iftefso difprez.
zo delle priuate, lumeggiò pur'anche nella perfona di
M. Bruto. Era coftui tenuto d'odio capitale al magno
Pompeo, a cagione d'hauer'egli comandata la morte di

Plut. in Brut. fuo padre. Tuttauia, perche *priuato, publicum antiquius
habuit*, pofta in nõ cale vna sì graue offefa, che col feguitar le parti di Cefare, ne' moti ciuili, vendicar pote.

Plut. vbi Supra. ua, s'adherì all'vcciditor del padre, e l'armi maneggiò
in fuo prò, e'n fua difefa, *iuftiorẽ ipfius caufsam iudicans,
quia pro republica ftabat.*

Tutto a rouefcio dell'humor di coftui fù quel cer.
uello mal regolato di Temiftocle nella republica d'A-
tene, che però agramente da Plutarco vien rimproccia-

In præcept. polit. to, *quòd publicas res priuato fauori, ac ftudio fubmit-
teret.*

Chi nella nauigatione del procellofo mare del mon
do, tien più cura delle proprie merci, e del proprio interefse, che della naue della republica, rimane prima
dall'onde dell'auaritia, e dell'ambitione ingoiato, che'l
legno dalle voragini della tempefta abforto.

Più al publico, che al priuato; più alla patria, che a pa
réti, che a gli amici, che a qual fi uoglia benefattore, fiamo tenuti. Notifi quì per documento del diuin Platone, rapportatoci da M. Tullio, l'ordine della noftra

Lib. 1. de off. obligatione; *præclarè (inquit) fcriptum eft a Platone, quòd*

non

non nobis folùm nati fumus, fed ortus noſtri partem ſibi pa tria uendicat, partem parentes, partem amici.

Ma ſe poſcia più al di dentro rintracciare vorremo, qual ſi foſſe il coſtui ſenſo in ſimil propoſito , ageuol-mente troueremo , ch'egli era coſì amante del publico bene, che l'anteponeua a quello della propria perſona, mentre da' ſuoi ſcritti habbiamo, *non mihi ſoli, ſed etiam atque etiam multò potiùs natus ſum patriæ.* *Lib.4.Rh.*

E per infunder queſto pretioſo licore dell'amor del la patria nell'animo d'ogni cittadino, andauane decan-tádo il premio dell'eternità, có dire, che *omnibus, qui pa triam cóſeruauerint, adiuuerint, auxerint, certus eſt in cæ-lo, & deſinitus locus, ubi beati æuo ſempiterno fruuntur.* *De ſomn. Scip.*

E chi sà, ch'egli a ciò non foſſe perſuaſo dalla voce di quel gran ſaggio , che dopo hauer veduto i teſori, e le ſmiſurate ricchezze di Creſo, e interrogato da lui , *quem uidiſſet omnium beatiſſimum , ſperans uidelicet, ſe talem iudicaturum,* riſpoſe non adulãdo, *uidi rex Tellum Athenienſem beatiſſimum, quòd re præclarè geſta forti-ter dimicando pro patria occubuit ?* *Herod.lib. I.*

Non fù ſprezzato, fù anzi dalla poſterità riuerito, ed ampliato il concetto. Quindi Horatio preſe a dire, che

Dulce, & decorum eſt pro pat ia mori. *Li.3.Od.2*

Quindi la memoria rinouoſſi del fatto egregio d'Ifige-nia, e có diuine lodi ſi rãmentò quella ſua magnanima voce ad Agamennone, che dal dolor trafitto , ad ogn'al tra coſa rimiraua, che all'holocauſto della figliuola;

——————ò pater adſum tibi;

Hoc meum corpus pro mea patria, *Eur.Iphig. in Aulid.*

Gg   *Et*

Et pro uniuerſa Græciæ terra,
Immolandum trado , ultrò ad aram Deæ.

In Paneg. Quindi formò Plinio quel ſuo nobil'aforiſmo;*nemo,qui alios regit,ſibi ſe,ſed alijs natum arbitretur, & ſalus publica homini politico,non ſui priuata,cordi eſſe debet.*

Altri vollero , che'l publico intereſſe ſia vn debito , non fatto,ma innato in ciaſcheduno,il quale non ſi paga,che con moneta d'affetto da' deboli , di ſangue da' guerrieri,della uita ſteſſa da' grandi.

Tra queſti come vn Sole riſplende Traiano , ed a quell'hora moſtroſſi pronto di ſodisfare alla ſua obligatione,quando preſentò ignuda la ſpada al capitano del-Suida· la ſua guardia,dicendogli,*cape gladium,& ſi rectè imperauero,pro me;ſin aliter contra me,eo utere* . O voce degna,ſolo di Traiano;del noſtro Ciro di Roma , non da Senofonte pennelleggiato per rappreſentarci l'idea Ad Q. fr. d'vn principe buono , *& ad effigiem iuſti imperij,*come volle M.Tullio,ma da Plinio,ad eſpreſſione del vero, *& ad fidem hiſtoriæ.*

Souuiemmi quà della vaſtità dell'animo di Catone, ne poſſo,che con iſtupor toccarne . Non racchiudeua queſto grand'huomo , dentro il diſtretto della patria , ne de' confini dell'imperio,l'obligo della ſua beneficenza,ma da generoſo l'eſtendeua,

Petron. in ſatyr. *Quà mare,quà terra,quà ſidus currit utrumque;* e con eſempio, ſenza eſempio di tenerezza verſo il genere humano,rammentandoſi,che tutti dall'iſteſſa primiera cagione habbiamo l'origine; ſotto l'iſteſſa volta del Cielo habitiamo , e ſopra l'iſteſſo globo della terra cami-

caminiamo, andaua dicendo,

—————————————*nec patriæ,* *ucan.*
*lib.*2.

Nec sibi, sed toti genitum se credere mundo.

Grande spirito. Gran cuore d'vn priuato cittadino, *qui magno animo se nõ in unius urbis mænibus incluserat;* *Sen.de con* *sed in totius orbis commercium emiserat; patriamque sibi* *sol.ad Hel*
uiam. *professus erat mundum, ut liceret latiorem campum uir-tuti dare.* Apprendasi di quà a riuerire, come dalla boc-ca d'Apollo, vscita quella voce (siasi di chi si voglia)

Malo unum Catonem, quàm trecentos Socrates. *Apud Lipf.*
de magnit.
*vrbis .li.*4
*c.*5.

Conchiudasi dunque dal discorso, che' nobili di Les-bo non hanno veruna obligatione di consecrare i uoti loro alla perpetuità de' suoi decemuiri, per qual si uo-glia fauore, gratia, ò beneficio, che da loro s'habbiano riceuuto; essendo che dalle cose dette assai ben chia-ro appare, che la memoria d'ogni gran seruigio fatto ad vn membro, onninaméte si perde, ed affatto s'estingue, subito, che si tratta di far'ingiuria a tutto il corpo della republica.

E che niuno de' decemuiri può tacciar'in questo al-cun patricio d'ingratitudine, séza correr pericolo d'es-ser tenuto per indiscreto. Concetto, che per auuentu-ra non discorda dal sentimento d'un moderno politi-co, il quale a chiarezza della propositione di Tacito, *Beneficia eòusque læta sunt, dum uidentur exolui posse;* *An.lib.*4. *ubi multum anteuenere, odium pro gratia redditur,* tolta di peso da quel di Seneca, che *leue æs alienum* *Epist.* 19. *debitorem facit; graue inimicum,* dice esser verissimo, che gl'immensi beneficij, d'ordinario con immense in-

gratitu-

gratitudini veggonſi ricompenſati ; e che gli vni ſono
fecondiſſime miniere dell'altre ; ne più corre il tempo
di Sofocle , in cui ſi praticaua , che *gratiam afferebat*
gratia , & beneficium ſemper beneficium pariebat ; ma
che ciò, non di rado, accade più pe'l rigore, che vſa co.
lui, che fà il beneficio in riſcuotere l'atto della gratitudine, in coſe non diceuoli, che per diffalta, ò per diſcorteſia di colui, che lo riceue.

In Aedip.
Colon.

REPVBLICA DI LESBO

OVERO

DELLA RAGIONE DI STATO
in un Dominio Aristocratica

Libro Settimo

DELL'ABBATE DON VICENZO SGVALDI.

SOMMARIO.

Impuniti i grandi presso i due decemuirati di Roma, e di Lesbo. Gastigo de' nobili, quale, e quanto in Venetia. Diogene insegna a sopportare le repulse. Pratiche per ottener i magistrati se sieno lecite. Paralello tra l'amor, e l'ambitione. Artifici di questa descritti, e ripresi. Doue ella regna, s'estingue ogni forte d'obligo, sia di sangue, di beneficenza, d'amicitia. Bruto, e Cassio si rompono per la pretura. Grande lo stimolo d'amore tra due riuali, maggiore quello della gelosia tra due consorti, grandissimo quello della dominatione. Curiane' tempi de' Comitij descritia da M. Tullio.

RA in seguiméto del nostro paralello tra' due decemuirati, di Roma, e di Lesbo, diciamo per bocca di T. Liuio, che que' del Romano,

hominum

Lib.3.d.1. *hominum, non cauſſarum toti erant . Et apud eos gratia nim æqui habebat .*

Accidenti inſeparabili di coloro, che profeſſano d'. eternarſi ne gl'impieghi ariſtocratici, ſono, riſpettar le perſone, e tracollar le cauſe; hauer per giuſto, e ragio. neuole ciò, che rieſce in grado a coloro, che ſono i regnanti, ingiuſto, e non diceuole ciò, che conuienſi d'equità a' ſudditi . E però crederaſſi ageuolmente, che ancora in Lesbo s'eſerciti queſto meſtiere; e che iui più s'attéda a proueder le pſone de' carichi, che' carichi delle perſone; auuéga che da queſte per lo ſtabiliméto della cótinuanza ne' magiſtrati, raccolgono ogn'anno i decéuiri il frutto de' ſuffragi fauoreuoli. Diſordine, che tanto più ci ſi rende conſiderabile, quanto che traſcurato ne cagiona vn maggiore, ed è, che, ò non mai, ò almen di rado la ſpada della giuſtitia cade ſopra la teſta de gli ottimati, giuſta il ſentimento del ſatirico, che diſſe,

Iuue.ſat.2.   *Dat ueniam coruis, uexat cenſura columbas.*

Raſſomigliaua quel gran ſaggio di Solone le leggi
Plut.in So lone. alle tele d'aragno, nelle quali (diceua egli) *ſi quid leuius, aut imbecillum animal incurrit, hæret, ſi maius aliquod, diſſecat, & fugit.* Ne gli ſtati d'ariſtocratia quegli animali piccioli ſono gli huomini ordinari, e di baſſa conditione; que' grandi ſono i nobili, e' patrici. Se alcun di quegli incappa nella tela, è ſpedito; rauuiluppato, ed appeſo vi rimane; ſe di queſti, è ſaluo, che ageuolmente ſquarciandola ſe ne fugge; e beffato ne reſta l'aragno del magiſtrato, che cuſtode v'attende. E'n danno, quando ben egli voleſſe, co' piè dell'autorità ui correrebbe.

Gli

Gli ottimati nelle republiche fono vccelli da rapina i quali , tutto che fien di rapina , per imprigionarli
però non fi tende loro giammai la ragna . Ed è quello,
di cui una uolta lagnauafi il Comico, che

—non rete accipitri tenditur, nec miluo,
Qui malefaciunt nobis; illis, qui nihil faciunt, tēditur,
Quia in illis fructus eſt; in his opera luditur.

Terent. in Phorm.

Sono que' duri fterpi, che di fouente veggonfi détro
de' prati, ne' quali incontrandofi coll'occhio, l'accorto
mietitore , per non rompere, od intaccar la falce , la leua, & al taglio fe ne pafsa dell'herbe tenere , in cui tien
ficurezza di non hauer'incontro, ne contrafto.

Solo per la plebe, e per la minuta gente, che non hà
vigore per far gran male, ftanno fcritte le leggi , tefe le
reti. e bafsa s'aggira la falce della giuftitia . Con gli ho-
maccini d'infimo grado , da'quali trar fi può qualche e-
molumento , fi ftà ful rigore , e s'adopera la feuerità .
Con fenatori, e con patrici delicatiffimamente fi procede . A tefsere proceffi contra di loro, abbifogna, che fieno grauiffime le colpe, matematiche le pruoue, publiche l'accufe, e impertinenti gli attori.

Nō così caminarono le cofe ne' migliori tempi della Romana republica . I femplici fofpetti di nouità fe-
ueriffimamente fi uidero gaftigati ne' primi foggetti ,
ch'ella s'hauefse, e nulla giouaron loro la fplendidezza
de' natali, il proprio valore , ne la memoria , ò 'l merito
degli antenati. Onde anche di prefente della ben có-
figliata feuerità riceuon lode coloro , *qui fp. Meliū; qui*
Gracchos; qui Manlium Capitolinum; qui Drufum; qui Sa-
turninum,

Port. Latro in declam. cõtra Cat.

turninū, fortiſſimos homines, quòd deueniſſent in affectatæ tyrannidis ſuſpicionem, morte multandos eſſe putauerunt; nec ſp. Melio faüor ampliſsimæ ciuitatis; nec Gracchis auī ſui Scipionis clariſsimi uiri memoriæ nec Manlio celeberrima gloria Capitolÿ liberati; nec Druſo ſanctiſsimi ſui Penates; nec Saturnino ius ſacroſanctæ dignitatis auxiliatum eſt.

Ne con minor rigidezza tratta il tremendo magiſtrato de gl'inquiſitori di ſtato in Venetia, il quale con ſegretiſſime perquiſitioni preuiene i penſamenti, non che col patibolo gaſtiga i proponimenti di leſa maeſtà. E ſe bene di rado ueggiamo tra le due colonne del foro maggiore, puniti coloro, che'n patria di libertà ſcuoprò ſi d'hauer genio tiranico, dal gran Conſiglio nulladimeno, ch'è il principe immortale della republica, nella diſtributione de gli honori, ſi fà di loro crudeliſſimo macello. E quindi viene, che molti ſoggetti di caſe nobiliſſime ſi moſtrano a dito in quella città, che ſtorpiati prima nell'antica riputatione da gli archibugi carichi di palle di pāno lino, ſdruſcito, e uile, e per tali percoſſe ſteſi poſcia a terra, non hanno mai potuto rihauerſi, ne riſurgere a gli honori, ed alle dignità della republica.

Tragga ogn'vno l'atrocità della lor pena, dalla conſideratione, che per dilaniare vn corpo, non altro più tormentoſo ordigno, anche dall'iſteſo Perillo, ſi può inuentare di quello, che pruoua tal'hora vn nobile di Venetia, quando nella concorrenza de' carichi piu honorati, ed ambiti, ſi vede paſſar'auanti un ſoggetto più

giouane

giouane di lui, solo perche dal senato è stato conosciu-
to per più degno, e per più meriteuole di lui.

Niuna di queste prudentissime sferzate a' cattiui
cittadini si osserua nella republica di Lesbo. Anzi non
i sospetti, ma le certezze delle fellonie, delle ribellioni
ne' più cospicui soggetti, leggierissimamente veggonsi
punite; onde può dirsi con ragione del suo deceuirato,
ciò che fù scritto del Romano, che *abstinebatur a patri-* *Liu.ubl su.*
bus, ma che poscia *in humiliores libidinosè, (&) crudeliter*
consulebatur. Adeguata cagione del disordine, come
pur testè accénammo, è, che troppo sono temute in questo dominio le faue nere. Da queste s'hanno per ridotti al niente i candidati; e da queste riconoscono quelle acerbe repulse, che per sentiméto del diuin Platone,
sunt millies morte peiores. *Dialog. de côte.mort.*

Fù veduto vna volta Diogene fatto corteggiano delle statue, e de' colossi d'Atene, e da essi limosinar gratia, e mercede. Chiesto per ischerno di ciò, ch'ei si fa-
cesse, rispose, *repulsam ferre se meditari.* Bisogno al *Plut.de im mod.verec.*
sicuro non haueua d'esercitarsi alla patienza delle
repulse colui, che giammai a gli honori non aspirò della republica; ma coll'esempio di se medesimo volle insegnar'il saggio a' miseri candidati, come in tal caso si
douessero portare, facendosi veder da loro sull'aspetta-
tiua della gratia da que' marmi, e da que' bronzi, da'
quali era altretanto sicuro di riportar la repulsa, quanto di non pur'essere stato inteso.

Ma niuna cosa più al viuo ci rappreséta la somiglianza tra questi due magistrati, quanto il modo, col quale

s'ams'ambiua l'uno, e si procaccia l'altro. Gran marauiglia (dice Liuio) presso d'ogn'uno era il vedere, che nó persone d'ordinaria conditione, ma de' primi della città *prænsarent homines, honorem ab illa plebe, cum qua contenderant, suppliciter petentes*. E che coloro, che l'anno a dietro erano stati di magistrato, posto in non cale il decoro, e la maestà del grado, si riduceuano a far bassezze tali con persone priuate, *ut nescires, utrùm inter decemuiros, an inter candidatos numerares*. Con non meno di diligéza, ed ardore conuiencredere, che assista la nobiltà di Lesbo alla creatione de' suoi decemuiri; *longè enim (per detto di Plutarco) flagrantissimi sunt, qui honores in ciuitatibus ambiunt.*

Liu. 3. d. 1.

Lib. de non irascendo.

Il chiedere i carichi, e' magistrati in vna republica, con maniera decente, e'l passarne sopra di ciò pratiche, ò come vogliam dire alla Venetiana, il farne i brogli, io non mi crederei esser disdiceuole; anzi tanto maggiormente lo riputerei necessario, quanto che dall'ommissione di simili vffici potrebbesi originare negli animi de'cittadini qualche sospetto, od ombra d'alterigia, ò d'alto sentimento, c'hauessero di loro medesimi i trasgressori; di che nó v'è cosa, che renda più odiosa vna persona in un paese di libertà, ne che più le ritardi il corso della sua fortuna.

Per tanto, o candidato, o tù, che stai sulla pretendenza de gli honori della tua patria, nello stringere delle negotiationi, per auuertimento d'vno, che seppe quanto in simil'affare si può sapere, *hoc tibi faciendum puta, ut idem ab amicis, quod debent, exigas, sæpe cómonendo, rogando,*

Cic. de pet. consul.

gando,

gando,confirmando,curando,ut intelligant nullum tĕpus aliud habituros restituendæ gratiæ.

E sopra ogn'altro,il tuo più accurato studio dee es_sere in guadagnarti colla piaceuolezza,se non l'amore, e la beneuolenza,almeno l'inclinatione di cadauno de' tuoi cittadini;*& non solùm cum infimis,sed etiam cum* Clau. Ma-
ignotis,familiaritatis imago tibi sumenda est.Omnibus ar mert. pro
*ridendum . Prænsandæ obuiorum manus,*alle quali in si- cõsul.grat.
mili cadenze,l'aggiungere anche l'osequio del bacio, aĕion.
haurebbe forse più dell'auueduto, che del seruile.

Me lo persuade Seneca, il morale , coll'esempio,che ce ne reca de' candidati nella Romana republica , di cui aserisce , che non di rado accadeua, *ut ipsi eorum* Epis. 118.
manus osculis contererent ,quibus designati cõtingendam manum negaturi erant.

E'però bene il vero,che'n quefti tratti di cortese pre uentione fà egli di meftiere, lo ftar molto ben ful cafo di non rimefcolare nelle domeftichezze parole,ò mot-ti,che fentano del piccante,non che habbiano del mor dace . E per cagione d'efempio, deggio rammentarti la beffa,che interuenne a Scipione Nafica.

Staua coftui fulla pretenfione dell'edilità (primo fcaglione a' magiftrati della republica) e giouanetto an cor',e mal'adatto al meftiere,ftrinfe in praticãdo,come far fi fuole in fimil'occorrenza,la mano d'uno,e fenten dofela fotto afpra,e callofa,*rogauit hominem,num manï-bus ambularet ?* Penetrò nell'animo di colui il concet-to,che trafandato il piaceuole, entraua nel pungente. Ne tra' denti lo ritenne. Onde diuulgatofi con rifo fra

Hh   2   le

le brigate, cagionò poscia, che *rusticanæ Tribus suspican̄ tes sibi exprobratam paupertatem effecerunt, ut repulsam ferret.*

In oltre, mentre tu stai sulla pretensione de gli hono͞ ri publici, fà di mestiere, che di co͞tinuo, anche fuori del tempo de' comitij, *aditus ad se diurni, atque nocturni pateant; neque foribus tātùm ædium tuarum, sed etiam uultu, & fronte, quæ est ianua animi.* L'auuertimento politico è di M. Tullio, il quale tanto più lo ci rende ve nerabile, quāto ch'egli medesimo co͞fessa d'hauerlo pra ticato, dicendo, *neminem unquam a congressu meo, neque ianitor meus, neq; somnus absterruit.* Se poi ciò facesse in darno, ò con frutto, ce lo dica il suo secolo, che lo uide correr glorioso, huomo nuouo d'Arpino, per i più so urani carichi della republica, al maneggio delle scuri reali, ed al possesso delle più conspicue glorie del Cam pidoglio.

Dapet.con sulat.

Orat. pro Planco.

Dunque ad uno, che stia sul caso di pretender gradi, e dignità, c'habbiā dependenza dalle mani d'una mol titudine, verrà molto in acconcio, il disporre gli ani mi de' uotanti con termini vfficiosi di compitezza, e con qualche dimostranza esteriore di gradime͞to, e di gratia.

Che se bene di M. Catone leggiamo, che quando fù creato cēsore, in concorrenza di molti, *plus ualuit ipse obiurgando, quàm cæteri blandiendo;* tuttauolta parue a quell'hora esser mal sicura la pratica, quando egli hebbe poscia la repulsa nella petitione del consolato, la quale non da altro fù cagionata al parer di Cicerone, se nó da

Plut. Apo phteg.

questo,

quefto,che egli,*nec per fe,nec per amicos, ciuium animos* Idē in Cat demereri uoluit.

E forfe l'ifteffo Cicerone,moffo dall'accidente, ftimò tratto di buona politica,lo fcriuer pofcia,che *blan-* De petit. *ditia,cum uitiofa fit,ac turpis in cætera uita, tamen in pe-* conful. *litione magiftratus eft neceßaria ;* tutto che nel trattato della fua republica,pur dianzi haueffe biafimato forte vna cotal pratica,e generalmēte infegnato,*omnem blan-* Lib.4. *ditiam in ciue excelfo,atque homine nobili,effe animi leuita tem.* E più chiaramente altroue, *beneuolentiam ciuium* De amic. *blanditijs colligere,turpe eße.*

Habbiafi dunque per ben configliato quel patricio, che nel traffico de gli honori, fi rifolue di cōperar prima colla moneta d'vn cortefe offequio la beneuolenza de' fuoi cittadini,che di chieder loro il uoto fauoreuole . E per contrario tengafi per immeriteuole della toga quel fenatore,che paffando dal decente all'indegno , per comperar'il grado,vende il decoro,e la maeftà del grado.E che mendicādo humile,e piegato infin'a terra,i fuffragi,dà fegno di credere, c'habbiano i fuoi cittadini l'orecchie,non alla tefta,ma alle ginocchia appefe ; co- Preffo me per rifcontro del focratico Ariftippo,credefi hauer' Suida. hauuto Dionifio il tiranno di Siragufa.

Tra coloro pofcia,che non hanno merito di viuer fra le genti,s'annoueri colui,che per tirare a fuo commodo i voti,e le volontà delle perfone,nouello Proteo, fi cangia in varie forme,e quelle piglia,dipone,e ripiglia (fien buone,ò fien rie)che nō all'honefto,ma al proprio fine fono confaceuoli . E'n ciò feguendo i coftumi, e

la traccia

la traccia del Romano Catilina, *cũ triſtibus ſeuerè , cum remiſſis iucundè , cum ſenibus grauiter, cum iuuenibus comiter , cum facinoroſis audacter , cum libidinoſis luxurioſe uiuit.*

Ma che marauiglia ? Queſti ſono tutti effetti dell'. ambitione . E che non può ? che nõ oſa queſto moſtro temerario ? Qual candidezza di mente non contamina queſta immõda arpia? Quale ſpirito più auueduto non confonde queſta malefica sfinge? Chi è colui, che darſi poſſa vanto di non eſſer da lei aſſalito , combattuto , & anche più di tal volta eſpugnato ?

Deh tù , che leggi (te ne chieggio gratia) dammi licenza di volgere quì la penna contra di coſtei , che imperioſa tiranneggia più crudelmente quei popoli, i quali più ſi fanno a credere d'eſſer liberi ; che ben mi dà il cuore, con vn riſtretto paragone tra queſta furia, e quella del laſciuo amore, di racchiuder'in pochiſſime linee vna iliade intera di ſciagure , ad oggetto di quegli occhi, che cauti, e prudenti amano d'approfittarſi de' buoni motiui, che loro s'appreſentino.

Muſicã docet amor, dice l'antico adagio , pigliando la muſica per tutte l'arti liberali.

Non eſt ſanè pedagogus hominibus
Diligentior ullus, quàm amor,
replicò quel Greco; *audaciam ad omnia, & nouarum rerum ſtudium ab amore infundi,* inſegnò vn ſauio. E Platone in poche parole epilogando il tutto, diſſe, *amorem omnium molitorem eſſe.*

Coſì diciamo noi. *Muſicam docet ambitio. Ab ambitione*

bitione *audaciam ad omnia prouenire . Omnium molitri-*
*cem ambitionem eße.*Non v'è arte,ò diſciplina,che ben
toſto dall'ammaeſtraméto dell'ambitione,l'huomo nõ
apprenda. Nõ v'è pietra,ch'ei non muoua. Non v'è im
preſa,tutto che malageuole,che,per arriuare al termine
dell'imperio,e del comando,egli non affronti.

L'amore è vn'affetto impetuoſo, igneo, e potente,
il quale

> *Non eſt patiens, feruidus iræ,*
> *Faciliſque regi . Ille ferocem*
> *Iuſsit Achillem pulſare lyram.*
> *Fregit Danaos: fregit Atridem.*

Sen. ĩ Oſt.

Ma che marauiglia? Ardono alla face d'amore le città,
s'incenerifcono i regni,non che s'inteneriſcono i cuori
de gli huomini. Alla forza di queſto ignudo fanciullo,

> ——— ———*columen euerſum cecidit*
> *Pollentis Aſiæ. Cælitum egregius labor*
> *Troia*——— ——— ———

Idem in
Troade.

Tutti queſti concetti ſi veggono auuerati dell'ambitione . Ella è vn'affetto violento,e furioſo, che non
hà freno,ne modo . Dou'ella s'incontra in più di gene-
roſità,là ella batte con più di feruore,e di furore. Chi
vale a reſiſtere?

> *Quid Craſſos ? Quid Pompeos euertit? & illum*
> *Ad ſua,qui domitos deduxit, flagra,Quirites?*
> *Summus nempe locus nulla non arte petitus.*

Iuuen.ſat.
10.

All'impeto,alla violenza dell'ambitione, cede ogni po
litica legge,ogni diuino riſpetto,ogni humano decreto.
Facciane fede la voce di colui , che da queſta Tiſifone
agitato

agitato, empiamente diceua,

Senec. in
Thebaide.

—————————— *pro regno uellem*
Patriam, penates, coniugem flammis dare.
Imperia pretio quolibet constant benè.
L'Amore al sentire della gentilità,

Menander
apud Stob.
serm.61.

——*inter Deos potentiſſimus eſſe, uel inde apparet,*
Quòd homines propter iſtum, alios Deos peierent.
Eſſer l'ambitione vna delle più fiere paſſioni, a cui ſoggiaccia l'huomo, da queſto ſi raccolga, ch'egli per regnare ſtima d'hauer giuſto titolo di uiolare ogni ſorte
di ragione, e di mutar'impune cerimonie, religione,
e riti.

Euripid.in
Thęniſſ.

Si quid iniuſtè faciendum eſt, tyrannidis gratia
Optimum eſt delinquere ———— —————
diſſe, e praticò Ceſare, il dittatore nell'età priſca. E nella moderna s'è ueduto il principe de' Tartari, per ageuo-
la rſi la ſtrada alla corona del regno di Polonia, renderſi
pronto ad ogni ſorte di religione, e ſenza arroſſarſi ſcri-

Lipſ. 2.Mo
nit. Polit.
c.5.

uere a gli Elettori; *quod autem ad religionem attinet, de*
qua diſputari audio, ueſter Pontifex, meus Pontifex e ſto;
ueſter Lutherus, meus Lutherus eſto. Empio. Altra religione nõ conoſceua coſtui, che l'ambitione, altro Dio,
che'l regno. E pure uoleua, che ogni religione, ogni
Dio gli ualeſſe per ſenſale all'acquiſto del regno.

Hà l'amore le ſue uaghezze, e le ſue bellezze(ei non
ſi può negare) ma ſono micidiali. Ne per auuentura
andò errato colui, che alla Tebana sfinge raſſomigliol-
lo. Belliſſimo a marauiglia ci rappreſenta queſto moſtro l'erudita penna di Plutarco, e dice che,

ad

Apud Stob.
ferm. 62.

—ad Solis radios conuerſæ aureus erat
Beſtiæ color; aduersùs nubes autem
Cæruleus, quale iubar Iridis relucet;

Ma ogn'un sà, ch'ella daua la morte a chiunque ſcior
non ſapeua gli enigmi da lei propoſti . Così l'amore
(và filoſofando dottaméte, come ſuole, il medeſimo Plu
tarco) *habet quiddam gratioſum, non inelegans, ſed blan-* Idē vbi ſu
dum, & iucundum; at rapit hominum uitas , non ænigma- pra .
ta proponens, ſed ipſemet ænigma, inuentu, ſolutuque diffi-
cile exiſtens. Vt ſi quis interroget, quid ſit, quod oderit ſi-
mul, & amet, fugiat, & proſequatur, minetur, & ſupplicet,
iraſcatur, & miſereatur? Hoc ſanè ægrè ſolui poteſt . Et
eſt amor.

Il medeſimo prouiamo dell'ambitione, hà anch'ella
(e abbondeuolmente) i ſuoi guſti, e le ſue delitie, ma ſo
no amareggiate da timore, da affanno, e da mille ſolli-
citudini . Non è l'oſtro ſenza vaghezza, ne lo ſcettro
ſenza ſplendore. Belliſſima moſtra fanno l'inſegne , e
gli ornamenti conſolari; *delectat ampliſſimus ciuitatis* Cic. pro
gradus, ſella curulis, faſces, imperia, prouinciæ, ſacerdotia, Rab.
triumphi; ma nell'intrinſeco ne tormenta poſcia, e di
continuo n'affligge *ſollicitudo aliqua, & legum, & iudi*
ciorum, maior quidam metus perdendi omnia.

L'eminenza de' gradi è berſaglio alle ſaette dell'inui
dia, la qual ſempre

—————————*ad ſplendidiſsima enititur,* Philem. à
Et illos deicit, quos extulit fortuna. pud Stob.
ſerm. 103.
La dolcezza dell'imperio è rimeſcolata coll'aloè del timore di precipitar dal ſolio. L'oro per cinger le tempia

I i   de'

de' rè non perde la naturalezza del metallo, ch'è pesan-
te, e graue. Le pietre pretiose, per esser di ualuta, e'n tutto risplendenti, non sono in tutto sicure, anzi d'ordinario

Idem vbi
supra.
 ———*eximius splendor periculo non caret.*
E che altro è quel lampeggiare, che fanno nelle corone
reali tra' nuuoli delle chiome, che segno dell'ira del
cielo, e presagio di folgore ad hor', ad hor cadéte? Micidiali sono il peso dell'oro, e la freddezza delle gioie.
Prouollo Leone Augusto, il quarto di questo nome,
che morì d'improuisa morte, sotto'l diadema imperia-
Platina.
le; *incertum, an propter auri pondus, an propter lapillorum
frigiditatem.*

Lo scettro, e le verghe consolari, non di rado si son
vedute farsi stromento della fortuna, per sanar coloro,
Olymp.
ode 1.
che a guisa del Pindarico Tantalo, *magnam fortunam
concoquere non possunt,* e per correggere chiunque ardi-
sce dimesticarsi troppo seco, e spacciarsi per drudo di
Dione lib.
59.
lei, con non minor follia di quella di C. Caligula, che
d'hauer commertio colla luna si millantaua.

Il manto d'un rè, che par sì ricco, e fà sì bella mostra,
da Antigono non fù pur creduto degno, che per leuarlo da terra, s'incuruasse una uile donnicciuola.

E' facile il passaggio dal rosso della porpora, a quello
del sangue, e dalla pallidezza dell'oro, a quella della morte. La dominatione è una medaglia, di cui quanto è
più riguardeuole il diritto, tanto è più horribile il roue-
Liu.li.26.
scio. Nell'uno tù leggi scritto, *regnum res est pulcherrima inter Deos, hominesque;* nell'altro tù rimiri,

cruentos

—cruentos carcere includi duces;
Et impotentis terga,plebea manu
Scindi tyranni.

col motto attorno;

Quàm uellent nunquàm sceptris fulsisse superbis.

Senec. in
Herc. fur.

Silu.li.37.

Ma non è in altra cosa più somigliante l'ambitione all'amore,che ne' precipitij. Non u'è cosa, che arrestar possa il moto di questa furia. Proponi pure ciò,che tu ai d'aspro,e di malageuole;proponi pur',e pene,e tormenti,

Propone flammas,uulnera,& diras mali
Doloris artes , & famem, & sæuam sitim,
Variasque pestes undique ————

Senec. in
Troade.

che ad ogni modo non la fermerai . E stò per dire,che a morte stessa in forma uisibile,

Nec fulminantis magna Iouis manus

la spauenterebbe . Et

Horat.lbi.
s.ode.3.

Si fractus illabatur orbis,
Impauidam ferient ruinæ.

Entrerebbe nell'inferno,questa baccante, senza la guida della Sibilla . Uscirebbe del laberinto di Dedalo senza l'indirizzo d'Ariadna,per arriuar'all'imperio .L'ambitione è architettonica di quante mine;di quanti ordini si possano mai fabbricare per mandar'in aria,per abbatter'i concorrenti.

E' un sole,ma un sole malefico,e nocente,che col calo della detrattione scolorisce,e secca il fiore delle più pregiate porpore,che s'habbia il senato.E' una stella crinita,che collo striscio di tortuosa luce d'ingãno,minac-

cia infausto fine a' più cóspicui soggetti della curia .
E' vn'hespero precorritore , all'oscura notte dell'obli.
uione de' più chiari lumi della republica . E' tomba al.
la gloria,morte al merito de' cittadini.

L'ambitione è un turbine impetuoso,che schianta le
più annose selue dell'amicitia . E' vn terremoto , che
scuote da' fondamenti i più sourani edificij delle confi-
déze.E' vna tempesta di mare horrida,e spauenteuole ,
che dentro le voragini dell'onde ogni ben'alto naui.
gio sepelisce di gran beneficio . E' vna belua,che nel.
la curia collo sguardo toruo dell'inuidia ti sgomenta ;
colla lingua d'acciaio della maledicenza ti ferisce ; col
fremito della sfacciataggine ti atterra, e coll'unghie del
la persecutione in mille pezzi ti sbrana.

Nõ v'è mostro descritto nelle antiche carte de'poe
ti,che di sozzura all'ambitione pareggiar si possa.Cede
a questa nella deformità vn Polifemo d'vn'occhio ; vn
Giano di due faccie;vn Gerione di tre corpi ; vn Briareo di diece vétri ; vn Gige di cento mani.E però da al
cuno nõ si lascia mai vedere,l'accorta,nella sua naturalezza,ne a scoperto viso,che da tutti,di pari colla morte sarebbe odiata,ed abborrita.

Entra nella curia col manto infino a terra della mo-
destia,negotia colla maschera al uolto di vergognoset-
ta donzella.*Palàm est compositus pudor. Intùs summa*
adipiscendilibido. Ed a similitudine del Troiano cauallo,di fuori è segno di religione,tabella di voto, e di
pietà;di dentro è frode,inganno,e tradimento. Di fuori è dono,destinato a Pallade . Di dentro è strage sacri-
ficata

Tac.an.4.

ficata all'inferno. Nella fronte porta l'vliuo, e la pace, nel ventre guerra, armi, ed armati.

E però, ò inquiſitore di ſtato, tù alla cui fede, alla cui vigilanza è ſtata dal ſenato commeſſa la ſalute della re publica; tù, che per publico decreto ſei fatto l'unico Argo del virginal ſeno della libertà della patria, oſſerua queſti ſregolati moti, queſti di ſouerchio ambitioſi aggiramenti de' tuoi cittadini. E ſappi per tua auuedutezza, che non ſenza graue ſoſpetto di nouità, è quella arrabbiata ſete de' publici honori, quell'ardente cupidigia de' magiſtrati, che tù ſcuopri in alcuni di loro.

L'ombre, che non hanno corpo, fanno ombra in affari coſì rileuati, ed importanti. E d'ogni ombra deui tener conto, benche tenue, ed imaginaria. Ad ogni voce, tutto che fieuole, falſa, e finta deui badare. Ed è per appunto quello, che anelante del publico bene, rammentaua in ſenato, quella ſeria, e ſoda teſta di M. Tullio, dicendo; *timenda eſt ambitio, & ſollicita cupiditas magiſtratus. Omnia non modò, quæ reprehendi palam, ſed etiam quæ obſcurè cogitari poſsunt, timeamus; rumorem, fabulam fiſtam, falſam perhorreſcamus. Ora omnium, atque oculos intueam ur.* $^{\text{Pro Milone.}}$

Non ſenza fondamento di ragione, coſì diſtintamente, e cõ tanta accuratezza minuzza il ſuo penſiero, queſto gran patricio. Troppo ſottili, e latenti ſóno gli artificij, e' tratti dell'ambitione. Ne baſteuolmente poſſono ſpiegarſi, non che con ageuolezza apprenderſi da vn'huomo, che non ſia nel meſtiere più che auueduto, e faccente.

L'am-

L'ambitione non affale mai di primo lancio i votanti colla richiefta del voto,nella creatione de' magiftra-
Tac. Ann.
lib.2. tifma prima tenta il guado de gli animi loro *occultis fer*
monibus,ut uelita folent. Se truoua fondo ficuro di buona difpofitione,a dirittura fen paffa alla pratica . Se co-
nofce efferui tanto d'acqua d'auuerfione,che nó fi poffa valicare a guazzo, ciò è a dire con vna femplice richiefta,od inftáza ottener ciò,che le aggrada;entra nel
batello dell'artificio, e nauiga ad orza, in biafimo de'
concorrenti,ma fotto vento del merito loro.Dirizza il
corfo alla repulfa col dirne male,fpiegata però, c hà la
vela al dirne bene; preme con vna mano il timone del
demerito,e coll'altra il remo fpinge del ualore . Tien
diritta la punta della prora alla tramontana del vitio ,
ma dopo hauerla più d'vna volta all'auftro della uirtù
piegata. Cosí non di rado nella regatta de gli honori,
delufi, e a dietro lafciati i concorrenti, ella fe n'entra
primiera, e trionfante nel porto del magiftrato a curui
remi,ed a vele piene

Goffr. c.2. ━━━━*di calunnie,adorne in modi*
Noui,che fono accufe,e paion lodi.

E chi sà,che nella corte di Vitellio Augufto,quefto mo
do di fare,da quel forbito cortigiano,ella non apprende-
deffe,di cui racconta Tacito,che anch'egli felicemête
precorreffe nella gratia del principe vn fuo emulo, *fe-*
Hift.li.1. *cretis criminationibus ipfum infamando,& quò incautior*
deciperetur,palàm laudatum?

Non fi sbigottifce alle repulfe giammai l'ambitione,
ne giammai s'arretra alle negatiue . Anzi tanto più nel

chieder

chieder s'inoltra,quanto men le viene côceduto. E nel
replicar l'inſtanze, veggendola importuna, più toſto,
che ſollecita, direſti,non eſſer guari diſſimile da quella
moſca d'Homero,

> *Quæ quamuis de pelle uiri, ſit ſæpè repulſa,*   Ilia.li.17.
> *Aſſultat morſura tamen*━━━━━

Ma d'ordinario queſta Teſala maga tratta le coſe ſue,
nocturnis colloquijs,& flexo in ueſperam die. Ed hà per   Tac.an.1.
coſtume di praticare alle ſtrette con perſone mal con-
tente,e di raccogliere in uno, tutte l'immonditie della
republica, adulando, e careggiando ogn'huomo più   Idem ibid.
vano,e più leggiero, che tanto meno auueduto ſi ſcuopra a penſare al futuro,quanto più agiato ſi uegga a pra
ticare il preſente. Et è per appůto,quella ſorte d'huomini,de quali l'iſteſſo Tacito dice , che *abundè rati, ſi*   An.lib.2.
præſentibus fruantur,nec in longiùs conſultant, che,men-
tre ſono miniſtri dell'ambitione di pochi rieſcono fab
bri della tirannide di molti; *nèque intelligunt cæca cupi-*   Senec.de
ditate corrupti, dum rempublicam uenundant, ſe etiam conſtan.
uenundari.

Ma quello, che non reca poco di marauiglia è , che
le maſſime,e' dogmi di queſta maeſtra paiono all'orecchio di chi li ſente,paradoſſi, e concetti aſſai rimoti dal
comun'intendimento de gli huomini ; e nientedimeno
ella ce li rapporta,con tanta franchezza , e coſì ben'aſ-
perſi d'eruditione;e di dottrina ,che l'intelletto vgualmente ſe n'appaga,che de'principij indemoſtrabili del
le ſcienze.

Vuole,che col calpeſtar la gloria ,ſi conquiſti la gloria,

tia;che col difpregiar gli honori,fi confeguifcano gli ho
nori . E ftabilifce i concetti con belliffimo efempio.
Si come(dice ella)ueggiamo,che' marinari uolgono le
fpalle al luogo,doue più defiderano d'abbordare ; così
coloro deono moftrarfi auuerfi alla gloria, che alla glo
ria afpirano . E'l fenfo fù dedotto dall'impareggiabile

Plut. lib. fapienza d'un greco;*qui immodicè,&impotenter gloriæ in-*
an.reſtè di *hiant,gloriam, ut citra æmulum ea potiantur , obterunt;*
ſtū ſit, ita *imitanturque remiges,qui ad puppem ſpeſtantes,proræ ta-*
viue,vt ne *men curſum adiuuant, ut undæ retrò inhibitæ proueſtam*
mo ſciat te *ſimul cymbam impellant.*
vixiße.

Vuole,che gli occhi di coloro fien riuolti alla terra di
priuata conditione ; che tengano fifa la mente al cielo
della corona ;che trattino di cofe minime nella gràdez
za dell'apprefo oggetto,di fonno nella uigiláza, d'otio
nel negotio,di quiete nel moto . E di repente, come,
ch'ella fia nella più recondita eruditione ammaeftrata;
ce ne reca da Seneca il tragico,la pruoua,e la conferma
del penfiero.

In Aedipo.　　*Certiſsima eſt regnare cupienti uia,*
　　　　Laudare modica ,&ocium,ac ſomnum loqui.
　　　　Ab inquieto ſæpe laudatur quies.

Dà precetto al fuo candidato di fauellare della dominatione ,tutto all'oppofito di quello , ch'egli fe ne
crede;di diuifarne tutto a rouefcio di quello,che ne fen
te .Configlia,che fi biafimi il comando,e che ogni ftu
dio fi ponga in perfuadere ad altri,ch'è pericolofo il go

Simonid. uernare,malageuole l'affaticarfi pe'l publico,*cuius ad-*
apud Plut. *miniſtratio inimicitias,& diſſidia affert.*

　　　　　　　　　　　　　　　　　Efforta,

Esorta, che di souéte s'habbia per bocca il detto del magno Pompeo; *rempublicam ambit inexpertus, odit expertus*. E che se ne rechi dalla catedra di Crisippo la cagione a chi la richiedesse; *si enim malè rexeris, Dijs displicebis; si benè, hominibus.* Loda, che si lodi l'humore di Platone, e di Demostene; dell'uno, perche giammai nó volle intromettersi nel gouerno della republica; dell'altro, perche ei soleua dire, che *si ex duobus alterū sibi esset eligendum, potius iret in exilium, quàm ad tribunal, aut ad magistratum.*

Plut. Apophteg. apud Stob.

Plut. apophtegm.

Eh, che 'l saggio cittadino dee chiuder l'orecchie al suono delle parole, ed aprir gli occhi dell'intendimento al senso loro, ed al fine. Sono questi concetti, come nuuole, le quali tutto, che ci paiano lucide, belle, e serene, non ad altro però si son generate, che a produr lampi, tuoni, folgori, e tempeste. Sono gli apparati, e le prime scene della tragedia della seruitù. Sono il prologo della rappresentatione dell'altrui dominio: *nullus enim unquam alienam seruitutem, & dominationem sibi concupiuit, ut non eadem ista uocabula usurparet.*

Tac. an. 4.

Vuoi tu di quel che dico più valeuole pruoua? Ecco, che nell'esempio te la reco d'Appio Claudio, principe de' Romani decemuiri. Osserua il modo, con che costui ageuolossi il secondo anno l'ingresso nel magistrato; *(#) primùm simulatè (dice l'Halicarnasseo) eum recusauit, (#) a negotiosa, (#) inuidiosa reipublicæ administratione se liberari petijt; (#) tandem, cum omnium precibus rogaretur, ipse quoque non dubitauit eum magistratum petere.*

Lib. 10. antiq. Rom.

Eccoti

Eccoti un Tiberio, ed eccoti la maniera, con cui alla monarchia del mondo egregiamente iftradoffi. Fa-
ceuafi anch'egli ful principio dalla pratica lontano, fcu
fandofi hora col pericolo, in cui fi ritruouano i grandi,

Tac. an. 1. e dicendo; *cunĉta mortalium incerta; quantòque quis plus
adeptus effet, tantò magis in lubrico effe* : hora colla pro-
Suet. in Ti pria fieuolezza, confeffando, *fe toti reipublicæ parem non
berio.* *effe* . E con rifentite parole, *adhortantes amicos argue-
bat, ut ignaros, quầta belua effet imperium* . Hora da ftoi-
co difcorreua della grauezza del gouerno. E come dalla fcuola di Zenone pur dianzi vfcito, andaua difcorrendo, per quel poco di tempo, c'haueua gouernato fotto
Tac. an. 1. Augufto, *fe didiciffe experimento, quàm arduum, quàm
fubieĉtum fortunæ cunĉta regendi onus* . E da cittadino
altretanto zelante del publico feruigio, quanto lontano da ogni forte di priuato intereffe, côfigliaua i padri,
Ibidem. a diuidere la mole dell'imperio, affermando, *plures faci-
liùs munia reipublicæ, fociatis laboribus executuros*, e
particolarmente, *in ciuitate tot uiris illuftribus fubnixa.*

Quefte furon le fottiliffime fila d'artificio, colle quali, coftui così ben'addottrinato nelle maffime dell'ambitione, fabbricò i lacci, in cui incefpicando, cadette pofcia, per non rifurger mai più, quel poco di libertà, ch'
era rimafto, dopo la mancanza d'Augufto. Quefte furono le lontananze, e le fughe, che feruirono egregiamente a quefto grande artifta per approffimarfi, anzi
per impoffeffarfi nell'imperio. E finalmente quefte fu-
rò i fortilegi, co'quali di maniera intorbidò i fenfi, e cô-
fufe le mêti di que' fenatori, che infino gli ridufse a pre-
garlo

garlo ad accettar quello, che *specie recufantis flagrãtif-* *In Tiber.*
c.24. *fimè cupiuerat.*E Suetonio raccõta, che l'iftefso coftui, *quafi coactus,& querens, miferã,&onerofam fibi iniungi feruitutem, recepit imperium:nec tamen aliter, quàm ut depofiturum fe quandoque fpem faceret.*

Sofcriueua volontario il cuore di coftui al tradimento,che mentitrice gli faceua la lingua. Inhorridifca vn buon cittadino all'afpetto folo di quefti tortuofi ferpenti,che portano non fopra,ma fotto la lingua il veleno.Stia più che fi può,dalla pratica lontano di quefti moftri di doppio fenfo,e di mafcherata ambitione ; ed a vituperio loro dica con Homero :

Pene mihi eft Orci portis inuifior ipfis, — *Apud Plut.*
lib. de Ho-
mero.
Cuius uerba fonant aliud,quàm mente recondit.

E per cõtrario d'amorofa amiftà ftringafi, ed habbia cõ coloro dimeftichezza, e collegatione, che fono di genio candido,e di natura aperta,come, per efempio moftrauafi d'efser colui, che per bocca d'Ennio diceua:

Ego eo ingenio natus fum : amicitiam, *Apud Aul.*
Gell.li.19.
cap.18.
Atque inimicitiam in frontem promptam gero.

Florida fù la fcuola in Roma dell'ambitione, mentre fi venne alla pratica di creare il magiftrato decemuirale. E come non fi trouò fenatore, che non la frequentafse,così non vi fù dogma,precetto, ò artificio di quefta maeftra,che non ui fofse praticato.Ma venutofi allo ftretto della negotiatione, di maniera s'accefero gli animi de' pretendenti,che pofta in non calere ogni arte, & ogni fimulatione, a fcoperto volto ,e ad alzata vifiera attaccofsi la zuffa. Così lo fchermitore con mae-

ftreuole artificio nella tiepidezza del fangue maneggia la fpada,che deponendolo pofcia nella feruefcéza,
l'vfo di quella al furore, ed all'accefa bile volontario
commette. Dal conueniente paffoffi all'indegno,dall'
honoreuole al pregiudiciale, dalle doppiezze alle que-
rele,e da quefte alle calunnie.

Sentiuanfi alcuni fenza veruno rifpetto , *criminari*
optimates,è perfonaggi di qualità , in cui il neruo tutto
confifteua della concorrenza . E per contrario fenti-
uafi altri infino alle ftelle innalzare , *candidatorum le-*
uiffimum quemque,humillimumque,gente tutta di poco,
ò di mal taléto,da cui nó poteua venir loro,che contrafto fuperabile . E di Appio Claudio in particolare racconta Dionifio,che ful caldo della pretenfione , *crimi-*
nabatur fuos competitores ,uiros optimos , fibi præ inuidia
*parü æquos effe.*Quefto è colui,che come teftè dicémo,
tanto alièno , ed abborrente del grado fi moftraua.

L'ifteffe maniere, ed i medefimi tratti , fenza verun
dubbio, deono ftilarfi ancor'in Lesbo,quádo alla creatione fi difcende del decemuirato . Doue fono le medefime cagioni,fà di meftiere,che fieno i medefimi effetti. Dunque anche i fenatori di quefto ftato , dopo hauer trattato dietro la cortina dell'artificio , e dentro la
fcena della fimulatione, de' loro intereffi , deono per
auuentura farfi veder ful palco della curia, ed iui rinouar le macchie originali,non che nientouar le colpe
attuali de' loro concorrenti, fenza hauer'un minimo
che di riguardo, a conditione,ò a qualità di perfone ,
fieno pur cófpicue,e benemerite della republica;fieno

pure

Liu.dec.3.
lib.1.

Lib.10.Ro
ma.antiq.

pure parenti, amici, e loro benefattori.

Hà di maniera confuso l'intelletto, e torbido l'uso della ragione chiunque è commosso, ed agitato dallo spirito dell'ambitione, e dal furioso desiderio di coman dare, che nò può conoscere alcuna forte d'obligatione. E però benissimo disse il maestro; *nulla sunt uel naturæ,* *uel amicitiæ, uel beneficentia satis firma uincula, ubi ma-* *ieftatis, uel imperandi furiosum desiderium innaserit.* Cõcetto di tal verità, che meritò poscia d'esser replicato, non che da vn'altro greco approuato; *quicunque poten-* *tiã affectant, cætera omnia cupiditati suæ postponunt, ita ut* *amicissimos, etiam genere proximos, inimicissimorum loco* *habeant.*

Arift. in *Ethicis.*

Dio Caff. *lib. 36.*

Bella è l'occasione, che ci si porge quì della dottri-na di questi due grandi huomini, Aristotele, e Dione, di considerare, quanto sia mal sicuro ogni grado di san gue, e fieuole ogni nodo d'amicitia, mentre si viene al-la pretensione del comando, e del dominio.

Saturno per regnare uiolò le leggi di natura. Troncò i genitali del padre, acciòche altri fratelli non gli fosse-ro prodotti, co' quali hauesse poscia a contendere, o a diuidere il regno. Diuorò i propri figliuoli, ancor lat tanti, e ad un medesimo tempo diè loro morte, e sepol-tura nel proprio uentre, a cagione, che, peruenuti ad v-na età vigorosa, e capace d'ambitione nol priuassero della corona.

Sono questi (mi si dirà) poetici, e fauolosi ritrouamen ti. E' uero, ma d'Hesiodo, huomo d'alto sapere, e di pro-fondo intendimento, in cui la sapienza, e non il caso in-

uenta

uentaua . Ed a chi vuol feguitar l'opinione di Plutar.
co,conuien credere, che *poetica , non tantùm uoluptati*
funt compofita,fed altior, profundiorque mens , (t) intelle.
Ctus in ijs occulitur . E però faggiamente diceua il diuin
Platone, *non debere,qui initiati nondum funt fapientiæ,*
incidere in Homerica poemata, ne fabellas cenfeat heroem
illum fcribere .

Non fono fauole preffo gli huomini faputi,le fauole
de' poeti;fono penfieri d'efquifitezza , e di fiorita dot.
trina;ma fà egli di meftiere,che bene s'apprendano . Il
fenfo loro allegorico è altretanto uero,quanto falfo,ed
incredibile il letterale;*nemo penè nefcit* (diceua Plutar.
co)*neque Homerum ,neque Pindarum , neque Sophoclem*
pro certo habuiffe,quod fcribebant.

Non fù vero,che' compagni d'Vliffe foffero trasfor
mati da Circe in animali bruti, come nell'Odiffea rac.
conta Homero;ma volle quel fauio poeta allego rica.
mente darci ad intendere,che coftoro dalle bellezze
accalappiati di quella donna,e da gli agi,e dalle morbi.
dezze infieuoliti,fi diedero affatto in preda della parte
fenfitiua,ed a quefta foggettando la ragioneuole,uiffe
ro nell'albergo di colei,come tanti irragioneuoli.Oda.
fi dall'antichità fpiegato il bel fentimento di fapienza
impareggiabile.

Non ut Homerus ait, trifti medicamine lectos
Hofpitio Circe reddidit ipfa fues.
Pauperior, fed quifquis erat, difceffit ab illa ,
Nam meretrix quondam perniciofa fuit.
Exutofque fua prorfus ratione maritos

For-

Marginal notes:
- Lib.de Mufica.
- In Alcib.
- Li.de aud. poetis.
- Pallad.epi gr.lib.I.

Fornice continuit,non secus atque feras.

Non è vero, che col suono della cetra Anfione ren-
dendo mobili le pietre,le tiraffe nella fabbrica di Tebe
feguaci,a feconda. Ma sì bene egli è il vero,che coll'e-
loquenza ridufse que' rozzi popoli ad habitar'in vno ,
ed a formarne vna città,viuendo tutti in vn medefimo
luogo. Così del falfo,e poetico ritrouamento, n'habbiamo il vero,ed hiftorico fenfo da vn poeta;

> *Dictus & Amphion Thebanæ conditor Arcis,*
> *Saxa mouere fono teftudinis, & prece blanda*
> *Ducere,quò uellet. Fuit hæc fapientia quondam*
> *Publica priuatis fecernere,facra profanis;*
> *Oppida moliri ; leges incidere ligno.*

Horat.de
art.poet.

L'iftefso difse Quintiliano d'Orfeo,*quia rudes, atque a-* Li.1.c.17.
greftes animos admiratione mulceret,non feras modò,fed
faxa etiam,fyluafque duxifse,pofteritatis memoriæ tradi
tum eft.

Così in noftro propofito diciamo.Non fù vero,che
Saturno rendefse il padre inhabile alla generatione,ne
che diuorafse i propri figliuoli . Ma il faggio Hefiodo
col falfo ritrouamento,ne fà capace della chiarezza del
vero,e colla poetica inuentione, politicamente n'am-
maeftra,che niun grado di fangue ftà faldo al poderofo
cimento della concorrenza, ne al pefante martello del
defiderio di comandare ; e che'n cafa della ragione di
ftato nó hanno ficuro ricetto il padre co' figliuoli, i
figliuoli col padre,ne i fratelli tra loro.

Alla mofsa di quefta furia infernale dell'ambitione,
noueris (diceua colui) *tyrannos complures,liberos fuos oc-* Xenoph.in
cidifse; Hierone.

'cidiße;multos a liberis interfectos effe ; multos fratres regnum ambientes mutuo parricidio ſe confeciſſe.

Deſcriue Homero la doglienza, che fece Nettuno di
Gioue ſuo fratello, benche di lui maggiore, per la pretenſione, c'haueua d'un non ſò che di dominio più di
lui; che ſe l'Iride, meſſaggiera di Gioue, opportunamen
te non raffrena l'ira, e l'impeto di Nettuno, al ſicuro,
che naſce tra que' due fratelli qualche gran mouiméto.
Vegganſi le parole al quinto decimo dell'Iliade; ma_
delle riſſe, delle guerre, e delle morti ſeguite tra fratelli, per lo dominio, ne ſono piene le carte d'eſempi, e di
dottrina.

Pirro, rè de gli Epiroti hebbe tre figliuoli, Tolomeo, Aleſſandro, ed Heleno. Chieſto da un di loro,
Plut. in
Pyrrho. cuinam ex ipſis eſſet regnum relicturu ? Riſpoſe, ei, qui
acutiſsimum habuerit gladium . Moſtrò, che le ſuc-
ceſſioni de' regni, anche tra'fratelli ſi ſcriuono colla_
punta della ſpada.

Eteocle, e Polinice, fratelli ſtancarono la péna, benche valoroſa, e gagliarda di Statio, che ſcriſe dodici libri interi dell'odio, delle guerre, e della morte finalmé-
te dell'uno, e dell'altro ſeguita, per non hauer'il primo
voluto cedere il regno di Tebe al ſecondo, giuſta l'accordo, che paſſaua tra loro di regnare alternatamente
vn'anno l'uno dopo l'altro.

Plutarco conſiglia, che per mantenimento dell'amore, e della beneuolenza tra fratelli ſi fugga ogni occaſio
ne di gareggiar'inſieme in coſe di dominio, e d'honoreuolezza. E loda Lucullo Romano, che per queſto rispetto

spetto, *noluit ædilitatem petere ante fratrem, quàmuis ip-* *De plet. er-ga fratr.* *se ætate anteiret, sed posthabito suo, illius tempus expecta-uit.* E fà confideratione, che *nec Pollux quidem fusti-nuit esse Deus solus, sed præoptauit cum fratre fieri semi-deus, & sortis esse particeps humanæ, quò immortalitatis illum redderet consortem.*

Non v'hà luogo, doue faccia la peftilenza dell'ambi-tione ftrage maggiore, che nel regno dell'amicitia. Può dirfi (ne farà concetto d'hiperbole) ch'ella fia il pugna-le d'Aleffandro, alla cui punta ogni nodo, benche gor-diano di beneuolenza, e d'amicitia fi difcioglie. Non conuengono bene infieme, ne fan dimora nella medefi-ma fede l'ambitione, e l'amicitia. E però doue quella è la reggente, e doue fi ftà ful pretendimento di domi-nare, *ó amici, nemo amicus.* *Arif. apud Laertium.*

Giuroffi felicitato Orefte colà tra' duri, ed inhofpiti fcogli del mare Eufino, e fembrauagli d'habitare i cam-pi Elifi fotto l'inclemenza di quel cielo. Tefeo nell'-horridezza de' fotterranei, per doue iftradoffi all'infer-no, prouò le delitie dell'antro dell'Homerica Calipfo; l'vno, perche v'hebbe compagno il fuo Pilade; l'altro il fuo Pirithoo. Cofì d'amendue ci canta vn'antico;

> *Felix erat, duros inter Euxini accolas Orestes,*
> *Quoniam uitæ socium, carum habuit Pyladem.*
> *Felix erat Theseus præsente Pirithoo,*
> *Quamuis ad implacidum descenderet orcum.* *Bion apud Sto. ser. 61.*

Ma infelici a compatimento farebbono ftati, fe la lor fortuna gli haueffe condotti nella curia, ò doue di gra-do, e di dignità fi gareggia, pofciache, fatti non pur au-uerfi,

LI

uerſi,ma nemici nella lizza,e nell'aringo de gli honori,haurebbono ſenza difficoltà perduta la gloria,e'l tito
lo d'eſſer gli adorati numi dell'amicitia . E chi con
iſtupore del ſecolo fù vdito vna volta mentire per ſal-
uare l'amico dalla cadente ſpada,vdito ſi ſarebbe poſcia
có ſibilo del teatro,ſpergiurar gl'Iddei,per iſcaualcarlo
dal preteſo grado,e moſtrarſi a colui auaro del voto,a
cui pur dianzi moſtroſſi prodigo della uita.

In Paneg. *Nihil eſt tàm pronum ad ſimultatem, quàm æmulatio,quæ maximè naſcitur ex coniunctione,alitur æqualita-
te,exardeſcit inuidia,cuius finis eſt odium,* diſſe Plinio,
il giouane. Ma meglio,e più chiaramente,parmi,ch'ar
riuaſſe al punto M.Tullio,come quegli,che ne gli affari delle republiche fù molto più di lui pratico , e uerſa-
In Lelio. to . Non vna volta fù egli ſentito a dire,che *nulla maior peſtis eſſe poteſt in amicitijs,quàm honoris certamen,&
gloriæ.* E che per cotal cagione haueua oſſeruato tra
perſone amiciſſime eſſer nate acerbe conteſe,e nemiſtà
capitali.

Di M.Bruto,e di Caſſio,non hà dubbio ueruno,ch'e-
gli s'intendeua, di cui fù non pur cótemporaneo,ma intrinſeco aſſai,e familiare,come dalle lettere,che tra loro paſſarono,ageuolmente s'argomenta . Fù tra quelli
due gran ſoggetti,non ſolo congiungiméto di ſangue,
e di parentela,ma anche ſtretta,e cara amicitia . E Bruto era creditore della uita,non che delle facoltà di Caſſio,auuenga,che,egli era ſtato quell'uno , che dopo la
rotta di Farſaglia,e la ſconfitta de' Pompeani,haueua
gli impetrata da Ceſare la gratia,e'l perdono . Tutta
volta

volta, venuta la vacanza della pretura entrano in
concorrenza, e di repente si fanno nemici. Dimentica
l'uno la parentela, l'altro il beneficio, ed amenduc il sa-
crofanto legame dell'amicitia . E' chiaro il merito di
Caffio, per le cofe fatte contra i Parthi . E' illuftre la
gloria, e la uirtù di Bruto . A quefti il dittatore inchina, e pronuntia , *iuftiora afferre Cafsium , Bruto tamen* Plut. ï Bru
priores partes dandas. to.

Non è huomo, l'huomo nel caldo della pretenfione
de gli honori nella curia. Accefa, che è dal fuoco dell'am
bitione l'irafcibile , ch'è madre della contentione, di
maniera lo fconuolge, e domina, che lo priua dell'ufo
della ragione, non che della memoria del beneficio, del
fangue, e dell'amico . Così parue, che al penfiero fofcri-
uefse quel greco, che diceua ; *contentio honorum, quæ ex* Theag. Py
ui irafcibili emanat ; cum in excefsu fuerit , gignit feri- tag. lib. de
tatem. virtutib.

Strana forza è quella dell'ambitione ; *ea cunctis affe-* An.li. 15.
ctibus flagrantior , difse Tacito . Ne mai meglio. Grande, egli non fi può negare, è lo ftimolo d'amore tra due
riuali . Ben lo fapeva per efperienza quel forfennato,
che diceua,

> *Tu mihi, uel ferro pectus, uel perde ueneno ;* Proper. ad
> *A domina tantùm re modò tolle mea.* Lync. eleg.
> *Te focium uitæ , te corporis efse licebit,* 25.
> *Te dominum admitto rebus amice meis.*
> *Lecto folùm, lecto te deprecor uno ;*
> *Riualem pofsum non ego ferre Iouem.*

Grande è la gelofia del letto matrimoniale . Lo moftrò

Herode il rè di Giudea, che agitato da questa frenesia,
dopo d'hauer commesso l'homicidio nella persona del
Ioseph. lib. 15. antiqu. zio, per ombra, ch'ei fosse caldo delle bellezze di Ma-
rianne sua consorte, comandò a' più cari, che s'egli pri-
ma di lei moriua, di subito anch'ella fosse morta, a cagione, che niuno dopo lui la possedesse. Tutta uolta
maggior dell'una, e dell'altra è la cupidigia de gli hono
ri in vn'huomo di republica.

Plut. nella vita di Te seo. Teseo, e Pirithoo, amici di singolar'esépio, fan preda
d'Helena, ancor fanciulla, métre tutta gioiosa si trattie
ne nel tépio di Diana in danza, ed in festa. Diuengono
di repente amendue amanti di lei, e drudi. Nientedimeno in riguardo dell'amicitia, si commette alla sorte
l'adorata donna, ch'era la più bella cosa, che si hauesse
la Grecia. E l'uno all'altro la cede.

L'Istesso nella vita di Catone. Hortensio s'inuaghisce di Martia, la diletta moglie di
Catone. Hà petto, e lingua di chiedergliele per certo
tempo, ed egli non hà cuore di negargliele. Ed in gra-
tia dell'amicitia gliele concede; benche con liuidezza
ad interesse fosse poscia da Cesare rapportato il fatto; a
cagione, che Hortensio morédo, la disse herede de' suoi
beni. Ma s'oppone Plutarco alla calunnia, e dice, che
Vbi sup. *tribuere Catoni turpis lucri cupiditatem, est perinde, ac si
Herculi timiditatem exprobres.*
Ora vedesi quà, che alla forza dell'amicitia,
Ouid. de re med. a mor. lib. 1. ———————————— *periere cupidinis arcus,*
Contemptæque iacent, & sine luce faces.
Doue all'incontro troueremo noi, chi nel caldo della
pretensione, sul ribolliméto della concorréza, in quella

arrab-

arrabbiata fete di dominare, ceda all'amico, e quaſi in voto l'armi del proprio merito, e dell'altrui fauore all' Idolo dell'amicitia offerifca, ed appenda? Ouero(e diciam meglio,) *ubi inueniemus eòs, qui honores, magiſtra-* *tus, imperia, poteſtates, amicitiæ non anteponat, ut cum ex* *altera parte propoſita hæc ſint, ex altera uis amiciti, non* *multò illa malint?* Cic. in Lɛl.

Gran cofa, l'amicitia, che al parer de' faui, *eſt omniũ* *diuinarum, humanarumque rerum, cum beneuolentia, &* *charitate ſumma conſenſio* ; e della quale, *nil melius (ex-* *cepta ſapientia) homini datum eſt a Dijs immortalibus* ; viene tuttauia dall'iſteſſo huomo pregiata sì poco, che da lui ſi poſpone all'ambitione, la quale in foſtãza altro non è, che *res uentoſa, nullum habens terminum, in prati-* ca rieſce così danneuole, che rende gli huomini, *partim* *ridiculos, partim odioſos, partim miferabiles. Ridiculos,* *qui ad maiora aſpirant. Odioſos, qui ea conſequuntur.* *Miferabiles, qui ſpe falluntur.* Idem vbi ſupra. Sen. ep. 86. Phau. apud Stob. ſer. 2.

Quell'amicitia, che'n guiſa di caſtiſſima matrona, nõ di rado, in pruoua della ſua pudicitia s'è veduta ſtar ſalda all'horribile cimento della morte, hora ad vna ſemplice luſinga di glorietta vana, ad vn poco di ſuſurro di popolare acclamatione la veggiamo contaminata dal libidinoſo, e vile mancipio dell'intereſſe di comandare. E ſotto gli occhi d'ogn'uno,

Illud amicitiæ quondam uenerabile numen *Proſtat ; & in quæſtu pro meretrice fedet.* Ouid. 2. de Pont. eleg. 3.

Ma ceſſi di sì brutto effetto la marauiglia, conſiderando la cagione, che ce ne reca M. Tullio, ed è, che *imbecilla* *eſt*

est natura ad contemnendam potentiam.

Facciamo ora ritorno a' noftri cãdidati, che lafciam-
mo ardenti, e infacédati nella pretenfione del fourano
magiftrato della republica di Lesbo. E dalle cofe dette conchiudiamo, ch'effi pongano tutto quello ftudio
alla loro inchiufione, che per teftimonio di Liuio, e di
Dionifio, poneuano già Appio Claudio, e gli altri per
continuare nel carico, e nell'imperio preffo de' Romani.

Il bello di quefta fcena della curia è la varietà, e la
mutatione, che ad vn tratto fi vede delle perfone. Auan
ti, che fia creato il magiftrato, tutti i pretori delle prouincie, e tutti i fenatori della città tra loro fono d'egua
le conditione. In tutti fi offeruano boniffimi termini di
cortefia, e d'humanità. Le parole loro fono di feta, i
concetti d'oro.

Se alcuno moftra fentiméto di trattare con que', che
Tac. an. 2. l'anno a dietro fieno ftati di magiftrato, *prõpti funt adi
tus, obuia comitas.* Se comunica loro qualche negotio, ò
qualche intereffe, ne rapporta cortefiffima la rifpofta,
fi commenda il penfiero; fi dà per certo il dubbio, per
ageuole il difficile, e per fatto l'ageuole.

Ma quando è pofcia creato il magiftrato, e che coloro fono afcefi al grado, che ambiuano nó per publico fer
Iofeph. 6. uigio, ma per priuata libidine di comandare, *tunc exuvis*
antiq. *priftinis moribus, & tanquã in fcena mutato habitu, noua-
que affumpta perfona,* ritornano di repéte al loro primo
Lib. 2. Mo- procedere; *& refumunt ingenium* (diffe l'erudito Lip-
nit. Polit. fio) *quod paulifper fepofuerant.*

Così.

Così d'Appio Claudio racconta Liuio, che non tan-
tosto fù dichiarato decemuiro, che *finem fecit ferendæ* *Liq. dec.*
alienæ perſonæ, e che cominciò, *ſuo iam inde ingenio ui-*
uere. Oh egli hà pure del malageuole, che vn cattiuo
faccia lungo tempo da huomo dabbene. Difficilmente
può la natura mutarſi coll'arte; *inſitum natura morem* Pind.O-
(diceua vn greco) *nec aſtuta uulpecula, nec terribiles* lim.od.11.
leones facilè permutarint.

Ma l'Ariſtotele di queſta logica, l'Euclide di queſta
Matematica fù Agamennone, là in Aulide, quando am
biua il generalato delle forze della Grecia nella ſpeditione contra di Troia, che però da Menelao con ragione vien rimprouerato di tutti queſti artificij, e di sì ſpro
poſitata mutatione di procedere, dicendo,

Scis, quando cupiebas Græcis præfici, Eurip.
Specie quidem non uolens, uoluntate uerò cupiens. Iphig.
Quàm eras humilis, omnem dextram prænſans,
Et habens fores patentes cuilibet popularium;
Et dans alloquium ordine omnibus, etiam ſi quis non
    uolebat,
Moribus quærens imperium a uulgo redimere.
Deinde, poſtquam potitus es imperio, mutans mores
Amicis non amplius fuiſti, ſicut ante, amicus.
Difficilis aditu, et rarus inter clauſtra. Virum uerò
    non decet
Probum, res magnas gerētem, et imperio decoratum,
    mutare mores.

Poco frutto col tuo Agamennone, e meno colla poſterità faceſti, ò Menelao. Più valeuole è ſtato il ſuo
mal'

mal'esempio, che la tua buona dottrina. Così s'auuera, che *in actibus humanis, minùs creditur sermonibus, quàm factis,* e che d'ordinario,

Arist. E-thic. 10.

$$\text{-----------uelocius \& citius nos}$$

Iuu. sat. 14.

$$\text{Corrumpunt uitiorum exempla-------}$$

di quello, che c'instruiscono alla uirtù le buone esorta-tioni, ed i saluteuoli ammaestramenti. Quindi è, che insegnando col mal'esempio vn secolo all'altro, sempre andiamo dèteriorando,

Hor. lib. 3. ode 6.

Aetas parentum peior auis, tulit
Nos nequiores, mox daturos
Progeniem uitiosiorem.

Il mutar procedere, e costume, dopoche si son'ottenu-ti i gradi, e 'l ritornar'al proprio genio di natura, è una certa spetie di contagio, che si è di maniera nelle repu-bliche dilatata, che nò senza malageuolezza si trouerà vn senatore, che tantó, ò quanto, non ne sia tocco. Anzi pare, che hoggimai s'habbia per uitio hereditario nel sangue, e non per effetto di mal'esempio, tramandato dall'antichità ne' posteri.

Ma facciamone col discorso più euidéte la cagione. Alla gran luce della dominatione, star nascosta non può la naturalezza del dominànte. E' vno specchio ben terso l'imperio, che al viuo ci rappresenta l'imagine di chi impera. Lo scandaglio sicuro, col quale si può cono-scere quanto d'acqua peschi il nauilio del genio d'un' huomo, è il magistrato. Nella scena del comando, non d'altro fassi veder vestita la fittione, che di trasparente velo, sotto di cui egregiamente traluce la natura di chi

comanda.

comanda . E' di cera la maschera della simulatione al raggio del Sole del principato. Si dilegua tosto, e di repente,

Vera redit facies, dissimulata perit.

Petron. Arb. frag.

Non più in que', che son rimasti di magistrato, si vede quell'affabilità di prima, nò più in loro s' osserua quel trattar caro, e piaceuole. E ben si scuopre, che costoro non appresero giammai quelle buone massime di politica. *Principatum, quem geris, ornes; te ipsum uerò non mutes; neque enim per magistratum tibi quicquam accessit, neque eo deposito decedet. Magistratum nactus non extollaris, sed idē permaneas, sic enim deposito magistratu priuatus non existimaberis;* poscia che si vede in alcuni di loro vn portamento graue, vn superciglio seuero, vn trattar da grande, vn far da principe.

Apud Sto. serm. 44.

Non v'è angolo nella curia, da cui sputar non si vegga l'idea del fasto, e'l modello dell'alterigia. Ouunque tu ti riuolga, ti si rappresenta oggetto, che colle spetie visuali di boria, e di superba maestà, l'occhio ti ferisce. Eccoti di là vno, che nella porpora, ne' littori, ne' fasci si pauoneggia, come che sien questi segni della virtù dell'huomo, e non più tosto insegne dell'autorità del magistrato. Mira, se v' è chi lo rimiri, chi l'inchini, chi l'adori. Eccoti di quà vn'altro, *qui ceruice tumida gradiens, notos anteà obliquato contuetur aspectu, ut post captas Syracusas existimes reuerti M. Marcellum.*

Ammian. lib. 28.

Da vna banda rauuisi vn secondo Socrate, dall'altra vn terzo Catone. E non molto lungi ti si raffigura vn Clodio nella toga d'Aristide, vn Vatinio nel pallio di Pericle.

M m

Pericle . Le parole loro fono a meza bocca , come di cofe facre,ò fi odono vfcir così magnifiche,ed ampollo_se,che con Perfio ogn'uno le giudica.

——————dare pondus idonea fumo.

Le rifpofte riefcono tanto ofcure,che

Nec Apollo(dice chi le séte)*qd fi bi hæc uelint,intelligat.* I concetti tanto ambigui,e rauuiluppati,che ne pure gli fcioglierebbe Edipo , quegli che fciolfe l'enigma della Tebana Sfinge.

Chi fauella co' numeri di Pitagora,ò di Platone.Chi rifponde col filentio,e colle dita alla bocca , come fa_ceua Harpocrate . E chi hà gufto d'imitar la vanità di Pallante,liberto di Claudio Augufto,*qui uenerationi af-*

ferendæ nunquam domi aliquid,nifi nutu,aut manu figni_ficabat;uel fi plura demonftrăda efsent,fcripto utebatur, ne uocem fociaret.

Nelle negotiationi , che pur dianzi haueuano affai dell'ageuole,fi pruouano dure malageuolezze; ogni co fa appo loro fente del graue,dell'afpro,e dello fprezzo. Ed è quefto per appunto il modo di fare , di cui Plu_tarco fi prende giuoco,e dice , che fi come gli fciocchi ftatuari,allora fanfi a credere di formar coloffi,c'habbia no del uenerabile,e del nobile,quando li formano col_la bocca aperta,col ventre gonfiato,e colle gambe ftra_boccheuolmente ftefe, e finifuratamente lunghe , così

coftoro, *magnitudinem , ac maieftatem imperÿ fe expri_mere putant,fi grauitate uocis, afpectus afperitate , diffi_cultate morum, & conuerfandi afpernatione utantur.*

Di cotal fatta d'huomini vno ne fù Pifone nella Ro_

                                      mana

mana republica. Di coſtui racconta M. Tullio, che *tanta erat grauitas in ipſius oculo;tanta frontis contraĉtio,* **Pro P. Seſt.** *ut illo ſupercilio reſpublica tanquàm Atlante cælum niti uideretur ;* e tutto vano, e tutto uento , come che foſſe huomo di grande affare, *ad famam ſuam geſtis exulta-* **Tac. in** *bat.* A rouefcio della natura di queſto huomo fù Criſpo **Agr.** Salluſtio, il nipote, di cui ci rapporta Tacito l'elogio, che *inerat ei uigor animi, ingentibus negotijs par, eò acrior,* **Idē an. 3.** *quò ſomnum, & inertiam magis ſimulabat.*

Miſeri ſono pur coſtoro. Non s'auueggono, che a queſta maniera, nõ in altro rieſcono differéti da gli ſteſſi coloſſi, i quali di fuori ci raſsêbrano giganti, ed heroi, e di dentro ſono paglia, pietre, e piombo, ſe nõ in quanto, que' ſi mantengono col proprio peſo fermi, ed immobili, ed eſſi per la leggierezza loro ſono appena valeuoli a ſoſtentarſi; *dum enim baſi non ad reĉtam lineam* **Plut. vbi** *poſitæ, poteſtatem ſuperſtruunt excelſam , cum ea nu-* **ſupra.** *tant.*

Ora, che crediamo noi, che facciano que'ſenatori voanti, che ſi ritruouano hauer colle proprie mani creato vn ſimil magiſtrato, veggendo queſte ſtrane metamoröfi, e queſte tanto impenſate, e repentine mutationi di perſone?

Non andrà di ſicuro errato colui, il quale ſi farà a creſere, che attoniti ſi rimirin l'un l'altro , e come p opera ſi Malagigi, ò d'Iſmeno traſportati dal noſtro all'altrui emiſperio , non eſſendo habili nella confuſione a diſcernere in che luogo ſi ſieno, eſclamino col Tragico greco.

Incre-

Eurip.in
Hecub.

Incredibilia, incredibilia, noua, noua aspicimus.

Ma che? ritornati poscia in se stessi, ed auuedutisi, la mutatione non esser del clima, ma de gli huomini, de. testando il passato, facciano proponimento fermo di rinouar'in auuenire ogn'anno il magistrato. Ilche pe. rò non mai s'intende, che succeda. Scorre il tempo, uie. ne l'hora, ed ecco di nuouo in opra i diuisati artificij, ec co i medesimi sempre delusi, e' medesimi mai sempre i reggenti.

Ne ciò segue senza grã marauiglia di coloro, a' quali non è incognita la volubilità della curia nel tempo de' comitij, e la difficoltà, che s'incontra in condurre a buon segno vn negotio, che da' voti segreti dependa d'vna moltitudine di persone votanti.

Non v'è mare più tempestoso, più agitato dall'onde, ne più fluttuante della curia, quando si creano i ma. gistrati. Ouunque tu rimiri, si può dire col Poeta, che

Ouid.Trif.
I.eleg.2.

—————*nihil est, nisi pontus, & æther;*
Fluctibus hic tumidus, nubibus ille minax.

Tanti, e così gagliardi sono i venti, che la sconuol. gono, quanti sono gl'interessi, e quale è la cupidigia, che si scuopre ne' candidati. Tante le procelle, che la conturbano, quante sono le passioni de' partigiani.

Vedi in vno istante alcuni di maniera innalzati, che

Idem vbi
supra.

Iam iam tacturos sidera summa putes.

E fra poco vedi i medesimi di maniera depressi, che

Iam iam tacturos tartara nigra putes.

Hoggi

Hoggi vedeſi la naue della fortuna d'vno, da horrido aquilone sbattuta, fracaſſata, e rotta, e dimane vedraſſi la medeſima da un benigno zefiro d'amici, e adherenti pompoſamente veleggiata in ſaluo.

Hoggi tutto paſſa bene, e dimane và ſoſſopra ogni coſa. Vna notte ſola, che s'interponga; vn giorno ſolo, che s'inframmetta, è cagione della ruina, ò dell'aggiuſtamento d'un negotiato. Vna picciola, e fieuol voce, che ſi leui, muta, e varia il grido uniuerſale, e la comune opinione; e bene ſpeſſo ſenza l'euidenza della cagione, tutto a rouefcio di quel, che ſi credeua, ſuccede.

Ma ſeruiamoci (ed habbianſi patienza alcuni de'moderni) delle ſteſſe parole, nõ che del concetto di M. Tullio. *Nullum fretum, nullus Euripus tot motus, tantas, tam uarias habet agitationes fluctuum, quátas perturbationes, & quantos æſtus habet ratio comitiorum. Dies interpoſitus unus, aut nox interpoſita, ſæpè perturbat omnia, & totam opinionem, nonnunquam commutat aura rumoris. Sæpè etiam ſine ulla aperta cauſa fit aliud, atque æſtimamus, ut nonnunquam ità factum eſſe populus admiretur.* Orat. pro Murena.

Doue fà di meſtiere, che vna gran moltitudine côcorra di votanti, *ibi recta non infeliciter diſcernere difficile eſt, legemque quandam deorum immortalium depoſcit.* E Pyndar. Olymp. od. 9. però leggeſi di Pericle, che non trattaua colla moltitudine, che prima non ſacrificaſſe, e non porgeſſe uoti a' ſuoi Dei. Eliano lib. 4.

Tutta uolta in Lesbo, que' c'hanno pratica di queſto mare, ſanno coſì ben pigliar'il tempo della nauigatione nel negotio, adattarſi a' venti delle côtrarietà dell'opinioni,

nioni,e romper col remo de gli artificij l'onde fopraue
gnenti delle competenze , che felicemente il più delle
volte,contra la comune,guidano il legno della lor pretenfione nel defiderato porto della continuanza nel
magiftrato.

E perche tutta quefta machina, come ogn'altra , che
fi muoua nelle republiche,dall'unico filo ftà pendente
dell'intereffe , non mi crederei effer gran fatto alieno
dallo fcopo,che ci fiam propofti,il trattar di quefto,co-
sì in isfuggendo,qualche poco.E ciò faremo, ne forfe
fenza frutto(per quello,ch'io me ne creda)de'republi
canti,nel feguente libro.

REPV-

REPVBLICA DI LESBO

OVERO

DELLA RAGIONE DI STATO
in un Dominio Aristocratico

Libro Ottauo

DELL'ABBATE DON VICENZO SGVALDI.

SOMMARIO.

Quanto gioui l'interesse publico, e quanto nuoca il priuato ad una patria libera. Amici, ed amicitie, quali buone, quali cattiue, e quali necessarie à republicanti. Niun piange le publiche calamità pel publico, tutti per lo priuato interesse. Republiche mortali contra il sentimento di Tacito. Publico, e priuato interesse indiuidui. Traditor della patria colui, che per lo priuato dimentica il publico seruigio. Infelice fine del decemuirato di Roma; il medesimo dubitato di quel di Lesbo. Perdita della libertà facile. Difficile il riacquistarla. Preseruatiui consultati. Perpetuità de' carichi sospetta anche ne' uecchi.

MALAMENTE può penetrarsi la natura, e la forza dell'interesse, di cui testè hò promesso (lettore) di fauellarti, se prima non s'appréda,

quali

quali fieno le amicitie, che viuono nelle republiche,
per certo che di latente, e d'infeparabile, c'hanno fra di
loro . Diciamo dunque, che nelle republiche, ò di ra,
do, ò nó mai fuol'auuenire, che fi truouino vere, e rea,
li amicitie. E chi pur'vna ve ne trouaffe, di tutte quel,
le conditioni guernita, che M. Tullio richiede nel fuo
diuino libro *de amicitia* , fenza verun dubbio potrebbe
dire, ch'ella foffe,

Iuu. fat. 6. *Rara auis in terris, nigroque fimillima cycno.*

L'effenza d'una buona amiftà non è reale, ma inten
tionale ; non hà l'effere nelle cofe, ma nell'intelletto .

E' come il perfetto oratore, che fi contempla, ma nó
fi afcolta. Potero bene colle lor dotte penne formarne
l'idea, e l'efemplare, M. Tullio, e Quintiliano, ma infino
ad hora, a produrne pur'uno di tutta perfettione, l'arte
non è ftata valeuole. Ce lo confeffa il medefimo Quin
tiliano, mentre, dopo vn lungo racconto delle qualità,
Lib. 12.
cap I. che fanno di meftiere a crearne un buono, dice; *quæren*
tibus modò, an talis orator exiftat, refpondebo, quomodo
Stoici interrogentur, an fapiens Zeno, an Cleantes, an Chry
fippus? Ipfi refpondebunt, magnos quidem, ac uenerabi-
les illos, non tamen id, quod natura hominis fummum ha-
bet, confecutos.

Così potiamo dir noi . Molti per auuétura fon quegli, che nelle republiche fi vanno iftradando alla perfettione dell'amicitia, ma niuno per ancora v'è giunto .
Non fi ritruoua vn'amico di quella ftampa, e di quella
Epift. 9. bontà, di cui intendeua Seneca, quando diceua; *amicū*
paro, ut habeam, pro quo mori poffim . Vt habeam, quem
in

n'exilium ſequar, cuius me morti opponã, & impendam.

Tutti, ò tanto, ò quanto, dal proprio intereſſe, ſia-
no contaminati, e tutti più alle coſe proprie badiamo,
;he a quelle dell'amico; e pure ſola, vera, e perfetta ami
citia è quella, che ſpogliãdoſi la proprietà, tutto accomuna con l'amico. E'n queſto vno coſpira concorde
'l ſenato de' più ſaggi, *amicitiam, eſſe communionem quã-* Diog.in vi
dam omnium, quæ in uita, & ad uitam ſpectant ; noſque ta Zenon.
amicis uti debere, tanquam nobiſmet ipſis. E Seneca in
iſpecialità inſegna, che *conſortium inter nos rerum omniũ* Epiſt.48.
facit amicitia; nec ſecundi quicquam ſingulis eſt, nec ad-
uerſis in commune xiuitur.

Vn'altra ſorte d'amicitia ſi ritruoua, c'hà ſolo l'utile,
e'l commodo per fondamento; ed è propria delle republiche, di cui tutto, che imperfetta, ed intereſſata, nul
ladimeno ſi dee tener conto, perche queſta è la guida
d'ogni bel negotiato nella creatione de' magiſtrati; anzi, che da M. Tullio vien nomata amicitia ſuffragatoria, De pet. cõ-
perche non ad altra coſa più ſi adatta, che a tirare i ſuf- ſulat.
fragi fauoreuoli de gli eligenti. E però ſappi (diceua
egli al ſuo republicante) che *amicorum nomen latius in* Ibidem.
petitione honorũ patet, quàm in cætera uita; quiſquis enim
eſt, qui oſtendat in te aliquid uoluntatis, qui colat, qui do-
mum uentitet, is in amicorum numero eſt habendus.

Erano nella Romana republica, gli amici di cotal fat
ta in tre claſſi diſtinti. Altri andauano la mattina per
tempo a caſa de' ſenatori, e portauano loro augurio di
buon'euéto, e di ottima ſalute in quel giorno, e dall'vfficio s'addimandauano, *ſalutatorij amici.* Coſtume di

N n   creanza,

creanza, e di compitezza con tanta felicità da' ſecoli
tramandato a' poſteri, che hoggidi nõ v'hà coſa più gra
dita da' potenti, che'l vederſi a certe hore piene di coſtoro le anticamere, e le ſale; anzi poco amato dal popo
lo viene ſtimato il principe,

Virg. 2. Ge
org.
>*Si non ingentem foribus domus alta ſuperbis*
>*Mane ſalutantum totis uomit ædibus undam.*

Altri s'inoltrauano più nell'oſſequio, e leuandoli
dalle lor caſe li cõduceuano al foro, ed alla curia, e s'ap
pellauano, *deductorij amici*. Della qualità de' quali
lib. 1.
ep. 16.
ſcriuendo vna volta M. Tullio al ſuo Attico, diſſe; *cum*
ad forum ſtipati gregibus amicorum deſcendimus, reperi-
re ex magna turba neminem poſſumus, quo cum iocari li-
berè, aut ſuſpirare familiariter poſsimus. E di coſtoro
Inteſe quel Tragico, che laſciò ſcritto;
Sen. in
Herc.
>*Cum tot populis ſtipatus eas;*
>*In tot populis uix una fides.*

Altri finalmente ſempre li ſeguiuano, ouunque e-
glino andaſſero, ed eran detti, *ſectatores amici*, le cui ami
Vbi ſupra.
citie l'iſteſſo M. Tullio addimandaua, *ambitioſas*, *fuco-*
ſas, quæ ſunt in ſplendore forenſi, & fructum domeſticum
non habent. Di tutte queſte ſorti d'amici fù abbõdante
la caſa di Seneca, che non ricusò mai l'oſſequio loro, ſe
non quando ſi vide mancare il vento fauoreuole della
An. li. 14.
gratia del principe. A quell'hora (dice Tacito) che *in-*
ſtituta prioris potentiæ commutauit: prohibuit cætus ſa-
lutantium: uitauit comitantes.

L'iſteſſe amicitie, e gli ſteſſi amici nelle moderne
republiche ſi ritruouano. Hanno laſciato il titolo, mi

riten-

itengon l'ufficio . Di queſte diciamo, che non dall'a-
nore, ma dall'intereſſe riceuono la nominanza, che pe-
·ò amici chiamiamo quelli, a' quali la noſtra amicitia re-
:a commodo, ed emolumento .

Turpe quidem dictu (ſed ſi modò uera fatemur)
   Vulgus amicitias utilitate probat,   *Ouid. 2 de Pon. ele. 3.*

diſſe vn poeta, e bene, ma meglio haurebbe detto, ſe nel
concetto , oltre il volgo, e gli huomini di baſſa mano, i
grandi, e' potenti haueſſe racchiuſi . Queſti ancora per
lo più miſurano col compaſſo dell'utile, e dell'intereſ-
ſe le loro amicitie, *nec in rebus humanis quicquam bonū*   *Am. Marc. lib. 28.*
norunt, niſi quod fructuoſum; ſic amicos, tāquam pecudes ,
eos potiſſimùm diligunt, ex quibus ſperant ſe maximum
fructum eſſe capturos.

Ed in vece d'apprédere la buona dottrina del Liceo,
che inſegna, *magnanimo , & ingenuo uiro non congruere ,*   *Ariſtot. 8. Pol. c. 3.*
ubique utilitatem propriam quærere, ſeguitano il cattiuo
eſempio di Filippo Macedone, il quale, benche (ſe cre-
diamo a Teofraſto) *non maieſtate modò cæteros reges, ſed*   *Apud Plut. in Apopht.*
fortuna quoque, & ingenij modeſtia antecelleret, tuttauia
non iſtimaua eſſer baſſezza d'un'animo regio, ne indi-
gnità d'una corona, *amicitias utilitate, non fide colere.*   *Iuſt. lib. 9.*

Anzi di lui raccontano, che nó in altra maniera creb
be di fortuna, e di ſtato, *quàm fædera non ſeruando , &*   *Apud Dio. Chreſ. ora- tione de 15 credulit.*
proditores comparando ; ma che fugli più famigliare ,
e frequente il primo modo, che'l ſecondo; *proditoribus*
enim (oſſerua il buon Greco) neceſſe erat dari argentū;
Dijs autem propter iuſiurandum nihil dandum erat. Da
queſti indegni modi di fare nauſeato Plutarco hebbe

In vita Pyrrhi.

poſcia ardire di ſcriuer con libertà, che *reges immeritò culpant populum, ſi is utilitatis cauſſa modò huic, modò alteri pareat; ipſos enim imitatur, inſidelitatiſq. ipſos, & proditionis habet magiſtros.*

Liſandro, che fù ſoggetto per altro nella republica di Sparta molto riguardeuole, non ſolo anteponeua l'intereſſe, e l'utile all'amicitia, mà alla verità ancora, ed all'honeſto. Ne ſi arroſsaua dire, *ueritatem quidem mendacio eſse præſtantiorem, ſed utriuſque dignitatem, & pretium utilitate æſtimandum.*

Plut. in vita ipſius.

Queſto Liſandro, è quello ſcelerato politico, dalla cui ſacrilega bocca vſcì vna uolta quell'atroce beſtemmia, *pueros taxillis, uiros uerò iureiurando decipiendos eſse.* Concetto, altretanto empio, quanto ſproportionato ad un principe, e ad un caualier d'honore, il quale ſenza dubbio, s'haurebbe per indegno di cingere ſpada, e d'impugnar'aſta, ogni uolta, che uile ſi riduceſse a confeſsarſi timido d'ogni ſuo pari. E pure egli è veriſſima poſitione, che *qui iureiurando fallit hoſtem, hunc ſe metuere; Deum contemnere fatetur.*

Ibidem.

Ibidem.

Come queſto peſſimo dogma non hà hauuti ſeguaci nella poſterità, coſì hà hauuti imitatori il mal'eſempio d'applicarſi più all'utile, che all'honeſto, già che hormai preſso d'ogn'uno ſi pratica, che

2. de Ponto eleg. 3.

Cura quid expediat, prior eſt, quam quid ſit honeſtũ, Et cum fortuna ſtatque, caditque fides.

Ciò ſtante l'auueduto ſenatore non dee creder più alla fede de gli amici, di quel, che faccia il marinaro a quel poco, e lieue zendado, che a fine di riſaperne i

moti

moti de' venti, ei fofpefe all'antenna. Sconuolgonfi quefti, come quello, a tutte l'hore, e vacillādo in officio, e in
terrompendo l'ordinario corfo della lor fedeltà, danfi
in preda alla corrente della naue, che vola, e tralafciano
di volgerfi là, doue li richiamaua il fine, a cui erano
da lui ftati introdotti in minifterio. Per tanto, benche
fpalleggiato da grofsa banda di partigiani, non dee fi-
dar'il legno della fua fortuna al mare delle ciuili negotiationi (ancorche paia trāquillo) fe prima nol guernifce
di buoni, e braui armamenti per refiftere a qualunque
tempefta pofsa folleuarfi, e cagionarfi da turbo nemico
di contrari affetti.

All'incontro non cada d'animo, quando ben fi truoui colto d'improuifo da un'horribile, e fpauentofo for-
tunale di nemici; ne s'habbia per afsorto dall'onde delle perfecutioni, ancorche fi vegga battuto furiofamen-
te da' marofi, che cofpirano. Cambia faccia più volte
in un giorno il cielo, e come più, che fouente auuenne,
che nella ftefsa fpiaggia fi trouafse nello ftefso giorno
vna nauicella a trefcare, ed a naufragare, così pur'anche fouente adinuenne, che quella medefima onda, che
la incagliò, la rialzò, e rimettendola fortunata in alto, la
portò pofcia con ogni profperità a rigoderfi in porto.

Non fi giurò perduto affatto M. Tullio, all'hora, che
veggendofi battuto dalla potenza de' Cefari, de' Pōpei,
de' Crafsi, e de' Clodi, ch'erano le più altere tefte della
republica. Hebbe per buono, e per ben fortunato quell'
efilio, che lo riferuaua a fperanze migliori. Cedè all'in-
contraftabil forza della perfecutione, slontanādofi da

Ro-

Roma; e perche al riflufso di nuoui tumulti rifurfero nuoui intereffi, colui, che pur dianzi fù bádito, e profcritto, di repéte fi fentì bramato, non che richiamato dalla patria; e quel medefimo, che gli procurò l'efilio, fi fè capo, e promotore del fuo ritorno. L'interefse lo rilegò, l'interefse lo richiamò; *& quem Clodij caufsa Pompeius expulerat, eum contra eundem reduxit*. Veggafi in fonte quefta bella peripetia.

Dio.li.39.

Non v'è nodo di lega così ftretta, e così cara, che'l coltello dell'interefse nol refcinda; e per contrario, nó v'è così gagliarda auuerfione di coftumi, ne così repugnante antipatia di natura, che'l legame dell'interefse non congiunga.

Tra Cefare, e Pompeo non pafsò mai punto d'intelligenza, e ciò perche amendue afpirauano vgualmente all'afsoluto principato; *& hoc difcrimen animorum* (dice l'hiftorico) *inter eos extabat, ut pofterior nullo mortalium Pompeius, & omnium primus Cæfar efse uellet*; nientedimeno, l'interefse hebbe forze per unirli non folo d'amicitia, ma di parentado.

Dio.li.42.

M.Catone, *qui femper aduerfus potentes obliquus fuit*, e che'n ifpecialità fù oftro in ogni cofa alla tramótana dell'humor di Cefare, ageuolmente fi farebbe vnito, e congiunto feco, fe tra loro fofse ftata pofsibil qualche cadenza d'interefse. E ftò per dire, che fe due linee paralelle fofsero capaci di fentir'interefse, fenza malageuolezza s'unirebbono infieme, che che c'infegni Euclide.

Flor.lib.4. cap.2.

Fauoleggiano, che'l fiume Lethe, corra a piene fponde

de d'vn'acqua , di cui chi ne bee, incontanente delle
cofe paſſate ogni memoria perda . E' poetica la fittio_
ne; il vero Lethe nelle republiche è l'intereſſe , di cui
per poco,che ne guſti vn cittadino,di repente perde la
memoria de'beneficij,dell'amore,dell'odio, e dell'of_
feſe.

Ne credaſi già,che quì ſi fauelli dell'intereſſe , che
ſpetta al publico; di quello ſi tratta, ch'al priuato s'at_
tiene . Ed è per appunto quello,di cui ogn'uno ſente lo
ſtimolo,che dell'altro,niuno n'hà pur penſiero, nó che
paſſione . E però egregiamente Tacito, *priuata cuique* Hi.1.in fi.
ſtimulatio eſt,& uile decus publicum.

E ſe di queſto pur'alle volte ci cale,tutto ſi rapporta
a maſcherare il priuato intereſſe . Ne mai ſi piangono
le publiche calamità da' cittadini, che'n riguardo delle
priuate . Sono le lagrime,che da gli occhi loro cadono
alla caduta della patria, lagrime de' Megarenſi , giuſta
l'antico adagio, cioè a dire lagrime finte , come di co_
loro,

———*qui conducti plorant in funere.*   *Apud Col*
                                               lec.Adag.
Ma ſono ben vere , e reali quelle, ch'eſſi ſpargono a
cagione di priuato danno,ed incommodo . Coſì diſſe
il Satirico,

Ploratur lachrymis amiſſa pecunia ueris.   *Sat.* 13.
Raccontano d'vn nobile hiſtrione d'Atene, che do_
uendo in vna ſcena rappreſentar'un miſerabil caſo,ſi fè
di naſcoſto portar l'arca, doue ſtauano ripoſte l'oſſa
d'un ſuo figliuolo,ed iui tenendo ſempre l'occhio, e la
mente fiſa, con iſtupor d'ogn'uno , ſopra finta attione
                                                  riſonar

rifonar fece di uero pianto tutto il teatro . Così di coſtoro potiamo dir noi, *comœdiam boni uiri luditis, & ue-*
lati perſona patriæ, priuata damna ueris , & ſpirantibus
lachrymis lugetis.

Lipſ. 1. de
còſt. c. 8.

　Ma che dico io di lagrime, e di pianto, ò finto, ò vero,
che cada ſopra del publico? Con gli occhi aſciutti rimiranſi i funerali delle patrie, e con meſto, e lagrimoſo ciglio s'accompagnano que' delle priuate caſe.

　All'eccidio di Cartagine pur'una lagrima non gitta-
rono i Cartagineſi; pianſero poſcia inconſolabilmente,
quando, eſauſto il publico erario a cagione di rendere
a' Romani l'impoſto tributo di vaſſallaggio, fù loro ne-
ceſſario metter mano al ſoldo del particolare.

　E fù allhora, che riſe Annibale, veggendo, che, come
intempeſtiue così infruttuoſe erano quelle lagrime, che
ſopra il priuato, non ſopra il publico danno, cadeuano .
E di ciò rampognato da Aſdrubale, il fratello , eh, che

Liu. lib. 1.

allhora (riſpoſe) *fleuiſse decuit , cum adempta fuere nobis*
arma, incenſæ naues ; nunc tantum ex publicis malis ſen-
timus, quantum ad priuatas res pertinet; cum ſp-lia uiٔæ
Carthagini detrahebantur, cum inermem iam, ac nudam
deſtitui inter tot armatas gentes Africam cerneretis, nemo
ingemuit, nunc, quia tributum ex priuato conferendum eſt,
tanquam in publico funere comploratiٔ.

　L'intereſse priuato è la uera, e l'immutabile tramontana di tutti coloro, che nauigano il mare delle republiche . Ne per altro l'Egeo di quella di Platone, vien creduto impraticabile, ſe non perche ei vuole, che l'anténe
dell'operationi del ſuo cittadino ſien tutte indirizzate
all'op-

all'oppoſto polo meridiano del publico ſeruigio.

Non può intender queſto gran Filoſofo, come in vna patria, ch'è comune, eſſer vi poſſa coſa alcuna, che non habbia del comune. E che ſi come nel corpo humano, conuengono inſieme tutti i membri, ne alcun viue, che participante, e participato non ſia da tutto il corpo; coſì le parti della republica, che ſono i cittadini, e la republica medeſima, ch'è il tutto, vicendeuolmente tra loro, nò facciano comuni i propri accidenti, le proprie paſſioni, e le proprie ſoſtanze; in maniera tale, ch'altro non ſia la republica, che' cittadini, ne altro i cittadini, che la republica.

E però argomentando da quello, che ciaſcheduno pruoua in ſe ſteſſo, dice: *ſi quis noſtrum percuſſus eſt digitus, tota corporis communio ad animam pertingens ſentit protinus, totaque ſimul parte condolet; atque ideò hominē dolere digito dicimus. Eadem eſt ratio de uoluptate. Ita de quauis ciuitate, quæ optimè regatur, ſtatuendum eſt. Quoties ciuium cuique boni, uel mali aliquid accidit, talis utique ciuitas ſuum eſſe clamabit eum, qui ſic afficitur, atque ideò tota, uel lætabitur una, uel dolebit.*

De republica lib. 5. Dialogo 5.

Belliſſimo è 'l penſiere, e boniſſima la dottrina, e non haurebbe per auuentura contraſto nella pratica, come non hà oppoſitione nella teorica, ſe queſto gran ſaggio foſſe ſtato vn po poco mē auſtero, ed almeno ſi foſſe cópiacciuto di conceder al ſuo republicante, l'incomunicanza delle mogli, e la diſtintione d'vna famiglia dall'altra, ma hauendo uoluto, che anche queſte foſſer comuni, non ſi è trouato chi habbia voluto praticare la ſua dottrina.

O o   Egli,

Egli, egli medefimo fe lo preuide, e diffe in ifpetialità

Vbi fupra. delle donne, che *multò certè difficiliùs iftud creditur, quàm quòd uel poffibile, uel utile fit*. Benche non vi fie no mancati huomini di buon fapere, i quali hanno hauu ta opinione, che quefto dogma di Platone, non fi debba intendere al tutto letteralmente, tra quali, vno ne fù co

Epictet. a-pud Stob. fermi. 5. lui, che diffe; *Romæ mulieres, Platonis de republica libros circunferunt, quia communes uult effe uxores; uerbis enim intentæ funt, non fententiæ uiri.* Ma fia d'altra penna que fta confideratione, e feguitiamo noi il noftro filo.

An. lib. 1. *Principes funt mortales; refpublica æterna,* diffe vna volta Tacito. Ma a partito ingannoffi. Ed è gran co fa, che quell'huomo, il quale nel penetrar i più intimi fenfi di quelle due volpi, Tiberio, & Augufto, non andò gran fatto lungi dal vero, nel giudicio pofcia, ch'ei fece delle republiche, tanto s'allôtanaffe da quello, che quo tidianamente fi vede praticato.

Ancor quefte fono mortali. Ben'è vero, che, ò di rado, ò non mai muoiono, che per mano de' fuoi citta dini, coll'armi trafitte de' proprij intereffi. Ed è quefto, di che vna volta tanto fi rammaricaua Tucidide, e rim prouerandone i Pelepônefi, ne deduceua la morte vio

Hift. li. 1. lenta della loro republica; *unufquifque ueftrum* (diceua il faggio) *rem fuam urget, fuoque commodo ftudet. Alij quidem nonnullos quàm maximè cupiunt ulcifci. Alij ue rò domefticas res, quàm maximè curare uolunt; & ideò poft longam cunctationem, uix tandem in unù conueniunt, & exi guo temporis momento, de republica confultant. Maiorem verò partem temporis, in rebus priuatis curandis ponunt.*

Et

*Et unufquifque rempublicam nihil detrimenti ex hac fua
negligentia, capere poffe putat: fed aliquē alium existimat
effe, qui rēpublicā curet, eique pro fe ipfa profpiciat. Tandē
eadem omnium priuatorum opinione uniuerfam rempubli
cam perdi non animaduertunt.*

Ed ecco il cadauero d'vna republica, che Tacito
s'haurebbe creduta immortale, proftefo ful terreno di
poca carta. Ecco fotto gli occhi di chi legge i micidiali,
ed ecco l'arme fanguinofe ancora.

Ma quello, che'n propofito, reca marauiglia maggio
re della fteffa marauiglia, è, che coftoro, i quali non ado
rano altro Dio, che'l proprio intereffe, di niuna cofa,
hanno minor contezza, che del proprio intereffe. E nõ
meno fcimuniti di quello, che già fi foffero gli Ateniefi,
IGNOTO DEO dirizzano altari, appendono voti, ed
offerifcono incenfi.

Il tuo intereffe, ò cittadino (già, che nol fai, dirotelo
io) è l'intereffe della republica. Sono correlatiui, intereffe priuato, & intereffe publico. L'vno è d'effenza
dell'altro. Hà il tutto tal congiungimento colle parti,
che, ne quello da quefte, ne quefte da quello ponno fe-
pararfi; *utilitas publica* (attendi alla fapienza d'vn Greco) *non eſt feparata a priuatis; immò fingulorum utile, in*   Iambl. apud
publico continetur, & partes in toto feruantur, ut in ani-   Stob. ferm.
malibus, fic in ciuitatibus.   43.

Le tue ricchezze, le tue foftanze, fono le parti; il tutto è la republica. E fi come mentecatto farebbe creduto chiunque, pofto in non cale il reftante della mano, d'un folo dito teneffe cura; all'incontro s'haureb-

be per huomo d'aggiuſtato ſentimento colui, che foſſe
più ſollecito della mano, che del dito; coſì cagioneuo-
le di giudicio ſtimerebbeſi chiunque più al priuato intereſſe della propria famiglia badaſſe, che al publico ſer
uigio della patria.

Nella ſalute della mano, ſtà la ſalute del dito. Nella
ſicurezza della patria ſtà la ſicurezza di tutto il tuo hauere. Nell'eccidio, ogni coſa cade, e ruina. Odi T.

Dec. 3.
lib. 6.

Liuio; *reſpublica incolumis priuatas res facilè incolumes*
praeſtat. Publica prodendo, tua nequiſquam ſerues.

Ottimamente diſſe, *publica prodendo*, perche caminano d'ugual paſſo, la tradigione della patria, e la traſcuraggine del publico, pe'l priuato intereſſe. Non è mio
il còcetto, è d'vna delle più auuedute teſte nelle coſe
politiche, che giammai s'haueſſe l'Italia. E' di quello
ingegno, che nella ſingolarità andò del par col Romano Imperio. E' di M. Tullio. Attendaſi a ciò, ch'ei
dice, non orando, ma ſcriuendo, non ſul caldo del moto della lingua, ma ſotto il giro di conſiderata penna;

Lib. 3. de
finib.

non eſt magis uituperandus proditor patriae, quam commu-
nis utilitatis, aut ſalutis deſertor, propter ſuam utilita-
tem, aut ſalutem.

Regola pure quanto tu ſai, e quanto puoi ſe tre coſe priuate, che ad ogni modo reſteranno incenerite nel-
l'incendio della republica, ſommerſe nel naufragio della patria. Non v'è fortuna priuata per grande, ch'ella
ſia, che non riceua crollo nella ſcoſſa dell'edificio della
città. Le publiche ſciagure toccano ogn'vno; pe-
netrano in ogni luogo, ne da quelle ſi dà ſcampo, ne
fuga.   *Sic*

Sic partem fert quisque suam, cum publica clades
   Incidit, & prohibet ianua nulla malum;
Non latebræ quemquàm fugientem abscondere possunt;
   In thalamos penetrant publica damna tuos.

Solō. apud
Demost.
orat. de fal
sa legat.

E per contrario, non v'è fortuna così conquassata,
d'vn cittadino, che non possa riceuer sollieuo, e ristoro
dallo stato florido della patria. Odasi Dione, huomo
consolare, e che fù caro, ed intrinseco di più d'vn Cesare; *respublica, si prospero successu utatur, etiam priuatorū*
omnium potest calamitates subleuare. E del concetto
n'habbiamo conferma antica, ed autoreuole dal bilancio, che fà Tucidide dell'vno, e dell'altro interesse, pu
blico, e priuato, mentre dice;

Lib. 31.

   Ego iudico florente patria melius esse priuatis, quàm flo-
rentibus priuatis afflicta patria; nam, etiam si priuatus te-
net opes, tamen euersa patria simul hæc omnia pereunt.
Sed in florente patria, etiam pauper ciuis saluus esse
potest.

Hist. lib. 2.

Vdite, vdite voi, ò senatori, ò patrici, a' quali fù dato
dal cielo in sorte d'hauer'i natali ne' campi Elisi della
cara libertà. Sono questi concetti non da intagliarsi
ne' marmi, ò ne' bronzi, ad ornamento vano, ed ampol-
loso della curia, ò del foro, ma da esser col latte delle
nutrici, instillati negli animi de' vostri figliuoli, e nipo-
ti, a cagione, ch'essi col nudrimento del pretioso cibo
del zelo del publico bene condotti all'età destinata
dalle leggi, alla toga, e al maneggio de' carichi, *omniū*
salutem, singulorum saluti anteponant; & utilitati omniū,
plusquam unius alicuius saluti consulant, ch'è proprio
di

Cicer. 3. de
finib.

di buon senatore, e di buon padre d'vna patria di li.
bertà.

Stabilita nella digreſſione, e nel diſcorſo l'onnipo.
tenza del priuato intereſſe nelle republiche, di conſe.
guenza rimane anche genericamente conchiuſo, da que
ſta cagionarſi il diſordine, che ſi vede in quella di Leſ.
bo, di confermare quaſi ogn'anno i ſuoi Decemuiri nel
magiſtrato.

Reſta per tanto hora da eſplicarſi, quali ſieno ſpecifi.
catamente que' motiui, e quegl'intereſſi, che inducono
a ciò fare i ſenatori votanti, ed eligenti. Diciamo dun.
que, che di queſti, tutto che alcuni rimangano mal ſodisfatti del gouerno di coloro, che l'anno antecedente
regnarono, veggendo nulladimeno, in auuenire, poterſi
col caldo de' medeſimi incaminare a miglioranza le
coſe loro, hanno per buona fortuna, non alterar, ne pure in parte, non che del tutto mutar' il magiſtrato.

Dio. li. 52.   Altri più all'aperta, *proprio tantùm commodo intenti
omnes alios oderũt, eorumque felicitatem, ſuum damnum,
infortunium, ſuum emolumentum reputantes*, non permettono, che l'honoreuolezza del grado, la quale in
dieci ſoli è riſtretta, ſi diffunda, e ad altri ſi accomu-
nj, ch'eſſi hanno aſſai più in odio, che' primi dieci regnanti.

Tac. hiſt. 1.   Altri moſſi da inuidia, *& pari dolore aliena commoda,
ac ſuas iniurias metientes*, giudicando recarſi a lor vergogna, quando l'alterata honoreuolezza, non cada nelle loro perſone, più toſto ſi ſtudiano con liuidezza d'in-
chiuder nel magiſtrato i medeſimi ſoggetti, che v'erano, che d'introduruene de' nuoui.   Altri

Altri(e fono i più auueduti)confiderando,che nel giro della viciſſitudine delle cofe,d'ordinario alle buone
fogliono fucceder le cattiue, ed a queſte le peggiori,
temendo,che'l medeſimo non interuenga nella riuolta
di queſto magiſtrato,ò almeno, *ne magis fuccedant alij* *Idem hi 2.*
homines, quàm alij mores, hanno per più ficu ro confi-
glio il mantenerlo,che'l mutarlo.

Altri ſi ritrouano di natura ſimpliciotti,i quali *magis* *Salluſt. ad*
more,quàm iudicio,poſt alium, alios, quaſi prudentiorem *Cæfarem.*
*fequuntur,*e per appunto,come oſſerua Seneca,*pecorum* *De vita bea*
ritu antecedentium gregem. E a coſtoro parerebbe d'in- *ta.*
gannarſi a partito,e che'l tutto a roueſcio del ragioneuole andar doueſſe,ſe diuerſaméte faceſſero da quello,
che d'hauer mai ſempre per l'innanzi fatto, ſi rammen-
tano.

Altri finalmente(e fono quelli di miglior configlio)
veggendo di non profittar nulla,ne col voto, ne colla
voce,e ricordandoſi,che

    Stultus ,ab obliquo qui cum diſcedere poſſit ,   *Ouid.de re*
    Pugnat in aduerſas ire natator aquas: *med.1.lib.*
ſi rifoluono d'andar'anch'eſſi colla corrète,e colla piena dell'acqua,giuſta l'auuertimento greco.

    Nauiga fecundùm fluuium ;nauiga fecundùm for- *Eurip.in*
    tunam.   *Antig.*

Queſti fono i principali rifpetti,ed intereſſi,da' quali
prendono eſpediente i nobili di Lesbo, di crearſi colle
proprie mani ſempre i medeſimi padroni,e gouernanti.
Altri fe ne traggono,che per eſſer men conſiderabili,
da noi ſi tralaſciano. Egli è ben però vero,che'l difor-
                      dine

dine non poco di ſponda riceue dalla forma , che ſi tie‑
ne in farne l'elettione.

Segue queſta al concorſo d'vn gran numero di voti
ſegreti . Ed ogn'vno sà, come pur teſtè dicemmo, non
poterſi, che con malageuolezza conchiuder coſa di buo‑
no da vna gran moltitudine, la quale d'ordinario , *non*
deleĉtu, aut ſapientia ducitur ad iudicandum, ſed impetu,
& quadam etiam temeritate . E di quà viene, che nel‑
le republiche, e nelle vniuerſità,

Cicer. pro
Planco.

Et ſapiens ſæpè repulſus eſt, & inſipientem gloria
Secuta, & malus aliquis honorem naĉtus eſt;
come per cagion d'eſempio, ſeguì in Roma, quando fù
côceduta la pretura a Vatinio, huomo d'ogni ſcelerag‑
gine imbrattato, e negata a M. Catone, ch'era l'idea , e
l'eſemplare d'ogni uirtù . Dal che preſe poſcia occa‑
ſione vn pellegrino ingegno di dire con Romana liber‑
tà, che *nō Catoni tunc prætura, ſed præturæ Cato negatus*
eſt . E vn'altro di cantar con iſdegnoſa vena,

Theogn. a‑
pud Stob.
ſerm. 104.

Pellitur a populo uiĉtus Cato; triſtior ille eſt,
Qui uicit, faſceſque pudet rapuiſſe Catonis
Namque hoc dedecus eſt populi, morumq. ruina.
Non homo pulſus erat, ſed in uno uiĉta poteſtas,
Romanumque decus━━━━━━━━

Val. Max.
de repulſ.

Petron. in
fragm.

Ouero, quando Lucio Flaminio , ſoggetto di corrut‑
tiſſimi coſtumi, & max ob indignum facinus iudicandus,
& ordine ſenatorio amouendus, Scipioni Naſicæ, virorum
amnium optimo prælatus eſt.

Fran. Petr.
dialog. 28.

E tanto famigliare alla moltitudine l'andar errata
nelle elettioni, che Liuio fauellando di quella, che ſi
fece

fece di capitano per opporsi all'armi d'Annibale, con
fessa, che, *si multitudinis suffragijs res fuißet, haud dubiè* *Lib.* 32.
Minutium prætuliſſent Fabio, generale altretáto pruden
te nella ſua lentezza, quanto l'altro nel ſuo intempeſti-
uo ardire, temerario.

Ora per rimetterci in filo, ciò è a dire nel paralello
tra' due decemuirati, Romano, e di Lesbo, diciamo,
che eſſendo l'vno, e l'altro poco men, che l'iſteſſo in
tutte le coſe, ſarà nõ irragioneuole il titolo di temenza,
che poſſano ſortire ancora amendue il medeſimo fine.

E qual fù il fine di quel di Roma? fù, che' decemuiri hauendo col gran caldo dell'immenſa podeſtà, con
ſumato l'humido radicale del corpo della libertà, lo ri-
duſſero a così fieuole ſpirito di vita, che poco mãcouui,
che non ſpiraſſe nelle loro proprie mani. E però dice
Liuio, che'n tal congiuntura, *si quis memorem libertatis* *Lib.* 3.
uocem, aut in ſenatu, aut in populo miſiſſet, ſtatim uirgæ, *dec.* 1.
ſecureſque expedirentur.

Strana peripetia. Era capitale trattar di libertà, doue pur dianzi era capitale fauellar di ſeruitù. Credeuaſi
Roma d'hauer'eretto vn magiſtrato al viuer libero, e
trouoſſi d'hauer dirizzato il baldachino alla tirannide;
e in vece di dieci padri alla moderatione delle leggi,
hauer creati dieci Tarquini alla violenza della patria.

Non vi fù ſceleraggine, che coſtoro nõ commetteſ-
ſero. Non vi fù crudeltà, ne barbarie, che non permet-
teſſero; *Romanorum quoſque honeſtiſſimos, quibus acta* *Diony. Ha-*
ipſorum diſplicebant, partim ex urbe pellebant, falſis, gra *licarnaſ.*
uibuſq. criminibus illatis: partim interficiebãt; e i loro ſe- *lib.* 11.

guaci

guaci,e mafnadieri,con pari inhumanità , *tanquam armis capta,(t) expugnata patria,non folùm bona fuis dominis auferebant;fed etiam in formofas eorum uxores ,impife gerebant, & in filias nubiles contumeliofi erant,(t) ijs,
qui ideò indignabantur,plagas,ut mancipijs,infligebant.*

E l'eftremo de' mali era il non poterfi dolere dell'
eftremo de' mali. *Si libera uox cuiquam incidiffet,confeftim in eius tergum,& ceruicem uirgæ,fecurefq. expediebantur.* Ma nelle atrocità de' cafi fono più atroci le
pene del tacere, che quelle del parlare.

Sabellic.
Aeneid. 3.
lib. 4.

Non albergano gli Harpocrati,doue regnano i Mezétij.Refpiro,e refrigerio d'un'addolorato cuore è'l lamento ; e quando quefto uenga alla fommità delle labra, non ritorna giammai, doue hebbe l'origine,che nó
produca impareggiabile tormento.

Erano i fofpiri,e' gemiti di quegli augufti fenatori,
come mométanei baleni,tra' quali fentiuanfi mugghiare i tuoni di cotali doglienze . Che coloro ,a' quali
dalla publica autorità era ftata commefsa la cura d'ordi

Liu. vbi fu
pra.

nar le nuoue leggi ,*nihil iuris in ciuitate reliquiffent ;*a'
quali era ftata demandata l'ofseruanza de gli antichi
inftituti,*comitia,annuos magiftratus, & uiciffitudinem
imperandi fuftuliffent ;*& a' quali s'apparteneua non
tranfandar'i termini,ne i coftumi confaceuoli a' buoni
cittadini d'vna patria libera,s'vfurpaffero i fafci,le verghe,e'l comando regio.

Tale era lo ftato delle cofe di Roma. E fenza dubbio veruno,non lungi dall'eccidio della città , farebbe
ftato l'eccidio dell'imperio,fe Valerio,ed Horatio degni

gni d'eterna lode;fpalleggiati dalla nobiltà, e auualo-
rati dall'ardire della plebe;che armata già, e minaccian
te s'era fatta vedere nell'Auuentino, non hauefse pofti
in neceffità que'dieci di deporre col fourano magiftrato, le reali infegne, e di ridurre le cofe, come erano pur
dianzi, fotto il gou erno de' confoli, del fenato, e de' tri
buni della plebe.

Ora fe'l decemuirato di Lesbo è fimile, anzi quafi
l'iftefso, che quel di Roma, nell'origine, nell'autorità,
nel modo di procacciarfelo, ne' tratti di manteneruifi
dentro; per qual ragione crederemo noi, che deggia
appellarfi paradofso, il dire, che pofsa efsergli anche nõ
difsimile vn giorno, nel fine, e nell'euento? Crefce non
poco di fede, e s'auualora il concetto dalla confideratione, che non fù violata da que'dieci la Romana libertà il primo anno del loro magiftrato, ma'l fecondo; e
pure in quefto (trãne Appio Claudio) niuno vi fù côfer-
mato, come habbiamo dalla lettura del tefto di Liuio,
in cui nominatamente fi vede la ferie de' decemuiri, così del primo anno, come del fecondo.

Sù quefto fondamento, dicafi, fe vno decemuiro Romano, a cui l'imperio fi prolungò vn'anno, fù valeuole
a tirare i colleghi nel fenfo della tirannide, e dell'op-
prefsione della patria, che farà di Lesbo, quando, non
vn folo de'fuoi decemuiri, ma tutti confermi nel magiftrato, e non per vn'anno, ma per due, per tre, e per cin-
que? l'argomento è dell'iftefso Tacito; *fi fuperbiunt ho* An.lib. 2.
mines annua defignatione; quid fi honorem per quinquen
nium agitent?

E quando foggetta, ed opprefsata ne rimanga la repu
blica, che rimedio farauui alla feruitù, che fperanza alla
ricuperatione della perduta libertà ? Niuna, niuna per
certo; fenza malageuolezza fi fcéde dalle belle cápagne
del viuer libero, allo fcuro Auerno della foggettione.

Virg. Ae-
neid. 6.

     Sed reuocare gradum, fuperafq. euaderē ad auras,
della pregiata libertà,

——————————*hoc opus, hic labor eſt.*

Producono tutti i fecoli fpiriti di monarchia, e di tirannide, e rinouano la memoria de' Tarquini, de gli
Appi, de' Catilini, e de' Cefari, e niuno quella de' Bruti,
de gli Horatij, de' Valeri, de' Caffi, e de' Catoni; animi
grandi, che non da altro ftimolati, che da vn'ardentiffi.
mo zelo del publico feruigio offerfero fe medefimi nel
tempio di Marte, vittima, ed holocaufto all'Idolo della
patria libertà. E però beniffimo il Satirico:

Sat. 14.

——————————*Catilinam*
Quocunque in populo uideas, quocunque fub axe,
   Sed nec Brutus erit, Bruti nec auunculus ufquam.
Semina di rado la natura huomini di cotal fatta. E femi-
nati, che ne fien molti, hà del portento, che vn folo ne
nafca.

Egli è ben però il vero, che non habbiamo di che do-
lerci de' tépi moderni, anzi più tofto di che rallegrarci,
veggendofi per efperienza, che quefti producono huomini di pari carità con gli antichi, ma di maggior prudenza nelle rifolutioni intorno a sì importante affare
della patria.

Il tempo è maeftro dell'huomo, e valendofi quefto
delle

delle buone massime di quello , hà egli bé sicurezza di
non andar'errato in alcuna delle sue operationi. Ma a
se medesimo, non che all'huomo è pedagogo il tempo,
ed ammaestrante, e per quanto ci rapporta Seneca;

Discipulus est prioris, posterior dies.

Apud Col lect. adag.

Quindi in conseguenza conuienci credere esser sapien-
tissimo, e prudentissimo il presente, come quello , che
nella scuola dell'esperienza dalle migliaia d'andati secoli si ritruoua ben'instrutto, & addottrinato . E però
esquisitamente, come sempre suole il Lirico greco;

Posteri dies sapientissimi sunt.

In Olymp.

Ora questi c'insegnano, che quando le cose d'vna
patria libera, sono ridotte a segno, che'l tiranno si sia im
padronito dell'vsurpato dominio , ò con lunghezza di
tempo, ò con valido presidio, ò col possedimento del
cuore della soldatesca, è minor male il sopportarlo ,
che'l cercare di leuarlo di vita , non valendosi mandar
ciò ad effetto, che colla ruina della republica.

E quinci habbiamo d'osseruamento , che vn cittadino innamorato del buon seruigio della sua patria in affare così importante, e disastroso camina molto cauto,
e guardingo, temendo mai sempre,

—————————*ne malum malo applicans*

Sophocl. in Aiace.

Remedium, calamitatem reddat maiorem,
a somiglianza per appunto di coloro, che con tratto
di mortale imprudenza,

—————————*sua sibi mala augent*

Phil. apud Stob. serm. 106.

Ipsi sua culpa, & maiora faciunt, quàm facta sint
per naturam.

Bene

Bene ſpeſſo s'aggrauano l'infirmità coll'eſſer gli huomini di ſouerchio puntuali nell'applicarui i rimedij.
E' d'oro l'auuertiméto di Platone, in noſtro propoſito,

Epiſt. 8. *liberos mores qui ſequuntur, monuerim* (dice egli) *ne quando ob intempeſtiuæ cuiuſdam libertatis inexplebilem cupiditatem in tyrannidem incidant.*

Ne' tempi corrotti la più raccorciata ſtrada da eſterminar'vna republica, è'l voler ſouerchiaméte far del republicante. Ne cadono in eſempio le coſe de'Romani. Meglio era ſopportar Ceſare, che ammazzarlo, quando nella republica altro a lui non rimaneua a deſide-ra-
re, che'l nome, e'l titolo di rè. Se ne traggan'argomenti da' lagrimeuoli incidenti, che ſeguirono dopo le vio-
lenze della ſua morte.

Non s'eſtingue in tal caſo col tiranno la tirannide, ſi
ſuelle ben sì da' fondamenti lo ſtato della patria. L'atto
della ſua caduta, non è l'ultimo della tragedia, è il prologo. Nel terreno, che s'irriga col ſangue d'vno, che
ingiuſtamente regni, in vece delle palme, e de gli allori,
veggonſi ſurger torreggianti cipreſſi. Il fine della vita
d'vn ſolo è principio della morte di molti. Cader non
può coloſſo di sì immenſa mole, che'n cadendo altrui
Hiſt.4. non opprima; *tyrannidis m .les* (lo dice Tacito) *conuelli
non poteſt; niſi conuellentium exitio.*

Quel ſangue, che vedi ſtar d'intorno al cadauero d'vn
tiranno, fà conto (ò politico) ch'ei ſia ſimbolo non oſcuro di quell'acceſo vapore, che circonda le comete, il
quale predice mai ſempre infauſto fine, e minaccia mor-
Ilor.lib.1.
cap.15. te. E' lo ſteſſo del tiranno, che della ſerpe, *quæ obtrito capite, poſtremùm cauda minatur.* Rac-

Raccontafi d'Aleſſandro Seuero, che vna volta gli
venne penſiero di leuare dal rolo de gli vfficiali i pro-
curatori del fiſco, come quelli, che da lui erano creduti,
anzi di danno, che d'vtile al publico, e al priuato; onde
poſto in conſulta il negotio, ſi conchiuſe non poterſi
ciò eſeguire, che có diſcapito della republica. Si rimoſ-
ſe il buon principe dal penſaméto, e fece riſolutione di
tollerarli, *tanquam malum neceſſarium.*　*Lamprid.*

Coſì ſi dee da' buoni cittadini. Se non ſi ponno leuare i tiranni ſenza danno della patria, è atto di prudenza
ſingolare il ſopportarli, *tanquam malum neceſſarium.*
Concetto, che per appunto vedeſi vſurpato preſſo Strabone da Hibrea famoſo oratore de' ſuoi tempi, il quale
declamando contra d'Euchidamo tiranno, chiude la ſua
cócione coll'apoſtrofe, *malum es ciuitatis neceſſarium;* *Lib. 14.*
nam nec tecum uiuere poſſumus, nec ſine te.

Non ſi può viuere per la loro ferità con queſti mo-
ſtri, impaſtati colla poluere d'oſſa, e col ſágue humano,
ma ne anche ſi può viuere ſenza di loro, mentre non ſi
truoua modo, ne ſtrada da liberarſene, che colla ruina
del publico.

Vdite per tanto voi, ò cittadini, che dopo l'oppreſ-
ſione della patria, ſerbate quegli alti, e magnanimi ſpiriti della primiera libertà; vdite (dico) ciò, che Tacito
v'inſegna, e ſieno le coſtui uoci cuſtodite ne' uoſtri cuori, come ſe foſſer cadute dal cielo, ò vſcite dalla bocca
d'Apollo; *quomodo ſterilitatem, aut nimios imbres,* *An. H. 4.*
cetera naturæ mala; ita luxum, auaritiam, & impoten-
tiam dominantium tolerate. E delle coſe traſcorſe per
auuer-

Apud Diŏ.
lib. 44. auuertimento di M. Tullio, *eo modo , quo grandines , &*
diluuia accidere folent , uobis obtigiße rati , obliuioni
mandate.

Ma perche non mancano difcorfiui , e politici , che
ugualmente innamorati della continuanza ne' magiftra
ti,e della felicità del uiuer libero,fi uãno ftudiãdo di re.
carci ful tapeto della confulta di ftato,ripieghi,e parti.
ti pel mantenimento dell'una,e per ficurezza dell'altro,
io mi crederei non efsere fenza pregio dell'opera il
proporgli, e'l confiderarli . Di due forte di perfone
uorrebber coftoro prouedere i magiftrati,di uecchi gra
ui di fenno,e d'huomini da bene, e di genio moderato.
Di quelli, perche, hauendo effi coll'età intiepidito il
fangue , di confeguenza farebbe anche eftinta in loro
quella arrabbiata fete d'imperio , e d'ambitione , che
d'ordinario fi ritruoua nel bollore della giouanezza .

Sen.de cle-
mentia. Di quefti, perche rammentandofi,*rempublicã non fuam*
*efse , fed ipfos reipublicæ;*farebbero per auuentura conofcer' al mondo , fenza recarci ombra,ò fofpetto d'affettata tirannide, *non feruitutem fibi traditam ciuium , fed*
tutelam .

E'n quanto al primo . Non hà dubbio veruno, che'
gouerni,e' comandi fi cõuengono a perfone di tempo,
e di maturità . Sono le bianche chiome (e chi negollo
giammai)il decoro dello fcettro,e la pompa de lla porpora . Vale la canutezza per imprefa,e per infegna del
Lib. u fe-
ni fit ge-
renda ref
publ. regnante . Odilo da Plutarco; *ficuti diadema, & coro-*
nã imperatoriæ maieftati lex,ita canos natura gloriofum
infigne impofuit.

Sotto

Sotto quelle ciocche di candidi capelli, che uedi ferpeggiar fulle tempia d'vn'huomo, ftanno nafcofti i veri, e fodi fondamenti d'ogni buon gouerno. Ad vn crine d'argento, benche fcoperto figliuolo dell'età cadéte, appefa ftà la mole politica d'vno ftato. Sotto due archi d'incanutite ciglia, fortunata ripofa, anzi gloriofa trionfa la machina d'vn regno, e da rugofa mano fcriuonfi bene fpeffo leggi d'eternità alle republiche.

Non v'è città ben regolata, che non habbia il fuo fenato. Non v'è fenato, che non fia vn nobile aggregato di biancheggianti tefte. Portano al fentire di Platone i vecchi nella lor fronte impreffo il terzo occhio della prouidenza, a cagione di penetrar colla pellegrinità del lume, doue non può giunger là comunanza de gli altri, che fono men'arredati d'anni. De' vecchi habbiamo fauellante il Tragico greco, che

Tardus quidem pes, animus eft uelox tamen.

Donde s'apprende quel bel mifto di lenta follecitudine nel rifoluere, e di follecita lentezza nell'efeguire, che dà l'anima, e lo fpirito ad ogni buon negotiato.

Concedafi pure (come n'è ben di ragione) l'ingreffo a' vecchi ne' magiftrati, ne fiamo verfo il più venerabile dell'età, men riuerenti, ne men'offequiofi di quello, che già fi foffero gli Spartani, *apud quos ij, qui ampliffimum magiftratum gerebant, uti erant, fic etiam nominabantur fenes.*

Deefi hora far confideratione fopra a qual forte di vecchi, & a quale età fia più confaceuole il gouerno, ed il comando. Varie in quefto propofito furono le opi-

Li. 3. della republ.

Eurip. in tone.

Cicer. de feneſt.

Q q nioni

nioni de gli huomini. Vari gl'instituti, e le leggi delle republiche. Platone fauellando della prefettura sopra l'osseruanza de gli ordini, non ammette alcuno a quel carico, che sia minore di cinquanta, ne maggiore di settanta anni. Tullo, che fù prudentissimo rè de' Romani, *homines ab anno decimo septimo, quos idoneos iam rei publicæ arbitrabatur, ad annum quadragesimum sextũ, iuniores; supra uerò eum annum seniores appellauit.* Varrone si diede credere, che coloro, *qui in quintũ gradum peruenissent, & quinquaginta annos haberent, publicis negotijs iam liberi, & ociosi essent,* persuaso facilmente dall' opinione, c'hebbe Aristotele, *hominum ingenij uigorem euanessere post annos duo de quinquaginta.*

Augusto non volle, che alcuno sedesse sopra la panca di tribunale, che non toccasse l'anno trigesimo quinto di sua età. E Mecenate gli diè consiglio, *ne ad equestrem dignitatem minores octo decem annorum eligeret, ad senatoriam uigintiquinquue.* E sopra ogn'altra cosa studiossi di persuaderlo, *ne permitteret, fieri prætorem, ante annum trigesimum.*

Nelle republiche di Sparta, e di Calcide, p quãto ci rapporta Plutarco, a chiunque uolesse aspirar' a' magistrati, abbisognaua, che nõ cedesse d'vn giorno al cinquantesimo di sua vita. In quella di Roma per diuieto legale, *nec consul, nec senator infra annum quinquagesimum; nec prætor infra quadragesimum; nec ædilis, nec questor infra uigesimum septimum eligebatur.*

E giusto, che fosse vn senatore a sessanta anni, eragli interdetto il votare, come che quell'età fosse molto mal dispo-

Lib. 6. de legib.

Apud Aul. Gel. lib. 10. c. 18.

De vita patrum 2.

In Politi.

Apud Dionem 53.

In Licur.

Sigon. de antiq. iur. Rom. li. 2. cap. 2.

diſpoſta a far giudicio delle qualità delle perſone, e delle biſogne della republica. E quindi traſſe origine l'adagio, *Sexaginarios de ponte deijcere*; di cui ſogliam ua Apud Col lerci a cagione di tacciar la poca attitudine, c'han- lect. no a'negotij coloro, che ſono grauemente per l'età ſca- duti.

Ora, ſtante queſta varietà d'opinioni, e d'inſtituti dura malageuolezza s'incôtra nel deteminare, qual'età a'gouerni ſia più confaceuole. Tuttauia, per quello, che monta al noſtro caſo, poco a noi cale, qual ſeguaſi delle tante opinioni; auuenga, che tutti i pretori di Leſ- bo, quanto all'età rimaranno habiliſſimi al magiſtrato de' decemuiri, non s'ammettêdo alcun di loro, che l'an no cinquanteſimo di ſua vita non ecceda.

Ma quando poſcia deggiaſi intédere per vecchi, de' più proſtrati da gli anni, e di coloro, che anzi ſono di ca duta, che di cadente età; e che di queſti habbiaſi a for- mare vn conſiglio, dal cui arbitrio dependa tutta la mo le del gouerno; egli fà di meſtiere andar con qualche ſor te di cautela nella prouiſione; poiche a queſta maniera più toſto ſi correrebbe al precipitio della republica, che al prouedimento del diſordine.

Il porre la machina d'un grande imperio ſopra ſpal- le ſpallate, altro non è, che quel *uim principatus reſolue-* An. lib. 2. *re,* tanto abborrito, e biaſimato da Tacito. Queſta ſor- te di vecchi, che ſtanno ſull'orlo dell'eſtrema decrepi- tà, *à pueris magnitudine tantùm, formaque corporum dif-* Senec. de *ferunt.* Lo dice, e lo pruoua il Morale; *non minus uagi* conſt. ſap. *ſunt; incertique uoluptatum ſine delectu appetentes. Trepi-*

di, & non ingenio, sed formidine quieti. Quòd puerii talorum, nucumque, & æris minuti auaritia est; his auri, argentique, & urbium. Quòd illi inter ipsos magistratus gerunt, & prætextam, fascesque, ac tribunal imitantur; hi eadem in campo, foroquè, & curia ludunt. Illi in litoribus arena congesta simulacra domuum excitant; hi, ut magnum aliquid agentes, in lapidibus ac parietibus, & tectis moliendis occupati, ad tutelam corporum inuenta, in periculum uertunt. Ergò par pueris, longiùsque progressis.

Conchiude ottimamente Seneca dalle operationi, la fanciullagine di questi vecchi, spolpati, e disfatti dagli anni. Lo stesso per mio credere, potrebbesi anche non infacetamente dedurre dalle parti del corpo, e dal modo di fare, che si osserua in quella loro innocentissima età.

Apud Collec. Adag. in illo bis pueri senes.
Concorrono alla pruoua del concetto, *albor simul, & raritas capillitij, quorum utrumque pueris familiaris est. Deinde balbuties, uelut altera infantia. Præterea gingiua exarmata dentibus, aut certè perpaucis, & eis uacillantibus instructa, quod & ipsum cum infantibus commune. Postremò morum ineptia, leuitas animi, & hoc ipsum nihil sapere, in senibus infantiam quandam referre uidetur. Vnde fit, ut senes pueris mirè delectentur, quasi similes iam ad similium amorem propensi.*

Di questi vecchi non vna volta si prende pur'il bel giuoco Luciano; hora con saporitissimo sale dice di *in Apol.* loro, che *iam tantùm non alterum pedem in cymba Charontis habent;* hora gli addimanda *sepulchra uiua,* quali

che

che la loro pelle altro non ſia,che vn viuo continente
d'oſſa tarlate,e fracide. Ne dal concetto camina con
diuario colui,che poſto in neceſſità dalla potēza di Ceſare a far ſulla ſcena l'hiſtrione nell'vltimo diſua uita,
andaua di ſe ſteſſo dicendo;

———*me uetuſtas amplexu annorum necat.*

Sepulchris ſimilis , uel niſi nomen retineo.

Lamber.a-
pud Macr.
ſat.8.c.7.

Ora ſtando queſto , niun'huomo di ſentito gudicio
faraſſi giammai à credere, che Solone prudentiſſimo
moderatore delle coſe d'Atene,haueſſe per iſcopo d'eſ-
cludere dal gouerno di quella republica gli huomini di
ſtabilita età,quando ordinò,che a' giouani non ſi con-
ueniſſe,*magiſtratum gerere,neque conſulere,etiam ſi opti-*
mè a mente conſtituti uillrentur, per darlo poſcia nelle
mani di ſimili vecchi,languidi, e ſoprafatti dal peſo de
gli anni, i quali nella volubilità della ſeconda pueritia,
e nell'incoſtanza dell'ultima decrepità,altro non ſerba-
no di ſtabile,e di fermo,che vn proponimento d'oppri-
mere gli huòmini,che ſono loro d'anni inferiori;che nel
rimanente può dirſi col poeta,che'n eſſi,

Iuncus a-
pud Stob.

Claudicat ingenium,delirat linguaque, menſque.

Lucret.

E però nó ſenza molto d'antiuedere vègono còſiglia-
ti dal ſaggio,*ut poſtquam multum temporis ſparſerint,inci*
piāt uaſa colligere ; e dapoi,c'hāno menata la lor vita fra
gli ſcogli del fluttuante mare delle publiche cure,appli-
chino a morire nel porto del ripoſo,e della quiete,ram
mentandoſi, che a quell'hora ci uiene intimata la par-
tenza da queſta all'altra vita,quando,o tolto,od impe-
dito ci ueggiamo l'uſo retto dell'organiche potenze.

Sen.epiſt.
19.

E e

Mufo apud
Stob.fer.1.

E fi come, *e domo exigi uidemur, cum locator penfione non accepta, fores reuellit, tegulas aufert, puteum obftruit;* ita (diceua un uecchione dell'età prifca) *ex hoc corpufcu lo pelli uideor, cum natura, quæ locauit, adimit oculos, au res, manus, pedes. Non moror ampliùs, fed uelut e conui uio difcedo nihil ægrefcens.*

Vna cotal cofa leggiamo di Zenone; giunto, ch'egli fù all'età di nouanta otto anni, nell'vfcir, che fece di

Apud Lip.
manuduc.
ad Stoic.
Phil.
Ex Niobe.

fcuola, *cum pedem offendiffet, lapfusq. effet, manu terram pulfans, illud Euripidis occinuit;*

En adfum, quid me, oro, uocas?

Et domum regreffus fpontè uitam pofuit.

Sen.ep.83.

Così terminò i fuoi giorni, *uir maximus, fectæ fortiffi mæ conditor.* E con ragione doueuanfi fcriuere nel fuo fepolcro que' due verfi d'Ennio;

Apud Cic.
in Cat.Ma
ior.

Sic fortis equus, fpatio qui fortè fupremo

Vicit Olympia, nunc fenio confectus quiefcit.

Ma non è già vero quello, che da principio della confideratione s'andaua prefupponendo, ciò è a dire, che ne' uecchi fia eftinto il fuoco dell'ambitione, e'n parte rimeffo il prurito, e la libidine di comandare. Anzi che tutto a rouefcio infegna Plutarco, e vuole, che quanto più effi col pie s'inoltrano nell'occafo della lor uita, tanto più tengano fifo l'occhio all'afcédente del la lor fortuna; E che pofti ne gli vltimi confini del ui uere, ad apprendere s'adattino i primi elementi del re

1.lib. de ge-
rēda repu-
blica.

gnare; *potentiæ cupidi (fono le di lui medefime parole) non funt ftudiofi bonorum, fed honorum; nullas concedunt iuuenibus actionum occafiones, fed gloriam fibi, quafi ali-*

mentum

mentum præripientes, inuidia eos premunt.

Hippia soleua dire esser l'inuidia di due sorti; giusta, *Presso Stob. serm. 38* quando có occhio liuido, ed obliquato rimiranſi i maluagi collocati in grado di dignità; ingiusta, quando le perſone valoroſe, e di merito. Senza dubbio veruno, di questa s'inteſe il Greco, la quale è altretanto degna di biaſimo, quanto l'altra di compatimento, non che di ſcuſa; poiche ſe facciamo a dire il vero,

> *Valde moleſtum eſt melioribus,*
> *Quando malus dignitatem obtinet*
> *Lingua populum regens━━━━*

Euripid. in Supplic.

E però dal medeſimo vengono accagionati i vecchi, *Vbi ſupra.* che rechino danno al publico ſeruigio, come quelli, che mentre s'oppongono al bene, ed a gli honori de' giouani, ſolo per inuidia, e liuidezza, *non ſecus, ac arbores uetuſæ ſubnaſcentes arbuſculas umbra ſua eos premunt, ac necant.*

O. inuidia, peſtilenza ſenza remedio delle città; ruina, ed eſterminio ſenza riparo de' regni, e delle republiche.

> *Quænam genitrix, aut quis genitor, ingens malum,*
> *Te produxit hominibus infauſtum?━━━━*
> *Vbi tandem, & quàm corporis naĉla partem habitas?*
> *In manibus ne, aut uiſceribus, aut oculis*
> *Es nobis? O quantus eſſet labor medicis* (leue
> *Excindere ipſã, uel potionibus, uel pharmacis expel-*

Eurip. apud Stob. ſerm. 38.

Ah che ſoprafatto dalla paſſione, col Tragico greco io vaneggio. Non è l'inuidia infermità del corpo, è malore dell'animo, ſe diam fede a Socrate, ed a colui, che

diceua,

Periander apud eund· vbi supra.

diceua, *ut ærugo ferrum, sic inuidia animã inuidi conterit:* E chi non sà, che l'arte non è ualeuóle a curare l'infettioni animastiche, quãdo ben si fosse d'un'Hippocrate, d'un'Esculapio, ò d'un'Apollo?

Non nuocono le cantarelle, animaletti velenosi all'urtiche, ne all'ebbio, che sono herbe, ne utili, ne odorose, ma guastano le biade, e sfrondano le rose. Così l'inuidia, ne pur tocca gli huomini cattiui, di basso talento, e di niuna uaglia; ma assale, ed affronta le persone più conspicue di merito, di uirtù, e d'ingegno.

Il concetto vien dalla bocca di Temistocle, ancor giouanetto, il quale dal nõ sentire nell'età fresca le punture dell'inuidia, traheua argométo di non hauer'infin' a quell'hora operato cosa alcuna, c'hauesse del forte nel*Plut. ï The mist.* la sua patria; e però sospirando diceua, che, *si cuti cantharides uegeto maximè tritico innascuntur, & rosis pulchrè florentibus, sic inuidia maximè inuadit bonos uiros, & in uirtute proficientes, ac ingenij, personæque gloriam sustinentes.*

Quindiè, che non in altro luogo fà maggiore strage questa contagione, che nelle republiche, doue sono feconde le miniere d'huomini spiritosi, e di ualore. Troueraffi per auuentura qualche paese (come affermano di Creta) in cui non sia ueleno, ma non si ritrouerà giãmai republica, in cui non regñi l'inuidia. E questa è l'alta*Apud Laer. lib·6.c.1·* marauiglia, che faceua Antistene, *quod homines repurgarent triticum a lolio, bellum ab inutili milite, & a republica inuidos non secernerent.*

Ma cessi, ò saggio, la marauiglia, e per auuertimento
                                                        sappi

sappi esser comune alle città grandi,che l'inuidia dalla
gloria non si disgiunga . Segue ella mai sempre il merito,e'l valore de' cittadini. E sì come chi passeggia
al sole, hà l'ombra seguace;così,chi alla gloria s'incami
na, hà l'inuidia concomitante. Quanto è più chiaro il
raggio,che ne precede,tanto è più fosca l'ombra, che
ne segue.

Così per isciagura dell'humana spetie,la miglior cosa,che ci tocca al mondo , l'habbiamo indiuidua colla
peggiore . Anzi,che l'vna è premio,e mercede dell'altra. Ed è quello ,di cui rammaricossi vna volta tanto
Pindaro,il Lirico greco,che *præclara facta inuidiæ præ
mio pensarentur.*

Dunque è vero,che questa infettione s'accomuna a
tutte le republiche;ma non è giammai vero, che'n tutti
i soggetti delle republiche egualmente , e nello stesso
modo si ritruoui . Ne' giouani è atto; ne' vecchi è habito; in quegli è male intermittente ; in questi è febre
continua;presso de gli vni, alberga come passeggiera ;
presso de gli altri dimora come habitatrice , e nel loro
temperamento secco,e freddo, stabilisce la sua reggia,e
la sua sede.

E' l'inuidia vn lucidissimo cristallo, p cui ci si rappre
sentano maggiori di quel che sono,gli oggetti , e le cose . E però a' vecchi d'ordinario deboli di uista,il di lei
vso vien molto ben'in acconcio ; ne d'altro strumento
per rimirar gli altrui beni, e l'altrui felicità (vnico orizonte del lor uedere)si uagliono,che di questo.E quindi s'osserua,che sotto gli occhi loro,

R r   *Fer-*

Ouid.1.de
Arte.

Fertilior feges est alienis semper in agris,
Vicinumque pecus grandius uber habet.

Ma per auuentura più adeguata cagione , perche fia
così propria de' vecchi questa paffione, trarremo dal-

Dec.4.lib.
5.

la dottrina di Liuio; *nulla ingenia* (diffe egli vna volta)
tàm prona funt ad inuidiam, quàm eorum, qui fortunam
fuam animis non æquant, quia uirtutem , ut alienum bo-
num oderunt.

Di cotal fatta fono gl'ingegni fenili; ne con più fran-
chi tratteggiamenti poteuafi la natura loro delineare
S'hanno per calpeftati là, doue nó fi veggono i regnanti . E dalla precedenza de gli anni , trahendo necef-
faria confeguenza della precedenza del merito , furgo-
no importuni contra il più bello dell'indole giouanile .

Non apprendono per vero il concetto di Varrone,

Apud Lip.
ad Stoic.
Phil.lib.2.
difp.1.

tutto che fia veriffimo, che *neq. uetulus canterius , quàm*
nouellus melior est , nec canitudini comes uirtus; ma folo
caldeggiati dall'opinione, c'hanno, effer la lor fortuna,
di grado ineguale al merito, ogni volta, ch'ella rimanga
inferiore a quella de gli altri, odiano a morte quel nobile germoglio d'eccelfo valore, che veggon nafcere
nella giouentù , quafi , ch'ei fia un furgente fole, ch'e-
cliffi il lume della lor gloria, e fepelifca nell'onde dell'
obliuione il già cadente raggio della fama, e del nome
loro.

De præcep.
geren. rei-
publ.

Il concetto, e'l penfiero è di Plutarco, il quale a
cagione, che non rimanga fenza fede , o non s'habbia
per greco ritrouamento lo ftabilifce , e lo fpalleggia
coll'

coll'efempio calzante di C. Mario.

Condotte, c'hebbe coftui a fine molte fegnalate imprefe, ed in ifpetialità terminate le guerre d'Africa, e fatto prigione il rè Iugurta, mediante il buon feruigio di Silla, giouane prode, e fpiritofo, in vece di premiarlo, e di porgergli occafione di maggior grido, inuidiando l'aumento della fua gloria, fgratiollo, ne più di lui, ne del braccio del fuo valore, valer fi volle; Anzi ne pur contento di ciò, follecito ftudioffi di leuargli dalle mani la fpeditione contra di Mitridate, che già dal comune confenfo del fenato eragli ftata decretata. *Et in ipfum infurrexit* (fono le medefime parole del faggio) *infano gloriæ amore, & ambitione, quos affectus,* *In Sylla.* *nec fenectus quidem extinguit, eò adductus, ut uir grauis corpore; & qui nuper ætatis cauffa, bellicis laboribus fuccubuiffet, peregrinum, adeoque tranfmarinum bellum appeteret.*

Eh, che'l defiderio di gloria nell'huomo, è male d'hidropifia. Quanto più in lui fi rallenta il vigore della natura, tanto più s'accende la fete de gli honori; e doue fi tratta di bere di quefta acqua, s'hà per viliffimo l'intereffe della propria vita, non che dell'altrui commodo, dell'utile, e dell'honefto.

Ne è giammai vero, che al rimettimento del bollore del fangue, fi rimetta la feruefcente brama di regnare. Non s'incurua l'animo fotto il pefo de gli anni, s'incurua il corpo;

——————— *nec tarda fenectus*
Debilitat uires animi, mutatque uigorem.

Virg. Aeneid. 9.

Rr 2 Egli

Egli è di foſtanza eterna, e nella propria operatiòne niuna coſa tien comune col corpo, e però, giuſta l'ada.

Fra̅c. Petr. de ſeneɛɛ. gio, *unus animus multa corpora conſumere poſſet*, quan. do s'auueraſſe, come ſi reproba da tutte le ſcuole, il ſo. gnato paſſaggio dell'anime, di Pitagora, da vn corpo all'altro.

Sen. ep. 26. Quindi è, che inuecchiandoſi gli huomini, *non ſen. tiunt in animo ætatis iniuriam, cum ſentiant in corpore; tantùm uitia, & uitiorum miniſteria ſeneſcunt. Viget animus*, mai ſempre vigoroſo, ed ardente all'imperio, & al comando.

Anzi, che ne'vecchi, l'ambitione, d'ordinario, e la uo glia de gli honori, non meno, che l'auaritia, e la tenaci-tà dell'hauere, è altretanto più ualida, e forte, quanto più ſalde, e ferme ſono le radici d'una annoſa quercia, che non ſon quelle d'una tenera, e nouella.

Non di rado ſi è hauuto per oſſeruanza di tal'uno, che nella giouanezza, diſtratto da altre cure, poco, ò nulla hà badato alle dignità, ed a'gradi, co̅dotto poſcia da gli anni al limitare di ſua uita, s'è ueduto coſì be̅'ada-giarſi, imperante ſotto'l baldachino, che di là non l'ha-

Archime. preſſo Ate-neo lib. 5. cap. 7. urebbono rimoſſo le machine geometriche di colui, che alla preſenza d'un rè felicemente diè ſegno d'eſſer ua-leuole a muouer da un luogo all'altro l'immobile della terra, ſe haueſſe hauuto, doue poſar fuori d'eſſa il piede.

S'attiene un uecchio al comando, come l'ellera al tronco d'vn'arbore. Ella lo ſtringe ſe̅pre uiua, e verdeg-giante, tutto ch'ei ſia alle uolte arido, ſecco, e priuo di uita. Mancano a lui in quell'età i carichi, e gli honori,

ma

ma non màca la cura,ne lo ſtudio d'hauergli. Anzi, che
ne pur queſto hà fine,ſe non dopo il di lui fine,*ſtudium* *Plut.an ſeni ſit tratt reſpubl.*
honoris(Simonide teſte)omnium poſtremò terram ſubit.

Gli huomini,che nel continuato giro de' magiſtrati,
per lunga mano d'anni ſi ſono trattenuti,ed hanno imbiancate le chiome negli affari delle coſe publiche_,
ſentono per impoſſibile il uederſi otioſi , e ſcioperati.
E' la natura loro ſimile a quella dell'api, che mai ſempre ſtà operante,e'n moto . E chi uide mai (dice Plutarco)*ex apecula fucum factum eſſe? nempe,ut poſtquàm* *Vbi ſupra*
declinare cæpit ætas,domi comedens deſideat?

E' un fumante tizzo la noſtra mente , che appreſ
ſato al fuoco dell'imperio,di repente s'accende,ed acce
ſo,ch'egli ſi ſia, nò più ſi eſtingue.Prima uien menol'eſ
ſere,che la qualità ; prima la ſoſtanzaſi corrompe ,che
l'accidente.

Còfermi il diſcorſo,e chiuda queſto libro,Turannio
Romano,huomo ſopra nouanta anni.Dopo hauer'eſercitato coſtui un tal carico ſotto C.Ceſare,compaſſionando alla fine il principe alla di ſui infieuolita età,diè
ordine,che ſi ſottraeſſe alle fatiche della curia ,e a gl'
incommodi del foro . Fù annuntio di morte, non di
quiete,o di ripoſo il comando . Fattoſi per tanto condurr'a caſa,e poſtoſi ſul letto,laſciata ad altri la cura de'
funerali,*ueluti exanimem*(dice Seneca) *a circumſtante* *De breuit. uita in fi.*
familia plangi iuſſit. Ne ceſſarono le lagrime,ne le gramaglie,fin che di nuouo non ſoprauenne all'ambitioſo
cadauero lo ſpirito uitale della reſtitutione nel carico
medeſimo di prima.

Dunque

Dunque gioua tanto il morir comandante ? Porten.
tofa ambitione. E' più dureuole in un'huomo fcaduto
il defiderio, che la facoltà di comandare. Combatte il
uigor dell'animo coll'imbecillità del corpo. Ne per
altro egli hà in odio quell'età, fe non perche lo rende
men'atto, e men'habile al comando.

Non è dúque uero, che fotto le ceneri della uecchia.
ia ftia eftinto il fuoco dell'ambitione. E di confeguen.
za anche nella continuata amminiftratione de' uecchi
nelle cure del publico, fi uede efser'in mal pofto di ficu
rezza la libertà delle republiche.

REPVBLICA DI LESBO

OVERO

DELLA RAGIONE DI STATO
in un Dominio Aristocratico

Libro Nono

DELL'ABBATE DON VICENZO SGVALDI.

SOMMARIO.

Si mette in discorso, se cõ la cõtinuanza del gouerno nelle mani d'huomini da bene possa scapitare la libertà della republica. Si conchiude per l'affermatiua. Bontà in un'huomo dominante quale. Non si conosce, che nell'atto del dominio. Si ritruoua in pochi. Ne' lunghi maneggi si corrompe. Difficilmente si lasciano gl'imperi. Dionisio, e Falari ne fan fede. Silla depone la dittatura, e se ne pente. Qual rechi maggior danno ad una città, l'ambitione, ò l'auaritia. Platone, Zenone, Epicuro, e Seneca, calunniati. Difesi. Errore de gli ambitiosi reprouato.

NVLLA più di sicurezza hà il secondo ritrouamento de' moderni discorsiui, per conseruar' illibato colla continuanza de' magistrati, il viuer libero nella republica, di quello, che pur

dianzi

dianzi si è dimostrato hauere il primo. Fansi a creder costoro, che quando i carichi fossero proueduti d'huomini da bene, e di sperimetata moderatione, si potessero nelle lor mani stendere a vita, senza recar'ombra di lesa libertà, non che stampar nella patria vestigio di tirannide.

Più cose fà di mestiere proporre da considerare sù questo punto. Primieramente, conuien dire, che al giorno d'hoggi, vn'huomo da bene, in materia di stato, e doue si tratta d'hauer'imperio, e dominatione sopra gli altri, è più tosto vn'ente di ragione, che cosa reale; hà per auuentura più dell'essenza nell'intelletto, che dell'esistenza nel soggetto.

Ma quando si conceda pure, che questa dabbenagine politica sia qualità reale, ed inherente, ad ogni modo non riuscirà ageuole il ritrouar da guernir'i magistrati d'huomini di tal fatta.

Se i soggetti sien buoni, ò cattiui, nõ mai si conosce, che quando sono ne' carichi, ed attualmête comãdano: *In Paneg. tunc* (dice Plinio al suo Traiano) *uerissimè iudicari potest meruerit quis honorem, necne, cum adeptus est.*

Tutta Roma andò errata nel giudicio, ch'ella fece di Galba, deducendone l'argométo dallo stato di priuata conditione a quello del principato, e dal comando in speculatiua, al comando in pratica. E però Tacito hebbe gran ragione di scriuer di lui, che *maior priuato uisus* *Hist.lib.i.* *est, dum priuatus fuit, & omnium consensu capax imperij, nisi imperasset.* E vn'altro di replicar con isdegnosa vena il medesimo pensiero,

Spem

Auſon. de Caſarib.

Spem fruſtrate ſenex, priuatus ſceptra mereri
  Viſus es, imperio proditus inferior.
Fama tibi melior iuueni. Sed iuſtior ordo eſt
  Complacuiſſe dehinc, diſplicuiſſe priùs.

E chi nõ sà, che la uera pietra lidia, a cui ſi pruouanõ gl'ingegni de gli huomini, ſono gli honori, e i magiſtrati? *Principatus uirum oſtendit*, diſſe il Filoſofo. Allo ſplendore della porpora, e dell'oſtro ſi cimentano le perſone, non meno, che l'aquile al lume, ed a' raggi del ſole. E' concetto della ſcuola di Pitagora. *Exa-*

Ecphanta dereg. apud Stob. ſerm. 46.

m natur (diſse vno di que' valent'huomini) *probatur dignitas regia non ſecus, quàm auium princeps aquila, obuerſis ſoli oculis.*

Egregiamente. E' l'iſteſſa ragione del regno, che del ſole. Anche il regno, *ut quid diuinum, propter nimiam*

Idem vbi ſupra.

claritatem oculos obtundit omnibus, præterquam legitimis. Et multi ſplendores oculis obuerſantes arguunt ſpurios, qui aſcenderunt tanquam in altitudinem inſolitam.

Fù Claudio Auguſto vno di queſti. La luce del principato gli abbacinò la viſta, ed ella non fu in lui valeuóle, ad altro, che a far più viſibile l'ombra della ſua dappocaggine; ſi come lo ſcettro il dichiarò indegno dello ſcettro; coſì i faſci lo renderono degniſſimo delle verghe a correttione della ſua ſciocchezza.

Non può fiſar lo ſguardo a' raggi della corona, ſenza ſentirne l'offeſa, vn'huomo, che ſia di baſſo genio. Solo hà proportione con l'imperio,

Hor. car. 2. Ode 2.

Quisquis ingentes oculo irretorto,
——————— *ſpectat honores.*

Ma

S s

Ma in noſtro propoſito belliſſima è la ſimilitudine,
che ci reca Plutarco; ſicuti (dice egli) inter uaſa uacua
non facilè diſcernere poſſis, quod eorum integrum, quod ſit
uitioſum. Vbi aliquid infuderis, ſtatim apparet, quòd per-
fluat; ita anim e rimis fatiſcentes, quando ſono vote del
licore della dominatione, non ſi conoſcono. Ben ſi co,
noſcono poſcia, quando ne ſon piene, che a quell'hora
infuſam potentiam non continent, ſed foràs diffluunt, cupi-
ditatibus, iris, arrogantijs, ineptijs.

Dúque egli è vero, che'l genio de gli huomini, qual'
ei ſi ſia, non mai ſi ſcuopre, che nell'atto del comādare.
Ma concedaſi in ragione di corteſia, che anche ſi propa-
li auanti, c'habbian lo ſcettro in mano. E per cimento
della lor bontà s'appruoui, il vederli nõ voglioſi di comādare, e ſi repruoui affatto l'aſioma di Salluſtio, che
gloriam, honorem, imperium, bonus, (& ignarus æquè ſibi ex-
optant, ad ogni maniera però più d'vna malageuolezza
s'incontrerà nel venir'all'atto della prouiſione.

Rari quippè boni; numero uix ſunt totidem, quot
Thebarum portæ, uel diuitis oſtia Nili.

E ſe queſto fù mai vero, abbiſogna dire, che adeſſo ſia
veriſſimo, già che,

Nona ætas agitur, peioraq. ſæcula ferri
Temporibus, quorum ſceleri non inuenit ipſa
Nomen, & a nullo poſuit natura metallo.

E' vn ridotto, ed vna ſentina d'ogni paſſata iniquità il
mondo moderno, e ad accreſcimento delle ſciagure
humane.

Collecta uitia per tot ætates diù

In

(marginal notes, left column:)

Li. ad prin.
indoctum.

Coniur. Ca
tilin.

Iuuen. ſat.
13.

Ibidem.

Senec. in
Octauia.

In nos redundant ; fæculo premimur graui ,
Quo fcelera regnant . Sæuit impietas furens ;
Turpi libido Venere dominatur potens.

Vn'huomo da bene al giorno d'hoggi,

——*celfa qui mentis ab arce*   *Statius.*

Defpicit errantes, humanaque gaudia ridet;

che mentre ftà ful traffico de gli honori,pone in non ca
le gli honori ; che nello fteccato delle dignità vefte ar-
matura di tépra così efquifita,e così fina della cótinen-
za,che fi rende impenetrabile all'armi dell'ambitione ;
facciafi pur conto,ch'egli fiafi coftui quel perfetto, giufta il fentimento de gli Stoici, *qui eft nufquam gentium,*   *Plut.de pu*
terrarumque,neque fuit . Ouero quell'altro a giudicio   *gn. ftoic.*
di Seneca,*qui tanquã fœnix femel anno quingétefimo na-*   *Epift. 42.*
fcitur . Anzi concedafi vn numero grande d'huomini
tali,e fia in ifpetialità Lesbo quell'vna republica,di cui
(trattane la Romana)habbia detto Liuio,che *nulla un-*   *Li.1.dec.1.*
quam , nec maior , nec fanctior , nec bonis exemplis ditior
*fuit;*e di queft'una,& vnica forte d'huomini fi proueg-
ga il magiftrato ; non per ciò vedò afficurato il bene,o
reparato al male di quefta patria.

S'incamineranno al buono per vn'anno,e ful principio del loro reggimento;ma pofcia in progreffo di tem
po deuieranno da quella lor primiera rettitudine ; *ini-*   *Ann.15.*
tia magiftratuũ(dice Tacito)*meliora funt;finis inclinat.*
E quella lor candidezza di mente,e quella lor bontà di
prima,*ui dominationis conuelletur,& mutabitur.*   *Idễ An.4.*

Ne di così ftrano affetto ftà in ofcuro la cagione,che
nobilméte ella ci viene rapprefentata dalla fomiglianza

di coloro,che beono sopra il bisogno della natura . D_a
principio vedi star costoro dentro i termini del mode.
rato ; di là a poco,perduto l'vso retto del senso,perder
di conseguēza quello della ragione, e dare strabocche.

Lipſ. lib. 2.
Monit. Po
lit.c. 6.
uolmente nelle dissolutioni,e ne' moti sregolati ; *sic in*
potentia (soggiunge l'Erudito)*cum noua,&modica eſt,ho*
mines ferunt,diuturna corrumpuntur,& fiunt ebrij, & ha
benas omnes ingenio ſuo,et) cupidini laxant . *Et ubi ſub*
tanto onere(parole di Plinio il Panegiriſta) *infirmitas la.*
pſa eſt,faciunt licentiam de poteſtate.

Ne mancano illuſtri eſempi di chi cominciò bene ,
e finì male ; di chi fù guaſto,e corrotto dall'onnipotente forza dell'imperio.Periandro principe di Corinto,
nell'ingreſſo del principato diè ſperanza d'ottima riu-
ſcita ; ma tra poco di maniera mutoſſi , che regnò da
tirāno.Il che da Pittaco oſſeruato,e temēdo,che l'iſteſſo a ſe medeſimo non interueniſſe,quaſi che la mutatione di principe in tiranno , foſſe a tutti gli huomini comune,e naturale,cedette il principato di Mitilene , e'l
gouerno,c'haueua di tutto quel dominio .

E' noto,che Solone ſi riſe del fatto ; e che tacciò di
mollitie,e di viltà queſto gran ſaggio;tuttauia(ne ſe ne
sà la cagione) poco andò , ch'egli medeſimo ſi trouò
ſpontaneo a rinuntiare il principato . E fin'al dì d'hoggi,in di lui biaſimo,leggonſi le cantilene della plebe.

Plut.in vi-
ta ipſius.
Non quidem eſt Solon cordatus , aut uir conſilio ualés;
Nam bona largiente,noluit tanta accipere is , Deo ;
Inops mentis,& rationis expers, ſenſuumque homo.
Di Filippo il Macedone,racconta Plutarco,*eum ual*

de

de e∫∫e immutatum;qui ex adole∫cente temperato , & rege In vita A-
man∫ueto,homo impurus,& tyrannus perditi∫∫imus e∫∫et rati.
effectus.

Più chiare, ed euidenti appaiono que∫te ∫trauaganti
mutationi ne' Ce∫ari di Roma. Altri ∫e le vegga pre∫∫o
Suetonio, ch'io mi recherei a perdimento di tempo il
tra∫criuerle . Tutti nel principio furono buoni , ma in
progre∫∫o di tempo,alloppiati dalla potenza per natura
troppo,ah troppo fumo∫a , & indomabile tralignarono
in male;onde Tacito qua∫i per portéto o∫∫eruò,che Ve
∫pa∫iano,*∫olus imperantium mutatus e∫∫et in melius.* Hi∫t.1.

E per non v∫cire dalle republiche vale egregiaméte
alla côferma di que∫ta po∫itione,che'magi∫trati di gráde
autorità tra∫mutino gli huomini, in animali bruti , non
altrimenti di quello,che face∫∫ero Circe,ed Armida,l'e-
∫empio di Q.Fabio Romano decéuiro. *Hic*(∫criue l'Ha- Ll. 10. Ro
licarna∫∫eo) *ter con∫ulatum ge∫∫erat,uir omni uirtute præ* antiq.
ditus, & ad eam u∫que diem inculpatus. E nondimeno,
∫oggiunge po∫cia Liuio ; *eundem egregium uirum , olim* Lib.3.dec.
domi,militiæque,decemuiratus,collegaque ita mutauerût, 1.
*ut Appÿ,*ch'era huomo di perduto genio, e di corrotti
co∫tumi,*quàm ∫ui ∫imilis ,mallet e∫∫e.*

Ma che?l'i∫te∫∫o Appio,prima di e∫∫ere nel collegio
decemuirale,non fù egli patritio accreditato, e ∫enato-
re d'ottimo intendimento?Vero ∫tà pure,trouar∫i di lui Pre∫∫o
∫critto,che nó ad altro fine applicò l'animo al magi∫tra Dioni∫.Ha
to,che per recare a'∫uoi cittadini leggi di pace,e di con lic. li. 10.
cordia,e per e∫∫er loro autore,che tutti vgualméte s'ap
pella∫∫ero ,e fo∫∫ero figliuoli d'una ∫te∫∫a patria ? Fatto

po∫cia

poſcia di magiſtrato, portoſſi così bene, e con tanta mo
deratione, ch'ogn'uno haurebbe condannato ſe medeſi
mo d'empietà, ſe nõ l'haueſſe creduto, e riuerito, come
idolo del popolo Romano. Odaſi fin doue di lui ſi ſten.
da l'hiſtorico; *non ea ſolùm, quæ cum collegis optimo ani-*
mo egit, opinionem probitatis conciliauerunt, ſed multò ma
gis ea, quæ ipſe exercuit, ſalutando, appellãdo comiter, alijſ-
que officijs pauperes promerendo.

Diony. Ha
lic. vbi ſu.

Poteuaſi deſiderar d'auuãtaggio da un'huomo di re.
publica ? Poteuaſi da quella penna greca con più fran-
chi, e più ſicuri tratteggiaméti delinear l'effigie, e l'idea
d'vn buon cittadino, anzi d'un buon padre di patria li.
bera ? E chi da queſte premeſſe non haurebbe dedot.
ta concluſione di grandezza al ſenato, di feliciſſimo ſta
bilimento alle coſe Romane ? Chi non haurebbe giurato, che la poſterità doueſſe ad Appio dirizzar coloſſi
di gloria nel Campidoglio, erger'altari di diuinità ne'
tempij?

Ah che dal principio caminò forte con diuario il pro
greſso, e'l fine. Non potè a lungo tempo ſoſtener coſtui, ſenza incuruarſi, il graue pondo dell'imperio. Deuiò da quella primiera rettitudine, e quaſi come foſſe
tocco dall'incantata verga della dominatione, cangiò
di repente forma, non che genio, e coſtume ; *et) poteſta-*
tis (dice l'Halicarnaſſeo) *magnitudine corruptus, perpetuũ*
magiſtratum affeƈtare cæpit, & parum abfuit, quin in ty-
rannidem euaderet.

Vbi ſup.

Ora ſe Q. Fabio, huomo d'incolpata vita, & egualmente auueduto ſenatore, e prode condottier d'eſerciti,

ti,& Appio Claudio,foggetto d'efquifita bontà auanti,
e ful principio del magiftrato,diuennero peruerfi,e cattiui in efercitarlo , che cofa potremo cóchiuder noi de
gli huomini da bene del tempo moderno ? E fe gli honori corrompono,e guaftano i buoni,qual'effetto cre-
deraffi,che pofsano produrre ne' cattiui?

Liberamente,come fempre fuole,rifponde Plutarco
al quefito; _ubi potentiæ prauitas accedet, dementia moti-_ Li.ad prin-
bus animi addetur. Et prauitas a potentia celerem nacta cip. indo-
curfum,omnes animi motus expellet. De ira in cædem; ctum.
de amore in adulterium;de auaritia publicationem alieno-
rum bonorum faciet,

 Nam fimul ac dictum erit———————
peribit,qui offenderit; fimul ac fufpicio incidet , interficie-
tur,qui delatus erit.

Adeguata cagione di quefte mutationi,che fi veggono ne gli huomini,fe fiamo in vno ftato di monarchia ,
io crederei efser l'afsoluto, e independente dominio, il
quale come oggetto d'immenfità,fe affatto non toglie,
confonde almeno l'ufo retto della ragione; talche , ab-
bacinate le perfone , non è pofcia da marauigliarfi, s'elleno danno nelle fconciature , e nelle fconueneuolez-
ze,mentre

 Id efse regni maximum pignus putant, Sen. Aga-
 Si quid quid alijs non licet,folis licet. memn.

Se fiamo ne' gouerni ariftocratici,conuien dire,che
fia vn lungo,e continuato pofsedimento de' fupremi ho
nori,e de' magiftrati gràdi,il quale tutto che, per efser
dependente nell'elettione,paia men cófiderabile d'un'
        afso-

aſsoluto, nella continuanza però acquiſta tanto di forza, e di vigore, che non è men valeuole di quello a ca-
gionare moti, e nouità.

Anzi vogliono alcuni, che de' continuati honori, nõ
ſia accidente, ma natura, la pellegrinità del uiuere, e de'
coſtumi in vn cittadino; e ne portan l'appoggio dell'au-
Dio. Caſſ. toritâ di colui, che laſciò ſcritto, *eam eſse naturam hu-*
lib.36. *manorum animorum, ut non iuuenes modò, uerùm etiam æ-*
tate prouectiores, poſtquam multum temporis in poteſtate
tranſegerint, patrijs moribus haud quaquàm ſibi uiuẽdum
ducant.

E non poco dalla pratica, e da gli eſempi viene ſpal-
Emilio Pro- leggiata la dottrina del greco. Miltiade, che fù ſogget-
bo nella to di grido, e di ſtima nella republica d'Atene, non per
vita di Mil- altro diè nel uaſto, e nello ſconcio, che per eſsere ſtato
tiade. quaſi ſempre di magiſtrato, e di grado. Onde dall'oſser-
uarſi, che mal volétieri ei s'adattaſse al uiuer da priuato,
ſi conchiuſe, che dall'habito, e dalla conſuetudine dell'
imperio, foſse tirato, non che ſpinto alla cupidigia della
corona. Il che oſcurò forte la gloria, e lo ſplendore di
que' trofei, che vna volta hauean meritata l'inuidia
d'un Temiſtocle. All'ultimo ſotto altri colori, e prete-
ſti fatto prigione gli conuenne morir di rabbia tra i ceppi, e le catene.

L'iſteſso può dirſi di Mario, e di Silla. Non per altro
queſti due ceruelli torbidi, e fattioſi poſero in iſcompiglio la Romana republica, e fecero correre il Teuere
Dio. Caſſ. di ſangue, *quàm quòd multis annis abſque ulla interca-*
vbi ſupra. *pedine præfuiſsent exercitibus.*

Velleo

Velleo Patercolo, tutto che uada in compendio, nello ſcriuere le coſe de' Romani, non tralaſcia però di narrare, che Seruilio Glaucia, e Saturnino Appuleo tiraneggiauano la republica, *cõtinuatis honoribus, & gladijs,* *Lib. 2.* *ac cæde comitia diſcutiebãt.* E ſtima glorioſo il ſeſto cóſolato di Mario a cagione, ch'egli tutto l'impiegaſſe in eſterminar'huomini di cotal fatta, alla publica quiete auuerſi, e pernitioſi; il che però far non potè, che con gran moſſa d'armi, e con largo ſpargimento di ſangue.

E di quà apprędano gli ariſtocratici, che ſolo col ſerro, e colla violenza ſi ponno leuare di poſſeſſo coloro, che con lunghezza di tempo hanno ſtabilita la lor potenza ne' magiſtrati. Sono annoſe quercie, che ben radicate, non ſi ſchiantano, che con gran forza, e con gran ruina. O come haueuano ben fitte le radici della lor'autorità i decemuiri Romani in quel ſuo magiſtrato. Per diradicarla appena furono baſteuoli quell' armi, ch'erano ſtate ſufficiétiſſime a ſoggiogar' il mõdo.

Ne crederei in queſto propoſito hauer malamente filoſofato colui, che aſſomigliaua il magiſtrato ad vna camicia foderata di pece, la quale poſta in doſſo vna volta alla perſona, di maniera mediante il caldo della natura, s'attacca, e s'incorpora alla carne, ch'egli hà dell'impoſſibile il leuargliela altriméti, che colla pelle.

Quanto s'adattò mai bene al doſſo di Ceſare queſta camicia dell'imperio. Vna volta (egli è vero) hebbe penſiero di ſtaccarſela, e ne diede intentione a' ſoldati là preſſo Lucano, quando diſſe;

T t   *Ipſe*

Ipse ego priuatæ cupidus me reddere uitæ,
Plebeaque toga modicum componere ciuem ;
Omnia dum uobis liceant , nihil esse recuso.

Ma venuto all'atto, trouolla di maniera colla carne v-
nita, che hauendo per impossibile lo spogliarla, che con
la pelle, sè risolutione di lasciar questa briga a quel Bru
to, che a punta di pugnale la gli trasse d'intorno.

Difficilmente tu vedrai, che vn tiranno si risolua di
deporre la tirannide , tutto ch'egli sappia di certo d'esser dal popolo stimato non vn'huomo, ma una tigre.
Conosca pur'ei, se sà, il pericolo, in che si truoua, e non
Cicero pro di rado habbia letto, *græcos homines Deorum honores tri*
Milone. *buisse ijs, qui tyrannos necauerunt,* che ad ogni modo egli
hà per più natural', e possibile l'amare il pericolo, che
lasciare il comando.

Dionisio di Siragusa, il vecchio, per cui fù celebre la
tirannide, non che'l tiranno, trouandosi vna volta asse-
diato nella reggia da' congiurati, per isfuggir la morte ,
venne consigliato da' suoi a cedere il principato. Vol-
tatosi egli in quel punto, e veduto cader morto vn vitel
Plut. Apo lo ad vn sol colpo del cuoco, rispose loro; *cum mors adeo*
ph. regum. *breuis sit, an non absurdum est, nos metu mortis tale regnū*
relinquere? Quanta libidine di regnar'in costui. A giu-
sto prezzo stimaua potersi comperar colla morte il
principato.

Ma gratiosa e' fù pur la risposta , che Falari d'Agri-
geuto diede ad vno , che lo volle persuadere a ritirarsi
Epist. ad dàl regno a priuata vita; *ignosco tibi* (disse egli) *quòd itâ*
Demotbel. *me admoneas; cum nunquam tyrannu fueris,*

Tyranno

Tyranno tyrannidem deponere consulis;neque Deorum mi hi quemquàm affers,securitatis fidei iußorem, cui fortaße habere fidem poßë;te autem dignum cenfes,cui tanta de re acquiefcam;neque animaduertis ferè periculofiùs eße principatum deponere,quàm occupare.

Silla(e' non fi può negare) depofe veramente la dittatura, fenza dar'd'occhio alle altrui peripetie, ne d'orecchio alla voce di Periãdro Corinto,che infegnò, *per uim imperanti,etiam ultrò defiftere periculofum eße.*

Apud Diogen.Laert.

Plutarco lo fcufa,e vuole, ch'egli ciò facefse fidato nella fua gran fortuna,da cui giuroffi il più careggiato huomo del mondo . Mal ficuro appoggio è quello di coftei,o Plutarco.

In vita ipfius.

Vt puer undifoni ludens ad littora ponti,
Colligit in cumulum,& uariè deformat arenas,
Mox manibus,pedibufque ea fubruit,ac confundit;
Così quefta,pazzamente mai fempre bizzarra, ed incon ftante,

Ion. apud Lip.3.phy. flos. dif.3.

Diruit, ædificat,mutat quadrata rotundis.
Mã che marauiglia? Ella è coftei la miniftra fedele, il vero flagello,e la feconda cagione della primiera. Et è no to a ciafcheduno,che

Horat.epi. ad Mec.

Ludit in humanis diuina potentia rebus,
Et certam præfens uix habet hora fidem;
difponendo però inuariabile , variabilmente il tutto, quell'eterna operatrice con configlio, altretanto giufto,ed auueduto, quanto impenetrabile all'arditezza dell'humano pretendimento . Quindi apprender potrai,ò chiunque tu fij,che dormi fpenfierato tra le brac-

Oui.de Põto lib.4.eleg.3.

cia della fortuna, che non hà punto di ficurezza lo ſtato della tua felicità, e che di là forzatamente d'ogni hora può trarti l'adirata deſtra di Dio. Ed habbi pur per maſ. ſima fuor d'ogni ombra di controuerſia, che

Eurip. in
Androm.

> *Nullus ferè hominum adeò fortunatus eſt,*
> *Quem non tandem aliquando Deus concutiat.*

Olymp.
od. I.

Si quemquam mortalium (dice Pindaro) *cœli cuſtodes Dij in pretio habuerunt, hic Tantalus fuit. Sed concoquere ingentem felicitatem non potuit. Ex ſaturitate namque aſsecutus eſt incommodum exuperabile, quod Iupiter ſuper ipſius caput ſuſpendit durum lapidem, quem perpetuò cogitans a capite repellere, lætitia priuatur.*

Eccoti l'eſempio d'un Priamo, che muore di morte oſcura nello ſplendore dell'incendio d'un regno. Eccoti colui giacer'inſepolto nell'Aſia, che fù con aſſoluto imperio comandante nell'Aſia. L'immenſità della terza parte del mondo è anguſta per riceuer l'oſsa del ſuo regnante. Et

Claud. 2.
Ruff.

> *Qui ſibi Pyramidas, qui non cedentia templis,*
> *Ornatura ſuos extruxit culmina manes;*
> *Et qui Sidonio uelari credidit oſtro,*
> *Nudus paſcit aues, Iacet━━━━━━*
> *Exiguæ telluris inops, & puluere raro*
> *Per partes tegitur━━━━━━━*
> *━━━━━━━ille tot regum parens*

Senec. in
Troade.

> *Caret ſepulchro Priamus, & flamma indiget*
> *Ardente Troia━━━━━━*

E ſe tu vuoi vn'accidente valeuole a render trepida l'iſteſsa intrepidezza, di cui a giudicio di Neoptolemo
tragico

Presso
Stob.serm.
96.

tragico hiſtrione, ne'l più horribile , ne'l più ſpauente-
uole rappreſentarono giàmai al teatro d'Atene, Eſchi-
lo, Sofocle, od Euripide , eccoti vn Filippo Macedone
che mentre con ſplendidezza eccedente lo ſtato d'vn
rè celebra le nozze di Cleopatra ſua figliuola; mentre
poſto dall'adulatione fuori de'côfini dell'eſſer mortale,
riceue dalla ſcena gli applauſi della diuinità, eccoti che
per mano d'un garzone di caduta pudicitia , uedeſi egli
cadere nel teatro , in modo di belua ſcannato, e ſulla
ſtrada publica ignobilmente ſteſo.

Ma Silla, huomo di ſpiriti arditi, ed ardenti, poſte in
non cale tutte queſte conſiderationi, e quello, che mon
ta più, in dimentico, *ſe centum, & plura hominum millia*
bello confeciſſe , tot domeſticos hoſtes occidiſſe, ſenatores
nonaginta, conſules quinque ſupra decem , equeſtris ordi-
nis ad duo millia, hebbe petto, e cuore da deporre quel-
l'imperio, che con tanta uiolenza, e con tanta crudeltà
haueua maneggiato, *ut nemo eo inuito, nec bona, nec pa-*
triam, nec uitam retinere potuerit.

Appian. de
bell. ciuil.
lib. I.

Cic. ï Ver.

Ma l'ecceſſo della marauiglia è, che ne meno gli mâ-
cò lingua da proteſtarſi in publico, *ſe ideo dictaturam*
deponere, ut eorum, quæ feciſſet rationem ſubire poſſet, ſi
quis exigeret. Coſì la crudeltà habituata, ò non ſà, che
ſia crudeltà, ò dà nel temerario. Silla, che regnò da Nerone, fauella da Catone, e come foſſe pari d'innocenza,
e d'integrità di vita al magnanimo Stilicone,

App. vbi
ſupra.

———————*poſito iam purpuræ faſtu,*
    De ſe iudicium non indignatur haberi.

Lib. 3. Cla-
ud.

Fù di ſtupore a tutto il mondo la riſolutione, che
                                                    fece

fece coſtui,ma non fù già di ſtupore il pentimento, che
ne ſeguì ben toſto . Ne ſi hebbe credenza , che quello
ſuccedeſse per le parole d'ingiuria, colle quali vn mal
cóſigliato giouane p̄ buona pezza di ſtrada nell'andar,
ch'ei faceua a caſa,accompagnollo , ma ſi bene per gli
acerbi dolori, che cominciò a prouare nell'eculeo del
viuere da priuato.

Non v'è torméto per grande,ed atroce,ch'ei ſia,che
poſsa pareggiarſi a quello,che ſéte un'huomo auuezzo
a comādare,quando è coſtretto ad vbbidire. Chi veſte
vna volta la porpora, non può adattarſi alla priuata toga,benche ei ſappıa,che' panni più fini, a cagione, che
non ſieno dalle tignuole corroſi , di quando in quando
colle bacchette,ſi ſcuotono,e ſi dibattono.

Tutti gli habiti(perche da una continuata frequenza
d'atti,vengono prodotti)non ſi ponno ſenza malageuolezza laſciare,ma quello del comando , non ſi depone,
che colla vita. Si hà per affatto perduto vn'huomo ,
che deggia eſser priuato,doue una uolta è ſtato principe . Più toſto elegge l'eſilio,e la morte,che viuer ſolo,e
negletto,doue ſia ſtato veduto altre volte a far pompoſa
moſtra di ſe ſteſso,coll'inſegne del magiſtrato dauanti,
Epiſt.fam. e con un lungo ſtraſcico di nobile corteggio a tergo; *ue-*
7. *tus prouerbium*(diceua M.Tullio) *ubi non ſis,qui fueris,*
non eſſe,cur uelis uiuere.

Il deſiderio di comandare è ſenza termine .L'ambitione non hà orizonte . Salga pur l'huomo a qualunque grado egli ſi uoglia,che ſarà mai ſempre accompa-
to dal deſiderio di ſalir più alto . Creollo la natura tale,

le,che può bramar'ogni carico,ma non creollo già tale,
che possa ottener'ogni carico.Di quà uiene,che essendo in lui maggior la brama d'hauere , che la potenza
d'acquistare,naturalmente non si quieta in quello, ch'
egli hà, ma di continuo stà in moto per quello, che non
hà.Così l'anima dell'ambitioso soggiorna più lūgamen-
te nel trono,doue ella aspira,che nel corpo,doue ella so
spira.

Ogni cosa a lūgo andare hà del satieuole;*& mel,dul-* *In Nem.*
*cesque uenerei flores satietatem habent,*disse una uolta il *od.7.*
Lirico greco . Solo il cibo dell'imperio non viene mai
a fastidio . Ogn'altra sete,coll'acqua del possedimento del bramato oggetto ,s'estingue ; ma quella della
dominatione coll'acqua della dominatione maggiormente s'accende.

Così di Pirro leggiamo,che quanto più di questa ac
qua egli gustaua,tāto mē satollo ne rimaneua,*& semper* *In vita ip-*
*noua siti ad alia,atque alia properabat:*scriue di lui Plu- *sius.*
tarco . E' lo stesso delle nostre cupidigie,che dell'an-
nesso fra loro delle cagioni del fato. E però magistral-
mente il saggio,*qualem dicemus esse seriem caussarum ,* *Sen.ep. 19.*
ex quibus nectitur fatum,talem, & cupiditatum; altera
enim ex fine alterius nascitur.

I gusti del corpo,perche sono corporei,e di uirtù fini
ta,finiscono col possedimento de gli oggetti, che si bramano; all'incontro que' dell'animo,perche è spirito ; e
sostanza d'infinita duratione,non si ponno satiare , che
coll'acquisto dell'imperio,che non hà fine.

Or questa insatiabilità,che tu osserui, così intrinse-

ca,

ca, & indiuiduale all'huomo, è la fonte originaria, donde fotterranee fcaturifcono quelle vene corruttrici, che
in progreffo di tempo fatte fiumi reali, annegano, e ti-
ràneggiano il piano del uiuer libero d'una patria. Quel
cittadino, che non mai fi uede fatollo di gloria, ne d'honore, conuien, che s'applichi a cofe, che eccedono, e tra
paffano lo ftato ciuile . All'applicatione ne fegue il
mouiméto, ed a quefto la nouità, ch'è madre, e produttrice di que' difordini, che per diametro s'oppógono al
la libertà . Odi la uoce di M. Tullio a' fuoi republican-

Primo de Off. ti, *cauēda eft gloriæ cupiditas; ipfa enim eripit libertatem,*
pro qua magnanimis uiris debet effe contentio.

Plutarco ne' fuoi ftudi ciuili uà filofofando, qual rechi maggior danno ad una patria libera, ò l'auaritia, ò
l'ambitione . E fenza gran fatto di penfamento rifolue
il litigio, e conchiude per l'ambitione. Il di lui principa
le fondaméto è, che quefta non hà ricetto preffo de gli
animi uili, e codardi, ma folo alberga preffo di coloro,
c'hanno fpiriti grandi, e magnanimi, giufta il fentimen-
Arift. apud Stob. ferm. 43. to del maeftro de' faggi, che una uolta affermò, *de ho-*
noribus non quoslibet, fed potentiffimos quofque conten-
dere.

La cupidigia, e'l defiderio de gli honori è una illuftre
contagione, che pofta in nó cale la parte tetra, e terrea,
ch'è la plebe, folo s'attiene alla più fplendida, e genero-
fa della republica, che è la nobiltà . L'ambitione ftà ful
pretendimento d'efser la fourana regnatrice de gli huma-
ni affetti, e come tale fdegnádo d'habitar ne gl'humili tetti di perfone baffe, uà cercádo ftáza, e foggiorno
ne'

ne' palagi di gente più qualificata, e più conspicua.

Riceue il concetto qualche fede dall'autorità di co
lui, che c'infegna, *cupiditatem honoris, imperij, potentiæ, ac* De off.
gloriæ, nifi in máximis animis, fplédidifsimisq. ingenijs exi
ftere; ma p vero dire, affai più ne riceue dalla pruoua, e
dall'efperimento. Non haurà egli molto del malageuo
le il render capaci, con penfieri di moralità, le perfone
idiote, e di genio palpabile, che l'imperio, e'l comando
nó è altro, che vna fpetie di pericolofa feruitù, e vn giot
to boccone appefo ad vn'hamo mortale; e ciò farebbe
a dire, che le fròdi, colle quali fi cingono le tempia de'
Cefari, fono d'alloro, arbore d'amarezza, e fenza verun
frutto. Lo fcettro è d'oro, che tra'metalli e'l più pefan
te. Il roffo della porpora è così ben'attorniato di fpine,
come quello della rofa. Che' regnanti fono fimili al
fole, il quale furge, e cade nel medefimo giorno. Così
bene fpefso,

> *Quem dies uidit ueniens fuperbum,*   Senec. Thy
>   *Hunc dies uidit fugiens iacentem.*   eft.

Che

> *Lubrica fors regni fpinofis anxia curis*   Maph. Bar
> *Inftabilis fertur, ut malè nixa rotæ.*   ber. de fuga
                                                         fel. hum.
Che *nulli fortunæ minùs benè, quàm optimæ creditur; alia* Sen. de brè
enim felicitate ad tuendam felicitatem opus eft. Che co- uit. vitæ.
loro, i quali comandano, fono fimili a'palloni da vento,
che forati da picciol'punta, di repente fuanifcono. E fe
pur dianzi, come corpi sferici fi toccauano fol'*in punĉto*,
fuaniti pofcia, che fono, fi calpeftano co' piedi, e fi con-
culcano.

E per vltimo, che a' grandi per esser felici, fà di mè.
stiere, che piglino ad impreſtanza l'opinione, che di lo
ro il popolazzo tiene, e la plebe ignorante ; che nel rimanente altro della lor felicità, non guſtano, che la pri

Vopiſc. in
Saturnino.
ma ſillaba, che è FEL; poſciache di continuo, *gladij, &*
tela ipſorum ceruicibus impendent, imminent haſtæ undi-
que, undiq. ſpicula; cuſtodes ab ipſis timentur; comites for-
midantur; non cibus pro uoluptate eſt;

Senèca A-
gamemn.
—————————*non nox illis*
Alma, receſſus præbet tutos:
Non curarum ſomnus domitor
Pectora ſoluit ——————

Anzi con ageuolezza vna tal fatta d'huomini potraſſi
atterrire con quel di Plinio, che *multos accepta imperia*
afflixere, & ultimis merſere ſupplicijs; e con quell'altro
di Giuuenale, che

Sat. 10.
Ad generum Cereris ſine cæde, & uulnere pauci
Deſcendunt reges, & ſicca morte tyranni.

Tutti queſti concetti, con non poco di frutto ſi poſſono dire a perſone infieuolite di ſpirito, e di moderato genio ; ma non giammai ad ingegni di ſouerchio viuaci, ed eminenti. E chi cantaſſe ſimili canzoni all'o-
recchie loro, di ſicuro farebbe la muſica a' ſordi; ouero
haurebbe in riſpoſta, che i concetti per auuentura ſono
begli, e che ſentono forte del pellegrino ; ma che però
preſſo di eſſi non hanno più di credenza, ò di fede, di
quello, che s'haueſſero già preſſo gli heroi di Troia, i
preuedimenti di Caſſandra. E verrebbe forſe ad alcuno in accòcio il portar'in ſuo vantaggio il pēſier di Se-

neca,

neca,che *sic de ambitione conqueruntur homines, quomodo* *Epist. 22.*
& de amica.

Ogn'uno si querela dell'amata donna. Chi la chiama più crudele d'vna tigre,più inganneuole d'vna sfinge,e soprafatto dal dolore grida di quando in quando;

> *Ah crudele genus. Nec fidum fœmina nomen;*
> *Ah pereat, didicit fallere si qua uirum .*

Tibul. lib.
3.eleg.4.

Chi impouerito p lei,e condotto all'estremo de' beni di fortuna,veggendosi perciò bandito dalla sua casa(*meretricum nanque,ceu sacræ domus,non omnibus patent, sed inaccessæ sunt ijs,qui nihil habent*) l'accagiona d'ingordigia,e detestandola,come vorace arpia,dice;

Aristoph.
in Medea
Stob. ser.
6.

> *Sola uiro mulier spolijs exultat ademptis;*
> *Sola locat noctes; sola locanda uenit.*

Ouid.1.Amor. eleg.
10.

Chi l'accusa di poco amore,chi di nulla fede.Chi si duole,che senza far discernimento di persone , si trattiene con tutti,e come palla nel giuoco,a chiunque si sia,

> ——*datatim dat se,& communem facit.*
> *Alium tenet; alij annutat; alij manus*
> *Est occupata; at alij peruellit pedem.*
> *Alij dat anulum, spectaculum; labris*
> *Alium inuocat, cum alio cantat, attamen*
> *Alij dat digito literas*————

Enn. apud
Lip. in cō.
super li. 1.
Sen. de be-
nefic.

E u'è tale,che dall'odio dell'indiuiduo,passando a quello della spetie,per vna sola tutte le abborre,e dice ;

> *Detestor omnes, horreo, fugio, execror;*
> *Sit ratio, sit natura, sit durus furor*
> *O disse placuit ; ignibus iunges aquas,*
> *Quàm uictus, animum, fœminæ mitem geram;*

Sen.in Hippol.

Euripid. in
Medea.
Oportebat aliŭde (foggiunge un'altro) *homines fobolem parere, fœmininum autem non eße genus; fic fane non eßet ullum hominibus malum.* E poco vi manca, che empia-

Ex eod. in
Hippol.
mente non dia nell'empietà, *& Ioui ipfi non parcat, & affirmet ipfum alia ratione debuiße perpetuitati hominŭ prouidere, & facere, ut fine opera peßimi fexus, filÿ procrearentur.*

E nulladimeno, perche giufta il Comico greco,

Menäder.
    Ira amantium breui tempore durat;
tutti la bramano; tutti follecitamente la uan cercādo; ne vi è alcuno, che non fi giuri dalla di lei gratia condotto all'eftremo dell'humana felicità.

Così dell'ambitione, tutti ne dicō male; tutti fi dolgono della grauezza dell'imperio; tutti aggrādifcono i pericoli, che recan feco i gradi, e le dignità; ma però ogn' uno le cerca, le ambifce, e le procura; e tra gli huomini s'hà per dishonorato vn'huomo, che non fe ne chiami honorato.

E forfe ritrouerebbefi alcuno di tale arditezza, che non haurebbe rifpetto a lafciarfi intendere, che nelle cofe morali fi fà tutto a rouefcio di quello, che fi dice.

E ne recherebbe l'efempio de' principi, non che de' più chiari lumi delle fcuole, i quali viueuano affai diuerfamē

Sen. de vi
ta beata c.
18.
te da quello, che infegnauano; *obiectŭ & hoc eft Platoni; obiectum Epicuro; obiectum Zenoni; omnes enim ifti dicebant, non quemadmodum ipfi uiuerent, fed quemadmodŭ uiuendum eßet.*

E di Platone in ifpetialità vi farebbe tal'uno, che non fi arroffirebbe a dire, ch'egli faceua ne' fuoi fcritti del

                               cafto

casto Hippolito, ma che poscia non era la sua uita al tut
to dalle delitie del senso, ne da gli amori lontana, ed
abborrente; e per conferma ne porterebbe in vn suo
epigramma, la di lui medesima confessione.

> *Archeanassa mihi est meretrix Colophonia, seris*
> *Cuius & in rugis sedet acerbus amor.*
> *Quas, miseri, flammas, per quanta incendia abistis,*
> *Libata illa quibus prima iuuenta fuit.*

Apud La-
ert. inuita
ipsius.

E che diè qualche cagione da bucinarsi tra le brigate,
e sù i triui un'altro suo componimento in morte di certo giouanetto, nomato Stella, che con esso lui attendeua allo studio dell'astrologia.

> *O utinam cælum fierem, cum sydera cernis,*
> *Mi Stella, ut multis in te oculis tuerer.*
> *Iam dudum uiuis lucebas lucifer, at nunc*
> *Extinctus luces Hesperus Elysijs.*

Apud eûd.
vbi supra.

Di Epicuro, in quanto alla dottrina porterebbono le
medesime parole di Seneca, ch'egli, *acta, & recta præci*
piebat; ma in quáto alla pratica trarrebbono il cócetto
dalle lettere, che si veggono scritte da lui in Laertio, a
Leontia, e Temista, sue fauorite, e lo stabilirebbono col
rimprouerio, che fà a lui Plutarco, *quod Pythoclem for-*
mosum adolescentem octodecem annorum natum, ita exi-
miè laudauerit, ut scriberet, non esse adolescentem in tota
Græcia meliorem.

De beata
vita.

In lib. con-
tra Cloatê.

Professaua, che con verità si potesse dire, ch'egli
fosse

> *Præceptor iuuenum, & morum formator amænus;*

e poscia talmente si daua in poter del senso, che vna vol

Apud La-
ert. li. de s.

ta

ta non arrofsò lafciarfi cadere dalla penna, non che dal
la lingua; *ego nihil habeo, quod bonum intelligam, si sapo-*
rum uoluptates, & quæ ex uenereis conftant, & quæ ex au
ribus percipiuntur, quæque ex formæ uenuftate blandiun-
tur oculis, auferam.

Che'nfino alle ftelle portaua coftui la tenuità del vi-
Apud Sen. uere; e millantandofi della parfimonia diceua; *habea-*
epift. 110. *mus aquam, habeamus polentam, & Ioui ipfi de felici-*
tate controuerfiam faciamus; e pofcia egli medefimo fcri
Apud La- uendo a Leontia, confeffa, *se minam* (fono dieci fcudi
ertium. d'oro al fentir di Plinio) *quotidie in cibos confumere.*

E di Zenone non fi tralafcierebbe, che egregiamente
egli difcorreua in biafimo della vanità della gloria, ma
che pofcia all'incontro, non ad altro fine, poftergata
l'Accademia, fondò il Portico, che per vanità d'effer
nomato principe, e capo d'vna fetta. Che nel rimanente non fi pone in litigio, effer'egli ftato più tofto inuen
tore di nome, che di dottrina, più artefice di parole, che
maeftro di dogmi. Quindi da M. Tullio, per ifcherno,
Li.3.de fi. vien'appellato, *aduena quidam, & ignobilis uerborum*
opifex. E nello fteffo fenfo, contra i fuoi feguaci fgri-
dò vna volta dalla fcena, il Comico;

Apud A- *Audite Porticenfes, mercatores nugarum;*
then.li.14. *Verborum arbitri, & cenfores.*

E che dal medefimo Zenone, il quale apertaméte often
tò vna profonda humiltà, hebbe principio, ed origine
vna fetta d'huomini, che diè il nome alla più fina fuperbia, ed alla più intollerabile arroganza, che fi fia giámai
ritrouata al mondo.

E' nota

E' nota quella di Crifippo, che fù vno de'fuoi primi
mi allieui. Interrogato coftui vna volta da un padre di
famiglia, a cui con frutto, potefse egli commetter la cura d'inftruir'vn fuo figliuolo, rifpofe, a me, e con iftoma-
cheuole fprezzatura d'ogn'altro, di repente gli ne fog-
giunfe la cagione; *nam ſi quem ſupra me putarem eſſe,*
ipſe me ei darem. E preſſo Tacito leggiamo efsere ftato accagionato Rubellio Plauto, *quod aſſumpſiſſet Stoi-*
corum arrogantiam. Dal che prefe poi occafione Giuue
nale di rimprouerarlo, e di dirgli;

> ——————*tecum eſt mihi ſermo Rubelli*
> *Plaute. Tumes alto Druſorum ſanguine, tanquàm*
> *Feceris ipſe aliquid, propter quod nobilis eſſes;*

E di Seneca, di cui afferma l'erudito Lipfio, hauer fupe-
rati nelle moralità,

> *Quot ſunt, quotquot erũt, & quotquot in ante fuerũt,*
> direbbono efser pofitione cotanto chiara, che men
> chiara farebbe, fe fofse fcritta co'raggi del fole, ch'egli
> *in multis contra facere uiſus eſt, quàm philoſophabatur; cũ*
> *enim tyrannidem improbaret, tyranni præceptor erat; cũ*
> *inſultaret ijs, qui cum principibus uerſarentur, ipſe a pala-*
> *tio non diſcedebat; reprehendebat diuites, cuius faculta-*
> *tes erant ter millies ſeſtertium; qui luxum aliorum dam-*
> *nabat, quingentos tripodes habuit de ligno cedrino, pedi-*
> *bus eburneis ſimiles, & pares inter ſe, ſuper quibus epula-*
> *batur.*

Simili concetti, mal confiderati, e fimili fpropofitate
rifpofte, fenza verun dubbio vfcirebbono dalla bocca
di coftoro, che deprauando coll'ambitione lo fpirito

grande,

*Diog. in vi
ta ipſius.*

An. li. 14.

Sat. 8.

*1. Manud.
ad ſtoic.
Phil. diſ.
18.*

*Dio. Caſſ.
lib. 6. in
Nerone.*

*Sette mil-
lioni, e me
zo.*

grande,e'l talento fublime,che diè loro la natura ,non
curuano ad altro nume il ginocchio, che a quello dell'
imperio,ne uoglîono , che altra sfera s'aggiri fopra de'
capi loro,che la corona della fouranità.

Eh,ch'erano huomini,come fete voi(ò i miei huomi
ni)que' principi,e que' lumi delle fcuole . Perche ac-
cagionarli,fe vna uolta,incefparono ne' lacci del fenfo,
e non più tofto ammendar uoi medefimi,che ligi,e ferui dell'ambitione, ite di cõtinuo fuori del buon fentie-
ro della ragione ? Chi difse huomo, difse natura , anzi
piegata,che piegheuole alla colpa . A che dunque marauigliarfi, s'egli tal'hora ui cade?

M.Tullio diceua male , e fi prendeua giuoco di Zenone . Ma che? era egli Accademico,e Platonico,ciò è
a dire nemico del Portico, e de gli Stoici. Egli è forfe
cofa nuoua,che un nemico dica male d'un nemico ?

Seneca frequentaua la corte; era maeftro d'un tiranno,haueua beni pe'l ualore di fette millioni, e mezo .
E qual legge,qual dogma interdifse giammai a' filofofi,
l'ingrefso nelle corti? V'entrino pure,e di là n'efchino
i gnatoni,gli adulatori,i Bodini,e gli empi Macchiauelli,ed habbiano huomini di cotal fatta,a fingolare felicità de' popoli ,nelle lor mani il cuore de' principi.

Meglio non poteuafi gouernar l'imperio,che ne'pri
mi anni di Nerone,ne' quali Seneca ne fù la guida, e'l
moderante;onde Traiano principe di libertà di fenfo
confefsò,*omnes etiã optimos principes longè a primo quinquennio Neronis abeße.*

Apud Lip.
2. monit.
polit.c.6.

Egli hebbe afsai delle ricchezze,è uero ; ma non fu-
                                        rono

rono da alcuno eſtorte, ne meno coll'altrui ſangue mercate. Ed erane così honorato l'eſito, come l'introito.

Non è reputato indegno il ſaggio d'hauer ricchezze. Anzi, doue con maggior ſicurezza può depoſitar la fortuna i ſuoi beni, che nelle mani di colui, il quale non ſolo nó haurà in diſpiacere, ch'ella a ſuo compiacimento ſe li ritolga, ma anche non chieſto farallene da magnanimo la rinuntia? E per cagione d'eſempio, eccoti il medeſimo Seneca, che ſpontaneo, e di voglia ſcarica il vaſto fiume delle ſue ricchezze in quel mare, dal quale pur dianzi erano ſcaturite. Odi ciò, ch'ei dice a Nerone; *iube eas per procuratores tuos adminiſtrari; in tuam fortunam recipi. Nec me in paupertatem ipſe detrudam; ſed traditis, quorum fulgore præſtringor, quod temporis, hortorum, aut uillarum curæ ſeponitur, in animum reuocabo.* Apud Tac. li. An. 14.

Hebbe dunque Seneca delle ricchezze, ma ſempre reputolle volatili, e fugaci. Funne egli il poſſeditore, no'l poſſeduto. Entrauano nella ſua caſa, non entrauano nella ſua mente. Ne ſtauano meno eſpoſte al commodo altrui, che all'vſo proprio. Odaſi Giuuenale;

> *Nemo petit, modicis quæ mittebantur amicis*
> *A Seneca*━━━━━━ ━━━ ━━━ Sat. 5.

Ed vn'altro, che celebra, & annouera tra' portenti di liberalità,

> *Piſones, Senecaſque, Memmioſque.* Martialis.

Ceſſino dunque di latrar coſtoro contra del ſaggio,

Xx ò am-

ò ammutoliti dalle addotte ragioni, ò dall'autorità atterriti di Frontone nobile oratore de' ſuoi tempi, e co
me vogliono alcuni, nipote del magno Plutarco, il qua
le a ſingolarità di queſto huomo laſciò ſcritto, *Senecam*

ſic uniuerſos exterminare errores, ut aurea ſæcula ui-
deatur reformare, & Deos ab humano genere exulan
tes, eius opera reuocatos, hominibus contraÉta ſocieta-
te miſceri. Ma ſia detto a baſtanza in difeſa di que'
grand'huomini, e facciam ritorno al punto, onde par-
timmo.

Argomento dunque non oſcuro, che la propria ſede
dell'ambitione ſia poſta, e collocata in quegl'ingegni,
che ſentono forte dello ſpiritoſo, è, che non ammettono all'orecchie loro que' concetti, ne que' penſieri di
moralità, che pongono in non cale gli honori, e' comandi.

Preſſo di coſtoro ſtà per maſſima di verità matematica, che l'vltima differenza de gli huomini d'eccelſo
talento ſia la cupidigia della gloria, e de gli honori, così, cred'io, perſuaſi dalla dottrina, che nella ſcuola di
Senoſõte inſegna Simonide a Hierone tiráno di Siragu
ſa; *ambitionẽ nẽpẽ a natura non eſſe animantibus rationis*
expertibus, neque cuiuſuis homini; quibus autem honoris,
ac laudis innata eſt cupiditas, illi ſunt, qui plurimùm a
pecudibus natura differunt, ac planè uiri, nõ homines exi
ſtimantur.

E da queſte premeſſe hanno poſcia per ben 'approuata, non che per necesſariamente dedotta la concluſione, *nullam uoluptatem humanam, ad diuinam accede-*
re

Saſiber. 8.
Poly.
Apud Lipſ.
ad Stoic.
diſ. 115.

Xenoph. in
colloq. Si-
monid. &
Hieron.

re propiu', quàm eã, quæ ex honoribus percipitur delecta-
tio . E giurano degni d'incenſo , ed altare , non che a
miracolo felicitati coloro,che aſſiſi in alto,e ricco tro
no fanſi veder'al mondo eſſer tra l'oro , e l'oſtro i co-
mandanti.

Io ſon ſolito addimandar coſtoro huomini di ſuperſi
cie,e non di trina dimenſione , che ſolo s'appagano di
quello,che ſi vede nell'huomo,e nó di quelló,che s'intende nell'huomo . Non è luce tutto ciò,che luce.Ne
al di dentro è ſempre riſplédente,ciò che al di fuori è
ſempre lampeggiante.

De'rè , e de' perſonaggi grandi ciò , che ſi vede , tutto ci ſi rappreſenta , come oggetto grato , e
giocondo; all'incontro tutto è moleſto , e formidabile ciò , che ſtà ne gli animi loro di naſcoſto , e latente.

Odi il péſiero egregiamente ſpiegato dalla penna di
colui,che è altretanto tra gli eruditi maggiore d'eruditione,quanto tra gli imperanti ſuperiore d'autorità, e
di dominio.

> *Non ſem̃per extra ,quod radiat iubar,*
> *Splendeſcit intra; reſpicimus nigras*
> *In ſole (quis credat?) retectas*
> *Arte tua Galilæe labes.*
> *Sceptri coruſcat gloria regÿ*
> *Ornata gemmis; turba ſatellitum*
> *Hinc inde præcedit; colentes*
> *Officÿs comites ſequuntur.*

Maph.Bar
berin.nunc
Vrban.8.

Luxu renidét splendida, personat
Cantu; superbit delicijs domus.
Sunt arma; sunt arces, & aurum;
Iussa libens populus capessit.
At si recludas intima , uideris,
Vt sæpe curis gaudia suspicax
Mens icta perturbet. Promethei
Haud aliter laniat cor ales.

E quindi si scorge, non da huomo, ma da oracolo hauer
fauellato Plutarco, quando a documento del suo Mora-
De trauq. le disse; *noli aciem intendere tantùm in splendorem, & ce*
anim. *lebritatem eorum, quos tu beatos ducis, atque in admira-*
tionem habes; sed detracta, tanquam uelo picto, gloria eo-
rum, & specie externa, intrò penetra, ibi multos scrupulos,
& multos eis infixos contemplaberis aculeos . Ed eccone
per appunto vn di costoro, che ci viene da Seneca addi
Epist. 80. tato; *uides (dice egli) illum Scythiæ, Sarmatiæue regem ,*
insigni capitis decorum ? Si uis illum æstimare, totumque
scire , qualis sit, fasciam solue ; multum mali sub illa
latet.

Eh, che per gran copia di ricchezza , d'óro, d'agi , e
di commodi, che si habbia vn'huomo , non ammettono
però giammai tregua, ne meno fan pace seco le cure, ne
i trauagli della sua mente.

In fragm. *Non fit thesauris* (diceua Varrone) *non auro pectus*
solutum;
Non demunt animi curas, ac religiones
Persarum montes, non atria diuitis Crassi.

Il

Il più fortunato huomo in apparenza non rimirò
giammai il fole della Grecia d'Agamennone . Fù coftui rè delle ricche Micene; generaliſſimo di tutte l'armi della greca onnipotenza ; ammiraglio d'vna arma-
ta(per quello,che ci rapporta Darete Frigio)di mille,cē-
to,e quaráta naui;condottiere d'vna hoſte fenza noue-
ro,capitanata da feſſanta noue principi; feruito, e cor-
teggiato dal fiore della nobiltà di sì grā parte d'Euro-
pı;belliſſimo di corpo ; gratiſſimo di fauella;maeſtoſo
di prefenza,che ogn'vno lo credeua formato dalla natura per l'oggetto de' penſieri, per l'amore de' cuori,
per l'ammiratione de gli ſpiriti.

Pulchrum autem ſic ego nondum uidi oculis,
   Ne ſic honorabilem━━━━━━━━

diſſe,fauellando di lui vna volta Priamo,benche gli foſ-
fe nemico;

   Omnium felix Graiorum rex Agamemnon,
   Cui fortuna dedit fatis melioribus uti;

cantò Homero. E chi per auuentura ſi faceſse a credere eſsere queſte hiperboli, & aggrandimenti de' poeti, a cui in iſcambio del vero , è natura valerſi del ſimile al vero;e bramaſse più autoreuole teſtimonianza
delle ſingolarità di queſto principe, legga il medeſimo
Darete,che fù vgualmēte valoroſo difenſore delle Tro
iane mura,ed oculato ſcrittore di quella guerra , e trouerà, *Agamemnonē albo corpore;magnū; mēbris ualentē;
facundum;prudentem;nobilem;diuitem* . Legga M.Tul-
lio,che non orando, ma ſcriuendo a Dolabella,l'hono-

Homer. 2.
Iliad.

Apud Plu-
tar.de tran
quil.animi.

Li.de exci-
Troiæ.
Epiſt.14.
lib.9.

ra con titolo, ed elogio di rè de' rè.

Nulladimeno nell'intrinfeco egli era il più infelice, il più trauagliato huomo di quel fecolo. Sentiua pur troppo pungentiffime nell'animo, e nel cuore le fpine di quelle cure dell'imperio, che non erano, ne vedute, ne credute da alcuno. E trafitto dal dolore, inuidiando non poco lo ftato d'vn vecchio di priuata fortuna, con fofpiri, e finghiozzi diceua:

Apud Eu-
rip. Iphig.
in Aulide.

Me ferus ærumnis grauibus rex Iupiter urget.
Beatus es fenex; beatus qui procul
Difcrimine, ignotus uitam, & inglorius
Exegifti —— —— ——

Ella è dunque mal ficura l'illatione, che fi fà dall'efterna all'interna fortuna d'vn'huomo, fi come altrefi mal ficuro farebbe l'argomento, che fi deducefse della bontà d'vn deftriere, dal freno, fella, od altri fimili efteriori abbigliamenti.

Ma quefti efempi, tutto che calzanti, non fono valeuoli a fifare il mercurio del talento di quefti ingegni, che mai fempre ftà brillante, e'n moto alla sfera della dominatione; ne meno quefti penfieri, come pur dianzi diceuamo, s'apprendono da loro per adeguato oggetto dell'intelletto; ben s'apprendono i concetti, che recan lode, e pongono in iftima, e'n veneratione l'imperio, e'l comando; ciò è a dire quel di Plutarco, che

Ad princ.
indoct.
Lib. 1. de
clem.

princeps eft imago Dei cuncta adminiftrantis; parimente quell'altro di Seneca, che *populus non alio animo rectorem fuum intuetur, quàm fi Deus immortalis poteftatem*

tem

tem sui uisendi faciat. Quanto ageuolmente si persuade loro, che a' grandi, non meno, che a' poeti, e di-
pintori,

Quodlibet audendi semper fuit ampla potestas. *Horatius.*

Che, *impunè quidlibet facere, id regem esse est.* Che, *Sallust.*
chi comanda altrui in terra, non è da altrui comandato
in terra; *principis enim solus Deus iudex esse potest.* *Veg.lib.1.*
E che, *imperanti tanquam præsenti, ac corporali Deo, fi-* *cap.5.*
delis est præstanda deuotio, & impendendus est peruigil
famulatus. Come applaudono a quello, che scriue
Homero del principe, che tutti lo riueriscono, l'os-
seruano,

Vadentemque per urbem adspectant Numinis ad
instar.

Come si gonfiano nel ventoso detto d'un Satirico,
che,

Pulchrum est digito monstrari, & dicier, *Persius*
Hic est ——————————— *sat.1.*

Ridicola vanità. Deonsi apprender' i concetti per
somiglianza, non per proprietà. E deonsi intendere
de' principi in esquisitezza buoni, e di quella stampa,
di cui procurò formar Senofonte il suo Ciro, e descri-
uer Plinio il suo Traiano.

Quell'imagine di Dio, che vedi risplendente nella
persona del principe, fà conto, ch'ella in lui vi stia, come carattere in poca poluere, e'n poca creta stampata,
ed impressa.

Vuole il principe essere vna vera imagine, ed vn viuo

Plutar. ad
principem
indoctum.
uo ritratto di Dio ? *non Phidiam requirat fingentem,
nec Polycletum, uel Myronem; sed semetipse ad effigiem
Dei componat per uirtutem; qualem enim cœlo solem, Deus
supra modum uenustum, illigauit sui effigiem; huiusmodi
in urbibus simulachrū fecit principem, qui religiosus iusti-
tiam colat.*

Gradisce il principe d'essere stimato vn Dio in terra?
Sthenidas
de regno a
pud Stob.
Procuri d'imitar quello, ch'è in cielo; *et tunc imitabi-
tur princeps Deum* (disse vn Pitagorico) *si magnanimum,
sapientem, et paucorum indigum sese præstiterit, paternū
animum in subditos gerens . Hanc enim ob caussam præ-
cipue Deus existimatur primus esse parens Deorum ; ac
hominum , quoniam omnibus sibi subditis benignum se
præbet.*

Questi , e simili pensieri buoni, e santi dour ebbonsi
da' moderni Senofonti instillare ne gli animi de' suoi
Ciri, a cagione, che producessero in loro quel frutto,
che non producono in quegli ingegni grandi , ed eminenti di republica, che di souerchio attaccati al coman
do, pongono in non cale ogni buona consideratione,
che si metta loro auanti. E che in ispetialità non vogliono, che sù l'arpa della politica si tocchi la corda
della vacatione ne' magistrati, ne tápoco quella d'un'
imperio temporaneo , ed annuo . Ch'è per appunto la
2. de ira
circa fin.
doglienza, che faceua il Morale , *ambitionem nempe
magnorum animorum non esse cōtentam honoribus annuis.*
Quando però non volessimo , che la fortuna loro fosse
simile a quella di Domitiano, di cui Plinio racconta ,

che

che continuatis consulatibus fecerat longum, & sine In Paneg.
discrimine annum.

Ingannossi pur'a partito colui, che si fece a credere d'hauer formato vn'asioma fuori d'ogni litigio, quãdo hebbe scritto; *requies in omni opere dulcis est.* A que-
sti animi sublimi, ed a questi spiriti viuaci ogni riposo Pind. in
Nem. od. 7.
momentaneo nel comando sarebbe loro il più atroce
tormento di quanti ne ritrouarono giammai Mezétio,
o Perillo.

Ad vno, che soggiaccia alla commotione della flaua
bile della dominatione, nulla si concede di lucido interuallo. Sempre da quella è commosso, & agitato, ed
a similitudine dell'Homerico Achille, sempre

——— —— ——— *uult super omnes alios esse ;* Homer.
Iliad. I.
Omnes quidem uincere uult; omnibus dominari;
Omnibus præcipere ——— —— ——

Ad estinguere la sete di questi animi grandi, che sono hidropici di gloria, e d'imperio, non sono baste-
uoli i torrenti de gli honori delle republiche, i quali
interrottamente deon correre, e sol di quando in
quando, v'abbisognano i fiumi reali de'continuati comandi, che coll'istessa piena d'acqua, e coll'istesso tenore fansi mai sempre ueder corréti, e precipitosi al vasto, e desiato mare della monarchia.

Chiudasi dunque il discorso; e dalle cose dette, come
da uere, e basteuolmente prouate premesse, traggasi cõ-
clusione certa, ed infallibile, che non v'è modo, ne strada alla republica di Lesbo di conseruar lungo tempo la
sua libertà, e di mantener perpetuo il suo decemuirato.

E ri-

E rimanga impreſſo nella mente d'ogni ariſtocratico, e
ſia, come oracolo d'Apollo, da lui riuerito il detto di
quel gran ſaggio greco, che *omnibus pergrauis eſt ille*
magiſtratus, cui nullum certum tempus eſt determinatū,
& qui nullis aĉtorum ſuorum reddendis rationibus eſt
obnoxius, unde tyrannis naſcitur.

Dion. Ha-
licar. li. 4.

REPVBLICA DI LESBO

OVERO

DELLA RAGIONE DI STATO
in un Dominio Aristocratico

Libro Decimo

DELL'ABBATE DON VICENZO SGVALDI.

SOMMARIO.

Si risponde alle ragioni, che furono addotte a fauore della continuanza a uita ne' magistrati; e si conchiude con un'apostrofe a' buoni, e zelanti cittadini di republica.

I rimane hora, per dar l'vltima mano all'opera, da considerare l'armata dell'hoste nemica, che col soldo del priuato interesse assembrata, sulle prime carte del libro, a difesa del posto della continuanza ne' magistrati aristocratici, fessi veder'in ordinanza, d'armi d'argomenti, e d'autorità molto ben guernita, e corredata.

Ne vincibile, ne penetrabile ella fù creduta a prima vista, non essendo stata per anche ben considerata la qualità della sua possa, ne bilanciate a bastanza le forze della contraria parte; ma dipoi venutosi in chiaro,

che

che non erano le prime fila delle schiere da valorosi
Achilli,come ci rapportaua la fama;ma da vili Tersiti
capitanate, e códotte,si sperò, ch'all'vrto dell'opposto
squadrone di ben mille ponderate ragioni per la vacan
za,di leggieri ella fosse per pigliar la carica,e senza rite
gno ceder fugace al vincitor'il campo , la vittoria ,e
l'armi.

Era la cura della vanguardia,spetialmente alla pratica,ed esperienza delle cose demandata.Questa(diceua.
uano gli auuersari) esser la norma , e l'indirizzo d'ogni
buona speditione .Senza questa appo loro,il gouernan
te haueuasi per l'Homerico Polifemo da Vlisse mal
trattato,che più tosto è bisogneuole di chi gli porga la
mano per gouernarlo,che l'orecchio per esserne gouer-
nato.Or chi non sà,non potersi ritrouar costei altroue,
che doue viuono in cótinua agitatione gli affari,e le pu
bliche cure? Demade Ateniese , presso Stobeo , con-
fessa non hauer'imparato da altri a sedere al tribunale,
che dalla sede del tribunale.

Dura malageuolezza,per vero dire, s'incontrerebbe
quì a rompere da questo corno l'armata delle ragioni
auuerse,ogni volta,che di primo lancio dallo stato priuato al supremo de' comádi,si portassero le psone,e'sog
getti. Ma nella republica di Lesbo,come in ogn'altra,
che sia ben regolata,non volandosi a gl'impieghi,ma sa-
gliédosi di grado in grado,da gli estremi a' mezani,e da
questi a'maggiori,incótanéte si scuopre esser molto fieuole questa parte,che all'applicatione della machina di
ageuolissima risposta, di repente vedesi aperta, e disser-
rata. Vn'

Vn'huomo, tutto che dalla fortuna bene ſpalleggiato, e di non ordinario talento anche ben guernito, non
arriuerà nulladimeno alla pretura, che dianzi in diuerſe
cariche di minor portata, per buona pezza di tempo, nó
ſi ſia trattenuto; *ſic enim magiſtratus magiſtratu, honor* Plin.in
honore petitur. Paneg.

Ora, chi nó s'auuede, che'n tanti impieghi, come in
táte ſcuole vn'huomo politico appréde que'documen
to di vera prudéza, e di quella cognitione di coſe egli
s'imbee, per cui fortunato allò ſtabilimento può inca-
minarſi d'ogni gran bel negotio? Ma quello, che non
poco ſente del marauiglioſo, è, che queſto habito di pru
denza in lui ſi crea inſenſibilmente, e ſenza, ch'egli pur
ſe'n'auuegga, s'inuigoriſce, e s'auualora; *ſicuti enim (di-* Lip.ep.22.
ce l'erudito Belga)*herbas, & arbores creſcere, non cerni-* Cent.1.Mi
mus, ſed creuiſſe; ſic factam prudentiã in homine potius, ſcel.
quàm fieri.

Ne con minor felicità ſi pone in isbaraglio il ſoccor
ſo, che da gli auuerſari alla rimeſa della caduta parte
frettoloſamente s'incamina. In queſta una ſola coſa ſi
racchiude la coſtui forza, e'l coſtui neruo; che eſendo i
caſi ſeguiti la non mai vacillante tramontana de' magiſtrati, e gli eſempi lo ſpecchio di chi gouerna bene (*ſicu* In Moral.
ti enim qui ſe comunt (diceua Plutarco)*adhibent ſpeculũ*
ita geſturus rempublicam proponit ſibi laudatorum uiro-
rum exempla) fà di meſtiere di lungo, e cótinuato poſſe-
dimếto di molti anni nelle cariche, p trarre da gli auue
nimenti ſufficiente materia da fabbricar'un bé terſo, e
forbito criſtallo, a cui rettamente ſi componga il regnante. Ve-

Veriſſimo e'l tutto; ma non per queſto eſſer neceſ-
ſaria ſi concede la preteſa continuanza ne' magiſtrati;
perche, ò l'occaſioni, da cui deonſi trarre gli eſempi, e
la dottrina, ſono di coſe grandi, ò d'ordinarie; ſe di queſte (non cadendo elleno ſotto notabil conſideratione)
poco di giouamento recar ponno a chi impera; ſe di
quelle (per eſſer d'accidenti famoſi) ne rimane ſtampa-
ta, ed impreſſa nella méte de gli huomini la memoria, e'l
grido, che dilatato da un ſecolo all'altro, quella ſcienza
produce ne' poſteri, che traditione s'appella; da cui ba-
ſteuolméte inſtrutti i decemuiri di Lesbo, poſſono a be
neficio del publico regolare le loro attioni, ſenza, c'hab
biano da eternarſi a pregiudicio delle publiche ſicurez-
ze nell'autorità del comando.

Ed a quello, che per rinforzo s'aggiungeua, generarſi
maggior riuerenza, e più riſpetto ne gli animi de' ſuddit
ti verſo quel tribunale, ch'è di perpetua, che di tépora-
ria durata; riſponde egregiamente Lipſio, che la riuen
za, od il riſpetto, non procede dalla vacatione, ò dalla
continuanza nel magiſtrato, ma dalla proprietà, ò per
meglio dire, dall'eſſenza del magiſtrato, che per ſe me-
Lib.2.Mo-
nit.Polit.
cap.9. deſimo è tale, *ut reuerentiam ſui gignat, & terrorē. Vi-*
demus enim in quotidianis iudicibus, quàm plebecula eos
ueneretur, & timeat, etiam illa innoxia, & cui cum ijs ni-
hil negotij eſt, aut fuit. Et benè a Deo ita facli ſumus ue-
reri hoc numen, & nomen ipſum iuſtitiæ, & quoſcumque
ei adminiſtrantes.

Si auualora, e non poco di forza, e di fede acquiſta
il penſiero da quello, che ſi oſſerua ne' principi, e'n coloro,

loro,che comandano,ne' quali veggiamo tralucere vn
certo che di venerabile,e di maeſtoſo, che quanto meno cade ſotto l'eſpreſſione della lingua,tanto più all'ap
prendimento s'adatta dell'intelletto . Ed è 'l ſegno ,
e 'l carattere della podeſtà,dalla mano di Dio ſtampato
nella fronte di chi gouerna,per cui egli fallo conoſcer
diſtinto da gli altri,per ſuo tenente,ò vogliam dire, rap
preſentante in terra . Quindi traſſero poſcia cagione
di fauoleggiar gli antichi,che dal congiungimento dell'
honore con la riuerenza ne naſceſſe la maeſtà dell'imperante,e diſſero;

> ——honor,placidoque decens reuerentia uultu,
> Corpora legitimis impoſuere toris;
>
> Hinc ſata maieſtas,quæ mundum temperat omnem;
> Quaque die partu eſt edita,magna fuit.

Quid.faſt. 5.

Oh come bene.Naſce grãde,non ſi fà grande la maeſtà
del principe . Ed appena nata,ſi vede creſciuta . Non
vagiſce fuori del ventre della madre, ñe pargoleggia
dentro le morbidezze della culla. Stende le mani a'
faſci,nõ le ſtringe alle faſcie.E vigoroſa prima,che adul
ta trattar coronata,la vedi lo ſcettro,e premer ſuperba
col pie l'oro,l'auorio,e l'oſtro.

Ed è quello,che quaſi per prodigio ci racconta Suetonio di Veſpaſiano,che ñõ tantoſto hebbeſi l'annũtio
della ſconfittadelle genti,e della morte di Vitellio, ſuc
ceduta nel Cremoneſe,che di repéte gli ſi videro nella
fronte lampeggiar certi raggi di maeſtà, che preſſo gli
aſtanti lo dichiararono principe,ed Auguſto.

E' la maeſtà d'vn regnante quello ſcudo di Pallade,
in

in cui ſtà per impreſa ſcolpito il capo di Meduſa. Con
queſto ponno impetrire, non che atterrire i grandi, chi
ſi fà loro incontro, ne d'altro, che di queſto, al ſentir di
Plutarco, ſi ualſe Mario per isbigottire, e per far tornar'
a dietro il Cámbro inicidiale , che furibondo col ferro
ignudo alla mano, veniua lui ſopra per ammazzarlo.

Di queſta fauellando vna volta Paolo Giouio, diſse,
Hiſ. lib. 2. *regum oculis in omni fortuna quamdam ſupra humanam*
ineſſe uim; ed alla conferma del penſiero ce ne recò l'e-
ſempio di Ferdinando, il grande, d'Aragona, che col ſolo folgoráte ſguardo s'aprì le porte della fortezza d'Iſ-
chia, atterrito il fellone, che poſto in non cale il ſagra-
mento di fedeltà, e'l riſpetto, che ſi dee al ſuo principe,
gliele chiudeua in faccia, mentre fugato, e rotto dall'armi di Francia, cedendo alla uiolenza della fortuna il re
gno di Napoli, frettoloſo cercaua di ripararui dentro
la uita.

Dunque può il decemuirato di Lesbo colla ſola mae
ſtà del tribunale, ſenza l'aggiunto della perpetuità, render mai ſempre venerabili, e riueriti i ſuoi decreti, e le
ſue determinationi.

Ne vale la ragione, che per iſpalleggiamento di que
ſte prime ſquadre, s'aggiúgeua, ciò è a dire, che più virili, e più riſolute ſpeditioni s'haurebbono da un magiſtrato perpetuo, che da un giornaliero. Valerebbe bene,
e non haurebbe per auuentura replica l'argomento, o-
gni volta, che'l magiſtrato foſſe d'aſſoluta , & independente continuanza , e non ogn'anno a' ſegreti voti de
gli elettori ſottopoſta .

Anzi

Anzi io mi crederei,che tutto a rouefcio di quello,
che fanfi loro a credere gli auuerfari,conchiuder fi do
uefte;poiche ben'è vero,ch'egli ha cagione di rifoluere più francamente,e di ftar più ful punto, e ful rigore
colui,che come fuperiore alla legge, sà di nó hauer di
corto a tornar'eguale,e fottopofto a' partiti de'fuoi inferiori,che non hà vn'altro, che per neceffità hà da
cader di fotto lo fquittino.Non è quegli coftretto dal
bifogno a preuenire colla piaceuolezza i fauori de'vo
tanti per la futura creatione, come è quefti,che con la
sferza della repulfa può effer vilipefo,e mal trattato.

Difordinata,ò vogliam dir meglio,rotta la vanguardia,non voltò faccia,ne meno ritraffe il piè dal cuftodito pofto della continuanza ne'carichi delle patrie
libere,il corpo,e tutta la maffa dell'efercito ; anzi inoltrandofi nella mifchia tra' vinti,e vincenti,moffe, e
recò nuoue armi,e nuoue machine d'argomenti contra
la parte refiftente;affermando in ifpetialità non poterfi
negare il difordine mortale,a cui nella vacanza de'ma
giftrati,e nell'annuo riuolgiméto de' foggetti regnáti,
ftà efpofta la falute della republica.Et è,che nó di rado
fi correrà picolo,che'l gouerno d'effa cada nelle mani
della giouentù . Annuntio di violenta morte ad ogni
gouerno,benche fi ritruoui in iftato di buona falute,e
d'ottime leggi alla preferuatiua ben fermato , e ben
guernito.

Più cofe s'hanno a dir quì,per infieuolir quefto vrto,che'n apparenza hà affai ben del valido , e del gagliardo . Nel confegnare i carichi,e' maneggi ne' pu-

blici

blici affari,non ſi deono numerar gli anni coll'arte del
l'aritmetica,ma deonſi peſare con la bilancia del merito,e delle virtuoſe operationi. Ne fà di meſtiere ſtar
tanto ſulla puntualità de gli anni, che'l ſeruigio del pu
blico ſi traſcuri;*nulla ætas in cōſilijs repudiāda eſt*, diceua quel ſauio.E M.Tullio conſideraua, che,*ſi in magi-*
ſtratibus ætas certa obſeruanda ſit,ſit,ut magna uirtutis
indoles priùs extinguatur, quàm prodeße reipublicæ poſ-
ſit. Ed è quello per appunto,di che fù vna volta acca-
gionata dal filoſofo la republica d'Atene ,*quòd in ea,*
pyrus ſupra pyrum, & ficus ſupra ficum conſeneſceret.
Ciò è a dire,che laſciaſſe inuecchiare ne' ſuoi cittadini
quel vigore,e quella prontezza d'animo,di cui poteua
valerſi nell'età freſca,come dopo molto tempo ſi valſe
Roma del talento di Valerio Coruino , di Pompeo , e
d'altri,ne' quali il conſolato, e' più ſupremi carichi furono premio non de gli anni,ma del valore,e della vir
tù delle perſone.E' famoſo in propoſito il detto di Pom
peo,*quòd omnem magiſtratum, quem geſſiſſet, & citiùs*
eßet naƐtus,quàm ipſe expeƐtaſſet ; & citiùs depoſuiſſet,
quàm ab alijs expeƐtatum eſſet.

Tutto ſia detto generalméte dell'età ne' cādidati in
qual ſi voglia ariſtocratia.Che ſe vorremo poſcia fauel
lare in iſpetialità di quella di Lesbo,ci leueremo con
ageuolezza d'impaccio,e non ci rimarrà,che dire ; auuenga,che in queſto dominio, niun pretore (come fù
detto)è habile ad eſſer'annouerato tra' ſuoi decemuiri,che l'anno cinquanteſimo di ſua uita non eccedɛ.
Termine più toſto di caduto ,che di cadente ; ſe però

non

Marginal notes:
Iſocr. in Archid. Philip.5.
Ariſ. apud Aeli.1.de var.hiſt.
Plut.Apo-phteg.

non foſſe in qualcheduno più veloce il corſo della virtù,che dell'età; poiche in tal caſo ſi preuerrebbe qualche poco il determinato dalla legge,non parendo conueneuole,che colui ſia immaturo a gli honori, che di
già ſi vede maturo al merito. Egli è ben però vero ,
che non ſi preuerrebbe giammai tanto, quanto ſi fece
tra' Romani nella perſona di Papirio,e'n quella di Scipione,l'uno de' quali fù veduto portare la preteſta in
fanciullezza,l'altro comandare in giouentù a gli eſerci
ti,con aſſoluto,& independente imperio.

E perche s'incalzaua, douerſi in ogni caſo conſeruar'
il poſſeſſo,in cui ritruouaſi i decemuiri, d'eſer confer-
mati ogn'anno nella carica ; aggiungédoſi eſſer perciò
paſſata in legge la cótinuãza,ed eſſer noto ad ogn'uno,
non poterſi,che con iſcapito del publico,alterar le leg
gi d'vna patria. Si riſponde, non auuerarſi il preteſo
preſuppoſto del poſſeſſo ; anzi la pratica farne capaci del contrario,veggendoſi rimaner di quãdo in quan
do alcun di loro dal magiſtrato eſcluſo.Ma comunque
ſi ſtia la coſa,aſſolutamente ſi niega poter cader ſotto
nome di legge vna continua amminiſtratione in que-
ſto tribunale:*leges enim*(al ſentir di M.Tullio) *ad ſalu* Lib.1.de legib.
tem ciuium,ciuitatumque conditæ ſunt;e queſta diſtrug-
gerebbe, non conſeruerebbe colli cittadini la republica di Lesbo,il cui eſſere,non che'l ben'eſere è fondato ſopra l'alternatiua,e viciſſitudine de' carichi. Coſì
il principe,come i conſiglieri di ſtato,i cenſori, i capitani di guerra,e gli altri proueduti,non più d'vn'anno
durano ne' comandi loro.

Z z 2 Ed

Ed annuo pur'anche fù nell'infantia della republica, il medefimo decemuirato ; ma coll'età all'accrefci-
mento dell'ambitione, e del prurito ne' priuati intereffi, n'è feguita tal corruttione di fuffragi ne' votanti, che può dirfi efser hoggimai quafi perpetuo diuenuto.

Ma quando bene fi cócedefse, che la perpetuità col-
l'inofseruáza delle leggi, fofse pafsata in legge, ad ogni
modo fi rifpóderebbe efser falfo l'aggiunto, che fi faceua dell'immutabilità di tutte le leggi ; impercioche, fi
come non conuengonfi a gli huomini gli fteffi cibi nel
la virilità, e nella vecchiaia, che fi conuengono nella
pueritia, e nella fanciullezza; ne fi curano i mali nello
ftefo modo nel decremento, e nella confiftenza, che
ful principio, e nell'aumento; così le republiche, le qua
li fono da Polibio paragonate a' corpi de' viuenti, non
riceuono in tutti i loro periodi il nutrimento dal cibo
de gli ftefsi ordini; ne col rimedio delle ftefse leggi pro-
ueggono al bifogno delle loro infermità.

Oltra che delle leggi altre foggiacciono alle alterationi de' tempi, che corrono, altre al congiungimento
delle feconde cagioni, che concorrono. Quindi è, che
fofse mai fempre da' buoni republicanti riuerito, non
che pofto in efecutione il penfier di colui, che difse in
queſto propofito, *nullã legẽ ego abrogari debere fateor,*

Liu. dec. 4.
lib. 4.

*nifi quam, aut ufus coarguit, aut ftatus aliquis reipublicæ
inutilem facit. Quæ in pace latæ funt, plerumque bellum
abrogat, quæ in bello, pax; ut in nauis adminiftratione,
alia in fecunda, alia in aduerfa tempeftate utimur.*

Ne

Ne parimente fà gran forza ciò, che adduceuaſi, eſſer di meſtiere fermarſi lungo tempo nel magiſtrato,
almeno per hauer conoſcenza de' ſoggetti, affinche ſi
portino a gl'impieghi della republica, ſolamente perſone d'attitudine, di uaglia, e di merito; poiche è coſi riſtretto in picciol numero di nobili il dominio di Leſ-
bo, che ageuolmente ſi può hauer contezza del talento,
e delle qualità di ciaſcheduno, benche non ſi ſia del nu
mero de' Dieci. Oltre che, d'ordinario non ſi confe-
riſcono i comādi maggiori, che a coloro, i quali uengono da' pretori delle prouincie propoſti, come quelli,
che coll'attual gouerno nella ſcuola dell'eſercitio de'
minori magiſtrati, per doue (come ſi è detto) conuien
paſsare, pruouano il genio, e la natura di ciaſcuno.

Poſto in iſcompiglio, e contuſo, non che confuſo il
neruo del corpo dell'armata, non meno contumace
moſtroſſi la retroguardia di quello, che ardite, e pronte s'erano già fatte ueder le prime ſquadre. Anzi in
queſto vno dell'eſempio, e dell'autorità d'Auguſto, e
di Tiberio, adunando tutte le ſue forze, faceuaſi a cre
dere, di riportare ella ſola, non pure del litigio la uittoria, ma anche dell'auuerſa parte il trionfo.

Stringeuaſi gagliardamente, che que' principi, de'
quali è noto, che nella ragione di ſtato niun'huomo ſep
pe giammai quello, ch'eſſi ignorarono, furono nulladimeno coſi coſtanti propugnatori della cōtinuanza ne'
carichi, che l'uno ſè perpetua la prefettura di Roma,
l'altro infino all'ultima vecchiaia, ne' medeſimi ſogget
ti prolungò il gouerno, e'l comando delle prouincie.

Per

Per isfuggir l'incontro, e per recar all'argométo più adeguata rifpofta, egli è di meftiere confiderare, che'l carico della Romana prefettura, non fù inftituito da Augufto con tanto d'autorità, con quanto efercitoffi pofcia fotto de' fuccefsori; ne da principio ella hebbe così gran giurisdittione, come racconta Vlpiano nel trattato, che fa *de præfecto urbis.*

An. lib. 14. Giufto Lipfio diligente, & auueduto fpofitore di Cornelio Tacito, ne' fuoi comenti ofserua, Augufto nó hauer conceduta altra autorità al prefetto di Roma, che fopra l'infolenza de' ferui, ed a cagione di opporfi a qualche turbolenza, che d'improuifo, dalla fouerchia arditezza de' mal cótéti cittadini, potefse occafionarfi; *Apud eun. in cō. fuper 6. An. Tac.* anzi di Mefsala Coruino, che fù, fecondo Tacito, il primo, che efercitafse la carica, leggiamo, che egli dopo fei giorni gli ne fece la rinuntia, riputandola magiftrato inciuile, & indegno dell'eminenza del fuo genio.

In oltre deefi notare, che la prefettura di Roma fù ritrouaméto di Mecenate, il quale, fi come cófigliò Augufto ad inftituirla, così con ageuolezza potè perfuaderlo a farla perpetua, fcalzando prima dal coftui animo, come forbito politico, ch'egli era, que' fondaméti, che lo poteuã muouere a farla temporanea, e uacabile; *Apud Dio. lib. 52.* *hic magiftratus* (diceua egli) *per omnem uitam prorogetur, nifi quis aliquod crimen admiferit, morboue, aut fenio confectus fit; nam ob hanc quidem magiftratus diuturnitatem nihil poteft mali accidere, cum præfectus paucos milites habeat, ac coram te, ò Augufte, maiorem partem fui magiftratus obeat.*   Ciò

Ciò ftante, vedeſi, che non bene ſi deduce la conuenienza della perpetuità del decemuirato di Lesbo ;
da quella della prefettura di Roma ; poſciache quefta era tribunale d'ordinaria autorità; dependeua dalla
ſuprema mano del principe, e ſotto i ſuoi occhi ſi eſer-
citaua ; ma quello è vn magiſtrato, anzi un principato
aſſoluto, non ſolo independente da chi che ſia, ma di
gran lunga ſuperiore in autorità a qualunque altro de'
maggiori magiſtrati.

Ella è vna fauola da fanciulli il dire, che Auguſto
altro carico (trattone queſto, in cui non poteua cader diſordine alcuno)faceſſe giammai perpetuo. Tutto
a roueſcio cauiamo dalla lettura di Dione. Scriue egli
in un luogo, fauellãdo d'Auguſto; *cum multi, quibus for-* Lib. 57.
te prouinciæ obtigiſſent, diù Romæ, & in Italia morarêtur;
ita ut eorũ anteceſſores diutiùs, quàm cõueniebat, in pro-
uincia manerent, ante Cal. Iunias illos diſcedere in prouin-
cias iuſsit. E cõ maggior chiarezza in un'altro luogo; *u-*
triuſq. generis prouincijs ſenatores præfecit. Ægypto tãtũ Lib. 53.
equeſtris dignitatis uirũ ; annuas autem eorum præfectu-
ras iuſsit, niſi quis multitudine filiorum, aut nuptiarum
ratione priuilegium haberet.

E quanto a Tiberio, non è coſì ageuol coſa, come ſi
fanno a credere, il tracciar qual ſentimento egli haueſſe intorno alla continuanza, ò lunghezza de' carichi; ſi
perche fù a lui famigliare il valerſi di fauella aſſai di-
uerſa dal ſuo interno ; ſì anche perche non coſì bene
conuengono, ne'n queſto propoſito ſono coſì coſtanti gli ſcrittori, come ſi perſuadono gli auuerſarij.

Fla-

Flauio Gioseffo hà per massima fuor d'ogni litigio, ch'egli uolesse i comandi di lunga mano d'anni, e poco men che perpetui. E per cagione d'esempio ci reca, *L.18.Iud.* che *duobus & uiginti annis in imperio aftis, duos tantùm* *antiq.* *dispensatores in Iudæam misit, quorum gubernatione illa* *gens regeretur, Gratum nempe, & Pilatum, qui ei suc-* *cesserat.*

Cornelio Tacito in questo particolare non è sem-*An.lib.1.* pre Cornelio Tacito. In vn luogo scriue, *id morum fuis-* *se Tiberio continuare imperia, ac plerosque ad finem ui-* *tæ in ijsdem exercitibus, aut iurisdiftionibus habere.* E si-*An.lib.4.* milmente in vn'altro; *Cæsar*(fauella di Tiberio)*res suas* *spe ftatissimo cuique, quibusdam ignotis ex fama man-* *dabat; semelque assumpti tenebantur prorsus sine modo,* *cum plerique ijsdem negotys senescerent.*

Nel secondo poscia de' suoi annali racconta, come proponendo Asinio Gallo in senato, che solo ogni cin-que anni, alla creatione de'nuoui magistrati, si celebras-sero i comitij, egli gagliardamente si oppose al parti-to, e con molte ragioni ributtollo. Ed in ispetialità dis-se, *graue esse tot eligere, tot differre. Vix per singulos annos* *offensiones uitari, quamuis repulsam propinqua spes sole-* *tur. Quantum odij fore ab ijs, qui ultrà quinquennium* *proijciantur? Superbire homines etiam annua designatio-* *ne, quid si honorem per quinquennium agitent? Quintupli-* *cari prorsus magistratus, subuerti leges, quæ sua spatia* *exercendæ candidatorum industriæ, quærendisque, aut* *potiundis honoribus statuerint.*

Hora in così chiara incostanza dello scrittore inco-stante

ſtante anche ci rimane a qual parte più inchinaſſe l'animo di quel principe. E'n cóſeguenza vgualmente la ſua
autorità può eſſer tanto fauoreuole al noſtro ſenſo,
quanto a quello della contraria parte.

Ma comunque ſi ſia, toglieſi ogni difficultà, e total-
mente ſneruaſi l'argomento, coll'oſſeruatione, che fa
nel ſuo trattato della ragione di ſtato, Ludouico Setal-
la Milaneſe, huomo di polite lettere, e di non ordinario
intendimento. Ed è, che due ſorte d'huomini conſiderabili ſi ritrouauano in Roma nel tempo di Tiberio. Altri dallo ſtato corrente luſingati, amauano il dominio del principe. Altri, non per anche poſta del tutto in dimentico la libertà, ſoſpirauano il gouerno della
Republica.

Ora a Tiberio, come a quegli, che có iſtudio andaua
tracciando, non pure gli andamenti, e' conſigli, ma la
natura, il genio, e' penſieri de gli huomini, eran molto
ben note le inclinationi, e le propenſioni de gli animi
di ciaſchedun ſoggetto di portata. A coloro, che pa-
reuan'a lui ſoſpetti d'amare il viuer libero, come per
cagion d'eſempio ad vn'Aſinio, ad vn'Arontio, ad vn'
Horatio, ad vn Piſone, & ad vno Scauro, non diede egli
giammai dignità coſpicua, ne gradi di eſtenſa giuriſdittione, ne meno prolungò loro i gouerni, temendo per
auuentura, ch'eſſi col mezo d'vn lungo, e continuato
imperio, non machinaſſero coſe nuoue, e nó tentaſſero
di ridurſi alla loro primiera libertà.

A coloro poſcia, che vedeua gradir lo ſtato della mo
narchia, non hebbe per male aſſegnar carichi di geloſia,

e nelle

e nelle medeſime perſone ſenza verun riſpetto continuar, e prolũgarli lungo tempo. Furon di queſta fatta
Poppeo Sabino, Capitone, Grato, e Pilato, al primo de'
quali, non ſolo fũ prorogato il gouerno della Miſia, ma
furongli aggiunti ancora que' dell'Acaia, e della Macedonia, non già, perche ei foſſe huomo di talento, ne
d'ingegno iſtraordinariamente grãde, ma perche, oltre
alla conuenienza, c'haueua col genio del principe, ſti-
mauaſi, che foſſe, *par negotijs, neque ſupra.*

Tac. An. 6.

Con queſta ſorte di perſone a bello ſtudio tenneʋ
mai ſempre Tiberio ſtretta amiſtà, ed hebbe ottima
intelligenza, ammaeſtrato per auuentura dal Filoſofo,
il quale ne' ſuoi politici auuertimenti ci fà ſapere, che
*regibus congruit huiuſmodi multitudo, quæ natura apta
ſit ferre genus præſtans uirtute ad principatum ciuilem.*

*Ariſ. 3. Po
lit. c. vlt.*

Ed eccoui ſuiſcerate, ſe ben m'auuiſo, ò miei ariſtocratici, le più recondite miniere dell'etnica ſapienza;
e preparati i più pretioſi metalli d'eruditione dell'antica politica, per fonder coloſſi d'eternità all'idolo del
viuer libero nelle voſtre amate patrie. Reſta, che lique-
fatti col fuoco dell'amore di ciaſchedun di voi verſo il
ſeruigio del publico, acceſi, ed inuigoriti dal mantice
delle mie carte corrano veloci pe'l canale delle buone leggi alla vacanza de' magiſtrati, & vno ne formino,
che d'immenſità gareggi con quel del Sole, che'n Rodi
fù'l miracolo de' miracoli del mondo.

Io de' diſordini, che nel vaſto campo delle corrutte
le, ponno ritardare il loro corſo, mi ſono ſtudiato di
conſiderare i maggiori, ſenza traſcuraggine de' minori.

Di

Di proposito hò fermata la penna sopra de gli vni , e'n
passaggio solo hò tocco de gli altri , emulando in ciò
quell'elegante dipintore, che'n angusta tela si propone
d'effigiar'vn gran gigante . Vedesi costui tutto inteso
alla perfettione di quelle membra principali , che più
innanzi si fanno all'occhio; l'altre, che deono esser'anzi
oggetto dell'intelletto, che del senso, veggonsi leggier-
mente da lui pennelleggiate, e tinte. Non è però seguiᵗ
to ciò con alcuno detrimèto della verità, tutto che cò
qualche scapito della chiarezza. Così a forza di linee
osseruiamo imprigionarsi in picciol carta, l'immèso del
la terra, senza menomar punto del vero, ma non già sen
za scapitar molto nel chiaro, e nel distinto.

I libri sono all'huomo consiglieri di verità. Discor-
rono senza interesse. Riprendono senza tema, e lodano
senza adulatione. Da' libri a cagione di buon gouerno,
apprender ponno i gràdi quello, che ne a loro còuiensi
chieder da altri, senza biasimo, ne ad altri, suggerir loro
senza pericolo. Ed è quello, che per appunto rammentaua Demetrio Falereo a Tolomeo Rè d'Egitto , che *Plut. Apo-*
rauuolgesse i comentari del regno, e dell'imperio, ren- *steg.*
dendolo sicuro , c'haurebbe ritrouáto in essi quello ,
che da veruno de' suoi amici nò sarebbe giammai stato
auuisato.

Còsiglio, che per auuétura, e non senza frutto, fù da
quel saggio principe d'Augusto poscia praticato, di cui
si hà per testimonio di classico autore, che di continuo *Suetonio.*
teneua libri p le mani, così greci, come latini, e che di
questi bene spesso egli medesimo ò ne recitaua ī senato
ben'interi gli squarzi, ò di sua mano ne trascriueua pre-

cetti, ed aſiomi, mandandoli a'Vicereggenti delle prouincie, a cagione, che dalla notitia d'eſſi, per aggiuſtamento de' gouerni loro vgualmente ne traheſſero dot
trina, ed eſempio.

Aul. Gel.
lib. 14. c. 7 Del magno Pompeo, raccótano hauer'egli(ſolo coll'
indirizzo del libro compoſto a ſua richieſta da M. Var
rone, *de ſenatu habendo*, quando nel conſolato ſù deſi-
gnato collega di M. Craſſo)con tanta gloria maneggiato tra' ſuoi la toga nella virilità, con quanta tra' nemici
haueua in giouentù adoprata la ſpada.

Ma il più efficace eſempio, che ci viene alle mani
per rappreſentar le buone maſſime, di che vn'huomo di
republica può arredarſi colla letttura de' libri, è quel
Orat. pro
Archia. lo, che di ſe medeſimo ci reca M. Tullio; *quàm multas*
nobis imagines (dice egli) *non ſolùm ad intuendum, uerũ*
etiam ad imitandum, fortisſimorum uirorum expreſſas,
ſcriptores, & græci, & latini reliquerunt? quas ego mihi ſem
per in adminiſtranda republica proponens, animum, &
mentem meam ipſa cogitatione hominum excellentium
confirmo.

Io nõ ſaprei giammai adattarmi a luſingar me mede
ſimo col perſuadermi d'hauer'in queſti miei ſcritti diſ-
poſte talméte le materie, e così bē'aſſodate le poſitioni,
che ſopra di eſſe, come ſopra di táte pietre angolari, deg
gia locar le fondaméta della mole del gouerno d'vna re
publica, chiunque de' ſenatori ne tiene la cura; ma bene
per auuentura mi laſcierei condurr'a credere d'hauer
detto baſteuolmente, e'n maniera, che per rimaner verſo l'amor della libertà, e verſo l'odio della ſeruitù, egre,
giamente diſpoſto, e perſuaſo vn cittadino, nulla più di
vantaggio gli abbiſogni. *Sed*

Sed utinam (esclamo con quel Delfico oracolo di sapienza) *utinam humanum genus nulla persuasione opus haberet. Est enim persuasio terrenæ prauitatis uestigium, qua mortale animal participat.* E se a niuna cosa conuerrebbesi applicar meno la machina della persuasione, questa, fuor d'ogni litigio, dourebbe esser l'amore della libertà, a cui per natura l'huomo inchina.

Ecphantà Pytag. lib. de reg. apud Stob. serm. 46.

Graue mētecattaggine è pur la nostra, che ci lasciamo condurre a limosinare dall'arte quello, che 'n ragione di dono, funne vna volta largamente conceduto dalla natura. A che aggiūger lo stimolo ueniticcio, doue dentro di noi habbiamo lusinghiero il prurito.

Ah, che l'ingegnosa ambitione dell'huomo fù quella, che col sottile ritrouamento della ragione delle genti, di maniera affascinò l'huomo, che posta in dimentico la naturalezza di così caro, e pretioso dono, pare, che hoggimai non senta il grauissimo giogo della seruitù; onde alloppiato dalla sua calamità, profondato in un letargo mortale, se ne dorme infensato senza pure scuotere il collo; anzi il più delle volte in vece di calcitrare, e cozzar generoso, a difesa di sua libertà, lambisce spontaneamente auuilito, le mani a quel crudele, che l'hà sottomesso. Quindi si originò la necessità della persuasione; *nempe, ut oratio eos sanet, qui tanquam ebrietate corrupti in melioris boni obliuionem inciderunt, eiectaque obliuione, prauitatis uitio ipsis innata, eiusdem memoriam inserat.*

Idem vbi supra.

E questo ben mi dò io a credere d'hauer' operato nelle mie carte. E d'hauer' a tal segno condotto vn cittadino, che se tutto innamorato del viuer libero, cō M. Tullio

lio non dirà; *hoc mihi maius a Dijs immortalibus dari ni-*
hil poteſt, quàm ut moriens patriam meam liberam relin-
quam, almeno fatto capace, che tiranni a guiſa de'leoni non eſcono mai fuori delle lor tane, che per ferire, ò
per isbranare; ne mai ſi partono da' deſerti, che per far
deſerti; e che coloro, che ſotto il lor gouerno rimangono in vita, non ad altro fine vi rimangono, che per eſſere ſcaglioni de' piedi, idolatri de' volti, & echi delle
loro voci, tutto d'horrido freddo ingombrato, eſclame-
rà col tragico greco;

Eurip. in
Auge.

> *Malè pereant omnes, qui tyrannide*
> *Gaudent, & paucorum imperio in ciuitate.*

Ma quando per diffalta di talento, ne anche a queſto
ſia ſtata valeuole la mia penna, ſottentri alla di lei mancanza l'onnipotenza dell'intereſſe di gloria, e d'honore in vn'animo ingenuo, e nobile; di quell'intereſſe,
Preſſo Lip-
ſio lib. 2.
Monit. Po-
lit. c. 18.
(io dico) che giuſta il ſentimento di Polibio, è l'unico
patrimonio delli Dei, ò di que', che ſono loro più proſ-
ſimi, e più vicini.

E ſappiate pure, ò magnanimi cittadini, che ſitibódi
di fama, e di grido, a cagione di paſſaruene glorioſi alla
poſterità, tra' momentanei chiarori de'fulmini di guerra, e l'ombre eterne della morte, ite cercádo, chi al ſuono delle voſtre impreſe, tépeci le penne, e mercate ſul
mercato dell'armi co' due pretioſi contanti del ſudore
e del ſangue, le palme, e gli allori, ſappiate (replico) che
nó in altra maniera, ò almeno có più d'ageuolezza, ciò
cóſeguir potete, che col preſeruare libera dalla ſeruitù
la patria, e ſicura dall'oppreſſioni la republica.

Ne vi pruriſca l'orecchio la gloria, e'l nome di Ceſare,

che

che dopo tãti fecoli,chiaro ancor tra noi rifuona;pofcia˜
che que' medefimi,che gli diedero lode,furono,ò corrot
ti dalla fua gran fortuna,ò fpauétati dalla lunghezza dell'
imperio,che fotto'l nome fuo felicemête tramãdato ne'
fucceffori oagionò,che altri con libertà,non ifcriueffe
ciò,che di lui per verità fentiua.

Ma chi per auuentura haueffe gufto di faper',in che cõcetto appreffo gli antichi fi foffe Cefare,oda ciò, che di
lui dice Laberio Romano,huomo,che di equeftre dignità,e di canuta chioma,fù dal medefimo fpinto fopra d'v-
na fcena a far l'hiftrione.E legga Catullo poeta. L'vno fi
fè lecito,fotto mentiti panni,e mafcherato volto di dargli non ofcura taccia di tirannide.

Preffo
Aul.Gel.

L'altro,difefo (cred'io) dalla corona d'alloro, che gli
cingeua il crine ,fenza diuenir cenere alla violenza del
folgore della coftui potenza,hebbe péna, non che cuore,
e petto da ombreggiarlo di bé mille brutture,e laidezze.

Faccia côto,che fi dica di Cefare quello,che di Catilina fi fcriue,e molto peggio , come che fia molto peggio
l'hauer'operato,che l'hauer tentato d'operar male.

Non poterono gli fcrittori vituperar Cefare , lodaro-
no Bruto, acciò che dal lume de gli encomi dell'uno fi
fpiccaffe maggiormête l'ombra del vituperio dell'altro.
E dal chiaro della gloria dell'vcciditore,s'argomentaffe
il chiaro della colpa dell'vccifo . Approuò Roma il ti-
rannicidio,quando diè plaufo al tirannicida.Canonizzò
il Senato la giuftitia del merito della morte di Cefare ,
mentre fidò la Grecia , e la Macedonia all'integrità di
Bruto. Le acclamationi,gli honori, co' quali riceuettero le prouincie la perfona dell'uno , furono voci d'efe-
crationi,

crationi,ſegni di ſcorno alla memoria dell'altro . Le ſtatue di bronzo,che nell'Areopago d'Atene ſi videro riz-
zate in honor di Bruto,abbatttetero quelle , che ſtauano
nel Campidoglio di Roma, a gloria di Ceſare, tutto che
molto per l'innanzi,foſſero ſtate da lui ſulle proprie baſi
impiombate,quando comandò la nuoua erettione delle
già proſtrate di Pompeo.

In ſomma chi honorò Bruto per diritto, vituperar vol
le Ceſare per obliquo.E chi lodò queſti,biaſimãdo quelli,
ciò fece,ò dall'intereſſe tirato,ò dalla potenza atterrito.

Ma i veri honori (ò ariſtocratici) le glorie immortali
de gli huomini,non prouengono da contaminate,ò da in
timorite péne;ne ſi eſpugnano a forza gli altari, e' coloſſi,ne meno ſi comprano con gran cumulo d'oro gl'incéſſi,
o i titoli di diuino;ma sì bene ſi conſeguiſcono có lo ſtu
dio della libertà,con lo ſcacciamento della ſeruitù,e col
l'eccidio della tirannide.

Vdite l'oracolo della ſtoica ſapiéza,il più chiaro lume,
che s'haueſſe giámai la gétilità.Vdite colui, la cui memo
ria fù in tale ſtima di veneratione appreſſo il mondo,che
eſpoſtaſi uenale la di lui lucerna di creta(vnico arredo di
ſua caſa,e la più nobile ſupellettile , ch'egli s'haueſe in
uita)trouò,chi recoſſi a ventura il pagarla trecéto coro-
nati.Vdite(dico)ciò,che per autéticar queſta uerità egli
ui dice . E ſia chiuſa, e ſuggello del mio diſcorſo,la di lui

Epiſt.apud uoce ; *non Ariſtides iuſtus;nõ Epaminũdas Deus,neq; Li-*
Stob.ſer.5. *curgus ſeruator appellati ſunt,diuitijs abũdantes,& ſerui-*
tute detenti;ſed quia tenui fortuna cõtenti,Græciam a ſerui
tute in libertatem aſſeruerunt .

IL FINE.

INDICE DELLE COSE
PIV' NOTABILI.

stesse

Decem-

D

Disor-

b   Huomo.

In

c   Pro-

INDICE.

I L   F I N

V. D. Octauianus Finatius Cler. Reg. S. Pauli, Rect. Pœnit.
pro Eminentiss. & Reuerendiss. Card. Archiepisc. Bonon.

Imprimatur.

D. Hieronymus Bendandus Casinensis, S. T. Doct. publ. &
Consultor S. Off. pro Reuerendiss. P. Inq.

In BOLOGNA, Per Nicolò Tebaldini. 1640.
Con Licenza de' Superiori.

www.ingramcontent.com/pod-product-compliance
Lightning Source LLC
Chambersburg PA
CBHW071959270326
41928CB00009B/1492